日本民族学の戦前と戦後

岡正雄と日本民族学の草分け

ヨーゼフ・クライナー［編］
Josef Kreiner

東京堂出版

序文

ヨーゼフ・クライナー

この一冊は、法政大学国際日本学研究所が五年計画で進めている平成二二年度採択文部科学省戦略的研究基盤形成支援事業「国際日本学の方法に基づく〈日本意識〉の再検討―〈日本意識〉の過去・現在・未来」プロジェクトのアプローチ②「近代の〈日本意識の成立〉」の成果の一つである。当プロジェクトは四つのアプローチに分かれているが、ある民族ないし文化の「意識」、すなわち、アイデンティティーの確立過程で、民俗学及び民族学―現在の文化人類学―が重要な役割を果たしているという考えに基づいて、特にこの人間文化研究の分野に注目してきた。アプローチの具体的な内容に触れると、最初の二年間は、昭和一〇年代から四〇年代初めに至る約三〇～四〇年の間に行われていた民俗学や民族学の発展を取り上げ、柳田國男から梅棹忠夫までの先覚者の業績と学説を討論し、その研究成果を昨年、報告書にまとめ『近代〈日本意識〉の成立―民俗学・民族学の貢献―』と題して東京堂出版より刊行した。ただ、この時期に見られる文化人類学の著しい発展や変化をもっと深く研究する必要を感じ、平成二四年度にも再び「戦前」「戦時中」「戦後」という時代を対象として研究を継続し、そこで主に二つのテーマに絞ることを考えた。

その一つは、ネイション・ビルディングにおける博物館の役割、もう一つは、日本の中の琉球・沖縄のアイデンティティーである。これらを二本の柱として、昨年五月、九月と一一月から一二月にかけて三度の研究会を開催した。研究会には多数の研究者に参加していただき、多種多様な発表と、またそれに基づく活発な討論が展開され、私は深い感激を覚えた。参加者の熱心な発言は私にとって、誠に素晴らしい勉強になった。

そのほかにも別の課題があった。日本民族学の発展に非常に大きな役割を果たし、特に戦後の日本民族・文化の起源にまつわる歴史民族を考える一方で、他方には日本における社会人類学の成立・確立を果たした岡正雄が、博士論文『古日本の文化層』(*"Kulturschichten in Alt-Japan"* 独文で一五〇〇頁)をヴィーン大学に提出したのは昭和八(一九三三)年であった。本年はそれからちょうど八〇年に当たる節目の年である。長い間「幻の大著」と呼ばれていたこの未発表の大論文は、昨年三菱財団の援助を受けてようやく活字となった。それを記念して、昨年、三月一〇日と一一日の二日間にわたって法政大学で国際シンポジウム『岡正雄―日本民族学の草分け』を開催し、岡の直弟子や孫弟子にあたる研究者を交えてさまざまな角度から彼の学説の意義を話し合った。このシンポジウムでの発表が上記の研究テーマと非常に深い関係にあるのは明白であり、是非この報告書に含めて学界のみならず一般にも広く紹介したいという思いを強くした。そして、それを実現するために法政大学国際日本学研究所がありがたくも予算を付けてくださった。国際日本学研究所所長である我孫子信先生をはじめとする関係者の方々に厚く御礼申し上げる。また、本書には昨年、急逝された祖父江孝男先生のご報告も収載されている。これは三月のシンポジウムでのご発表を元に記されたものである。これを本書に収めることができたのは非常に意義深いことであり、ご遺稿の収載に快諾をくださったご長男の祖父江潤様のご厚意に御礼を記すとともに、祖父江孝男先生のご冥福を心からお祈りしている。

本報告書の出版にあたっては実に大勢の方々に大変お世話になった。法政大学国際日本学研究所の鈴村裕輔さん、および私の最初の日本語の先生であると同時に一番古い友人である松野義明さんは、特に外国の研究者の方々の文章を読みなおしながらその個人的な色合いを残すように気を付けて下さった。さらにアシスタントである明治大学古代学研究所の畠山恵美子さんと明治大学大学院の田中美幸さんの誠なる援助がなければ今度の出版が困難であったことも述べなければならない。みなさまに心から御礼を申しあげる。そして昨年から引き続き、東京堂出版第一編集部の堀川隆さん、林謙介さんに大変お世話になった。この場を借りて深い感謝を記す次第である。

ドイツ・ボンにて　二〇一三年二月

◎日本民族学の戦前と戦後―岡正雄と日本民族学の草分け―　目次

第四部　日本民俗学、そして沖縄のアイデンティティー

帯写真・岡正雄（岡澄子氏提供）
扉イラスト・岡澄子

第一部

岡正雄――民俗学・民族学と社会人類学

岡正雄
――その人と業績――

ヨーゼフ・クライナー

一　学問の形成期と柳田学との接触

岡正雄は明治三一（一八九八）年六月五日、信州の松本の元藩士の家に八人兄弟の末っ子として生まれた。地元の小学校を経て明治四四（一九一一）年、長野県立松本中学校（現在の松本深志高等学校）に入学した。最初は、寄宿舎である尚志舎に入っていたが、大正四（一九一五）年、その深志中学校の歴史を変える大事件とも言われている、生徒の自治精神を無視した本荘校長の排斥運動に、犬飼哲夫と有沢広巳などと参加し、その後、親元から通学するようになった。その中学校時代にすでに同級生らと一緒に長野の南アルプスの山々を歩いたり、無銭旅行で伊勢参拝した後、京都まで足をのばし、そこで大谷トルキスタン探検隊の話を聞いて感銘を受けた。そこではじめてアジア、特に中央アジアや蒙古に興味を持つに至った（岡が自ら編集し、没後家族の方々が書き足して出版した『岡正雄年譜』及び宮坂一九八八の年表に拠る。松本の学生時代については細川一九八七と岡との対談［岡　一九七八］に詳しい）。

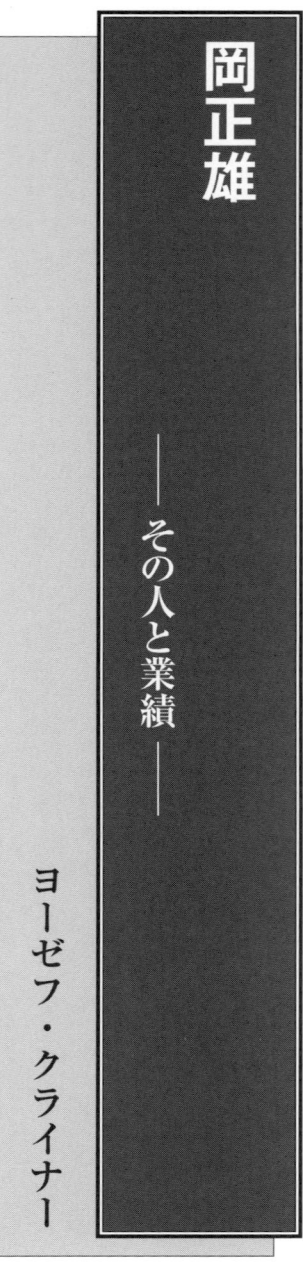

中学校卒業後、まず第三高等学校を受験したが不合格となり、大正六（一九一七）年に仙台の第二高等学校第一部乙類に入学した。そこで有賀喜左衛門、住谷悦治、あるいは二年先輩の澁澤敬三と知り合って、当時の若者らがそうであったようにロシア革命に刺激され、マルクス、エンゲルス、あるいはモルガンの文献を読み、そこから民族学を専攻する意志を固めたと自ら記している。第二高等学校から大正九（一九二〇）年に東京帝国大学に進学し、文学部社会学科で学ぶが、主任教授の建部遯吾の指導に失望し、理学部の鳥居龍蔵の講義に通って民族学の知識を深めた。岡は、当時の日本の人類学の成果を、鳥居との交流によって身を以て経験することができた。卒業論文としては、フレーザーの研究を中心に「早期社会分化における呪的要素」にまとめたが、建部教授が退職するまで提出できず、大正一二（一九二三）年に卒業した。その頃は、「岡無理弥」というペンネームで雑誌『白樺』に翻訳したワーグナーとニーチェの論文の翻訳を発表していた（[岡無理弥＝岡正雄　一九二三] この「岡無理弥」については本報告書に収録の岡千曲氏論考を参照)。また、その頃、四ツ谷の書店（エンデルレ書店か？）で、同年ドイツで出版されたばかりのヴィルヘルム・シュミットP.Wilhelm SchmidtとヴィルヘルムコッパースP.Wilhelm Koppersの共著*Völker und Kulturen*『民族と文化』(Schmidt, Koppers 1924) を手に入れた。岡は一生を通じてこの本を非常に高く評価し、自分を民族学へ導いた本として繰り返し語っている（「一種の昂奮をもって苦心読了」[細川　一九八七、三五八頁・岡　一九五八、三〇二頁・一九七九、二九五―二九六頁]）。

その同じ年の二月に、中学校の先輩で柳田國男の助手として活躍した岡村千秋に依頼して、柳田の牛込加賀町の家に連れて行ってもらい、自ら翻訳したフレーザーの『王制の呪的起源』の日本語訳版への序文の寄稿を柳田に頼んだ。柳田はそれを断ったが、岡を毎週木曜日に柳田邸で開催されていた談話会に招いた。そこで柳田を中心に古典文学の折口信夫、アイヌ研究や言語学の金田一京助、沖縄学の設立の親である伊波普猷、民俗学の中山太郎、大阪から通ってきていたニコライ・ネフスキー Nikolai Nevskij、また、柳田のグループと澁澤敬三のアチック・ミューゼアムの両方に関係していた早川孝太郎、有賀喜左衛門と研究面において深く交流することができた。この談話会の研究成果を発表するために、柳田は雑誌『民族』を出版し、その編集の仕事を岡に任せた――「あの諸君とは一緒にやらん、お前とやろう」［岡　一九七八、四一頁］。出版元は岡の兄である岡茂雄の経営する岡書院（詳細資料は［岡茂雄　一九七四］）で、出版援助費用は、柳田の言葉を借りると、澁澤敬三の「ポケットマネー」であり［柳田　一九五九、三〇七頁］、そのお金を頼みに行くのも岡の仕事であった。

これら、当時の日本の人類学、民俗学の第一線の研究者との交流の他に、岡は後に日本の研究界に重要な役割を果たすことになる若い研究者、江上波夫、八幡一郎、古野清人、須田昭義などと討論の仲間として接した。この会はＡＰＥ会と呼ばれていたが、誰が設立し、どういう組織であったのかは、残念ながら明確ではない。ただ、岡の後の活躍、あるいは学説の形成にとって非常に大きな意味があったことは間違いない。

昭和二（一九二七）年、柳田の勧誘を受けて、砧村（現在の東京都世田谷区成城）に新築された柳田の家に岡は書生として住み込んだ。その頃、折口信夫が二回にわたる沖縄調査旅行の成果をまとめ、来訪神「まれびと」の概念や行事について談話会で発表した。岡は、それに深い感銘を受け、自ら日本の来訪神信仰を社会学の観点から見直すことを試みた。その際、Heinrich Schurtz *Altersklassen und Männerbünde*［Schurtz 1902］の資料を随所に用いて、ニューギニアやメラネシアの仮面仮装行事との比較検討を重ね、それをまとめた論文「異人その他」を『民族』第三巻第六号［岡　一九二八］に発表した。一方、柳田はその時点で、折口の論文の発表を抑えている状態であった。編集を担っていた岡はそのことに自責の念を感じ、柳田の許可を受けずに折口の論文を雑誌『民族』第四巻第二号［折口一九二九］に載せた。これにより柳田の怒りを買い、岡自身の言葉で言うところの「破門」となった。その結果、岡は一種の〝デスペレ〞状態に陥り［岡　一九七八、四二頁］、逃げるように柳田の家を出た。この背景については諸説あるが［柳井　一九四〇、佐野　一九九六、一一七頁・細川　一九八七、三五四頁］、とにかく、このような事件によって岡は学問に対する意欲を喪失し、郷里の小学校の教員になることを決意した。その決意を澁澤に伝え、挨拶のために出向いたところ、澁澤から民族学を初心にかえって勉強するように励まされ、同時に台湾調査か、あるいは、海外への留学のための奨学金提供の申し出を受けた。岡は言うまでもなく、シュミットやコッパースが活躍するヴィーンを選び、昭和四（一九二九）年夏、三一歳の時、東京を発ってシベリア経由でヴィーンに向かった。岡にとってはこれは「巡礼」の旅で、ヴィーンは「メッカ」だと述べている［岡　一九五八、三〇三頁］。

二　岡とヴィーン時代

岡は、当時、シュミットとコッパースの上記の共著以外、おそらくヴィーンについての詳しい情報はおそらくあまり得ていなかったと思われるが、実は非常に重要な時期にヴィーンに到着していたのであった。一九世紀末からヴィーンでは民族学の三つの拠点が発展してきており、ちょうど一九二九年にヴィーン大学においては人類学講座から民族学研究所が独立し、ヴィルヘルム・コッパースが主任教授として民族学を担当することになった［Haekel, Hohenwart-Gerlachstein, Slawik 1956］。また、国立自然科学博物館の民族学部門（一八八八年、ヘンリー・フォン・シーボルトHenry von Sieboldの日本コレクション［クライナー　二〇一二］がその出発点の一つになった）は、その前年の一九二八年に国立民族学博物館として分離・独立し、フリードリッヒ・レックFritz Röck館長の下で新宮殿において開館した。三番目には、一八八九年にヴィーン南部の郊外であるメードリンク町でSocietas Verbi Divini（S

シュミット、ハイネ＝ゲルデルン、コッパース
昭和27年秋、第四回国際人類学・民族学大会の
開会式典にて　　於ヴィーン大学
（写真提供　Sannas Hohenwart-Gerlachstein）

VD＝神言会）というカトリックの修道会がサンクト・ガブリエル修道院を本部として設立され、一八九九年、そこにも民族学博物館が設立された。一九〇六年にヴィルヘルム・シュミットが世界中から注目された民族学と言語学の雑誌『アントロポス』Anthroposの出版を開始していた。シュミットは、その修道会の学校の校長でありながら、ヴィーン大学の特別教授の肩書で、弟子のコッパースと二人で歴史民族学の学説を構築しつつあった。教授陣には、一九二九年―一九三〇年の学年から、新たに助教授（ドッェント）ハイネ＝ゲルデルンRobert von Heine-Geldernが東南アジア及びインドの民族学を中心とする専門家として加えられた。助手として、フロアー Fritz Florとヒューラー＝ハイメンドルフChristoph von Fürer-Haimendorfの二人が活躍し、客員教員としては、コペンハーゲンからエスキモー専門のビルケット＝スミスKaj Birket-Smith、ドイツから中国少数民族文化の専門のエバハルトWolfram Eberhard、そして、古代中国が専門のベルギーのヘンツェ Karl HentzeとストックホルムのノルデンショルドErland von Nordenskiöldが招聘された。隣接諸科学の代表者として、考古学主任教授のメンギーンOswald Menghinと自然人類学主任教授のヴェーニンガー Josef Weningerが民族学研究所で教鞭をとった。ヴィーンでのこのような新しい動きが知られてくる中で、その最初の学年に学生一〇〇名が入学したが、そのうちの実に三分の一が外国から集まってきた学生であった。そのなかには、のちに歴史民族学の大家となるオランダのフロクラーゲBernhard Vrocklage、ベルギーのファン・ブルクGaston van

Bulck、クロアチアのガバナッツィMilovan Gavazzi、アメリカからレーブEdwin O.Loebとクラックホーン Clyde Kluckhohnらも含まれていた（岡のヴィーン留学についてはKreiner 2013参照）。

岡がヴィーンに慣れるよう、コッパース教授からアフリカ研究の学生であったヒルシュベルクWalter Hirschbergを紹介された。ヒルシュベルクはヴィーン周辺の民俗にも多大な興味を持っており、岡に地元の民俗についても話をしたようである。同時に、ヒルシュベルグは他の学生と協力して学生の研究談話会Kulturhistorische Sprechabendeを主催していた。特にその研究談話会では、シュミットが自らの頭のなかでその頃醸成しつつあった、いわゆるヴィーン学派の文化圏説に対する批判的な討論を繰り返し、エスノヒストリーのアプローチを提唱した。岡は、それに大いに同意しつつ、個人としてもシュミットに対する深い尊敬を持ち続けた。例えば、ヴィーンに着いて二年目には、シュミットの活躍するサンクト・ガブリエル修道院の近くに下宿し、修道院で行われていたシュミットの講演や講義に参加していた。しかし、シュミットの世界にまたがる文化圏の理論に対してはあまり賛同できなかったと自ら振り返っている。確かにシュミットの大著で神学の分野においても重要な役割を果たした『神観念の起源』*Der Ursprung der Gottesidee*［Schmidt1936］には、金田一をはじめ日本のアイヌ研究者による当時のアイヌ民族の宗教概念について記されてお

ハイネ＝ゲルデルンと散策する岡正雄
昭和32年秋、日本人類学会・日本民族学協会連合大会にて　於九州大学（写真提供村武精一）

り、それらが岡からの情報であることをシュミットは著作の中で明確にしている。しかし、岡のヴィーンにおける研究は、むしろハイネ＝ゲルデルンによる影響が大きく、岡はハイネ＝ゲルデルンの「東南アジア民族史及びアウストロネシア民族の早期民族移動」についてのセミナーに参加して、日本の考古学の当時の成果をその討論において紹介している。そして、その内容をハイネ＝ゲルデルンは引用している［Heine-Gelderrn1932］。

岡はヴィーンに来た当初は民族学の方法論を勉強することが目的であり、博士号を取得する考えは全くなかった。しかし、ハイネ＝ゲルデルンの研究をはじめ、他の学生や教員による各民族の歴史や起源論にまつわる討論から刺激を受け、一九三二年、自ら日本民族の起源に関する論文をまとめ、それを博士論文として提出することを決めた。その年の九月にヴィーン第三区に引越しをして、論文を書き上げた。そして、その内容をタイプするにあたっては、もう一人の同級生スラヴィクAlexander Slawikが協力した。

スラヴィクは、ポーランドのクラクフで日露戦争に刺激を受けて、すでに小学生の頃から独学で日本語を勉強していた。そして、第一次大戦後、まず就職してから一九二〇年代にヴィーン大学でロストホルンArthur von Rosthorn特別教授の指導のもとで中国学を勉強し始め、のちに卒業論文として、古代における日本と大陸との歴史的・文化的交流についてまとめている。しかし、提出の際に、ロストホルンが正教授ではないうえに博士試験を行う資格を取得していないという理由で文学部に受理を拒否され、学問を断念せざるを得なかった。その後、スラヴィクは偶然、岡と出会い、一九三一（昭和六）年、スラヴィクの言葉によれば岡に「誘われて」［Slawik1972:35］、民族学の研究に入り、岡から多大な影響を受けた。例えば、岡を通じて柳田や折口の来訪神の概念を知り、一九三六年、ゲルマン信仰における来訪神と仮面仮装行事についての長大な論文［Slawik 1936］を発表し、戦後も東アジアにおける来訪神信仰の普遍的な分布についての基本的な論文［Slawik 1959］をまとめた。このスラヴィクの仕事を通じて、世界的な宗教学者であるエリアーデが岡と折口の学説を知って、著作『永遠の回帰の神話』で引用している［Eliade 1953:104,243］。また、岡の卒業論文『古日本の文化層』*Kulturschichten in Alt-Japan*の構想をそのまま朝鮮半島の文化史にあてはめ、スラヴィクは一九三七年に『古朝鮮の文化層』*Kulturschichten in Alt-Korea*という論文で博士号を取得した。しかし、彼らの関係は一方向的に影響を与えるだけではなかったのではないかと推測される。むしろ、岡はもともと持っていた古日本と中国との交流に関する知識に加えて、スラヴィクからさらなる知見を得ることにより知識を深めたのではないかと思われるのである。このように岡はスラヴィクから、論文のタイプ打ちの支援を得る傍ら、彼と学問的議論を深めて、わずか数か月の間に三分冊計九八〇ページ（研究史、物質文化、神話と宗教）に及ぶ卒業論文を完成させた。そして、一九三三年六月八日に二人の審査官コッペルスとヴェーニンガー両教授から博士論文として認定を受けた。卒業試験には、この両教授の他に、考古学のメンギーンと哲学のコンペルツHeinrich GomperzとライニンガーRobert Reininger教授が立ち会った。このとき岡は、博士論文として提出した三冊以外に、古代日本の社会と、論文の総括となる日本における文化層の説明資料を手元に持っていたということである。博士号を取得したため澁澤からの奨学金の支給は終了したが、一九三五年三月までの滞在費と研究費をロックフェラー財団から援助してもらうことができた。その結果、論文は計六巻一五〇〇ページ、図版一三〇ページの膨大なものとなった（『古日本の文化層』の意義については［Kreiner 2012］参照。この大著の総合的評価については［住谷・坪井・山口・村武　一九八七、九一一一三九頁］を参照。隣接諸科学からの評価は本報告書に収録されている石川、ハインリッヒ両氏の論文に詳しい）。

博士論文には、伊波普猷（手紙でも資料交換を行ったようである）、島袋源七、折口信夫、柳田國男などの沖縄関連資料を多用し、特に、「異人その他」の執筆以来、学問的な興味が集中した日本における秘密結社の社会を細かく分析した。このテーマについて、一九三四年、ロンドンで開催された初めての国際人類学民族学大会に、コッパースはじめヴィーンの同僚たちと共に参加して発表した［Oka 1934］。また、ヴィーンからヨーロッパの他の民族学あるいは歴史学の拠点に足を運び、幅広く交流を深めたばかりではなく、特にバルカン半島における民族文化を身を以て知るために、ユーゴスラビア、トルコまで旅行した（のちに芦田均との対談で、そのときに得た知識を活かしている［岡・芦田　一九四一］）。

三　帰国と二回のヴィーン滞在

岡のヴィーン滞在中に、東京では澁澤敬三を中心として、白鳥庫吉を会長とする日本民族学協会が設立され、雑誌『民族学研究』が出版されはじめた。岡は、その民族学協会の代表としてロンドンで開催された最初の国際学会に参加し、その後、インドのニューデリーで開催された第一〇回大会（一九七八）まで全ての学会に日本の学会の代表として参加した。

柳田の談話会が分裂した後、折口は日本民俗学会を創設したが、柳田の還暦祝賀会をきっかけに昭和一〇（一九三五）年六月、東京で日本民俗学講習会が開かれ、その場でいくつかの分派の間で和解がなされた。岡はその講習会で、独墺における民俗学について発表した。また、後の岡の研究の発展には、ほぼ同じ頃のシュミットの東京訪問が大きな意味をもたらした。シュミットは国際文化振興会で講演「日本の民族学的地位研究への新しき途」*Neue Wege zur Erforschung der ethnologischen Stellung Japans*［Schmidt 1935］を行い、岡は通訳を務めたが、シュミットが岡の論文に全くふれなかったことで、両者の方法論的な隔たりが顕著になった。岡はシュミットを澁澤と柳田などの日本の研究者に紹介し、宮本常一の仲介［宮本　一九九三、九一―九二頁］により、大阪で行われた柳田の還暦記念講演会でシュミットの講演が実現した。シュミットの二回目の日本訪問のとき、岡はシュミットを三井高陽男爵紹介し、ヴィーン大学に民族学の観点からの日本研究を行う研究機関を設立することで三人は合意した。しかしながら、その実現までの道のりは長かった。外務省、特に同省の文化局長であった岡田健一とヴィーン駐在総領事の谷正之による二年間にわたる交渉で、昭和一二（一九三七）年六月三〇日、ようやく外務大臣広田弘毅が最終的な日本側の決定をヴィーン大学に通達した（外交史料館『ウィーン大学日本研究所関係一件I・一・三・〇・〇三九』）。その主な内容は、三井高陽寄付の名義でヴィーン大学に日本研究及び教育を担う研究所を設立し、岡が最初の所長としてヴィーン大学から客員教授として招聘されるというものであった（「三井高陽寄付ヴィーン大学日本学研究所」の設立については［Kreiner 2013］を参照）。その目的を達するために、当時としてはかなりの数の図書を日本で集めてヴィーンに発送し、岡自らも昭和一三（一九三八）年二月三日、ヴィーンに到着した。

渋澤敬三邸訪問時のシュミットと岡正雄　昭和10年夏
（写真提供　渋沢史料館）

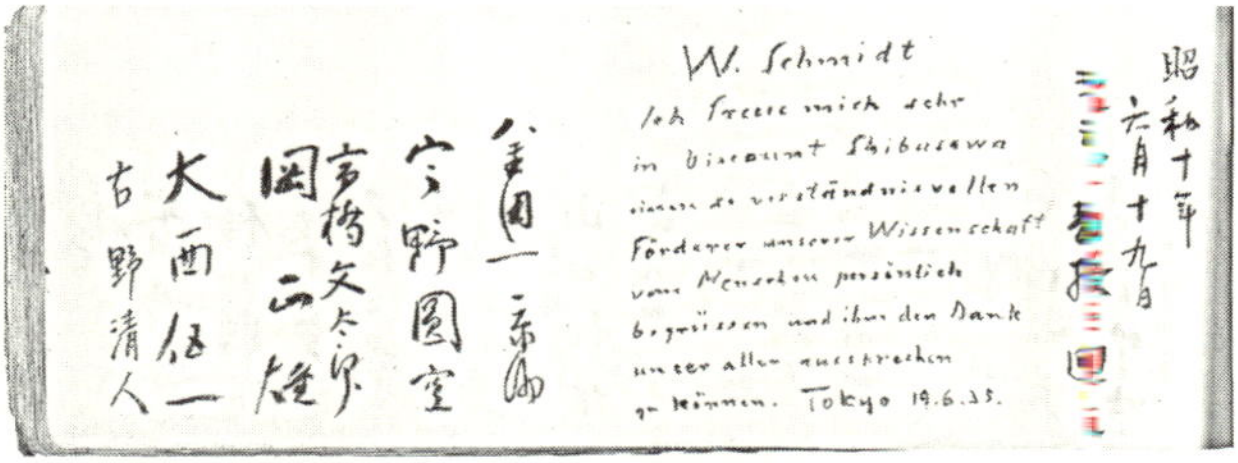

渋澤敬三邸訪問帳のサイン　昭和10年夏
（写真提供　渋沢史料館）

この二回目のヴィーン滞在は、最も暗い時期にあった。まず、ヴィーン大学は岡の客員教授としての招聘についてなかなか決定を下さなかった。一九三八年二月二六日の日付で日本語の講師としての招聘案が文学部の教授会に提出され、三月五日に委員会が開かれると、コッパース、ヴェーニンガーなどの錚々たる教授が参加し賛成意見を述べた。同じ日にコッパースは日本総領事館で三井財団から最初の寄付金を受け取った。しかし、その十日後、ヒトラー率いるドイツがオーストリアを合併し、岡をヴィーン大学で支えた教授陣は、先史学のメンギーンを除いて亡命を余儀なくされた。民族学研究所は二年間の長きにわたって主任教授が不在となり、その後、アフリカ研究のバウマンHermann Baumannが招聘された。岡が自身の博士論文の最終的な仕上げや、出版などのための討論や意見交換を欲した研究者はすでにスラヴィク以外は一人もヴィーンに残っていなかった。日本学研究所は、中近東研究所の下部組織に組み込まれ、岡は日本の民族学、考古学、神話及び宗教、日本語の歴史という幅広い分野を担当する客員教授に任命され、一九三九年五月一日にようやく活動を開始した。研究所は、ヴィーンの第九区Berggasse 7、フロイトなどの心理学の出版者として活躍し、のちに上海へ亡命したシュトルファー Adolf Storferのアパートに腰を据えた。岡とスラヴィクは後にこれを勘違いしたのか、「フロイトの家に入居していた」[Slawik 1983:4-5] と繰り返し述べている。

客員教授の岡は、民族学のカリキュラムで日本の社会構造、古日本の宗教、アイヌ、日本の民俗学入門、台湾のエスノグラフィーなどの講義を行い、考古学のカリキュラムでは、日本の考古学、そして一般教養のカリキュラムでは、日本研究入門などの講義を行った。スラヴィクは助手として初級と中級の日本語コースを担当した。ところが、それらが始まってからわずか一年後の一九四〇年一一月、岡はサバティカルのために日本に発つ（ただし、ヴィーン大学にはそれに関する文書が残っていない）。スラヴィクは、ベルリンのドイツ陸軍本部に日本語通訳者として召集される。

スラヴィクと石田英一郎　昭和39年秋　於ヴィーン大学日本学研究所（写真提供　芳賀日出男）

そして、日本学研究所での指導者に関しては日本と様々な交渉がなされ、坂戸智海（後に大正大学）あるいは京都ドイツ文化会館館長のエカルトHans Eckhardt教授（後ベルリン自由大学）の名前が挙がったが、最終的にベルリン外国語大学講師の村田豊文（後に東京女子大学）が終戦まで研究所の面倒をみるようになった（[ドイツ語読書会一九九八]ただし、この記述に誤りが多いことに注意を要する）。

岡のヴィーン大学における留学、博士論文の完成、そして日本学研究所の設立という活動は、西洋における長年の主流であった文献学的・文学的な日本学の狭い範囲を越える活動につながり、初めて社会科学的な日本研究の拠点が大学の研究機関として確固たる地位を得ることとなった。ほぼ同じ頃、アメリカのジョン・エンブリーJohn Embreeが熊本の須恵村に入って村落調査のモノグラフを出版した[Embree 1939]。しかし、ヴィーンの場合、この分野では岡の考えに則って民族学、考古学、及び民俗学研究と密接な関係を保って発展し学生を育てた。残念ながら、彼らの多くは戦争で亡くなり、それを継承できたのは、岡の指導を直接には受けないながらも岡の論文を基に勉強し、一九四六年にコッパースのもとで博士論文を提出したThusnelda Wang、後のネリー・ナウマンNelly Naumann[Wang 1946]、そして、岡の同輩で助手であったスラヴィクが戦後に再び構築し直した、いわゆるヴィーンの日本文化研究の伝統のみであった。スラヴィクの弟子には、後にヴィーン大学の主任教授になるリンハルトSepp Linhart、マールブルク大学主任教授のパウアー Erich Pauer、ボーフム大学主任教授マティアスRegine Mathias-Pauer、そして著者がいる。ナウマンは後にフライブルク大学主任教授となり、その弟子アントニーKlaus Antoniが現在、テュービンゲン大学主任教授に就任している。結局、岡のまいた種は、ヨーロッパ、とりわけドイツ語圏で大いに実った［クライナー二〇〇〇］。

二回目のヴィーン滞在中、岡は、大学での活躍の他に、ヴィーンで設立された独日協会東南支部でもいろいろな役割を果たした［Hack 1996a,b］。会長の人事については、ナチ党内のかけひきがあったが、最終的には元オーストリア・ハンガリー帝国旧軍人のフォン・バルドルフCarl Freiherr von Bardolffに決まり、理事としては岡の他に日本のスキーの草分であるフォン・レルヒTheodor von Lerch少佐などがいた。また、ベルリンに支配されていた独日研究者協議会Deutsch-Japanische Akademikertagungenにも岡は関係していた。この協議会の発案者は、後のボン大学の蒙古研究主任教授ハイシッヒWalther Heissigである。岡はその会合に二回参加し、二回目はチロルのクタイ村で開催されたが、岡の提案により政治的なディスカッションは一切行われず、チロルと日本の民俗年中行事の比較について議論が交わされ（［岡　一九五九　短編］参照）、余暇にはスキーを楽しんだ。三回目の協議会のための打ち合わせで提示された「ドイツと日本の国家概念」というテーマを岡は政治的すぎるという理由で拒否したが、ベルリンで開催された協議会ではヴェンクGünther Wenckが日本の国体についての発表をし、会は日本政府への強烈な批判と反発で終わった。そのとき、岡はすでに日本に発っており、ベルリンにはいなかった。

ここで、ヴィーンにおける岡の周辺の人々とそのイデオロギーについて一言述べる必要があると思う。たびたび岡がナチ思想、あるいはナチ党員、または日本軍国主義者と接触があったといわれているが［Doak 2011］、往々にしてそういう意見を持つ研究者は二つの大戦間のオーストリアの思想史、社会史を全く理解していないという印象を受ける。当時、オーストリアは小国で、独自のオーストロ・ファシズムをドルフスEngelbert DollfussとシュシュニックKurt Schuschigg両首相が国家イデオロギーとして発展させ、強国ドイツに対抗するためにムッソリーニのイタリアに接近してカトリックとの関係を重んじ、バチカンとのつながりを強化した。シュミットはシュシュニック首相の身分制国家や家族政策関連の参謀であり、一方ではその当時に新しく設立されたバチカン博物館民族学部門の初代館長も務め、法王ピオ一一世の側近でもあった。ハイネ＝ゲルデルンは、詩人ハイネの甥で、ユダヤ系であったため、一九三八年にニューヨークの自然科学博物館に職掌を得て亡命した。助手のヒューラー・ハイメンドルフはオーストリア・ハンガリー帝国の古い氏族であり、その家柄からナチに反感を持っていたため、インド調査からヴィーンには帰らずそのままロンドンに亡命し、後にＳＯＡＳ（ロンドン大学東洋アフリカ研究学院）の所長まで昇進した。他方では、もう一人の助手であったフロアーが内密にナチ党員となっており、同僚と共にロンドンの国際学会に向かっていた汽車の中で、その日にドルフス首相が暗殺される計画があることをコッパースに懺悔したことは有名な話である。フロアーは後にカトリックの神父ティソJozef Tisoを総理大臣としたナチドイツと協定を結んだスロバキアにおいて謎の事故で亡くなった。スラヴィクは一応、ナチ党員であったにも関わらず軍に召集され、戦後はパージに遭った。結果的に述べると、岡は様々な政治的イデオロギーを持った人たちと出会ったが、自らナチ党に接近した事実は皆無である。それどころか、東京の独日文化会館の日本人館長の子息であった友枝宗達が、東京帝国大学の学生新聞で独日研究者協議会について批判的なものを掲載し、ドイツ大使館がこれを手に入れようとしてきた折に、岡がそういった状況を緩和させたことがある［Hack1996a:300］。これは、ヴィーンやブダペストで、またヴィーンに行く途中のシベリア鉄道のなかで日本の軍人などと知り合って交流したこと［佐野　一九九六、一六六頁］が、岡の社交的な性格により、そういう人々とのつながりを日本の民族学の発展のために上手く役立てることができたのだと私は考えている。当時の外国における日本人同士の付き合いは人数も少なく、また立場も公的なものを持つ者が多く、互いの信頼は相当深いものがあったと、私の戦後昭和三〇年代の経験から推測される。岡の場合も、例えばブダペスト大学の客員教授として接した日本大使館員たちとの付き合いには、人と人としての交流があったのではないだろうか。また、シベリア鉄道の中での陸軍の面々との出来事も、日本人同士として日本を遠く離れた異国において日本語で話ができる心安さと懐かしさがお互いを結びつけたであろう事は容易に察しがつく。

四　日本での活躍と民族研究所

岡の自らの証言によると、ヴィーンを去ったのはサバティカルのためであったが、日本に着いて国立民族研究所設立の運動を知り、古野、八幡、江上、小林耕四郎などと共に文字どおり「走り回って」その運動に参加した。そのうちに、独ソ戦争の勃発のためにヴィーンへの帰任が不可能となり、しばらくはアメリカ経由などでドイツへ帰ることも試みていたのだが、これも不可能であった。このような状況を記した岡のサバティカル関係の資料はヴィーン大学には残っていない。しかし、日本外交史料館に保管されている、昭和一六（一九四一）年四月一五日のベルリン駐在の大島浩大使の電報によれば、岡には外務省から二等書記官の待遇の発令が出ており、シベリア鉄道で問題なくドイツへ帰ることができたはずであった事実を知ることができる。すなわち、岡は独断でヴィーンにおける研究の持続が困難であると判断し、最初からヴィーンに帰るつもりはなかったのではないか。ただ、民族研究所は近衛内閣の辞職によって延期され、岡はその間、参謀本部嘱託を委嘱されて、満州、朝鮮へ、そして年が改まった昭和一七（一九四二）年には東南アジアへと広く民族事情を視察するための旅行ができた。昭和一八（一九四三）年一月に民族研究所がようやく開設し、岡は総務部長として大きな影響力を持ち、組織に昔からのＡＰＥ会の同僚である古野、八幡、江上などを招聘した。その頃になると、大東亜民族博物館の話も出てきていた。また、内蒙古の西北研究所の人員構成を依頼され、所長の今西錦司のもとで副所長として石田英一郎、研究員に梅棹忠夫らを推薦した。この民族研究所、また、事実上その支部であった西北研究所により、戦後、日本の民族学、文化人類学の重要な役割を果たした研究者が育成された。この研究機関に対する客観的な研究が、中生勝美を除いてあまりなされていないことは残念である。岡は「欧州における民族研究」[岡　一九四一]という短文で、明治時代に設立され、のちにロンドンのＳＯＡＳの模範ともなったベルリンのＳＯＳ（当時はベルリン外国語大学）の例をひいて文化人類学的な研究の必要性を強調した。しかし、それはむしろ日本国内に対するプレッシャーとして書いたもので、ＳＯＳが当時もはや何の活動もできていなかったことは岡自身が一番よく知っていたはずである。

民族研究所、またそれにまつわる岡の活躍については、上述の中生勝美の長年の研究や発表があるため、ここで改めて深く触れることはしない。終戦を迎えて、岡は総務部長を辞任し、昭和二〇（一九四五）年一〇月には研究所も廃止となり、岡は家族と共に長野県南安曇郡温村（現在の安曇野市）に移って、一反七畝の水田と一反歩の畑で自給自足の生活を営んだ。その頃、パージに遭った澁澤敬三に自分で作った米を提供した話もよく知られている[岡一九六四]。そのような状況下で、昭和二二（一九四七）年一月、アメリカ占領軍総司令部の情報教育局に突然の呼び出しを受けて上京した。

五　戦後の活躍

岡が昭和七（一九三二）～八（一九三三）年、ヴィーンで『古日本の文化層』を書き下ろしていた頃、アメリカの同級生クラックホーンもヴィーンに留学していた。クラックホーンは、後にハーバード大学主任教授になり、ルース・ベネディクトRuth Benedictあるいはジョン・エンブリーJohn Embreeなどの日本研究者と一緒に、民族研究所のアメリカ合衆国版にあたる戦争情報局Office of War Informationで活躍していた。そのクラックホーンが、当時の国防長官の顧問として日本占領政策、特に情報教育局業務を監査するために日本に派遣されたのは昭和二二（一九四七）年のことであった。クラックホーンは、情報教育局の強化を提案する報告書をＧＨＱの部長ニュージェントDonald (Don) Nugent中佐に提出した。このことと、米軍が岡を呼び出して博士論文を手渡したことにどのような関係があるのかは定かではない。岡自身は、当時、情報教育局で活躍した多くの日本の民俗学者、文化人類学者、社会学者のなかの、特に石田英一郎や関敬吾が岡の博士論文に関する話をニュージェントにしたのではないかと推測している。いずれにしても、手渡された論文は計五冊のものであったので、博士論文として提出した三冊に加えて、岡がヴィーンに残した他の論文も含まれていたことが推測できる。それは米軍の好意によるものなどではなく、むしろ占領政策のための資料として、岡に論文を英訳もしくは日本語訳させようという計画であった。しかし、岡はそれを持ち帰って、翌年の昭和二三（一九四八）年五月、神田御茶ノ水の喫茶店の二階で三日間にわたって開催した座談会「日本民族＝文化の源流と日本国家の形成」［石田・江上・岡・八幡　一九四九］において、石田英一郎の司会のもとに、江上、八幡と討論するためのたたき台として使用した。この時に展開された新しい学説は、すなわち日本民族や文化は統一的なものとして内部発展を辿ってきたのではなく、むしろ複数の時代に、大陸の異なった地域から日本に流入して文化複合がなされ、それが後の時代まで残っているというものである。この説は、民族学界はもちろん、隣接する諸科学である考古学、歴史学、言語学にも波及し、後に平凡社から単行本として出版された［岡　一九五八］。そして、岡自身がその結論にあたる部分を二つの短い論文にまとめて紹介した［岡　一九五六、一九六二］。しかし、考古学界

岩手県譜代村調査時の岡正雄と蒲生正男　昭和37年冬（写真提供 J.クライナー）

からはあまり賛同を得ることがなく（これに関しては本報告書に収録の石川日出志氏の論文を参照）、古代史の井上光貞［井上　一九六〇］、言語学の大野晋［大野　一九五七］、あるいは歴史民族学の分野において、岡の学説を受け継いで発展させてきた大林太良［大林　一九七九等］、そして最後に佐々木高明［佐々木　一九七一、一九九七等］を中心として、未だに日本の学界で大きな影響力を保っていると言ってよい。ただ、岡自身はすでに昭和二〇年代終わり頃から、それまでの歴史民族学の考えから離れ、自らの学説に対する興味も薄れて（成果をまとめるたびに文化層の順番や数がどんどん変わっていることはその表れではないか）むしろ社会人類学の方へ転換してきた。

昭和二五（一九五〇）年四月、岡は日本の民族学協会の理事長に選任され、再び学界に復帰し、様々な新しい計画に着手することになった。おそらく、民族研究所での仕事のあたりからすでに、岡は社会人類学の必要性を強く感じてきたのではないかと思われる。昭和二六（一九五一）年、東京都立大学に招聘され、社会学及び文化人類学を担当した。その後、東京都立大学の主任教授に就任すると、ごく自然にその研究室を社会学から社会人類学へ変更した。最初の助手は、住谷一彦が務め、その後、綾部恒夫、江守五夫、祖父江孝男、蒲生正男、村武精一らが続き、学生には竹村卓二らがいた。このスタッフ、メンバーを伴って昭和二五（一九五〇）年七月、伊豆半島西海岸の伊浜村で現地調査を行い、岡がヴィーン時代から非常に興味を示していたこの地域で、年齢階梯制の社会、そして別小屋の制度を深く調査し報告にまとめた。この調査成果によって、有賀喜左衛門、福武直が強調してきたイエ制度を中心とした同族結合集団とは異なる社会が日本のムラに存在していることが証明できた。この一連の調査は、東京都教育委員会からの依頼で昭和三三年に伊豆諸島や八丈島に広げられ、まとめられた。当時の共同研究者には、蒲生、住谷、村武の他に郷田（＝坪井）洋文も含まれていた。なお、こういった岡をはじめとした何人もの共同研究者による学際的共同研究（九学会連合のそれも含めて）は、ヴィーンのスラヴィクやその弟子達に深い感銘を与えた［Slawik 1961、クライナー　二〇〇〇］ことにも大きな意義がある。

もう一つ、戦後間もなく岡が民族学協会の理事長として着手した調査・研究がある。岡はすでに昭和一二（一九三七）年に三井高陽からの奨学金を受けて、馬場修と共に千島列島占守島、そして樺太のタライカ湖畔のオロッコ民族調査を行ってきた［Oka 1939］が、昭和二六（一九五一）年にはアイヌ民族の総合調査を企画し、多数の研究者を連れて北海道日高の沙流谷のアイヌ民族を調査した。その最初の成果を、昭和二七（一九五二）年ヴィーンで開催された第四回国際人類学民族学大会において「アイヌの親族体制」という題で報告した。昭和二六（一九五一）年、二七（一九五二）年のヴィーン連続訪問の影響は非常に大きかった。なぜならば、それまでに日本の古代、すなわち邪馬台国や出雲問題、あるいはまれびと論ばかりに興味を持って研究を続けてきたヴィーン大学の日本研究、とりわけスラヴィクが急にアイヌ研究に転換し、二年後の一九五三年にヴィーン大学にアイヌのイトクパ所有印と社会組織についての論文を提出して教授資格を取得しているのである［Slawik 1992］。昭和三三（一九五八）年、ユネスコの招待で初めて日本を訪れることができたスラヴィクは、もちろん北九州の地にも向かったが、しかしほとんどの滞在時間を北海道で過ごし、その後もアイヌの文化、歴史、言語に関する論文を多数書いた。日本の民族学協会のアイヌ民族調査は、日本国内よりもヴィーンに大きな影響を及ぼした。

岡正雄と鈴木尚　昭和39年秋　於ヴィーン Kaffee Landtmann（写真提供　J.クライナー）

岡は明治大学（昭和三五（一九六〇）─昭和三九（一九六四）年）で活躍するようになった後、やはり北方研究に力を注ぎ、蒲生正男、祖父江孝男、岡田宏明と岡田淳子を連れて内陸アラスカのイヌイットを何度も繰り返し調査した（一九六〇年、一九六二年、一九六七年、一九七五年、一九七七年）。論文『古日本の文化層』ではよくとりあげて論じた南西諸島の宗教観念や行事は、当時の岡の学説にとって大きな意味を持っていたが、それに対してアイヌ民族文化については序文の「学史」で触れるだけで、本論では全く取り上げていない。しかし、それとは対照的に、実際の調査という面においては岡は一度も沖縄の地を踏んでおらず、北方調査に対して非常に熱を入れていたことには奇妙な矛盾を感じる（このことについては、この本に収録されている岡田淳子氏の論文を参照）。

最後に、岡が開いたもう一つの研究分野に触れなければならない。すでに明治大学にいた頃、また、特に東京外国語大学のアジア・アフリカ言語研究所（昭和三九（一九六四）─昭和四八（一九七三）年）の初代所長となってからの岡は、日本における民族学、文化人類学の発展のためにヨーロッパ民族調査が必要だと感じ、昭和四五（一九七〇）年、蒲生、江守、祖父江、大胡、そして住谷、及び長男の千曲を伴って、オーストリア東部のブンゲンラント州の葡萄農村ネッケンマルクトNeckenmarktと、上オーストリア州のInnviertel地域で現地調査を行った。これは、梅棹忠夫を団長とする京都大学の南欧現地調査と同時期である。この時も、日本における影響よりもヴィーンやオーストリアの民俗学への影響が大きかったことが認められる。というのは、当時のヴィーン大学の民俗学研究所所長のガールKaroly Gáalは、岡との討論で日本の村落社会調査の方法論を知り、自らも一九七〇年以降、いくつかのそういったオーストリア農村についてのモノグラフをまとめ、発表しているのである。

岡は最後に、国際人類学民族学の国際連合の常任委員会の委員として活躍し、最晩年にはオーストラリアのキャンベラの会議で民族映画の使用及び方法を強調する発表をした。

岡が日本の文化人類学のために大きく貢献したのは、いくつかの研究機関の設立と組織化であり、それらはいまだにその研究分野における大きな役割を果たしている。ヴィーン大学日本学研究所は別として、戦時中の民族研究所、戦後の都立大学の社会人類学研究所、明治大学の社会人類学研究、東京外国語大学のアジア・アフリカ言語文化研究所がそれである。そこで岡は数多くの若手の研究者を育て、また、いくつかの大きな共同研究や現地調査のプロジェクトを実現した。一つだけ岡が長年尽力してきた計画、すなわち国立民族学博物館の設立実現は、岡の手ではなく、梅棹忠夫初代館長のもとで大阪に開館した。

最後に、一九八〇年に国際交流基金の援助を受けて、ヴィーン大学日本学研究所及びボン大学日本文化研究所が岡を客員講演者として招聘し、その準備が整った時点で、残念ながら急速に病が悪化し、実現が適わなかったことはスラヴィクをはじめヨーロッパの旧友たちにとって非常な心残りであった。

【和文参考文献】

芦田均・岡正雄（一九四一）「対談　バルカンの内幕」『改造』第二三巻第一〇号
井上光貞（一九六〇）『日本国家の起源』岩波新書、岩波書店石田英一郎・江上波夫・岡正雄・八幡一郎（一九四九）「日本民族＝文化の源流と日本国家の形成」、『民族学研究』第一三巻第三号
大野　晋（一九五七）『日本語の起源』岩波書店
大林太良（一九六一）『日本神話の起源』中央公論社
岡　茂雄（一九七四）、『本屋風情』平凡社
岡　正雄（一九二八）「異人その他」『民族』第三巻第六号
同（一九四一）「欧洲に於ける民族研究」『改造』第二三巻第一五号
同（一九五六）「日本民族文化の形成」『図説日本文化史大系』第一巻、平凡社
同（一九五八）「二十五年の後に―あとがきにかえて―」、石田英一郎・江上波夫・岡正雄・八幡一郎『日本民族の起源　対談と討論』平凡社
同（一九五九）「オーストリアの冬―春の頃」『日本民俗学大系』第六巻、平凡社
同（一九六二）「日本文化の基礎構造」『日本民俗学大系』第二巻、平凡社
同（一九六四）「パージ時代の澁澤さんの思い出」『民間伝承』第二八巻第四号
同（一九七八）「尚志社から民族学まで―岡正雄氏を囲む座談会」『長野県松本深志高校職員誌「ふかし」』第四一号
岡無理弥＝岡正雄（一九二三）「交友時代におけるワグナーとニーチェ」『白樺』第十四巻第七号・第八号
折口信夫（一九二九）「常世及び「まれびと」」、『民族』第四巻二号
クライナー・ヨーゼフ（二〇〇〇）『阿蘇に見た日本―ヨーロッパの日本研究とヴィーン大学阿蘇調査』一宮町
クライナー・ヨーゼフ（二〇一〇）「小シーボルト以後の日本民族学・文化人類学の展開」ヨーゼフ・クライナー編『小シーボルトと日本の考古・民族学の黎明』同成社
佐々木高明（一九七一）『稲作以前』日本放送出版協会（改訂新版二〇一一年）

同　（一九九七）『日本文化の多重構造―アジア的視野から日本文化を再考する』小学館
佐野眞一（一九九六）『旅する巨人―宮本常一と渋沢敬三』文藝春秋
住谷一彦・坪井洋文・山口昌男・村武精一（一九八七）『人・河童・日本人　日本文化を読む』新曜社
ドイツ語読書会（一九九八）『Tannenbaum＝モミの木：村田豊文先生を偲んで』私家版
細川　修（一九八七）「岡正雄　ウイーン大学教授・歴史民族学の先達」『深志人物誌』、松本深志高校同窓会
宮本常一（一九九三）『民俗学の旅』講談社
柳井統子（一九四〇）「父」、『早稲田文学（第三次）』第七巻第一二号
柳田國男（一九五九）『故郷七十年』のじぎく文庫

【欧文参考文献】

DOAK, Kevin M.(2001) : "Building National Identity through Ethnicity". In:*The Journal of Japanese Studies* 27,1 : pp.1-39.
ELIADE, Mircea (1953) : *Der Mythos der ewigen Wiederkehr*. Düsseldorf : Eugen Diederichs. 初版本：Le mythe de l' eternal retour.Archetypes et repetition. Paris Gallimar 1949. 日本語訳：『永遠回帰の神話―祖型と反復』堀一郎訳、未来社、一九六三.
EMBREE, John (1939) : *Suye mura, a Japanese Village*. Chicago Univ.of Chicago Press.日本語訳：『日本の村落社会―須恵村』植村元覚訳、関書院、一九五五
HACK, Annette (1996a) : "Die Aktivitäten der Deutsch-Japanischen Gesellschaften im Nationalsozialismus". In: Günther Haasch (ed.): *Die Deutsch-Japanischen Gesellschaften von 1888 bis 1996*. Berlin: Edition Colloquium im Wissenschaftsverlag: pp.225-349.
HACK, Annette (1996b): "Die Zweigstellen der Deutsch-Japanischen Gesellschaft (1934-1945)". In: Günther Haasch (ed.): *Die Deutsch-Japanischen Gesellschaften von 1888 bis 1996*. Berlin: Edition Colloquium im Wissenschaftsverlag: pp.351-440.

HAEKEL, Josef, Anna Hohenwart-Gerlachstein, Alexander Slawik (1956): "Die Geschichte des Instituts für Völkerkunde". In:Institut für Völkerkunde der Universität Wien (ed.): *Die Wiener Schule der Völkerkunde. Festschrift anlässlich des 25-jährigen Bestandes des Instituts für Völkerkunde der Universität Wien (1929-1954)*. Horn, Wien: Berger: pp.1-16.

HEINE-GELDERN, Robert (1932)："Urheimat und früheste Wanderungen der Austronesier".In:*Anthropos* 27 : pp.256-292.

KREINER, Josef (1980)：Heinrich Freiherr von Siebold. Ein Beitrag zur Geschichte der japanischen Völkerkunde und Urgeschichte". In：Josef Kreiner (ed.)：*Beiträge zur japanischen Ethnogenese. 100 Jahre nach Heinrich von Siebold (= Bonner Zeitschrift für Japaonologie: 2)*：pp.147-203).

KREINER, Josef (2012)："Einleitung. Oka Masao (1898-1982) und sein Werk Kulturschichten in Alt-Japan". In: Oka Masao: Kulturschichten in Alt-Japan. Bonn: Bier'sche Verlagsanstalt: pp.ix-xxxvi.

KREINER, Josef (2013): "Die Gründung des Instituts für Japankunde an der Universität Wien". In: Ingrid Getreuer und Sepp Linhart (ed.):*Österreich und Japan in der Zwischenkriegszeit (1918-1938) (=Beiträge zur Japanologie;42)*: pp.33-69.

OKA, Masao (1934)："Das Geheimbundwesen in Japan und Ryukyu. Seine Eigenart und kulturhistorischen Beziehungen". In：Actes du Ie Congres International des Sciences Anthropologiques et Ethnologiques. London.

OKA, Masao (1939)："Das Problem der Kultur der Nord-Chishima (Kurilen)〟.In：*Actes du IIe Congres International des Sciences Anthropologiques et Ethnologiques.*

OKA, Masao (1952)："Das Verwandtschaftssystem der Ainu". In：*Actes du IVe Congres International des Sciences Anthropologiques et Ethnologiques.*Wien:Adolf Holzhausen.

SCHMIDT, P.Wilhelm (1935a)：*Der Ursprung der Gottesidee. Eine historisch-kritische und positive Studie.* II.Teil：Die Religion der Urvölker. III.Band Die Religionen der Urvölker Asiens und Australiens. Münster：Aschendorff.

SCHMIDT, P.Wilhelm (1935b)：*Neue Wege zur Erforschung der ethnologischen Stellung Japans.* Tokyo：Kokusai Bunka

Shinkokai.日本語訳：『日本の民族學的地位探究への新しき途』国際文化振興会、一九三五

SCHMIDT, P.Wilhelm und P.Wilhelm KOPPERS (1924)：*Völker und Kulturen*. Erster Teil：Gesellschaft und Wirtschaft der Völker. Regensburg：Habbel (＝Der Mensch aller Zeiten. Natur und Kultur der Völker der Erde；2).日本語訳：『民族と文化』第1巻、彰考書院、一九四四

SCHURTZ, Heinrich (1902)：*Alterklassen und Männerbünde. Eine Darstellung der Grundformen der Gesellschaft*. Berlin：Reimer.

SLAWIK, Alexander (1936)："Kultische Gerheimbünde der Japaner und Germanen. Eine vergleichende Studie". In：*Wiener Beiträge zur Kulturgeschichte und Linguistik* 4：pp. 676-764.日本語訳：「日本とゲルマンの祭祀秘密結社」住谷一彦・クライナー・ヨーゼフ訳：『A・スラヴィク：日本文化の古層』、未来社、一九八四、四三―一五九頁

SLAWIK, Alexander (1959)："Zum Problem des 'Sakralen Besuchers' in Japan. In：*Ostasiatische Studien* 48：pp.196-207.日本語訳：「まれびと考」住谷一彦・クライナー・ヨーゼフ訳：『A・スラヴィク：日本文化の古層』、未来社、一九八四、一六七―一九六頁

AWIK, Alexander (1961)："Theorie und Praxis der Zusammenarbeit zwischen den anthropologischen Disziplinen von Ostasien aus gesehen". In:Emil Breitunger, Josef Haekel und Richard Pittioni (eds.): Theorie und *Praxis der Zusammenarbeit zwischen den anthropologischen Diosziplinen*. Horn: Berger: pp.245-259.

SLAWIK, Alexander (1972): "Die Bibliothek des Instituts für Japanologie der Universität Wien. Ihre Beziehungen zur Geschichte der Japanologie in Wien und ihre Bedeutung für ethnologische Forschungen". In:*Wiener Völkerkundliche Mitteilungen* 19.Jg.NF 14: pp.33-64.

SLAWIK, Alexander (1983): "In memoriam Masao Oka". In: *Japan.Heute und Morgen* 3/1983: pp.3-8.

SLAWIK, Alexander (1992): *Die Eigentumsmarken der Ainu*. Berlin: Reimer.WANG, Thusnelda = NAUMANN, Nelly (1946):

Das Pferd in Sage und Brauch Japans. Phil.Diss.Univ.Wien(=Folklore Studies: 18, 1959).

無理弥その他

岡　千曲

岡正雄は晩年半醒半睡の精神状態の状態であったが、おそらく本心から出たものであろうその遺志を繰り返し言い残した。それは、自分の遺骨を故郷の松本の他にも、アラスカとヴィーンに分骨せよという人迷惑なものであったが、遺されたわれわれは遺志どおりに分骨した。アラスカの分は、ブルックス山中のヌナミウト・エスキモーの村アナクトゥヴク・パスに分骨した。生前正雄と親交の深かったヌナミウトの友人パニアックの息子の案内で墓参りしたとき、一面樹木の見当たらないツンドラ原のなかで墓地のあたりだけに柳の木々が生えているのでいぶかしく思ったところ、彼が言うには、この柳は一万数千年前の氷河期に凍結保存された種子から生えたものだと説明してくれた。永久凍土に封じ込められた種子が墓掘りで地表にさらした凍土から溶け出して発芽したものだと言われ妙に納得したものだった。村人にマウント・オカと命名していただいた小高い山の麓にある墓地を訪ねた写真家の故星野道夫氏は『風のような物語』の中で未亡人岡澄子宛ての墓参の報告をかねた手紙を紹介している。ヴィーンの分骨は正雄の親友スラヴィクAlexander Slawikと教え子のホーエンヴァルト女史Anna Hohenwart-Gerlachsteinの手を借りて、ヴィーン市北郊のカーレンベルク丘陵ヨーゼフィネンヒュッテ近くのブナの木のもとになされたと聞いている。遺骨の本体は松本市の城山の麓の禅寺の墓地、岡家本家の墓を少し登ったところ、鉢伏山や美ケ原の眺めがきくところへ安置した。本家の墓との間には、「男装の麗人」川嶋芳子の墓もある。

分骨の遺志からもうかがえるように、正雄は自身の生涯の焦点をおおまかにこの三つの場所に絞っていたのかもしれない。そして記憶力が弱まり始めてからは、正雄の意識は今・ここからスリップし始めて時を遡行して行った。初めのうちは自分が今アラスカに居るかのような言動が目につき、次第にそれがヴィーンへと遡及し、最後は松本という始まりに戻っていくようだった。その頃はしばしば徘徊したのだが、家に見当たらないと気を揉んでいると、夕方松本の親戚から今ここにきていると電話があったり、ある時など、特急あずさで松本へ向かう途中甲府のホームを歩いているのを松本の親戚がたまたま見つけて家まで送り届けてくれたこともあった。

ここでは正雄の意識が最後に立ち戻った松本、そこでの正雄をめぐる親族の群像のなかから幾人かをとりあげてそのおおよそのプロフィールを紹介してみたい。彼らが正雄の志すところなり学問なりにどの様な影響をおよぼしたのか私にはうかがい知ることは出来ないが、当人の心をなにがしかは薫習したであろうことは察せられる。

生家は土井尻にある。そこは松本城へと向かう目抜き通りである大名町を横に入った小路で幕藩時代には中級の武士の家々が軒を連ねていた。松本城の天守閣までは徒歩で数分のところにある。岡家の始祖は岡山の池田公から分家して岡を名乗った。始祖の七郎衛門俊正ははじめ『捨て童子』こと松平忠輝に仕え、忠輝配流後は戸田家に仕えて維新を迎えた。正雄の語るところでは、松本中学生のころ伊勢から京都を無銭旅行した折、遠い先祖の墓が京都の黒谷にあると聞いて探し求めたが見つからなかったという。岡家は石高二〇〇石足らずの中級の武士の家であった。生家は幕藩時代からの代々の屋敷地にあり明治期に建て替えられた現存の家は明治期の松本の町屋の面影をいくばくかはとどめており、今は正雄の甥川久保育男の息子潔が暮らしている。庭には古池があり、正雄の幼少時代には、祖父の無理弥が各地から取り寄せた種々のリンゴ畑もあったという。さきほど百歳の長寿を全うして亡くなった甥育男の話では、この池の石組を補強している松材は松本城の堀に使われているものと同様の物とのことであるというから戦国期に掘られたものということになろう。池の周りを囲む古木の趣もあいまっていかにも古めいて暗い池である。「春にはオシドリがやってきてなんの抵抗のない庭で一春過ごして帰る」。そんな池に、時には小魚が浅いところに集まって来て、惟雄や茂雄兄達と小ザルですくったりして遊んだ（兄細見惟雄メモ）。

父は俊純と言い、裁判官を勤めた後、病気で退官後は自宅で弁護士を開業した。法律はボアソナードのもとで学んだと言うから明治法律専門学校に通ったのかもしれない。俊純は病弱で、正雄が物ごころのついた頃は布団を背に炬燵に入っていることが多かったという。篤実だが気難しい性格であったらしく、母小春はそんな父に女中のように仕え、次の間にいて、お茶や食事などを捧げて出入りし、子供は一切出入りできなかったようだ。弁護士業もふるわなかったものとみえ、家は貧しく、親戚などから借金をする生活であった（細見惟雄メモ）。父俊純は正雄が四歳のときに亡くなる。正雄は父親のことを語ることはあまりなかったが、それは、語るに足るだけの体験を父との間に持つことがほとんど無かったからではないだろうか。

父の死後母子の家計はいよいよ逼迫の度を増したらしい。一家は父祖伝来の屋敷を姉和子の嫁ぎ先である川久保磯太郎に売り、最終的に蟻ケ崎に落ち着くまで転居を重ねた。川久保磯太郎は松本始まって以来という東大卒の医師でこの地で開業したのである。

正雄とその父との関係はうかがい知る限りは愛憎に強く彩られることの少ないごく希薄な性質ものであったと察せられるが、兄弟姉妹たち、そして川久保の甥たちとの関係はこれにくらべればずっと濃密であった。とりわけ、年の近い三兄や四兄は、幼くして父親を亡くした正雄の心身を強く薫陶したと思われる。

正雄は五男三女の末子。長兄俊雄は、東大で土木を学んだ後朝鮮に渡りその地で土木技師として働いた。この兄と正雄をのぞけば三人の兄たちはみな職業軍人の道を進んだ。

次兄は俊魁と言い、同じ松本藩の中級士族の真木家の養子となった。長じては、海軍の技術将校として重油を燃料とする軍艦の開発につとめ海軍少将にまでなった。

三兄惟雄も細見家の養子となるが、思うに当時の旧士族の間では幕藩時代の慣行の名残か、同程度の家格の家同士でかなりの頻度で養子のやりとりがあったものと思われる。

惟雄は陸軍の歩兵中尉としてシベリア事変に参加し、そこで初めて当時はタンクと呼ばれていた戦車（ルノー戦車）に出会い、以後戦車の操法や戦闘法の研究に専心。昭和一二年の支那事変では上海・徐州の戦闘に参加し、大隊長として転戦したその戦車隊は当時の新聞などで「細見鉄牛部隊」とあだ名されるほど武名を高めた。そのときの徐州戦で部下の「軍神」西住小次郎中尉が戦死、これを従軍記者菊地寛が小説にし、さらに吉村公三郎監督のもと松竹が映画化した。この中で西住の上官細見大佐を佐分利信が演じている。西住が昭和の軍神第一号として祭り上げられるきっかけを作ったのは、細見惟雄が西住の死後に行った講演であると言う。惟雄は終戦時は陸軍中将として戦車第一師団長となり、栃木市に赴任して米軍上陸を想定した反撃作戦を準備した。惟雄はまた、五・一五事件に際しては陸軍士官学校の教官として、事件に連座した教え子のために熱弁をふるっているが、自らの武勲を誇らしげに語るということの一切ない、謙虚な人となりであった。

四兄茂雄も職業軍人の道を進んで陸軍中尉までなったところで退役した。その後は「岡書院」の主として人類学・民俗学の後方支援に努めた。その方面の消息は名著『本屋風情』などでよく知られているのでここでは割愛するが、背筋に気が通ったような姿勢の持ち主で、どんな些事といえどもまごころをもってなおざりにしない。茂雄は、岡書院のほかにも山岳関係の名著を「梓書房」から多く出版しているが、槇有恒『山行』や小島烏水『山の風流使者』をはじめその装丁には実に丁寧な心配りをしている。けじめを欠かすことなど全くない茂雄とは正反対に放縦であった正雄はこの兄を「ちっちゃいお兄ちゃん」と呼んでまとわりつくように慕っていたようだ。

祖父岡無理弥俊景のことにも触れておこう。正雄が初めて活字にしたのは二五歳のとき、雑誌『白樺』にニーチェの妹の『交友時代におけるワーグナーとニーチェ』を翻訳した。そのときペンネームに用いたのが祖父の名『無理弥』であった。正雄の「無理弥じいさん」への思い入れがうかがわれる。じじつ、正雄は父のことを語ることはまれであったが、祖父のことは折に触れて口にしていたように思う。松本市内の城山の麓にある岡家の墓地には、先祖代々の墓の右隣に、「無理弥」とだけ刻した石碑が立っている。ちなみに左隣には頭部を欠いた地蔵菩薩の石像があるが、この石像をめぐっては、正雄が高校時代に南アルプスを縦走した折、仙丈岳にあった地蔵の頭を金剛杖でたたき落として持ち帰ったのを、母小春が縁起でもないと言って石屋に頼んで胴体に乗せたのだが、どうしたことかいつのまにやら頭が欠けてしまった、そこでまたつけ直してもまた欠けるというそうした怪談めいた縁起が語られている。

岡無理弥は文政二年（一八四四年）に生まれ、正雄の生まれる十年前に亡くなっている（以下は『諸士出身記』『東筑摩郡、松本市・塩尻市誌　別篇人名』『松本郷土訓話集』などに拠る）。無理弥は「幼にして学を好み、資性頗る明敏であった」。弘化元年（一八四四年）亡父俊強の家督を相続し、一七〇石と父祖の屋敷を下される。弘化四年「江戸詰被仰付」られ、軍学修行のため「清水俊蔵方江罷越」。清水俊蔵は当時「天下の三蔵」として近藤重蔵らと並び称された兵学家で、無理弥はここで長沼流の兵学を修める。長沼流は松本藩出身の長沼宗敬が編み出した兵法で火術の使用が特徴的であった。火術といえば、後に無理弥は佐久間象山と交流を持つようになるが、洋式の砲術を追求した象山に客分として師事した。兄茂雄によると、「その翌年元治元年の春先、象山上洛の途次、三月十八日松本の私の家に泊まり、時世について私の祖父と一夜語り合ったようである。その二年前に、江戸東禅寺（英国公使の館）警護に当たっていた松本藩士の一人、私かに攘夷を思念していた伊藤軍兵衛が、その任を犯して公使館に切り込んだ事件があったばかりなので、祖父は象山の上洛に危惧を抱き、せめて藩境まではと、若党をして見送らせたのであった。果たしてその夏、象山は京都で攘夷派の刺客に襲われて、不帰の客となってしまったのである」。母小春は「祖父から象山についていろいろ聞いていたようであり、祖母は象山の顔も覚えていた」（『閑居漫筆』）。

無理弥はその後御軍師役を仰せつけられ頻繁に江戸と松本を往復するようになる。嘉永三年には「相州切嶋開国浦賀辺迄罷越」すように仰せつけられ、同五月には桜田御門番を勤める。

この間、相馬中村藩の草野半衛門について二宮尊徳の農政術である報徳仕法を修めた。草野半衛門は尊徳の高弟であったので直接尊徳についてその教えを学ぶことが出来た。業をおさめて帰藩、その器を認められて、直ちに御預処の奉行兼御軍師役に任ぜられた。嘉永五年には、「備金囲穀金積且御内用向差図行届」につき、白銀二枚を頂戴しているとあるから、藩財政の立て直しに貢献したものであろう。さらに安政元年には「村々の取締宜取箇（取り立てのことか）様子能取斗御辻（道路）相増且囲穀足増」とあり、安政四年には、「御領所富分之上納金段都都取扱方宜取締行届儀」によって幕府中阿部正弘、勘定奉行川路から銀十枚を下されている。

『別篇』にはこうある。「当時民風著しく頽敗遊惰に流れ、産業を治めずに徒らに上下貴賤、形式に流れて闘訟を好む状態だったので、これに向かって伝習の仕法を行い村間を巡回し、百姓を訓悔して副業を教え、荒蕪の地を開墾して苦心惨憺経営につとめた。ここにおいて悪弊漸く改まり、納租期を違えず、訴訟しだいに減じて治績が大いにあがった」。

郡奉行として農村を巡回した無理弥は農民たちとの交流を色濃くしたようだ。私は今から十年ほど前、松本郊外の島立の浅田周一さんという方から手紙を頂いた。浅田さんは浅田飴の創始者浅田宗伯の末裔に連なる方で、農業の傍ら古文書の勉強をしているとのこと。氏が言うには、島立組の大庄屋であった上条覚左衛門が無理弥と親交を結んでいて、両者の間で頻繁に手紙のやり取りがあったものらしく、無理弥から上条あての手紙が何通も残っている、それを見に来ないかということで、正雄の甥の川久保孝男と島立の浅田家を訪ねて手紙を見せてもらい、お話を伺った。それによると、無理弥は出府や上洛の折などにしばしば上条宛てに両者のいかにも親密な関係をうかがわせる手紙を出しており、その内容は当時の江戸のサンマの値段に及ぶなど非常にこまやかな事柄にまで及んでいると言う。また、印象的だったのは、無理弥が死の数日前に上条宅を訪れ、「自分は数日後の何日に死ぬ。色々とお世話になった」と言い残して立ち去り、果たしてその日に亡くなったということだ。無理弥の最後を『別篇』はこう記している。「明治二一年十月一日突然藩侯の墓参を思い立ち、拝領の衣服を着用して平生愛用の刀を携え、埋橋の藩墓に参詣し、帰途親戚故旧を訪い帰宅するや突然脳溢血に罹り、その日没した」

無理弥についてはこのくらいにして私が正雄から聞いた無理弥の弟の「サンロクじいさん」こと池田三六にまつわる、真偽のほどは今となっては確かめようもない話を書いておく。池田三六は家督相続に与ることのない部屋住みの弟であった。池田姓を名乗ったのは、養子に行ったからではなく、始祖の本家の姓を借りたというほどのものであったのではないか。当時の部屋住みの若侍たちは前途にさしたる見込みもなく相当荒んでいたらしい。三六はあるとき同類の仲間と六九町でささいなことで町人の娘を切り捨てにした。良心の呵責、あるいはたとえ切り捨て御免の世であってもということで、三六は松本を逐電し、放浪を重ねて長崎まで行った。彼はそこで医学めいたものをかじったらしい。いぼ取りの秘薬なるものを売りながら回国放浪して歩いた。北は蝦夷地までいったと言う。そんな三六が長いこと消息不明だったのが、明治期に正雄の兄俊雄の家を突然訪れ、「池田三六ただいま参上つかまった」と当時でも時代がかって聞こえるセリフで家の者たちを驚かせたと言うのだ。三六の波乱万丈の人生もさることながら、西は長崎から北は蝦夷地まで及んだという回国の生涯は、その一端なりとも記録されていれば民族学者の目を引いたものになったであろうが残念なことではある。

共に過ごした楽しい思い出
――アラスカ・エスキモーの調査その他――

祖父江　孝男

しばらく前、電車が出そうだというので大急ぎでプラットフォームを駆けだして転び、足の骨を折ってしまいました。救急車で運ばれて一カ月入院し、それ以来、一人で歩けなくなりました。外へ出るときはいつも息子についてもらっております。私はステッキをつき、息子のカバンにつかまって移動します。家内が亡くなってだいぶたっておりますが、それ以後ずっと二人暮らしで、毎日の食事は息子がつくり、私は皿洗いという毎日です。今日も息子にはアシスタントとしてつきそってもらって、お話をさせていただくことにいたします。

私はほかの方とはちょっと違って、「共に過ごした楽しい思い出―アラスカ・エスキモーの調査その他」という、なんとなく楽しそうな題をつけることにいたしました。岡先生のいろいろな側面をお話しするのが今回のレクチャーの目的と伺っておりますので、私はほかの方があまり触れておられない岡先生の日常の側面に焦点を絞って考えていきたいと思います。

私が初めて岡先生にお会いしたのは一九五〇年。当時の私は東大理学部人類学科の大学院生でした。この人類学科では、自然人類学（physical anthropology）が中心で、それにほんの少し文化人類学（cultural anthropology）が加わったような教え方をしておりました。そして、理学部人類学科の最初の一年間は、医学部の学生と全く同じ医学部の講義が必須科目であり、特にこのうちの半年は、医学部の学生と一緒に解剖実習を必修として行いました。戦後まもない一九五〇年ごろの日本には、あちこちで亡くなってそのまま放置された屍体が多かったのですが、この屍体にメスをふるって行なう生体解剖実習を半年間、医学部の学生と一緒にやりました。それに生理学、生化学、それから病理総論までやってから、文化人類学に入るというその経験は、今思い出しても、大変に貴重なものであったと感じます。

私の指導教官は、だいぶ前に亡くなった杉浦健一講師でありました。当時、先生はミクロネシア（マイクロネシア Micronesia）の研究をやっており、戦争中は日本政府のミクロネシア委任統治領の嘱託をやっておられました。その講義の題目は「土俗学」です。不思議に思われるかもしれませんが、一九五〇年ごろ、日本では文化人類学という言葉は全く使われていなかったのです。当時使われていたのは民族学と土俗学。東京大学文学部の宗教学科出身の杉浦健一講師は東京大学理学部でミクロネシアを中心にmaterial culture、つまり「物質文化」の研究をやっておりました。私は今では文化人類学と呼ばれる土俗学という学問をやっておりました。そのころは民俗学という言葉もあまり知られておりませんでしたが、民族学のほうはほとんど知られていませんでした。文化人類学という言葉はまだ存在していなかったと言ってもよいと思います。

私は土俗学を勉強し、卒業論文は杉浦先生の指導のもとで、「ミクロネシアにおけるココヤシ葉製編籠：その製作技術と分布について」という題で、ココヤシ葉でつくったバスケットの構造を分析して論文をまとめました。そのバスケットの実物は現在、大阪府吹田市千里の万博記念公園にある国立民族学博物館に所蔵されていて、そこで展示されていますので、大阪の博物館でぜひご覧ください。

あのころは文化人類学という言葉がほとんど知られていなかったことは先にも述べた通りですが、他方、土俗学という講義を日本では東京大学だけでやっておりました。私のほかに地理学の学生が数名聴いておりました。特に強調しておきたいのは、東大文学部東洋史学科における初めての女子学生である中根千枝さんが興味をもって聴きに来ていたということです。彼女は文化人類学に非常に興味をもち、東洋史学科を卒業してから大学院に入って中国に留学し、その後、日本で最初の女性の文化人類学者になったことも強調しておきたいと思います。

そのころ杉浦健一先生から岡正雄先生を紹介されました。また、そのころ岡先生は日本民族学協会の理事に就任されました。というのは、日本民族学協会がそのころ出来上がったのです。人数もまだ非常に少ない。そのとき私は岡先生に紹介されて、「まあ、しっかりやりなさい」と励ましの言葉をいただいたのですが、おそらく岡先生は、文化人類学などというどうにもならないような学問をやろうなどという物好きもいるものだと思ったことでしょう。私のほうは岡先生にしっかりやりなさいと言われたのですっかり感激してしまいました。そういういきさつで民族学を始めたのです。

その翌年（一九五一年）、岡先生と初めて一緒に参加することになったのが日本民族学協会が主催した北海道アイヌの総合調査です。先ほどアイヌについてのご報告がありましたが、そのアイヌです。そのころはアイヌについてはほとんど調査がなされておりませんで、あまりだれも調査していないから、これからは日本民族学協会がもっと研究していかなければいけないのだということで、初めて公式の調査がなされることになったのだと思います。三〇人ほどの社会学、民族学等々の学者の先生方がそれに加わりました。たぶん一カ月近くだったと思いますが、私は岡先生、杉浦先生などと一緒に北海道でアイヌの調査をいたしました。ですから、私の文化人類学における最初の組織的な調査は北海道アイヌの調査です。そのころアイヌという言葉はすでに一般に使われておりました。

その後、私は東京都立大学社会学・社会人類学研究室の助手になりました。今日出席しておられる住谷一彦さん、それと亡くなった蒲生正男さん、その三人でこの研究室の助手として仕事をしておりました。社会学・社会人類学研究室という日本で初めて「人類学」と名前のついたこの研究室が出発したばかりの時でした。

それから間もなくの一九六〇年、話は飛びますが、神田駿河台にある明治大学が創立八〇周年を迎えるにあたり、その記念事業ということでこの年の夏に明治大学山岳部がアラスカのマッキンレー山脈にアタックしました。他方、学術的な面もやろうではないかということになりました。岡正雄先生はそれまで都立大学におられたのですが、明治大学に初めて出来た社会人類学研究室の教授として移られました。蒲生正男さんが私と一緒に助手となり、記念事業としてアラスカの調査を行うことになりました。その年の大きな事業ということで私どもはアラスカ・エスキモーの調査、文学部地理学の渡辺操教授は地理班、考古学の杉原荘介先生はアラスカの発掘ということでした。

なお、当時のアメリカでは、エスキモーという言葉は偏見その他が多いし、ほかにもいろいろな意味があるということで、エスキモーをやめてイヌイットという言葉が使われ始めました。しかし、エスキモーという言葉のほうが皆さんはよくご存じだと思いますので、調査のときのエスキモーという言葉をきょうもそのまま使わせていただきます。

岡先生をリーダーとして、その年は私一人が研究助手として同行し、この地におけるアラスカ・エスキモーの調査をやることになりましたが、この年はまだ準備段階ということで予備的調査を行いました。二年目、三年目は、住谷・蒲生のお二人を中心とし、岡田（宏明・淳子御夫妻）も加わってもっと本格的な調査が行われました。

ここで強調したいのは、今日のほかの方々のお話はみんな文献に基づく調査の結果だけで、それだけ聞けば、岡先生は文献、とくに歴史学的、考古学的なことだけしかなさらない方のように思われてしまうのですが、岡先生はフィールド・ワークも実にお上手でした。レジュメに、岡先生はエスキモーのあいだでは大変な人気者だったと書きましたが、文字通りの人気者でした。誇張で言っているわけではありません。岡先生、オカ、マサオ・オカと、エスキモーのあいだでは大変な人気で、これは決して誇張ではありませんでした。

考えてみますと、アメリカにはずっと住みついているネイティブ・アメリカンとしてアメリカ・インディアンがたくさんいます。私自身がそれまでに調査をしましたのは、アリゾナのナバホ、プエブロその他の諸族ですが、アメリカ・インディアンは一言でいうと、あまり笑わない人たちです。愛想があまりよくない。岡先生も最初からアメリカ・インディアンを調査していれば、すぐにいやになってケンカでもしたかもしれません。ところが、それと正反対なのがエスキモーです。エスキモーの人たちは初対面でもいつもニコニコしています。それで私どもはエスキモーの人たちをスマイリング・ピープルというニック・ネームで呼んでおりました。私どもだけでなく、アメリカの学者もスマイリング・ピープルのエスキモーたちと呼んでいました。岡先生が最初に当たったのがこのスマイリング・ピープルであったことはたいへん幸運だったと、今でも思っております。

エスキモーたちの細かい点については、私のあとの岡田さんなどから詳しく聞いたり読んだりしていただきたいと思います。なお、岡先生のこの『岡正雄論文集　異人その他　他十二篇』は最初、厚い本として出て、それを改訂したのがこの岩波文庫の一冊です。大林太良さんが編集したものですが、これについて私の率直な意見を述べさせていただきます。

コメントの第一は、この表題の付け方がどうもうまくなかった。率直なところ、そう申したいのです。この表題だけ見たのでは、何が書いてあるのかはっきり分からないでしょう。この中にある論文の表題は「日本民族文化の形成」、および「日本文化の基礎構造」、そして「日本文化成立の諸条件」ですから、この本の表題をこれの二番目の「日本文化の基礎構造」あたりにしたら、この本はもっと多く読まれたと思うので残念でした。『異人その他』では、一般の読者はあまり読む気にならなかったのではないでしょうか。ちょっと残念に思います。

この機会に申し上げたい二点目ですが、岡先生の論文に関連した部分が多くのっているように思われるのは、もうひとり文化人類学者の佐々木高明さんの著書です。現在、国立民族学博物館の名誉教授で、少し前まで副館長もやっておられましたが、佐々木さんの書かれた本で岡先生に関係のあるものが非常に多い。それらをあげると「日本の焼畑」「縄文文化と日本人」「農耕の技術と文化」、それから「日本文化の多重構造」「日本文化の起源」等です。このシンポジウムになぜ佐々木さんも加えなかったのか、なぜ佐々木さんにも参加していただいて本を作ることを考えなかったかと、いささか残念に思っております。皆さんも佐々木さんの本は読んでみてください。

もう一つ付け加えて申し上げると、ここにいらっしゃる方々は自然人類学関係のことはあまり読んでいらっしゃらない方が多いと思いますが、顔や体、とくに骨をについて論じている自然人類学（physical anthropology）はドイツとアメリカで多く研究されていますが、日本でこれをやっている鈴木尚博士（東大理学部人類学教室の主任教授でした）の書いたものを取り上げたら良かったのではないかと思っております。とくに鈴木尚著『骨が語る日本史』（一九九八年・学生社）はあげたら良かったのにと思いました。

特にこの本の第一〇章に「徳川将軍の顔」という章があり、こういうことが書いてあります。「日本人の顔は江戸時代以降になってはじめて今の日本人に非常に近い顔になった。それ以前は日本人といっても今の日本人とは顔が非常に違っていた。中世の鎌倉時代、室町時代を経て、顔が大きく変ってきたのである。江戸時代以降になると、明治維新から大正、昭和へと、日本人の顔は急速に変化して現在の日本人に近づいてきたのだが、それで、今の日本人と明治時代の日本人とはそれほど違いがないのである。」と。

言ってしまえば簡単ですが、研究している人にとってはたいへん苦労の多い骨の研究の結果だということが言えるわけで、この問題はもう一つ、日本人の社会、文化を考えるうえにおいても重要です。なぜ日本人の顔が明治以降変わって、今の日本人の顔とくらべてそんなに変化がないか、言ってみれば簡単ですが、これも文化人類学に関連性のあることとしてぜひとも取り上げていただきたかったと思います。

なお、私は第二次、第三次のアラスカ・エスキモー調査には加わっておりませんけれども、それは、実はそのころから私は日本人の県民性、県によって日本人の性格がいかに違うかという心理学的な面に関心をもつようになったからです。なぜそういうことに興味を持つようになったかというと、これまた岡先生の影響が極めて大きいのです。

先にも申しましたように、私は岡先生の下で他の二人の助手と一緒に社会学・社会人類学研究室で仕事をしていました。そのころの都立大学の研究室のストーブは石炭ストーブばかりでしたが、石炭ストーブにあたりながらの炉辺会議めいたものを毎日やっていました。そのとき岡先生がもっぱらしゃべっていたのが長野県人の県民性についてだったのです。岡先生は長野県の出身なのですが、長野県の県民性はいかに生まれたかということをそれこそ毎日のように朝から晩まで聞かされることが多く、ほかのひともそうだと思いますけれども、長野県、とくに県民性に興味を持つようになったのです。それで私は青森県の農村の調査から始めて四七都道府県を全部歩き、最後に訪ねたのが沖縄ですが、農林水産省生活改善課の方々と一緒に調査を行ない、いろいろ書いたりいたしました。

そういうわけで私は県民性ということに非常に興味を持つようになったのであり、岡先生の影響は極めて大きかったということを申し上げたいと思います。それを一つの結論として申し上げ、ここで私の話を終わらせていただきます。ありがとうございました。〔拍手〕

岡正雄の北方研究
――アイヌとアラスカ・エスキモー（イヌイト）――

岡田　淳子

はじめに

岡正雄の北方研究について、正面から取り組まれたものは、今まで無かったように思う。北方文化研究を重ねるにつれ、私は、日本人として北方に視線を向けられた岡先生の研究が、とても貴重に感じられてきた。業績として残されたものには一九三七年の北千島、樺太の調査に始まり、一九七九年に、アナクトブク・パスで暮らしたサイモン・パニアックの人生記録を書かれるまで、四〇年を超えるものがある。その間、一貫して続けられた北方研究は、岡正雄のライフワークの一つであったと考えて良い。

岡先生が北方に向かわれた背景には、次の二つがあった。一つは、日本文化に影響を与えた北からの文化要素の解明で、南からの要素についてはメラネシアからの文化の流れを究明していたが、北からの流れは判然としなかったので、これを究めようと思われた。もう一つは、ビルケット・スミスの「カリブー・エスキモーの研究」に興味を持ち、一九二九年にコペンハーゲンで直接スミスにあって決心したと述べられているので、この二つが核になったものと推察される。前者は、日本人に課せられたアイヌ研究につながるものとなり、後者は、日本民族学者のアラスカ遠征のパイオニアとしての地位を築いた。

社会人類学研究を主軸とする岡正雄であったが、古い社会の探求もおろそかにしなかった。ご自身で発掘調査や資料の採集・収集を積極的に行っている。私が感服したのは出土遺物について、関連する資料を、文献や聞き取りから広く確実に集めて推定し、社会の復元に迫っていることであった。これには学識の深さと、研究のネットワークの広さが感じられ、真に国際的視野を持った学者だからこそ可能だったのだと思う。

一　アイヌ研究

1　千島と樺太の現地調査

岡正雄と馬場脩は一九三七年（昭和一二）に、千島列島（Kuril Is.）と樺太（Sakhalin）の北緯五〇度付近、すなわち当時の日本領土の最北端で発掘調査を行い、翌年、民族学研究に報告を載せている［岡・馬場　一九三八：四八九―五五二頁］。その冒頭に「日本民族学会は第一回の北方文化調査を企て…」とあって、学会の事業として数回は続けるつもりであると述べられ、並々ならぬ意欲が感じられる。このとき岡は、オホーツク文化がどこから来たのか、北千島や樺太アイヌの文化とどう続くのかを求めようとした。

千島・占守島（Shumushu I.）の調査[1]（①）

千島列島の最北の島で、北側の浜に注ぐ川の流域の遺跡を発掘調査した。竪穴住居一五軒と貝塚三箇所である。この付近は北千島アイヌの居住地域だったが、住民は一八八四年（明治一七年）に南千島の色丹島（Shikotan I.）に移住し、すでに通年住んでいる人はいなかった。岡正雄は、昭和初期にすでに、旧石器時代からオホーツク文化の時期に至るまで、何度か北からの文化の流入があったと予想し、日本の種族文化複合を解明するために、それを確かめることを目的の一つとしていた。

この調査で発見された遺構遺物は、オホーツク文化より後の「内耳土器」[2]使用の時期で、アイヌ文化の古い段階と見ることが出来る。遺物を見ると、主として打製石器と骨角器が発見される竪穴と、鉄器や陶器を伴う竪穴とがあり、時代の違いが明らかであった。また遺物はほとんどが日本製だったが、他文化からの石ランプや骨鏃も発見された。遺構は半地下の住居で、多くが本室に前室「寒地玄関（arctic entrance）」を伴う、寒い地方ではよく見られる造りである。遺跡付近にアイヌの首長の名をつけたアレキサンドル丘があり、そこは北千島アイヌの集落の跡であった。

小泊6号竪穴から出土した鯨骨製の仮面が特に注目されている。千島からは、かつて鳥居龍蔵が報告した顎鬚彫刻が特徴的な、色丹島出土の木製仮面が知られているが［鳥居　一九一九］、今回の仮面は北千島最初の発見であり、調査者は鯨骨製のこの仮面を「フジルの面」と呼んでいる。フジルはカムチャッカに棲む伝説上の生き物で、人を見つけると害を及ぼすと恐れられていて、口の曲がった顔を持っている。岡正雄は、千島アイヌのこの伝説を鳥居龍蔵の報告から知っていたが、フジルの伝説を語ってくれたアイヌの住民に絵を描いて貰った［岡・馬場　一九三八：一四六―一四八頁］。同じような左右非対称の木製仮面は、太平洋を隔てた対岸のアラスカ州ではよく知られている。

岡正雄の北方研究地点地図

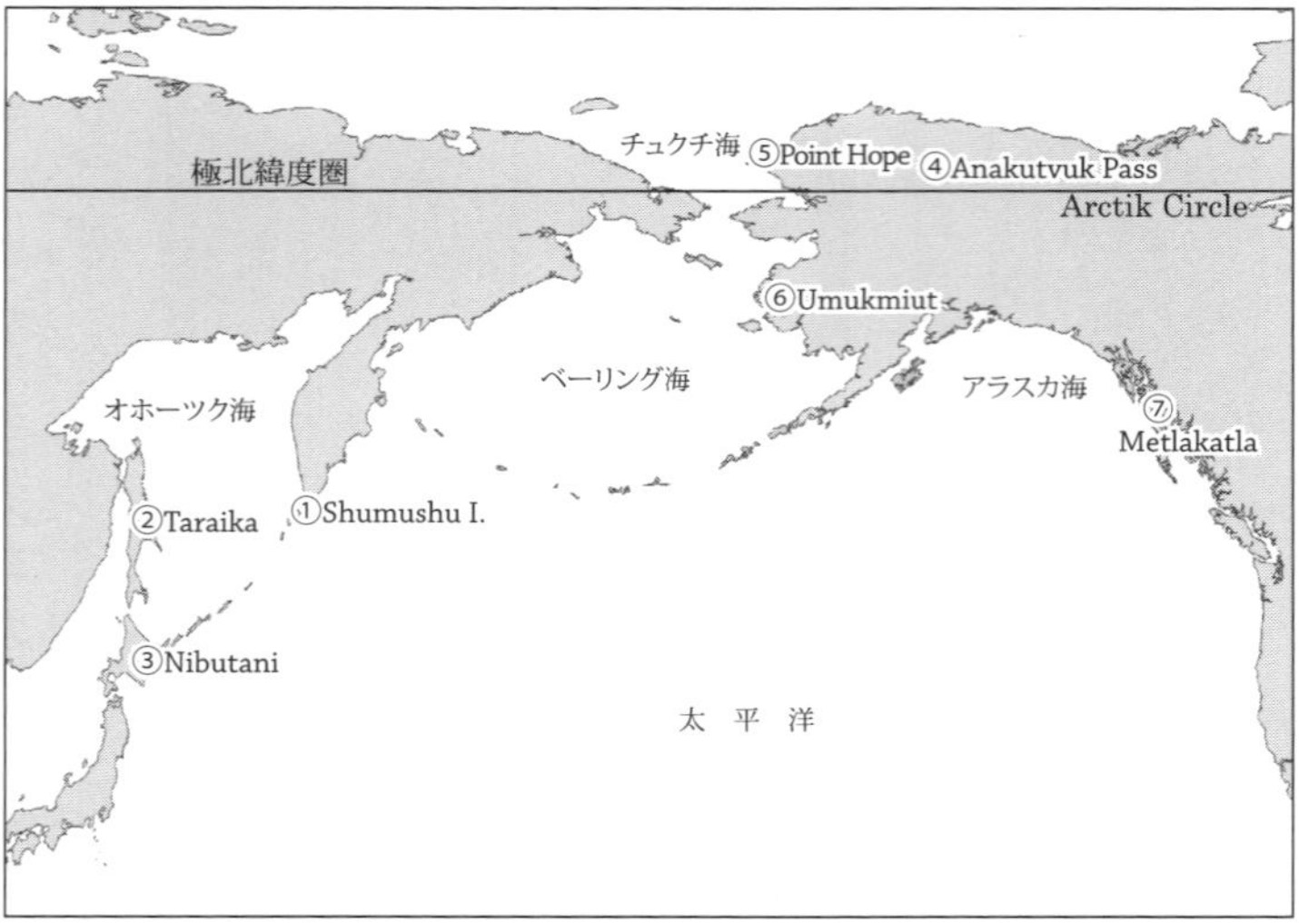

北千島の調査風景（右に立つのが岡）

フジル面のイラスト→

この遺跡で調査隊を撮影した写真を見ると、いずれも岡正雄が作業に従事していたことが明らかかで、若い日の調査姿が見られる。結論として、占守島にはオホーツク期、内耳土器期、北千島アイヌ期の三時期があることを確認したこと、文化の流入経路について北千島のオホーツク人は、北海道オホーツク海沿岸から南千島を経て北東進したものであろうとしている。この結果は二一世紀になってもくつがえされていない。

樺太・多来加（Sakhalin-Taraika）調査の意義（2）

千島から帰り、北海道で英気を養ってから次の調査地、樺太へ行き、北緯五〇度に近い多来加地方で、再び発掘調査を行った。タライカ川の河口と海に挟まれた低地にある遺跡では、東タライカで竪穴住居六箇所と貝塚、西タライカで竪穴住居二箇所と貝塚を発掘し、三軒の半地下式家屋を調査している。貝塚から発見された土器は刻文と沈線文のあるオホーツク式土器だが、熊の足形や小さな歯車などの型押し文をもつ点が、北海道の出土品とは異なっている。貝塚の貝はほとんどがカキ（牡蠣）で、上層のホタテ（帆立）層とは違いがはっきりしていた。発見されたノブタ（野豚）とイヌ（犬）の骨からは、それらが遺伝的にシベリアや沿海州とつながりがあることを、専門家の検査により確認している。一九五〇年以後なら遺伝子検査は珍しくないが、一九三七年にすでに行っていたことは、岡正雄の先見性と学識の深さを示すものといえよう。東タライカの竪穴住居から出土した遺物は、利器などの鉄製品や磨製の石器、陶器、ガラス玉に代表される。陶器は日本製のものが多いが、満州方面から来たものや、ロシア製のものも見られた。床面壁際にあった石ランプも注目に値する。新しいと思われる半地下住居の年代を定めるのに、岡は、出土した古銭（嘉慶通宝　清一七九六―一八二〇）から一七九六年以後とし、遺構の上で育った樹木の年輪の検証、老齢の五人のアイヌの記憶などを総合して一九世紀初頭のものと推定した。犬の骨格が多数出土し、橇（そり）の滑走板と思われるものも見つかったことから、犬橇の存在を想定している。この発見が基礎になって、「北海道の北部で使われていた犬橇は樺太からの移入」と言うのが定説になった。西タライカでは、まだ上屋の残っている住居を調査した。当地域は一九〇五年（明治三八年）に、流行性感冒（インフルエンザ）により集落住民の約半数六〇〇名が命を落としたところで、それ以来、居住する者はいなくなった。この年の前後、感染症の被害が大きかったことは、北太平洋沿岸地帯で広く知られている。調査した住居は樺太アイヌの最後の冬の家（トイチェー）に違いないと考え、保存するための申請を行なったが、保存は実現しなかった。

一九三〇年代（昭和初期）には千島、樺太アイヌはともに減少しており、調査の時期としては遅すぎた感がある。しかし、その後の戦争はますます調査の可能性を閉ざし、先住民も移住、変容していった。その点で最後のチャンス

樺太アイヌの土の家

中に吊手を持つ内耳土器

だったと言うこともできる。

以上のように、岡正雄の行った千島、樺太の調査がもたらした成果は、非常に大きなものであったが、それに値する評価が行われてこなかった。北方研究者の怠慢と言うべきであろうと反省している。当調査は、翌一九三八年にも行われたそうだが、政情不安により継続できず、以来、日本人が調査することは不可能になった。

2　北海道アイヌ調査プロジェクト

一九四九年に日本民族学協会は、渋澤敬三会長から引き継いで岡正雄を理事長とし、さまざまな事業を始めた。その一つが「アイヌ民族綜合調査」の計画である。

アイヌ民族綜合調査は、それまで各分野で個別に行われてきたアイヌ研究を、民族学協会が結集して体系的に行おうというものであった。アイヌ民族の系統がはっきりしなかったばかりでなく、アイヌ文化の本質的な実態も明らかにされて来なかったためである。これは、日本の民族学者に課せられた義務の一つと考え、アイヌ民族の民族学・社会人類学的な綜合調査を数年かけて行おうとした［学会消息　一九五〇：三四頁］。これの委員長になって推進したのが岡正雄である。岡正雄なしに、アイヌ綜合調査の実現は難しかったと思う。一九五〇年より文部省の助成費によって、予備的・基礎的調査を開始した。翌一九五一年には、「アイヌ関係文献目録作成」（関）、「物質文化目録作成」（名取・八幡）、「アイヌ家系調査」（高倉・小山・泉・鈴木）、「アイヌの社会学的語彙集成」（知里）、とそれぞれ分担して調査に入っている。岡委員長はもっぱら渉外を務め、国内外の関連学会と肩を並べての連携を深めるために奔走した。一九五一年には、五月九日から六月二三日まで、「国際人類学・民族学会議常任評議員会」のため、渡仏している。［事業報告　一九五一：七二頁］。

日高沙流川（Hidaka-Sarugawa）地方の組織的調査（③）

一九五一年八月、一六名の研究者が、北海道日高の沙流川地方で調査を始めた。民族学関係では、六名の研究者が加わり、岡正雄は、石田英一郎・杉浦健一・泉靖一と一緒に、親族構造と地縁集団の調査を担当した。形質人類学については、東京大学人類学教室の研究者が総出で調査に従事している。調査の成果は、その年の内に印刷物にしてアイヌ語とユーカラ研究の権威、金田一京助に古希を祝して謹呈された。これも岡理事長のアイディアと思われる。岡正雄はこの調査の成果を、一九五二年に第四回国際人類学民族学会議で「アイヌの親族体制について」と題してドイツ語で発表した。岡正雄と石田英一郎は、「沙流アイヌ共同調査報告」には執筆せず、一緒に調査をした若手二人に任せた。杉浦が「沙流アイヌの親族組織」を、泉が「沙流アイヌの地縁集団におけるIWOR」を書いているが、両報告とも何時までも学史に残る名論文である。

親族組織については、一見、父系制に見える中に母系の継承があり、女性の受け継ぐウプソルが外婚の役割を果たしていることを指摘している。エカシイキリ（男系）は、彫刻の文様シロシで表わされ、フチイキリ（女系）は前述の下帯（ウプソル）によって表わされる。一九五一年ころのアイヌ男性はかならずシロシを刻み、アイヌ文化が生活の中にも生きていた。祭祀は男性が司るもので、例外を除いて女性が取り仕切ることはできなかった。

地縁集団については、河川流域の分水嶺から分水嶺まで、また山嶺から海の沖までが、一つの「イオル（生活領域）」で、他集団の領域を侵さない決まりが存在していた。それは、獲物や資源を守るためだけでなく、毒矢の仕掛け弓による死傷事故を、防ぐためのものでもあった。イオル内には大小のコタン（集落）があって、コタンコロクル（首長）が存在し、他のイオルと諍いが起こったときには、それぞれチャシの上に立ってチャランケ（調停）がおこなわれた。このほかに、久保寺逸彦による「沙流アイヌの祖霊祭祀」、瀬川清子による「沙流アイヌ夫人のUPUSHOR」、渡辺仁による「沙流アイヌにおける天然資源の利用」などの論文が掲載されている。

共同調査はこれで終わったように見えるが、これをきっかけとして個別の科学的調査が行われるようになり、国からもアイヌ文化研究の調査費が出ていたと聞いている。この頃、岡正雄は、アメリカ・カナダの博物館を視察するなど、次への飛躍を試みていた。

二　アラスカ・エスキモー／イヌイトの研究

1　アラスカ遠征

一九五六年、岡正雄はカナダとアメリカ合衆国の民族学関係の博物館を広く視察して、エスキモーの現地調査の可能性を模索している。その後、明治大学が「創立八〇周年」の記念行事として海外遠征を企画することになり、エスキモー研究が実現した。マッキンリー登山と、アラスカの自然・民族の学術調査を組み合わせたのは、明治大学教授となった岡正雄の進言と考えられる。このアイディアはスポーツ・学術双方の関係者から支持された。

準備が整って、一九六〇年五月、民族班の岡正雄と祖父江孝男は、アラスカに向け二ヶ月の予定で、第一次調査に出発した。この年の調査は予備調査の意味もあって、アラスカの各地域を網羅するものであった。第一次調査の終了後、明治大学は渡辺・岡・杉原の編著による報告書『アラスカ』を出版した。岡正雄はこの中で全一八六ページ中、一〇一ページを執筆するという力の入れようだった。アラスカ・エスキモーに関する日本語の文献としては、かなり行き届いた民族誌として評価されている。

第二次調査は、蒲生正男・岡田宏明と一九六二年三月から七月までの五ヶ月間、第三次調査は蒲生正男・岡田宏明に宮岡伯人を加えて一九六七年五月から八月まで三ヶ月間の現地調査が行われた。岡はすでに六〇歳を過ぎていたはずで、極北での調査は厳しかったであろうと思うが、学問的意欲が衰えることはなく、いつもながら感心させられる。

アナクトブク・パス（Anakutvuk Pass）の文化変容（④）

岡正雄は、ブルックス山中にあるアナクトブク・パスを非常に愛していた。自然か住民か、一体、何がそれほど心をひき付けたのだろうか。ここでは、岡の調査目的の一つであった、エスキモー社会の文明化による変容に視点を据えている。「現地住民の基本的生活構造を明らかにした後に、近代化への移行形態を類型的に捉えたい」として、カリブー・エスキモーについての文化変容をまとめた興味深い論考を残された［岡　一九六一ｂ］。さらに、一九〇〇年に生まれ一九七五年に生涯を閉じたサイモン・パニアックというエスキモー男性の人生を、インタービューから綴るという、得がたい記録も残している［岡　一九七九］。情報提供者のサイモンは、小さなバンドの暮らしから、村を作って定住し、文明機械を導入する生活に至るまでの生き証人である。一九七五年、岡正雄は三度目のアナクトブク・パス訪問を果たしたので、その変化を目の辺りにしたに違いない。

岡正雄は現地住民の基本的生活構造として、次の四点を挙げている。*社会的・経済的・倫理的・秩序原理の贈与交換、*イトコ婚を嫌い父系に傾きを持った双系制の親族組織、*季節的変化に応じて移動する動物を追う季節的移動、*晩夏に行われる海岸エスキモーとの交易制度である。調査をした一九六〇・六二年にこれがどのように変わり始めていたか、また今後どのように変わって行くと予想されるかについては、次の九項目が挙げられている。*同姓を持つ父系集団発生の兆し、*定着による不動産の発生、*孤立による内婚への傾向、*村の行政組織の発生、*有力同姓団の発生に

アナクトブク・パスで現地の乳児を抱く

クジラの髭に書かれたMt.OKA

よる富の差、*貨幣経済の浸透による基本原理の衰滅、*定着村コミュニティー隣人関係モラルの自然発生、*老人・病人・嬰児殺しの必要性の消滅、*墓地の発生とキリスト教などの問題。

一九七四年から一九八〇年まで行った私たちの調査では、ほとんどについて岡正雄の予想通りだった。違うのは「孤立による内婚への傾向」で、どの村も滑走路が出来て外界と通じ、青年期には広く国内の学校や企業、軍隊などへ行くようになったので孤立は起こらなかった。もう一つ「貨幣経済の浸透による基本原理の衰滅」についても、生活の基盤すべてが貨幣経済に変わることはなく、狩猟、漁労の近代的な道具や、燃料代、ハイテク商品は資源を換金して買い揃えるが、食料だけは以前のまま、お互いが分け合う基礎的な原理が残っていた。余所者の私にさえも「食べものはあるか」と朝夕に聞いてくれる。道路が出来て流通が良くなれば変わるかもしれないが、現地の村々までツンドラの中に道路を通すのは、決して容易なことではない。

ポイント・ホープ（Point-Hopeティケラーク）の骨角器 ⑤

ポイント・ホープの村は、地域住民にとって、捕鯨の基地と言ってよい。岡正雄はここを第二の調査地に選んだが、ポイント・バローから西へ進み、北緯七一度にテントを立てるという、過酷な調査環境だった。海から押し寄せる流氷は重なって大氷山を築き、鯨組の親方はその上に立って水路にやってくる北極鯨を見張る。鯨は捕れない年もあるが、アザラシを仕留めながら鯨が来るのを待つ「待ちの狩猟」である。セイウチの皮を張った手漕ぎの舟（ウミアック）に銛と火薬と長い棒、浮き袋を積み、鯨が次に呼吸するために現れる海面を見定めて舟を出す。その年は荘厳な白夜の中で待った甲斐があって、鯨が捕獲され、鯨祭りが行われた。獲物分配のしきたりや、鯨組の親方の散財ぶりも語られている。次に何時、捕獲できるか分からない社会では、偶然の幸せを分かち合う祭りなので、散財も気にならないのだろう。再配分のはじまりを思わせる［岡　一九六二b］。

岡正雄はここでもう一つの調査目的、エスキモー人とその文化の移動経路に目を向けている。ティケラークで収集したティガラ（Tigara）文化（西暦一三〇〇年）や、イピュータック(Ipiutak)文化（西暦一〇〇年）の遺物を収集していた［岡　一九六二a］。岡は、西暦紀元ころにすでにこの地域に鉄器が入っていたことや、アジア大陸北東端の墓址遺跡に中国古代の埋葬風習が認められることなどを根拠に、文化の流れに言及している。このときに収集された遺物が最近、明治大学のご好意で道立北方民族博物館に寄贈されたが、その数は六三六点に達している。魚槍、銛頭、ナイフ、口唇具、櫛などの骨角製品、打製石器、剥片などが主なもので、イピュータック第一、二、三地点表面採集、シシマーレフ遺跡出土なども あるので、かなり範囲を広げて採集したものと思われる。

岡正雄は、エスキモー文化がアラスカの南西部に起源をもつのではないかと考えていた。南西アラスカのエスキモー文化が「他の地域のものより複雑で、北西海岸インディアン文化の流入はもちろんのこと、メラネシアや日本の古い

現地の住民にインタビューをする

文化に酷似する部分がある」と述べている。その複雑さが古くからあった証拠と考えていた。当時は、エスキモー文化の起源はカナダ東部のドーソン文化にあると言われていたので、岡の議論はこの考えに一石を投じるものになった。さらに、ブリストル湾に注ぐ河川沿いやイリアムナ湖畔を調査して、エスキモー文化の歴史的構成起源の問題にアプローチしたいと述べている（岡　一九六二a）。それは果たされなかったが、エスキモーの基本的な生活構造を明らかにすることを目標にし、そのためには古い時代の生活を知る必要があると考えられたことは明らかだった。

ウムクミウト（Umukmiut）の夏（⑥）

岡正雄のアラスカでの第三の調査地は、北緯六〇度、ベーリング海沿岸ネルソン島にあるエスキモーの夏の村、ウムクミウトだった。早春のアザラシ狩りから、それに続くニシン漁、海鳥を捕りながらのサケ漁の季節にいたる、夏の生業の拠点である。これらを体験しながら、岡は、同年輩のインフォーマント、フランク・アマデウスから、たくさんのことを聞いたはずであるが、その内容は印刷物に残されていない。この調査の成果は、同行者の蒲生正男が「親族組織とバンド」について、岡田宏明が「環境と文化」について、宮岡伯人が「文化と言語」について、それぞれ発表している。人の一生は決して長くないので、岡は弟子達に後を任せたように思われる。

小さな岬を隔てたウムクミウト東側の開けた土地トクソック・ベイ（Toksook Bay）に、一九六四年アラスカ州が滑走路、小中・高等学校、石油の備蓄基地を設けて人々に移住を働きかけたので、ネルソン島住民の三〇〇人余りが移り住み、ウムクミウトは廃れていった。

ウムクミウトの冬の定住地だった、川の中流域にあるナイトミウト（Nitemiut）は、毛皮猟を得意とする人たちによって住み続けられ、強力なエンジンを使えば海岸と数時間で往復できるので、山と海の生業が分離して分業が成立した。大きな変化である。

まとめ

岡正雄の北方研究について、四〇年間を通して述べてきた。そこで取り扱われた課題は、一つは文化がどのような経路をたどって広がり変化してきたかであり、もう一つはもう少し狭い範囲の社会変化に沿って起こった文化変容のあり方だった。前者は文化変化を巨視的に見たものであり、後者は微視的に見たものである。それらは現地調査を基にして行われ、北方研究に見る限り岡正雄は、フィールド・ワーカーだったと言える。ただ、一を見聞きして十を知る卓抜な能力は、一つのところに長く留まることをしなかった。そこで、ある程度の結果を出すと次に移り、後輩や教え子達に後を託した。

対象地域は日本の北辺とアラスカ北部・西部で、民族としては千島・樺太・北海道アイヌとアラスカ・エスキモー（イヌイト）だった。日本北辺の調査は世界情勢が行く手を閉ざし、アラスカ調査は気候が厳しく決して楽なものではなかった。調査を成し遂げるために氷の海に浸かったこともあったと聞いている。そんな中で結果を出して来られたのは、研究者としての執念にも似た熱意からだったと思う。

岡正雄はさまざまな研究の先鞭をつけてきた。岡正雄が始めたアイヌ研究も、同じく日本人のアラスカ研究も、それが受け継がれ、続けられ花開いた。参考文献は、岡正雄の調査に直接関係あるものだけを示したが、それを引き継いだ研究成果の文献は実に多くの数に上っている。

岡正雄先生への謝辞

一九五一年に初めて岡正雄先生の講義を受け、民族学に惹きつけられた。そして岡先生の直系の弟子ではなかったが、留学生試験の推薦状を書いてくださった。お陰で海外に目を向ける研究者になれたと思う。一九六八年に日本で開催された第八回国際人類学・民族学会議のときにも、岡先生に背中を押していただき、私の研究生活は岡先生に負うところが大きいと何時も感謝していた。一九七二年から一九九九年まで続けた岡田宏明とのアラスカプロジェクトは、岡先生の調査の延長であり、私の最後の調査地Mコミュニティー（⑦）の研究も、岡先生の勧めが三〇年後に叶ったものであった。　岡先生、長い間のご指導、有難うございました。

注

（1）①、②･･･は調査地図の①、②･･･に対応。
（2）内側に吊り手のための構造がある土器。

【参考文献】

岡　正雄（一九六一ｂ）「内陸エスキモー社会の変動」『人類科学』一四、一〇六―一一六頁

岡　正男（一九六二ａ）「極北における《古代文化》の断片」『世界考古学体系　月報一四』平凡社

岡　正男（一九六二ｂ）「アラスカの風物」中日サンデー版、中部日本新聞　七月一、八、一五、二二、二九日、八月二八日（連載）

岡　正雄（一九七九）「サイモン・パニアックの一生―内陸エスキモーの人生―」『季刊どるめん』二一、五―三〇頁

岡正雄・馬場脩（一九三八）「北千島占守島及び樺太多来加地方に於ける考古学的調査予報」『民族学研究』四―三、図版24、四八九―五五二頁

岡田　宏明（一九七六）「西南アラスカ・エスキモーの集落：ネルソン島の事例を中心に」『北方文化研究』九、北海道大学文学部、一―二七頁

岡田　宏明他（一九八二）『Qaluyaarmiut―An Anthropological Survey of the Southwestern Alaska』一―二七頁、北海道図書企画

岡田　宏明（一九九二）「西南アラスカ・エスキモーの文化的伝統：ネルソン島の事例から」『北の人類学』七―三〇頁、アカデミア出版会

学会消息（一九五〇）「アイヌ民族綜合調査の計画」『民族学研究』一五―一、日本民族学協会、三四頁

蒲生　正男（一九六四）「アラスカ・エスキモーにおけるバンドの構造原理」民族学研究二八―二、一四九―一八〇頁

蒲生　正男（一九六五）「アラスカ・エスキモーの親族名称体系」『民族学研究』二九―三、二八三―二九六頁

蒲生　正男（一九七六）「文化交流の提言：南西アラスカ・ネルソン島の事例から」『季刊人類学』七―四、七三―一〇〇頁

事業報告（一九五一ａ）「アイヌ民族の綜合調査」『民族学研究』一六―一、日本民族学協会、七二頁

資料と通信（一九五一ｂ）「アイヌ民族綜合調査の経過」『民族学研究』一六―二、日本民族学協会、九二頁（一七九頁）

祖父江孝男（一九六一）『エスキモー人―日本人の郷愁を誘う北方民族』光文社（一九七二年　改訂版『エスキモー人』社会

思想社）
鳥居　龍蔵（一九一九）「千島アイヌ」『東京帝国大学理科大学紀要』四二―一（『鳥居龍蔵全集』第五巻、三一三―五五三頁に再録）
日本民族学協会（一九五一ｃ）「沙流アイヌ共同調査報告特集」『民族学研究』一六―三・四、一―一〇一頁。日本民族学協会
宮岡　伯人（一九七八）『エスキモーの言語と文化』弘文堂
渡辺操・岡正雄・杉原荘介編著（一九六一ａ）『アラスカ：明治大学アラスカ学術調査団』岡正雄執筆箇所「北西インディアン」一二一―一二九頁、「アラスカのエスキモー」一三三―一五九頁、「北アラスカのエスキモー」一六〇―二二五頁、古今書院

語りの天才、そして日本におけるアフリカ研究の生みの親

川田　順造

語りの力

クライナーさんのご尽力が実って、久しく幻の名著だった岡先生の博士論文が刊行され、私たちも直接読むことができるようになった。

岡先生ご自身繰り返し言っておられたように、資料の限られた外国での研究状況で、細部の論証には不満が残されているかも知れないが、逆にそういう状況だったからこそ、大胆な仮説を練りに練って、壮大な全体像を骨太に描き出すことができたのであろう。日本におられたとしたら、過剰な資料（自分で補足調査に行くこともできる）に搦め取られ、細部の正確を期することに走って、あれだけ迫力のある問題提起はできなかったに違いない。

岡先生の帰国後初めて、博士論文の内容が公にされた討論の記録『日本民族の起源』（平凡社、一九五八年）での、複数の研究者との対話にも片鱗を窺うことができるように、岡先生の問題提起力の凄さは、「語り」にあると私は思う。

五〇年あまり前になる、受講生は私を含めて三人だった、夢のように恵まれた一年間の「アフリカ民族誌」の講義以来、お亡くなりになるまで、いろいろな場で謦咳に接することができた私の内に、歳月を経たいまも、声そして姿となって鮮明に甦るのは、岡先生の「語り」であり、語りの力だ。問題提起力抜群だが文章としては未完の名作「異人その他」をはじめ、岡先生は書く人ではなく、あくまで「語り」の人だったと今でも思う。岡先生の、学者としての長く豊穣な経歴にしては極めて少ない文章も、すべて文章家の文章ではない、語りの文体だ。

「君、アフリカをやれ」

岡先生が、「語り」の力を通して多くの研究者の内に植え付け、育てた学問のうち、ある時期の、研究領域としてまとまったものとして、日本におけるアフリカ研究があると思う。私もその恩恵によってアフリカ研究者になった一人なのだが、一九五〇年代とくに後半、先生が戦後の日本の大学における安定した教職に就かれて間もなくから、都立大の学部・大学院と、東大の大学院で、「岡先生は、学生の顔さえ見れば、君、アフリカをやれ、と言われる」と風評が立つほどだった。その後アフリカ研究を離れた村武さんも含めて、都立大では村武精一、高橋統一、山口昌男、やや遅れて大森元吉、東大では私が年代としては一番古いが、その後三年間のうちに、長島信弘、阿部年晴が、岡先生直々の薫陶によってアフリカ研究者となり、現在に至っている。この顔ぶれで、まったく自発的な集まりとして「アフリカ研究会」を作り、今から思えば微笑ましいほど初歩的だが、熱のこもった研究会を行い、当時の日本民族学会・日本人類学会の連合大会では、まとまって研究発表をしたりもした。

東大大学院での私の指導教官だった泉靖一先生が代表者になって、アジア経済研究所（東畑精一所長）の研究助成を受け、『ブラック・アフリカの伝統的社会構造』、その続編『ブラック・アフリカの伝統的社会構造の変容』の刊行を、まったく自発的な手弁当の集まりだった私たち「アフリカ研究会」の共同研究の場としたこともあった（二冊目の時は、私はアフリカ研究を志してパリに留学しており、まとめ役は長島さんだった）。この二冊の本は、内容としてはまだ初歩的段階ながら、人類学の分野では日本で初めて出版された、総合的なアフリカ研究の本だったと思う。とはいえ、私たち執筆者の誰一人、アフリカに行った者はなく、文献も都立大は東大よりは早くから揃える努力をしていたが、微々たるものだった（天理大学が、文献の上では当時先駆的だった）。一九六五年に発足した「日本アフリカ学会」も、まだ影も形もなく、外務省、実業界、学界を結ぶ人脈をフルに生かした福永英二さんのリーダーシップのもと、優れた編集スタッフを擁した『月刊アフリカ』を発行していたアフリカ協会が、側面から私たちを支援してくれていた。

アフリカへの執着はどこから？

それにしても、結局、生涯アフリカ大陸には足を踏み入れることのなかった岡先生の、あのアフリカへの執念ともいうべき関心は何に由来していたのだろう。これは先生の生前、私も直接質問して伺ったことでもあり、私の推測も交えてだが（今となっては、どこまでが推測か、はっきりしない）、一つは、『日本民族の起源』のあとがきにも書いておられる、ウィーン大学の博士論文審査における口述試験だ。岡先生がアフリカの知識が弱いことを知っていたウェニンガー教授から、アフリカの部族名を赤道に沿って東から西へ挙げよという質問に対する岡先生の答えに、「君の赤道はジグザグに走っている」と言われたのが、アフリカへの執念の原動力の一つにはなったようだ。第二は、これが恐らくより根源的だったと思うが、岡先生のレオ・フロベニウスの人と学問への傾倒、特にフロベニウスの浩瀚な『アトランティス』に結晶する文化史研究の原動力になった、二〇世紀初頭のアフリカでの、現地調査がまだ現実に極めて困難だった時代の、広域にわたるタフな、しかも綿密で優れた内容の調査に対する尊敬が大きかったのではないかと思う。私自身、パリ第五大学に提出した博士論文のテーマであるモシ王国の起源と展開で、細かい基礎データの段階で、一九〇八年にフロベニウスが行ったモシ王の系譜の調査から、大きな恩恵を受けている。内陸サヴァンナに馬で入り、あの時代にあれだけの問題意識を持ち、あれだけ綿密な聞き取りを行ったとは、何と偉大なフィールドワーカーだったか、と私は今も賛嘆せざるを得ない。モシの最も強大になった王国の都で、共和国（オートボルタ、次いでブルキナファソ）として独立後の現在まで首都となっているワガドゥグーに、「レオ・フロベニウス通り」があるのも、土地の人々の当を得た尊敬の現れと思う。

このモシ王の系譜伝承に関するフロベニウスの聞き取りが、どれだけ優れた示唆に富むものであったかは、後に他の関連論文も含めて、パリで刊行された博士論文*Genèse et évolution du système politique des Mosi méridionaux (Burkina Faso)*, L'Harmattan, Paris, 2002にも、パリでの博士論文の執筆と併行して、方法論の部分を中心に日本語で雑誌『思想』に連載し、後に『無文字社会の歴史』という表題で単行本になったものにも、フロベニウスの*Und Afrika sprach* ..., 3 vols., Vita, Deutsch Verlagsanstalt, Berlin, 1912~1913（私の直接引用箇所はvol.2に引かれている一九〇八年の調査記録）からの引用として明記してある。

さらに、もっと内陸の現在のマリ共和国に当たる地帯の、王権の起源神話を、他の説話群と共に広汎に採録して比較検討した、恐ろしいくらい息の長い調査・研究の成果*Dichten und Denken im Sudan* (*Atlantis*, Band 5), Eugen Dietrichs-Jena, 1925にも、私はモシ王国の起源神話を遡って、地域的にも文化史的にも比較検討する上で、豊かな教示を受け、同様に博士論文に注記して引用させてもらっている。これらの文献も、パリの人類博物館の豊かなアフリカ関係の文献を所蔵する図書館に通って勉強したからこそ参照できたのであり、東大の一般教養課程では当時の生物系理科二類に入学して、ドイツ語の読解力をガンガン鍛えられたおかげで読むことができたのだ。思えばモシ王国に最初に興味をもったのも、東大文化人類学研究室の、当時極めて乏しかったアフリカ関係の文献で私が偶々見つけたDietrich Westermann : *Geschichite Afrikas* Köln-Greven, 1952 のモシ王国についての記述と、その章に添えられていた（後に現地での知識を得た後では、ひどい「やらせ」の写真だということが分かったのだが）、夢のように現実離れした一枚の写真がきっかけだったから、アフリカ研究、とくにモシ王国の研究では、やはりドイツ人アフリカニストのヘルマン・バウマン先生（一九六四年、留学先のパリからミュンヘン大学に直接お訪ねしたこともある）も含めて、私はドイツ人や岡先生のようなドイツ語系の研究者に随分多くを負っていることになる。

東大大学院一年の時、受講者は私を含めて三人だった（私と一緒に入学した、マタギの研究をしていた鈴木満男さんと、当時聴講生だった杉山晃一さん）岡先生の「アフリカ民族誌」の講義も、後で思えば私ものちに随分多く参照したHermann Baumann u. a.: *Völkerkunde von Afrika,* Essener Verlagsanstalt, Essen 1940 に主に拠っていたのだと思う。岡先生が直接学ばれたシュミットの文化圏説ほど図式的でなく、文化領域に近い考え方に基づいた、だが歴史性も加味した民族誌で、この本は東大の乏しいアフリカ関係の蔵書のなかにもあった。勿論、岡先生はこの講義にかなり熱を込めておられたから、他にも多くの資料を参照して講義を準備されていたに違いない。そしてすでに触れた「君、アフリカをやれ」というお勧めに私もあずかり、私がフランス語の文献利用能力があるところから、岡先生がまず強く勧めて下さったのは、フルベ（フランス語文献では主に「プール」という呼称）の研究だった。

西アフリカ内陸の広大な地域に西から移住を重ね、それぞれの地域文化の形成に影響を与え自らも変化しながら、民族としての同一性も保ち続けたフルベの研究は、確かに民族学研究の本流を行くテーマとして魅力のあるものだった。まず私は、東大、都立大、天理図書館などの乏しい図書に参照されているものも含めて、フルベに関する文献のそれでもかなりの数にのぼった文献リストを作成した。後に日本人の人類学・民族学・言語学研究者からも、江口一久さんや、小川了さん、松下周二さんなどが輩出し、外国人研究者では、私も親しかったアメリカのポール・リースマンなど、それこそ枚挙に暇ないフルベ研究に、岡先生のお勧めに従って私が入り込んでいたら、その後の私の研究歴は今とはまったく違うものになっていたろう。それが偶々、私がウェスターマンの本で知ったモシ王国の、こんな夢のようなところが地上にあるのなら、是非そこに行って見たいという、止むに止まれぬ気持ちから、岡先生のご示唆に背いて方向転換したことから、その後現在に至るまでの、それでもすでに述べたように岡先生の尊敬する、そして先生の講義でも多く参照されていたはずのレオ・フロベニウスの影響下での研究に、進むことになったのだ。

岡先生の講義を受けた翌々年には、フランス政府給費留学生として私はパリ大学に行き、当時四二歳の気鋭の教授ジョルジュ・バランディエ先生が、ソルボンヌでマルセル・グリオール以後初めての「アフリカの人類学」の講義を開講した年に、バランディエ先生を指導教授として、博士論文をモシ王国の研究で準備することにしたのだ。以来、今年九三歳でまだ矍鑠としておられるバランディエ先生には、博士論文のフランスでの刊行に序文をいただくなど、岡先生以後の、アフリカ研究のご指導を仰いで来ている。

日本の「アフリカ研究会」の仲間の内では、幸運に恵まれて私が一番早く、アフリカ大陸の土を踏むことになった。フランスに留学した一九六二年一〇月、横浜からフランス船でマルセーユに向かう船が、当時独立前だったソマリアのジブチ（猛烈な蝿！が第一印象。第二印象は、港を出た後に仰いだ夕焼け空の美しかったこと！）に寄港して短時間上陸したのが、私にとってアフリカ大陸の土を踏んだ最初だった。次いで船がスエズ運河を通る間、カイロの博物館や、ギザのピラミッド見物などで、アフリカ大陸に接した。

その年一二月にガーナ大学で開かれた第一回国際アフリカニスト会議に、外務省派遣のオブザーバーとして派遣され、会議の後ワガドゥグーに行き、憧れのモシの王様モーゴ・ナーバに謁見して一緒に写真も撮り、翌年には夢のような王を礼拝する朝礼にも列席するなど、岡先生の講義を聴いた二、三年後には、フロベニウスの驥尾に付して、現在まで続くモシ王国の現地調査を始めることになったのだ。その後、山口昌男さんがナイジェリアで、長島信弘さんがウガンダで、阿部年晴さんがガーナで、相次いでアフリカでの現地調査を行い、岡先生のご示唆でアフリカを志向した「アフリカ研究会」の仲間の勉強は、思いがけないほど早く、現地で実を結ぶことになった。

異人、現在学的民族学、そして種族史的形成
――岡正雄と日本民族学の展開――

清水　昭俊

はじめに

岡正雄（一八九八～一九八二年）という人物は、彼が活躍した時代には、民族学（後の文化人類学）でよく知られた人だった。しかし、時は彼を通り過ぎて、次の時代もさらに後続の時代に展開して、おそらく今の若い二〇歳三〇歳代の人類学者には、彼の仕事はもとより、彼の名前さえ知らない人が多いだろう。その意味で、岡正雄は学説史ないし学史の中の存在になっている。他方で、岡の仕事は生前にも批評された。しかしそれは、学説をめぐる論争の一環としてであったり、岡の影響を受けた後続世代の研究者（しばしば「弟子」と呼ばれる人びと）が岡の影響（つまり自身が受けた影響）を語るものであり、岡とは距離を置いて第三者の視点で行った批評ではない。岡の影響が稀薄になったいま、学史上の存在として岡の仕事を評価することが可能になったともいえる。岡の残したものの中で、現在でもなお回顧する意味のあるものを探りながら、学史の中の岡正雄を考察したい。

民族学者としてみれば、岡にはいくつもの特異さが目につく。強い影響力を発揮したといわれながらも、出版物は少なく、寡作だった。しかし、最大の仕事だった学位論文は、生前には出版されず、埋もれたままだった。岡の学説が影響を与えたのは、論文によってよりむしろ大学院教育においてだった。他方、学界において岡は組織能力を発揮し、指導的な役割を果たした。さらに、岡の民族学における仕事は時期によって異なった様相を示した。

これらを描くために、岡の仕事を大まかに三つの時期に分けて、見ていくことにする。

修学期、ほぼ一九二四～一九三三年——大学卒業からウィーンに留学し、学位論文Kulturschichten in Alt-Japan（古日本の文化層）を完成するまで

行動期、一九三三～一九四五年——ウィーン留学の後半から日本の敗戦まで

円熟期、一九四八～一九七九年ころ——敗戦後の民族学に復帰してから晩年まで

なお、岡の経歴については、岡自身が後年に執筆した年譜［一九七九d］を参照する。その都度の引用の表示は省略したい。

一　修学期

1　青年期の岡正雄

岡の人となりを把握することも、それを彼の学問と関連させて考えるのも、容易ではない。岡の逸話のような回想から、岡の人となりのぼんやりした印象を得ることができる。岡は東京帝國大學文學部社會學科で学び、大学では社

会学より民族学人類学に関心をもった。入学した翌春に、年齢は離れているが先輩の秋葉隆（一八八八〜一九五四年）が卒業した［島木一九五六、三二四頁］。岡は学科の建部教授とそりが合わず、秋葉の方は愛弟子だった。両者のコントラストが興味深い。教授と対立しながら書いた卒論「早期社会分化における呪的要素」では、フレイザーとデュルケームなどを参照し、卒論と並行してフレイザーの『王権の呪的起源』を翻訳したという。同郷の岡村千秋の仲介で柳田國男に面会し、この翻訳に序文を依頼したところ、即座に「僕は書かないよ。僕はその本にたいして賛成しない」と拒絶され、岡は驚くとともに落胆する［岡・井上　一九七九、三九八―九頁］。これを機縁に岡は柳田の知遇を得るのであるが、それに先立つ二年ほど前に、出身校の二高などに講演旅行に行き、その講演で

僕は天皇のオーソリティーについても言及したために、それからときどき刑事の訪問をうけるようになりました。…天皇の正統性、オーソリティーは三種の神器に基づき、…神器の所在するところに天皇の正統性が認められる。これは未開社会における首長、王の権威がリゲーリアに結びついていることと変わらない。南北朝の正統性の争いの例などもひいて話したのです。今からいえば生半可な、乱暴な議論で、…

［岡ほか　一九七九、三九一―二頁］

学問的な好奇心のままに民族学の世界に深入りし、しかし、そこで得た知見がどのような政治的意味を帯びるのか、決して鋭敏ではない。官憲に制約され、眼前の学問の権威の拒絶に遭って、その所以は理解したであろうが、重大事として頓着する風ではない。一旦退きはしたが、それで自己の処し方を変えるわけでもない。岡はその後も、天皇制を含む「古日本」の（物質、社会、精神の各領域に亙る）文化を研究し続けた。しかし、それは民族学への学問的な

好奇心の範囲内に留まり、政治的メッセージとして社会に訴えることはなかった。先ずはこの程度の印象を得て、岡の仕事を見て行くことにしたい。

2　明治以来の「人種學」

岡は在学中から柳田國男の知遇を得て、一九二四年に卒業した後も研究を継続し、翌二五年には柳田が発刊した隔月刊誌『民族』の編集を手伝い、二九年に同誌が「休刊」した後、友人の澁澤敬三の援助でウィーンに留学した。

この修学期に岡はいくつかの貢献をするのであるが、その意味を理解するには、当時の民族学の状況を見ておく必要がある。いま「民族学」と書いたが、岡が研究を志した頃は、「人類學、人種學、土俗學」といった名称が一般的だった。いずれも、明治に坪井正五郎（一八六三～一九一三年）たちが始めた「人類學」の系統の名称である。当時の人類学の中心は、東京帝國大學理學部人類學講座と、同講座が組織した東京人類學會であり、後者は『人類學雜誌』をほぼ月刊で刊行していた。

ここに大きな変化をもたらしたのは、坪井の後継者鳥居龍藏（一八七〇～一九五三年）である。鳥居が研究を進めた時期は、日本が帝国主義を拡張した時期と重なり、日本が獲得した植民地には、人類学を含む人員が実地調査に派遣され、植民地行政府による組織的な調査も実施された。多くの日本人が各地に滞在・駐在し、現地の文化の詳細な報告記述をもたらした。鳥居は調査関心の重点が諸民族の文化（考古、生業、経済、社会、宗教、儀礼、言語など）に移る状況を受けて、「文化科学」的研究を「自然科学」研究からを区別する必要を認識し、人類学から「人種学」を分離することを提唱した。人類の細分としての人種に焦点を絞った研究の意味であり、欧語ではEthnologie / ethnologyを当てた［1913］。鳥居の視野にあったのは、実地の見聞を主な資料源とした博物的包括的な記述であり、特定の人種・民族に絞った記述Ethnographieを「土俗學、土俗志」、稀に「民族學」と呼んだ。記述に傾くのと相対で、理論への志向は低く、鳥居が試みた理論的考察は、日本民族の起源に集中した（この点で後に岡と接点をもつことになる）。人種学は大枠としての人類学に属し、考察の一項目として身体形質や人種的特長も含んでいた。

3　大正末から昭和初期――西欧理論の摂取

一九一〇年代末、大正年間の後期には、鳥居のスタイルの記述的な人種学と並行して、新しい潮流が興った。第一次大戦による沈滞から回復したヨーロッパでは、人類学関連分野での理論の展開が目覚しく、日本の大学文学部に学ぶ研究者、とりわけこの時期に本格的に研究生活に入り始めた若い世代の研究者が、この西欧の理論を積極的に摂取した。当時の日本の大学の文科系学部には人類学関連の人員は事実上皆無だったので、この活動に参加したのは他分野を専攻した人たちだった。宗教学の宇野圓空（一八八五〜一九四九年）、赤松智城（一八八六〜一九六〇年）、古野清人（一八九九〜一九七九年）、やや遅れて杉浦健一（一九〇五〜五四年）、文学の松村武雄（一八八三〜一九六九年）、社会学の秋葉隆、小山榮三（一八九九〜一九八三年）、岡正雄、歴史学の松本信廣（一八九七〜一九八一年）など。アメリカに留学し、学位を取得して帰国した移川子之藏（一八八四〜一九四七年）も、この世代に含めてよい。いずれも岡と同世代か、ひと世代上の人たちである。彼らはイギリス人類学とフランス社会学から宗教、呪術、儀礼の理論を、さらにイギリスの伝播主義、ドイツ・オーストリアの文化史的民族学、そしてイギリスの社会人類学などを学んで、日本の学界に紹介した。宇野圓空『宗教民族學』（一九二九年）、赤松智城『輓近宗教學説の研究』（一九二九）は、この時期のこの世代による仕事の双璧である。理論の摂取を一通り終えると、彼らは植民地（台湾、朝鮮、南洋群島）などに実地調査に赴き、民族学を担っていくことになる。

4　民族学の専門分化

この新しい研究動向が一九二〇年台後半には、「民族學」の名で研究組織を形成し始めた。当初は『宗教研究』、『社會學雜誌』など他分野の専門誌を研究発表の場としていたが、柳田國男が岡正雄などを補佐役にして刊行した雑誌『民族』は、民俗、民族、神話、歴史（東洋史）、言語など学際的な研究に、発表の場を提供した。雑誌『民族』は四年余で終刊したが、同誌に常連のように寄稿した人々が同人雑誌『民俗學』を刊行し（一九二九～一九三三年）、民俗学と民族学の拠点として機能した。こうして積み重ねられた専門分化の一つの到達点として、一九三四年一〇月に日本民族學會が組織され、翌三五年一月から季刊誌『民族學研究』を刊行した。學會設立に先立つ七・八月に、ロンドンで第一回國際人類學民族學會議が開催されたことが、學會設立を促した大きな要因だった［日本民族學會一九三五］。

「民族學」の名を冠した學會と機関誌を獲得して、民族学は一つの専門分野としての組織形態を整えたといえる。しかし、その内容を見れば、会誌に掲載される論文の内容でも、学会組織の人的構成でも、民族学に特化しない広がりを見せていた。『民族學研究』は、『民族』『民俗學』両誌と大差のない学際的な広がりを保った。発足した學會と機関誌『民族學研究』に関係した人で、職業的研究者は数少なく、しかもその大半は他の分野の専門家として職を得ていた。民族学の専門家はごく少数に限られ、しかも植民地に偏在していた。民族学は依然として在野の学問に留まっていた。學會と機関誌によって学術分野として一応の自立を果たした民族学は、研究分野の概念においても、研究を担うべき研究者の層においても、中心部が空白という未熟な状態から出発した。

5 「民族學」と岡の貢献

大正後半から一九二〇年代に興った民族学の潮流に、岡も参加した。しかし、彼はこの潮流の遅い参加者であり、欧米理論の摂取と紹介では熱心だったとはいえない。しかし、それにしては大きな貢献を行った。『民族』の創刊号に「岡正雄譯」の名でリヴァースの講演録を翻訳し、それに「民族學の目的」の表題を与えて、ethnologyに対応する日本語名称に「民族學」を当てた。講演録の内容は、「マンチェスター派」と呼ばれた文化伝播説の紹介である［岡譯 一九二五］。さらに、「文化は文化から」と題する短文を載せて、クローバーの文化論（後に石田英一郎が依拠することになる理論）を紹介し、民族学の説明体系から身体的人種的要素を排除した［岡 一九二八］。岡は鳥居に言及しなかったが、この短文は、「人種学」の記述内容に身体的人種的要素を残した鳥居に対するアンチテーゼだった。岡が使い始めた「民族學」の名称は、雑誌『民族』の標準的用語となり、この雑誌を通して普及していった。一例として宇野の用語法を見れば、一九二五年には「エツノロジー・ルリジョーズ」に当たる名称に、「宗教民族學」の可能性を考慮しつつ、「宗教人類學」を選んで、その「提唱」を書いた［宇野 一九二五］。しかし、彼が研究成果をまとめて出版したときには、迷いなく「宗教民族學」と銘打った［一九二九］(1)。

6 「異人その他」――飛躍する「暗示」の想像力

欧米の学説紹介のほかに、岡はやや長編の論文「異人その他」を『民族』に載せた［一九二八］。これは、いろいろの意味で非常に特異な論文である。大正後半以後の新しい潮流に参加した人々は、西欧理論の摂取に熱心であり、具体的なテーマによる民族学的な研究は少ない。彼らは理論摂取を終えた後、実地調査に行き、調査報告を書いた。

これに対して、この岡の論文は「異人」を中心テーマとして、日本、東アジア、東南アジア、南太平洋に民族誌事例を求めた比較研究である。第二に、この論文で使う資料に、著者自身が実地調査で得たものはなく、文献資料のみによって書いた。第三に、日本の事例が関心の中心だった。そして第四に、論考を進める方法が特異であり、論文の随所で示す見解が斬新だった。

岡の論文「異人その他」は、遊び心のあふれる「古代經濟史研究序説草案の控へ」を副題としていた。まさに「序説草案の控へ」であって、完成した論文ではない。議論の出発点（西宮夷社の「居籠祭」）と終点（「再び此の行習…に戻らうとする」）を示しはするものの、両者を結ぶ円環状の道筋は、間隔をあけて跳び石を置くだけであり、道筋の全体は未完成で、概要が予想できるにすぎない。西宮夷社の「居籠祭」から抜き出した来訪神の要素を手がかりに、類例を求めて、椀貸、河童駒引などの伝説に跳び、「無言貿易」の概念を介して、「山人、異人、山姥、鬼」などの「異人表象」を考察し、次には、これらの要素を含みこんで民族学的意味の充溢した事例を求めて、メラネシアに飛躍し、秘密結社と仮面来訪者の儀礼を見る。最後に、「メラネシア社會史の日本文化史への暗示」を二三項目に亙って列挙して、論を閉じた。つまり、目標の終点に至るはるか手前で筆を置いた。

関連する論点を、思いついたままにメモ書きし、その思いつきを並べて文章にした、そのような趣の論文である。全体に想像力の飛躍に満ちている。この「序説」を踏まえて「本論」に進むならば、飛び石と飛び石の間を隙間なく埋め、論理を明示して歩を進めなければならない。しかし、この「序説草案の控へ」では、その議論を省略して、事例の「指向」する「暗示」によって飛躍する。この論文が読者を惹きつけるのは、岡の示す「暗示」に従って自身の想像力を働かせるよう、読者に誘うからだ。「日本文化史」への「暗示」のいくつかを例示すれば、

一、異人が幾度にか又季節を定めて訪來したこと。
三、異人は海の彼方から來るものと信じられたこと。
一〇、異人は入社式、男子集會所の起源をなした事。
一三、異人が訓戒、惡事摘發をなし、豊作を齎し、又は齎さしめんことを任務としたこと。
二〇、遊行人は畏装し、杖と音とを有し、饗應を強制し、或は掠奪を敢へてし得ること。
二一、遊行人が神話、神の系譜を語り、或は之を演伎で表現すること。……
二二、遊行歌謡團から伊達者（man-woman）が發生したこと。
二三、彼等は民間信仰に於ては、侮蔑されつゝも亦高き階級に屬すとされたこと。

〔岡　一九二八、一一〇七―八頁〕

山口昌男が賞讃したように、この論文が「暗示」する諸項目は、日本の民俗事例のみならず、古代中世の文化史に対してしても示唆に富んでいた〔住谷ほか　一九八七、一九―三九頁〕。岡はこの論文で鳥居、柳田、折口の研究に言及する〔同上、九一、一一〇、一一五、一一九頁〕。右にその一部を抜粋した二三項目の「暗示」に言及して、次のように述べる。

之等の項目は、直ちに我國古代生活の様相に對して強き側光と傍證とを投げるものである。柳田先生の諸研究、折口先生の「まれびと」の考説は、已に已に日本文化史に於ける之等の問題を鮮かに闡明されてゐる。私の如きもの、今更に之に附加すべき何ものも殘されては居らないとさへも思はれるのである。それで私は右にあげたメラネシア文化史の諸相に照明された之等と平行する日本文化史の諸事實を指摘することを事さらに避けた。諸者の推理に委せたいのである。

［同上、一一八頁］

実際、岡のこの論文を、同じ『民族』の次々号に掲載された折口の論文「常世及び『まれびと』」［1929］(2)と読み合わせるならば、全篇を貫く発想が酷似していることに気づく。しかし、思考の順序は、岡の述べる順序とは逆であり、折口が記述した日本文化史における「まれびと」の諸例を起点として、岡がその類例を民族学の知見に求め、メラネシアに到達したことが、容易に「推理」される。長い視野で見れば、日本民俗を研究する民族学という異例の研究スタイルを、岡が選択した背景には、『民族』の編集を補佐する過程で、民俗学に親しんだ経験があった。

7　「古日本の文化層」――民族学による日本民俗の研究

通常の評伝であれば、岡が柳田の元を去ることになった私的な確執や、ウィーン留学時の生活を描くであろうが、ここでは、ウィーン留学（一九二九～一九三五年）の最大の成果である学位論文に跳びたい。岡はウィーンについて予備知識を持たずに、留学先に選んだといわれる［クライナー　一九七九］。当時のウィーン大学は、シュミット神父を中心とする文化史的民族学の一つの中心だった。特徴的な文化要素（ないしその複合）が伝播して広がった分布範囲を文化圏と把握し、複数の文化圏の分布模様の分析から文化圏を層化して、文化層の間の時間的前後関係を判読する。文献資料に依拠し得ない先史時代の人類文化史を、民族学が世界各地の現存民族（多くの場合、未開民族）から収集した資料によって、復元しようとする学説である。

岡年譜は「研究室とカフェーの楽しい五ヵ年間のウィーン生活」と書くものの、到着翌年から二年間は郊外の村に住み、近くの伝道館に住むシュミット神父の研究室に通った。三二年にウィーンに戻り、執筆に集中して、三三年春頃に全三巻の論文を仕上げ、無事に哲学博士の学位を取得した。論文に打ち込む間、旅行に出る機会はあったが、行き先はチロール、ベルリン、ハンブルク、パリー、ボン、ライプチッヒ、ライデンであり、いずれも休暇旅行、あるいは学会に出席し研究者を訪ねる旅行であって、調査に類するものではない。

学位取得後もウィーン滞在を延長して、社会編と終章の二巻をつけ加え、全五巻、資料編一巻の論文Kulturschichten in Alt-Japan（古日本の文化層）となった。先にも触れたように、この論文は岡の生前には刊行されず、二〇一二年になってJosef Kreinerの編集によって出版された［Oka 2012］。岡は戦後になって、学位論文のごく一部、結論部分を、何度か改訂を加えて発表した［岡ほか 一九四九・岡 一九五六・一九五八b・一九七九b］。さらに、目次の和訳を岡自身の論文集に収録した［一九七九d］。日本の学界ではこの目次も、論文集に収録されるまで、知られていなかった。岡の学説は戦後になって、講義や談話で大学院生などに教示され、短い座談会記録と論文で学界に伝えられた。本稿で跡づけるのも、こうして戦後に伝えられた岡理論の影響である。

論文集に収録された目次は、二段組で一三ページ余に及ぶ膨大なもので、「研究史」から初めて（アイヌ研究、アイヌをめぐる論争を考察しているのが注目される）、「物質文化」、「精神文化」（神話、昔話、宗教）、「社会」（ウジ制度、トーテミズム、双分制問題、若者組と若者宿、祭祀結社と男子結社、秘密結社、イニシェーション）の各章の後、終章「研究成果の要約」の最後に「12、民族学＝言語学＝先史学的層位化の綜合的試み」が来る。「社会」の章も多岐に亙るが、とりわけ詳細なのは「精神文化」の章の「宗教」であり、「神」をあらわす言葉、様々な宗教的崇拝（動物、植物、石、山岳・丘陵、森林、水）、宗教表象の分類（カミ、モノ、タマ、マレビト）、呪術、シャーマニズム、葬制、供犠、頭骸祭祀と仮面、雑（正月、花祭り、農耕習俗など）の各項に及ぶ。

何よりも、考察したテーマが広範囲に亙り、網羅的であるのが印象的である。この目次は、調査マニュアルの調査項目表と読んでも、十分にその役割を果たしそうに思える。日本から持っていった限られた資料を、友人との通信で補い、つまり資料の制限に縛られた研究でありながら、これだけの規模で網羅的かつ体系的に日本の民俗を集成した出版物は、当時の日本にあっただろうかと思う。もちろん、その内容も検討に価する。公刊され、入手の容易となった現在、民俗学者には、岡の学位論文（増補の二巻を加えた全体）を当時の日本民俗学の研究状況に即して、検討し評価していただきたいと思う。

民俗学者に向けてこの要望を行うのは、岡の論文の大半が日本の民俗（後に岡が「日本固有文化」と呼んだもの）を扱っているからである。岡の学位論文は、民族学が行った日本の民俗の研究であり、規模を考えれば、鳥居の著書を考慮に入れても、おそらく最大規模の民族学的日本民俗研究である。当時の民族学には、岡を除いては、日本の民俗を自己の主要な研究対象にした人はない。

二　行動期

1　留学中の転機――中欧バルカン旅行

シュミット神父の指導の下に打ち込んだ学位論文が、一九三三年に仕上がり、七月には「リゴローズム（公開厳格口述試験）を及第」して、岡は無事に学位を取得した。この時期の自身の変化を、晩年の岡は年譜で比較的詳しく述べている［一九七九、四八三―四頁］。おそらく、学位論文を提出してその仕事から解放されたからだろう、「四月、スロバキアのタタラ［タトラ］山中を歩く」。この旅行を思い立たせた事情を、岡年譜は示唆してもいた。「三月、ヒトラー政権を握る。オーストリア物情騒然となる」。「物情騒然」は、程度の差はあれ中欧バルカンでも同様だった。さらに、学位試験を終えて「八月、バルカン旅行」。この旅行は岡にとって決定的な転機となった。「バルカンに混住する諸民族の実際的考察から、…民族学の一面性に疑いをもち、徐々に、『エトノス』を対象とする学としての民族学の構想を深める」。「エトノス」は、年譜を書いた後年の岡の用語であり、「民族」の類義語である。両概念の違いは後述しよう。その後も「ウィーン滞在を延長し『古日本の文化層』の仕事をつづけ」ながら、翌三四年三月には「アドリアチック海岸、クロアチア、モンテネグロ、セルビアを旅行」。一年後の一九三五年四月に帰国するまで、岡は「古日本」の仕事を続け、学位論文を増補する二巻を仕上げたので、その間は二つの関心を並行して追ったことになるが、帰国した頃には、岡の心はすでに「古日本」から離れ、中欧バルカン旅行で触発されたテーマ、つまり同時代の民族問題に移っていた。

2　リール民俗学への傾倒

そのように思わせるのは、帰国早々の七月に開催された「柳田先生還暦記念日本民俗学講習会」で、岡の行った講演「獨墺に於ける民俗學的研究」［岡、一九三五b］である。この講演で岡は「ドイツ民俗學」の歴史を、「ドイツ民族」を希求する「ローマン主義、愛國主義」運動の一環として描く。「ドイツ民族」を求める視線は、現在から歴史へ、都市から辺地へ、貴族ブルジョワの染まりやすい外来の高級文化から、農民の担う古来の習俗へと、探索の道をたどった。

その中にあって、岡にとりわけ強い印象を与えたのは、ハインリッヒ・リール（Wilhelm Heinrich Riehl　一八二三

〜一八九七年）の学説である。特定の時代、階層、地域に偏らない「種族、言語、習俗、住地等に依つて篠件づけられた具體的な歴史的社會的宿命的共同態」としての「民族（Volk）」の概念。学術文芸を越えた「社會政策、國家學」への志向、そのための「民俗社會學」の包括的視野。そして歴史的であると同時に「現在學」でもある時間的視野の広さ。後に岡が提唱することになる「現在學的民族學」の主要概念を、岡はリールから学んだことが了解される。リールは民族を具体的には「貴族、市民、農民及びプロレタリアート」の「四職分」によって把握し、「この四職分の調和的バランス」を「社會政策」の目標に設定した［同上、三四八―五〇頁］。リールの「民俗社會學」は、現在時の民族社会を把握する調査プログラムとしても、具体的であり示唆的だった。

岡によれば、「ナチス民俗學」は「一九三三年ヒットラーが政權を執つてから、…その學問的内容はとにかくとして、…時代の寵児」［同上、三六六頁、傍点は清水による］となった。岡はナチスの人種主義とは距離を置きながらも、その「ナチス民俗學」が「復興」させたリールに、改めて着目したと思われる。後述するように、岡は学位論文を書き進める過程で、ドイツ・オーストリアの文化史的民族学には「エトノス」概念が欠けていると認識していた。しかし、「エトノス」を抽象的に想定していた岡にとって、リールの「民族（Volk）」概念は具体的かつ現実的であり、理論的にも方法的にも新鮮だったと思われる。いうなれば、岡は「民族」概念をドイツ民俗学とりわけリールの学説から学んだ。

帰国当時の岡がリールに魅了されていたことは、岡の柳田國男を見る目にも看取される。柳田國男の『郷土生活の研究法』（一九三五年刊）は、『民間伝承論』（一九三四年刊）とともに、民俗学の体系化に向けた記念的作品といわれる。岡はその出版直後に『民族學研究』誌上で書評に取り上げ、臆することなく柳田の思考を批評し、自身の枠組みに当てはめて解釈（改釈）した。自信をもって提示するその枠組みは、リールの借用に他ならなかった［岡

一九三五ａ」。(3)

3　石田英一郎との出会い

柳田國男の還暦を祝う講習会は、石田英一郎（一九〇三～六八年）と出合ったことでも、岡の人生にとって大きな意味を持った。石田は京大在学中に治安維持法で検挙され、大学を退学、さらに一九二八年三月一五日の日本共産黨弾圧事件に連座して検挙され、禁固五年の刑を受けた。岡と出会ったのは、刑期を終えて釈放された、その一年後のここだった。石田は男爵の爵位を受け継ぐ華族であり、最初の検挙のときは華族と治安維持法違反との取り合わせが新聞種になっていた。爵位は返上したものの、華族の出身、治安維持法による拘禁、そして拘禁後も続いた特高監視下の生活を非転向で耐えたことが、その後の石田にとって、アイデンティティの大きな核になったと思われる(4)。

柳田記念講習会での出会いで岡と親しくなり、岡との、また岡を介した人々との関係を通して、石田はそれまでの独学から歩を進めて、民族学に入って行った。柳田邸での木曜会に出席して、民俗学に親しみ、岡の紹介で、岡と同郷の岡村千秋の娘布佐子と結婚した。布佐子の母は柳田國男の兄の娘であり、石田は柳田の縁戚ともなった。さらに、岡の勧めでウィーン大学を留学先に選び、次に述べる岡の渡欧より約一年前に、ウィーンに旅立った。岡はウィーンで再び石田夫妻と交友するが、民族学の上で石田と深く関係するようになるのは、日本の敗戦後である。

4　再渡欧、頻繁な中欧南欧バルカン旅行

一九三五年にウィーン留学から帰国した後の数年間、岡は一九三七年に千島列島最北東端の占守島で「先史学的発掘」を行ったほかは、大きな仕事をしていない。年譜によれば、帰国の年の一〇月に「外務省、三井高陽氏らと、ウィー

ン大学に日本学研究所開設の件につき協議する。三井氏の懇請により日墺協会専務理事となる」。この双方の仕事の甲斐あって「ウィーン大学客員教授に招かれ」、一九三八年に渡欧。当時すでに日本は対中戦争を開始していたが、ヨーロッパでもナチス・ドイツの軍事攻勢に歯止めが効かなくなっていた。ウィーン到着直後の「三月、ヒトラーはオーストリアに進入。独墺合併」。政情の激変は学術にも波及し、ウィーン大学民族学の「教授陣大きく変わる」。一〇月にようやく大学での研究環境が好転し、「三井氏寄贈の日本学研究所」が発足した。ナチス政権がチェコスロヴァキアのズデーテン地方をドイツ領に併合したのは、同じ一〇月である。

政情の展開は岡を旅行に駆り立てた。一九三九年「三月、ドイツ軍チェコスロヴァキアに進入。四月、ハンガリーのブタペスト大学の客員教授に招かれ、隔週ウィーンからブタペストに講義に通う」。ブダペストに通う目的は、講義だけではなく(5)、バルカンを歩き回る機会でもあった(6)。「六月、イタリアに旅行。九月、ドイツ軍ポーランドに進攻〔つまり第二次欧洲大戦が勃発〕。…ルーマニア、ブルガリアに旅行」。帰国予定を控えて早目にパリに移っていた石田夫妻は、大戦勃発にせかされてあわただしく帰国の途についた。しかし、岡は開戦後も留まり、一九四〇年「五月、バルカン、トルコに旅行。…九月、イタリア、ギリシア、トルコ、バルカン諸国を旅行」。ようやく一一月にロシア経由で帰国した［岡　一九七九、四八四―五頁］。

岡の異例ともいえる戦時下のウィーン滞在と、その間の頻繁な中欧南欧バルカンへの旅行は、学術以上の目的があったと推測される。これらの旅行での見聞を岡は著作物に全く書いていない。帰国後に総合誌『改造』で代議士の芦田均と対談し、バルカンに精通した元外交官として知られた芦田と、対等に語り合った［芦田・岡　一九四一］。最新のバルカン情勢に通じた人物として、岡のもたらす情報は政府軍部にとって貴重だったに違いない。最初の留学中から始めた岡の頻繁な中欧南欧バルカン旅行に、仮に学術的な意味を見出すとすれば、岡にとってそれは、民族学的な実地踏査《サーヴェイ》、実地の資料収集に相当した。

5　民族研究所設立運動――ナチス・ドイツの「民族研究」モデル

帰り着いた日本は、國家總動員体制のもとで戦時色一色に染まっていた。その日本に帰国した時には、岡の行動計画はすでに十分に固まっていた。帰国翌月の「一二月、古野清人、小山栄三…氏らと共に、国立民族研究所設立の運動を開始する」。運動は文部省の好意的な応答を得つつも、設立の実現が遅れる中、一九四一年「一〇月、…［陸軍］参謀本部囑託を委囑される」。日本が米英と開戦した後の一九四二年「五月、参謀本部の委囑により、フィリッピン、仏印、タイ、ビルマ、スマトラ、ジャワ、ボルネオ、セレベスの民族事情を視察する。七月、民族研究所…準備委員[7]会設置さる」［岡　一九七九d、四八五頁］。準備委員［会］の設置は、正しくは五月だった。それを伝える新聞報道は、「準備委員、ウイン大学客員岡正雄氏は既に民族問題視察のため南方に出張中である」と報じた［東京朝日新聞　一九四二年五月二〇日］。しかし、研究所の設立が実現したのはさらに遅れて、一九四三年一月だった。

岡たちがその設立のために運動したのは、「民族研究」の研究所であり、「民族」のでも「民族学」の研究所でもなかった。岡たちの運動が文部省の好反応を得た頃に、岡は総合誌『改造』に「歐洲に於ける民族研究」と題する短い記事を寄稿し、ナチス・ドイツが強力に推進しつつある「民族研究」の概要を紹介した。伯林《ベルリン》大學に新設された大規模な外國學々部の例を紹介し、「民族研究」が政治学、「現在學的民族學」、言語学の「三位一體」から成る新たな研究分野であること、その「基礎學」として対外政策、外国経済、植民政策、地政学などを含んでいること、この研究体制で「年々世界各地に民族學調査際［隊の誤植か］を派遣」していることを指摘し、「獨乙科學の根本性と獨乙民族政治の企劃性とが羨しい程に併行してゐる」と賞讃した。その目で「我國」を振り返れば、「民族研究乃至民族學は極めて貧弱な状態」にあり、臺北帝大を除いて「帝國大學に民族學講義なく、國家的規模になる民族研究機關も皆無」である実情を述べ、「吾國民族政治の基礎を準備する必要」のために「速かに之等の施設を充備」すべきであると主張する［岡　一九四二］。この記事からは、岡の運動目標が当初から「民族研究」の研究機関設立にあったことが分る。最初の留学では、岡は、権力についたばかりのナチスの影響を感じ取った。二度目のウィーン滞在時には、すでにフル回転しているナチス政権の政策を目撃した。そのナチス・ドイツの学術政策から岡は「民族研究」のモデルを学び取っていた。

6　民族学の総動員態勢

民族研究所は一九四三年一月に設立された。「民族政策ニ寄與スルタメ諸民族ニ關スル調査研究ヲ行フ」［民族學協會　一九四三b］。国家の規定した設立目的である。研究所の設立に先立つ一九四二年八月、その設立が確定したのに伴って、興味深い過程が進行した。研究所の「外廓團體」として財團法人民族學協會が設立され［民族學協會　一九四三a］、それによって存在理由を失った日本民族學會は、自発的に「解散」した［日本民族學會　一九四三］。協會の設立趣意は「整備されたる學術的組織［つまり民族研究所］の下に民族學的素養ある學徒と提携聯絡して、主として大東亞共榮圏内の諸民族に關し實證的なる民族學的調査研究を行ひ、…邦家の民族政策に寄與せんことを期す」ことにあった［民族學協會　一九四三a］。學會の解散と協會の設立によって、民族学を志す學會員は民族研究所の「外廓團體」に所属を移すことになる。私の理解では、研究所と協會との新設は、民族学の全体を「邦家の民族政策に寄與」させる総動員体制の形成だった。

民族研究所の所長には、社会学者で京都帝大教授の高田保馬が任命されたが、總務部と第一部から第五部の部長職は、ともに運動した岡、古野清人、小山榮三の三人が、二つずつ兼務した。岡は、所長に次ぐ要職の總務部長に就任し、研究所内の指導的地位を確保した。最盛期には、定員外の囑託を含めて研究員は総勢三五名を数えた。社会学、東洋史、言語学など、学際的な陣容であり、民族学の専門家といえる人は少数だったが、それでも在野の学問だった民族学にとっては、大規模な研究機関だった。(8)

7　現在學的民族學へ、民族研究へ

岡正雄の率先して行った設立運動が功を奏して、国立の民族研究所は実現し、この研究所を中核として民族学者を動員する体制も整備された。次には、この体制を通して民族学者が行うべき研究について、新たな指針が求められる状況である。それを提示したのも岡正雄だった。一九四三年一月、民族學協會は旧學會機関誌の誌名を受け継いで月刊誌『民族學研究』の刊行を開始した。その新第一巻第一號は、岡の「現代民族學の諸問題」と題する記事を掲載した。新協會が開催した「第一回民族學研究會の講演要旨」である。

この記事で岡は民族学（者）に「反省」と「轉換」を求めた。「反省」を求めるのは、民族学の力不足を岡が認識するからである。岡は、自身の期待というよりは、「現實の要求」、「政治が民族學に對してその解答を求むる期待」を代弁して、「從來の民族學を以つてしては充分に之に答へることは出來ない」と警告する。従来の民族学は「文字をもたぬ民族」つまり未開民族の「文化」の「系統、歴史」にこだわってきたとして、「現實の民族」、具体的には「東亞共榮圏内の諸民族諸種族」を研究する「現在學的民族學」に「轉換」すること、さらに「所謂『民族研究』といはれる廣大な研究領域」にも取り組むことを求める。「民族」は――ここで岡はリールの概念を借用する――「意識的意志的生活現實態」であり、「從つて民族政策、民族統治或ひは民族運動の研究も…民族學と密接」する。「民族學は統治の對象としての民族の現實態的性格及び構造を明確にし、…民族意識、民族意志、民族行動の性格、動向、偏向を究明して、民族政策を基礎づけなければならない」［岡　一九四三］。

この記事は、戦時期の岡の思考を伝える数少ない著述の一つであり、短いながらも最も包括的な内容のものである。戦時下の欧洲から帰国して以来、岡が暖め、一連の行動を通して現実化しようとした思考の、集大成と位置づけることができる。「現實の要求」に「充分に…答へること［が］出來」る「現在學的民族學」に向けた宣言《マニフェスト》でもあった。

民族研究所の設立は研究基盤の整備としては大きな出来事だったが、研究所が存続したのは、敗戦までの二年半余と、あまりに短期間だった。研究所は敗戦間際まで一五次に及ぶ調査団を派遣したが（その大半は北支、満洲、蒙疆を調査地としていた）、研究所の存続期間中に成果の刊行にまで至ったものは、少数に留まった。

民族研究所は一九四五年四月（民族學協會は七月）に彦根市に疎開した。『民族學研究』は、原稿を戦禍で失い、用紙の手当てがつかないなどの困難により、新第二巻第六號を最後に刊行不能に追い込まれていたが、敗戦直後の一九四五年八月卅日付けで四二ページの薄い『民族研究彙報』を発行した。巻末の「後記」によれば、協會は組織を変更し、理事長に高田保馬、新設の事業部の部長に岡正雄を迎えた。そして、「本號から本誌の表題『民族學研究』は『民族研究』と改題されることになつた」［民族學協會　一九四五、四二頁］。誌名の「民族研究彙報」は、依然として正規の体裁では刊行不能なので、簡易的な「彙報」としたということのようだ。しかし巻号は、刊行不能に陥った巻号を継承して「第三巻第一・二合併號」とした。状況証拠の積み重ねによる解釈であるが、私はこの「改題」を岡の主導によるものと考える。岡は一九四〇年に帰国して以来の念願を、敗戦間際にようやく達成し、日本の「民族學」を少なくとも名目の上で「民族研究」に転換した。

三　円熟期

1　戦犯学者

「大東亞戰爭」は日本の敗北に終わり、日本社会は激変を経験した。戦時期に多くの民族学者が職を得た民族研究所など新設の研究機関は、植民地の帝國大学とともに廃止された。民族学は再び、制度的基盤の脆弱な在野の学問に後退し、財團法人日本民族學協會とその機関誌『民族學研究』をほとんど唯一の拠り所として、再建の道を歩んだ。(9)

岡正雄は、戦時期の陸軍参謀本部囑託としての行動ゆえに、戦争犯罪に問われることを覚悟したといわれる。(10) 民族研究所の所長だった高田保馬は公職追放を受けた［高田　一九五七、二一一頁］。岡正雄は戦犯の訴追も公職追放も受けなかったが、研究者の団体から「戰犯學者」の烙印を押された。学術を真理追究と平和を理念に再建することを目的に、人文社会自然各界の研究者が幅広く集合して、民主主義科學者協會を組織した（一九四六年一月）。同協會は学術再建の一環として「戰爭責任者、戰犯學者」の追及を試み、民族学の関連では高田保馬と岡正雄、小山榮三の三名（さらに民俗学の肥後和男）を「戰爭責任者」に認定（一九四六年六月）、「一切の責任ある地位からの追放は勿論、あらゆる文化的活動を停止することを要求」した［民主主義科學者協會　一九四六］。民族学自体も非難の目を向けられた。「戦争中、民族学者が軍当局にはたらきかけて…大東亜共栄圏の民族政策のために役立てようという姿勢を示したことが、…戦後の知識人の間に、民族学といえば…侵略戦争のお先棒をかついだ〝戦犯〟の学問だという、拭いがたい印象を残した」［石田　一九六八、二一一頁］。

後年に執筆した岡年譜は、敗戦後の当時を振り返って記す。「一〇月、〔民族〕研究所廃庁となり、民族研究所員を解任される。家族の再疎開先の長野県南安曇郡…において…自給自足の農生活を始める。…学問的生活を打ち切る心境となる」〔岡　一九七九d、四八六頁〕。岡年譜は一九四六年も、公職追放を受けた澁沢敬三の訪問を受けて「共に上高地、番所に遊ぶ」と記すのみで、実質上は空白である。後年の澁澤を追悼したエッセイでは、この時の澁澤の「すべての栄職」を離れた落魄の「自由な生活」を楽しむ姿を、当時の自身とも重ね合わせる筆致で追想している〔岡　一九六四〕。

戦時期の岡の行動と論説、あるいは戦時期の「邦家の民族政策に寄與せん」とした民族学の姿勢に対して、敗戦後に民族学の内部から批判や反省の声が挙がることはなかった。私の目にした範囲ではわずかに、石田英一郎が『民族學研究』の編集代表者に就いた際、彼が記した編集方針の中に、批判と反省に類するメッセージを読み取れるだけである〔石田　一九四八〕。石田は、編集方針の一つとして民族学の境界の明確化を挙げ、「政治的な民族運動・民族問題や民族政策の論議が本誌の任務の外に屬することは言うまでもない」とした。この主張で石田が念頭においていたのは、明らかに戦時期の岡の論説であり、それに対する反論である〔同上、三六六頁〕。さらに、「所謂『大東亞』諸民族に對する我が國學徒の調査研究」について、「侵略主義のお先棒をかついだものかも知れない」と批判しつつ、「これらの調査を爲さしめた政治的な力と、調査そのものの學術的價値とは、自ら別個の問題である。…これらは、この愚かしい戦爭を通じて我々の果たしえた少數のプラスに屬するものであろう」〔同上、三六七頁〕と述べて、批判の対象を侵略戦争そのものに限定し、その汚点から学術的価値を救済しようとした。この主張もまた、戦時期の岡に対する反論である。この石田のメッセージは、当時の民族学者の共感を得たと思われる。その後長らく、日本の民族学・文化人類学は純粋学術に留まり、政治経済的応用に対して冷淡な姿勢を保持した。

戦時期の岡に対する批判が、ごく少数ながら活字になって登場するのは、一九六〇年代になってからである。「参謀本部嘱託時代…の［岡］先生は、民族研究所の創設をめぐる多忙の中に、中野学校で講義をしたり、少佐参謀を帯同して南方を視察するというふうに、民族政策について積極的な姿勢をとっておられた」［鈴木　一九六五、二六二頁］。また、「サーベルをガチャつかせ、肩で風を切って威張っていた陸軍のお偉方に伍して、得意の絶頂にあるかに見えた先輩の民族学者［岡正雄氏］の公私の生活に対しては、何か割り切れぬ反発をおぼえたものの、…」［石田一九六八、二三三頁］。これら岡に対する批判の声は、民族学・文化人類学の学界に確かに届いたが、肯定否定いずれであれ、私的なつぶやきを超えた応答の発言はなかった。

2 学問への復帰

石田が岡を批判するようになったのは、後年のことであり、敗戦直後の、民族学に対する批判の的というべき岡正雄に、救援の手を差し延べたのは石田である。一九四七年一月、岡は突然「占領軍総司令部ＣＩＥから上京を」求められた。用件は「ウィーンに置いてきた［学位論文］五巻の独文原稿を渡される」であった。岡は「米軍の好意」を感じ取る［一九七九d、四八六頁］。石田によればこれは、石田がＣＩＥに働きかけて実現したものだった［一九六七、二〇五頁］。岡年譜の一九四七年の項は、このＣＩＥへの出頭を記すのみで、事実上の空白が続いた。

民族学者にとって、敗戦後に接した欧米学界の状況、とりわけアメリカ「社會人類學」は、長期に及んだ戦時期の情報途絶の後だけに、新鮮であり刺激的だった。民族学者の対応は二方向に分かれた。一方は、アメリカの動向を率先して摂取しようとする杉浦健一、岡田謙などであり、他方は、それに保守的に反発した石田である。社会生活の実地調査に加えて心理実験をも導入し、「民族學と心理學、社會學…の境が無くならんとする觀さへ呈する」［杉浦一九四七〕アメリカの人類学。それに惹かれる同学者に対し、石田は「ただ一から十までアメリカをお手本にすれば間違いがないものと信じて、…先走りをすることを、私かに惧れるものである」とまで述べて反発した〔石田一九四八〕。(11) 石田は『民族學研究』誌の編集を担当したのを機に、岡に論文の寄稿を依頼し、岡は短い論文「民族學に於ける二つの關心」を執筆して、石田の期待に応えた〔岡　一九四八、刊行は同年三月〕。

この論文で岡は、民族學における「現在的」と「歴史的」との二つの研究関心を対置させて、「もし民族學において歴史的な諸問題の究明を否定…するならば、人類文化の歴史的展開、民族の移動、文化の傳播、民族の系譜、文化の源流、系統等々の諸問題の研究は、一體どの學問がこれを引き受けて解明してくれるであろう」〔同上、三〇八頁〕と疑問を呈して、歴史的民族学の重要性を指摘した。アメリカ人類学は文化変容など「現在的」テーマを追究していて、戦時期に「現在學的民族學」を提唱した岡にとって、決して異質ではなかったはずである。しかし、岡が選択したのは歴史的民族学だった。つまり、戦時期に「アカディミッシュ」にすぎるとして退けた歴史的関心への回帰である。この論文で岡は、自身の戦時期の論考〔一九四三〕と対話し、いずれの論点でも反論を提示する。岡にとって選択を左右する決定的要因となったのは、民族学内部の学術的な価値ではなく、外部社会との関係である。戦時に「現在學」を提唱したのは、「現實の要求」に応えるためだった。その「現實の要求」は無意味に帰し、戦時に行った選択は、敗戦後の日本社会では「戰犯」の烙印を負わされる。岡にとっては歴史的民族学より他に選択肢はなかったといえる。その意味で、岡はこの論文の学術的言語を通して、戦時の岡から戦後の岡への「転向」を宣言した。結果として岡は、ウィーン留学時に平時の民族学から戦時のそれへと「転向」し、日本の敗戦に伴って逆方向の「転向」を行った。いずれも、民族学の研究関心上の転換に留まらず、それ以上の社会的意味を持つ「転向」だった。

石田は岡の論文に力を得て、民族学の岡、考古学の八幡一郎、東洋史学の江上波夫の三名による座談会を企画し、その記録「日本民族＝文化の源流と日本國家の形成――對談と討論」を『民族學研究』誌に掲載した［岡ほか一九四九］。ここで岡は、ウィーン留学で仕上げた学位論文の骨子を語った。ただし、社会の話題を呼んだのはむしろ、江上波夫が天皇制の起源について提示した斬新な「騎馬民族説」だった。いずれも、戦前戦時期には禁圧された日本古代史に関わるテーマであり、石田の企画は民族学を、戦後社会の価値観に応える学術の姿で提示するものだった。

岡は、上記の論文が刊行された二か月後の五月に、石田の企画した座談会のために上京した。論文と座談会と、続けて研究活動を再開して、岡は手応えを感じ取ったようで、同年「一二月末、…農生活を切り上げ疎開地から再び東京に移り住む」。しかし岡年譜では、民族学に関わる記載の空白はなおも続き、一九五〇年になってようやく、「四月、日本民族学協会の理事長に就任す。…再び学界に復帰することになる」［岡 一九七九c、四八六頁］。

3 活動再開――学会組織と大学院教育

一九五〇年に専門的な民族学の場に復帰した岡は、すでに五二歳だった。遅く再開した学界での仕事は、学術組織と大学院教育の両面に亙り、前者は国内と国外の双方に及んだ。岡年譜に従って大要を見よう。学術組織では、日本民族学協会の理事長（一九五〇～五八年）として、民族学による実地調査の再開を支援した。協会が手がけたのは、調査団を組織して行う規模の調査研究であり、岡理事長の下でアイヌ民族綜合調査（一九五一年）と東南アジア稲作民族文化綜合調査（一九五七年）を実施した(12)。

岡のもう一つの活動の場は国際人類学民族学会議であり、初回のロンドン大会（一九三四年）以来、敗戦後の第三回を除いて、岡は四年毎の大会に欠かさず参加し、初回と第四回（ウィーン、一九五二年）には研究発表も行った。第四回以降は毎回、会議の副会長に選ばれ、一九五七年には同会議の常設組織である国際人類学民族学連合の副会長に選ばれた。連合での岡の活動が、後に国際会議の日本招致（東京、京都、一九六八年）につながる。

4 「種族文化複合」理論とその影響

学術組織に並ぶ活動の場だった教育では、学界に復帰した翌年の一九五一年、岡は東京都立大学教授となり、それ以降、他の大学での非常勤講師も含めて、大学教育に従事した。大学院教育に参与したのは一九五三年であり、同年に東京都立大学に開設された大学院社会科学研究科社会人類学専攻の担当となる。この当時、大学院に文化（ないし社会）人類学の課程（専攻、コースなど）が設けられていたのは、東京都立大学と東京大学、南山大学のみであり、都立大学は日本における専門的な民族学者（文化・社会人類学者）養成の最前線にあり続けた。ちなみに、戦後の新制大学に導入されていく民族学関連の授業、コース、そして非常に稀だった学科ないし専攻は、「民族学」ではなく、「文化人類学」など「人類学」系の名称を採用し、出版界、マスメディアでも「文化人類学」の名称が普及していった。

大学院での岡は、時間割に従った正規の講義よりむしろ、学生とともにストーブを囲むなど、自由な談話で学生を啓発したといわれる［住谷　一九七九］。正規の講義では、学位論文のページを繰りながら講義することもあったといわれる。そして岡は、石田の企画した既述の座談会記録のほか、学位論文で到達した全体的な理論的構想を、その後の知見を加えて修正しつつ、三編の論文として簡潔に提示した［岡　一九五六・一九五八b・一九七九c］。岡が大学院生たちに与えた影響は、彼らとの接触の状況によって広狭の幅があっただろうが、その中心には学位論文の理論があったと思われる。

ここで「岡の理論的構想」と述べたものは、「日本民族＝文化」の「種族文化的」形成史にかかわる理論である。叙述の便宜上、この岡の理論を「種族史」理論と略称することにしたい。岡の論文名から採った用語である。同じように「歴史的民族学」であり、「文化史的民族学」と括られる思考でありながら、石田の「文化史」とは理論的志向が異なるので、それを考慮しての選択である。論文ごとに若干の差異があるが、最も多く参照された論文［岡一九五八ｂ］によれば、「日本固有文化」は先史縄文期より日本列島に到来した次の五つの「種族文化複合」が混合融合して成立したとする。各項目に岡が与えた説明を、カッコ内に補充しよう。

以上のような民俗学＝民族学的方法と先史学的方法とを併用して、私はおおよそ次のような種族文化複合を摘出し、その再構成を試みた。

（一）母系的・秘密結社的・芋栽培―狩猟民文化
［縄文中期文化、里芋の栽培儀礼、仮面仮装者の来訪儀礼、祖先マレビト訪来信仰、アウストロネシア［南島］系言語――民族学的分布は東南アジアとオセアニア、典型はメラネシアであり、大陸部東南アジアのどこかの海岸部から到来］

（二）母系的・陸稲栽培―狩猟民文化
［縄文末期文化、屍体化生神話、日蝕神話、洪水神話、太陽女神、村落共同体的なシャマニズム、司祭的女酋、アウストロアジア系言語――分布は大陸部東南アジア］

（三）父系的・「ハラ」氏族的・畑作―狩猟民文化
［初期の弥生文化、アワ、キビなどの穀物栽培、本家分家の同族団、カミ・天神の降臨信仰、北アジア的シャマニズム、ツングース系言語――満州朝鮮方面から到来］

（四）男性的・年齢階梯制的・水稲栽培―漁撈民文化

［弥生文化、関東北陸地方から西の漁村に広く見られる年齢階梯制、成年式成女式、母・妻方姻戚との関係、双系的傾向、平等的でデモクラチックな社会、村内婚、隠居別居、若者宿、娘宿、産屋、喪屋の施設、おも屋、隠居屋、炊事小屋など機能別に建物を分ける住居形態、イザナギ・イザナミ神話、海幸山幸神話、稲米の宗教観念と儀礼、アウストロネシア系言語――紀元前四、五世紀、呉・越の滅亡の余波で、中国江南地方から到来］

（五）父権的・「ウジ」氏族的・支配者文化

［王朝制、国家的支配体制、支配者王侯文化、五組織、各種職業集団、とくに鍛冶職集団、カミ信仰、依代、中津国平定神話、天孫降臨神話、建国神話、アルタイ系言語――南満東辺で（三）と同系の定着半農半猟種族を支配して階層的混合社会を形成し、朝鮮半島に移住後、三、四世紀ころに日本に到来］

［岡　一九五八b、六―七頁］

この理論を骨格とする岡の知見が、岡に学ぶ大学院生をひきつけた。「岡…理論は、日本に関する社会人類学に決定的な刺戟を与えるに充分な仮説となった」［蒲生　一九六六、三九頁］。日本を対象とした「多くの調査研究は、…種族文化複合に関する岡理論を検証することがすべてに共通の目標ではないにしても、諸文化要素もしくは儀礼的制度の比較検討を通じて日本民族とその社会の理解に志向してきた［同上、四四―五頁］。

岡の学説がこのような影響を与えた背景として、一九五〇年代にもなお引き続いた戦後の時代状況があった。戦時期に民族学者は、占領地の現地に赴いて資料を収集した。それは英米人類学の所謂「フィールドワーク、野外調査」ではないが、広い意味の実地調査ではあった。戦後の民族学・文化人類学もまた、実地調査を不可欠の方法として受け継いだ。しかし、敗戦直後の政治経済状況では海外調査は困難であり、民族学者は国内に調査地を求めた。日本社会に関心を向けた民族学者にとって、岡の魅力は、種族史理論そのものよりむしろ、日本の農山漁村の多様性を具体的に描いて、調査課題の所在を示したところにあった。かくして、ドイツ・オーストリアの伝播主義文化史的民族学を基礎とする岡の理論が、社会人類学を志向する大学院生をひきつけるという、パラドクシカルな影響関係が成立した。

岡が後続世代に与えた影響を、住谷の回顧が丹念に跡づけている。日本研究では、岡は水田稲作文化に対して「焼畑・雑穀・芋文化」の存在を示唆し、このテーマは坪井洋文のイモ文化研究が発展させた。岡が示した水稲耕作以外の農耕については、海外調査に重点を置いた研究であるが、間に中尾佐助の農耕文化起源論を介して、佐々木高明の「照葉樹林文化、稲作以前」研究がある。従前の家・同族社会を基本とした日本社会認識に、岡は「年齢階梯制社会」を対置して、漁村・離島の実地調査を促し、蒲生正男、村武精一、坪井洋文、住谷一彦、綾部恒雄、永田侑一、村上泰治が、年齢階梯制、世代階層性、村落社会の地域性などを課題として、社会人類学的研究を展開した。岡が来訪神習俗に示した関心は、戦前の論文「異人その他」とともに、鈴木満男の「マレビト」研究、高橋統一の「宮座」研究、村武精一による「南西諸島の宇宙観・世界観」の研究、住谷一彦とヨーゼフ・クライナーの『南西諸島の神観念』などに受け継がれた。海外での調査研究を含めた研究では、竹村卓二のヤオ族研究が岡の異人論と日本民族文化研究の双方から示唆を得た［住谷　一九八六］。

岡の与えた影響は民族学（文化・社会人類学）にとどまらない。岡の古稀を記念して行われた学際的な討論では、他分野の考古学、言語学、民俗学の参加者が岡理論の影響を語り、例えば言語学の大野晋は、言語の系統と文化の系統を関連させるという、従前の言語学の原則を越えた岡の構想に啓発されて、自身の「日本語の起源」論を発展させたと語った［蒲生ほか　一九七〇、三七六―九・三九九―四〇四頁］。

5　「エトノス」概念

日本民族＝文化に関する岡の種族史理論には、岡の指導を受けた研究者を中心に、賞讃する声が高い。その半面で、少ないながら批判もあった。石田英一郎はその数少ない、しかし強硬な批判者だった。岡の方も、自説を提示すると同時に、批判を発してもいた。柳田民俗学に対する批判である。この岡の批判に、柳田自身からも、柳田の指導を受ける民俗学者からも、反論はなかった。右に言及した岡古稀記念の討論会で伊藤幹治が述べたように、むしろ徹底して無反応という反応を示された［蒲生ほか　一九七〇、四〇四―一一頁］。岡の「民俗学＝民族学」と柳田「民俗学」の間には、日本の個別の民俗をめぐる解釈を超えて、日本文化を認識するそもそもの前提に、互いに相容れない対立があった。両者を分けたものは、突き詰めれば岡のユニークな「エトノス」概念である。この両者の狭間にあって、石田は単に岡に対する姿勢のみならず、柳田民俗学との関係でも迷走した。

岡は、「ウィーン遊學當時から、文化圏説が文化のTrägerの問題を比較的に等閑視する傾向を、一つの弱点として考えて來た」という［一九五〇、五六頁］。その当時の思考を活字にしたのは、石田の著書『河童駒引考』（一九四八年刊）の書評においてである［同上］。岡の想定では、「民族＝種族文化」の「Träger」が「エトノス」[13]であり、「民族＝種族、民族」とも表現する。民族＝種族文化をtragenする（担う、保持する）集団である。岡によれば、文化圏説は少数の特徴的な文化要素の「コンプレクス」（複合）に着目し、その分布の広がりを文化圏とする。文化圏の認定では、認定の規準となる「文化［要素］をTrägerから遊離して取扱う傾向」があった。古日本などのエトノスに着目したい岡の目には、「文化圏に包攝されるものは、統一體としての民族＝種族文化そのものであることは稀れで、…民族＝種族體［つまりエトノス］は…何等かの形において分解を受ける」［同上］。

岡が「エトノス」概念に行き着いた思考の過程を、文化圏説から出発して解き明かしてみよう。分布範囲の異なる複数の文化圏は、部分的に重複して分布する。そこで文化圏説は、複数の文化圏の重複した分布模様から、文化圏の相互関係を層位化し、それを時間的前後関係に読み替えて、人類文化史（文字に記録された歴史に先立つ文化史）を再構成しようとする。この広域の視野で見出された複数の文化圏を念頭に置いて、視野を特定の場所に絞っていけば、その場所には複数の文化圏が重複し交錯するのが見出される。その複数の文化圏が交錯する場所として人的集団に着目すれば、「エトノス」が見出される。重複する複数の文化圏それぞれの特徴的な文化複合を束ねて保持するTräger集団が、岡の認識する「エトノス」であり、説明が同義反復的になるが、ここでいう複数の文化圏それぞれの特徴的な文化複合を束ねたものが、エトノスの「民族＝種族文化」である。岡の文章によれば、「原則的に文化圏説を承認しつつも、…エートノスの統一性を常に顧慮する」には、「一旦文化圏的に分解し［た姿で捉え］、そして再びこれを複合形成して統一體を再現せねばならない」［一九五〇、五六頁、傍点は清水による］。

この理論的な手続きで得られたエトノスとその民族＝種族文化を、岡は「統一體」と述べるものの、その統一性には保留が必要である。「エトノス」は文化圏説から理論的に導き出した概念であって、現実の事例に適用して具体性を確保するまでは、抽象的な概念に留まる。ここで岡のいう「統一體」も、抽象的理論の中での統一体である。複数の文化圏が特定のエトノスにまで重複して分布を伸張するとしても、その複数の文化圏の重複は偶然性に依存する。それゆえ、相互に必然的な関連のない複数の文化複合を「複合形成して…再現」されたエトノスは、単に複数の文化複合を束ねて保持する集団にすぎない。「統一體」とはいいながら、このエトノスには、戦時期に参照したリールの「民族（Volk）」のような、歴史的社会的共同体としての統一性はない。言い換えれば、岡が「エトノス」の表現で導入したのは、戦時にリールから借用して提示した「民族」とは、全く異なる概念である。よく似た概念であり、混同しやすいので、両概念の区別に留意したい。

6 「エトノス」概念の困難

エトノスの認識を、岡が試みたように、「分解」された姿から「統一体」へと「再現」するためには、文化圏の理論を論理的に転換しなければならない。「文化圏は民族群［つまりエトノス群］を包括し、文化圏は或る民族群によつてtragenされる…」、「民族學は、現存の［エトノスの］民族＝種族文化を基礎として人類文化を考究するのであるが、現存の［エトノスの］民族＝種族文化にして、諸文化の混合體でないものはなく…」［一九五〇、五六頁］といった文章は、断片的ながら、この論理的転換の試みと読むことができる。

しかし、岡が「これには、なお深く考究すべきかなり困難な問題が存在している」と述べたように［同上］、岡がこの論理的な転換を十分に果たしたとはいいがたく、日本民族＝文化の種族史理論にも、エトノスとの関連で疑問が残る。岡の構想では、民族学の基礎的な考察単位は「現存の民族＝種族文化」であるが、エトノスとしての日本民族を対象にした種族史的形成のテーマでは、その「現存の民族＝種族文化」を「日本文化」と呼び、それをいくつかの層からなる複合的な文化として把握した。「日本文化は、いわゆる固有文化を基礎として、これに［歴史時代に到来した］中国文化、仏教文化、欧米文化が累積し、混交し、あるいは同居併存して形成された、一つの混合・累積的構造の文化である」［岡　一九五八b、五頁］。種族史のテーマで取り上げるのは、その中の「日本固有文化」のみであり、それは「すなわち民俗学が取り扱うさまざまな信仰形態、宗教儀礼、社会制度、習俗など」［同上、一二一頁］、つまり民俗学と共通の研究対象である。

岡が日本の種族史の課題で採用した方法手順によれば、先ずこの日本固有文化を分析し（というより、要素の集まりへと一旦バラバラに分解し、諸要素を選択的に組み合わせて）、「生活文化の複合《コンプレックス》、文化複合」を識別する（組み立てる）。「文化複合」とは文化要素の複合の意である。その次に、北、東、東南アジアと太平洋の「比較民族学の知識」を参照して「さまざまな種族文化の複合」と比較し、「日本文化の分析からえた文化複合が、これら…種族文化複合と類似するばあい、一応この文化複合を［日本に到来した］種族文化複合として考える」。岡はさらに、この原則的な二つの手順を、順序を入れ替え、比較民族学の知識を「発見の手段とし」、日本文化の中の「一見して相互に関係がないような文化要素を複合化し、類型を発見し、ふたたび起源的連関に再構成することも試みなければならない」。このような「民俗学＝民族学的な方法」によって、日本固有文化の形成に参与した五つの「種族文化複合」を仮説として設定した［一九五八b、五―六頁］。

この岡の方法の中で、日本文化内に識別される「文化複合」を「種族文化複合」へと格上げさせるのは、日本の周囲の「種族文化複合」との類似である。その場合の比較対象となる「種族文化複合」とは、どのような意味で「種族文化的複合」なのであろうか。エトノスを思考の単位とする岡の理想からすれば、「文化圏は民族群を包括し、文化圏は或る民族群によってtragenされる」。確かに、五つの種族文化複合を日本にもたらしたと想定するのは、「ツングース系のある種族」などとして、当の種族文化複合をtragenするエトノスである。しかし、日本側の文化複合を民族学的知識と比較する作業においては、「～族」と固有名をもつエトノスに言及はしても、特定のエトノスを取り上げて、その民族＝種族文化の全体を観察し、日本の特定の文化複合と対照させるわけではない。この作業は、（a）日本側の神話モチーフなど特定の文化要素ごとに、（b）大陸部東南アジア、オセアニア、メラネシア、「ビルマのパラウン族からクメール族にかけてアウストロアジア語系の諸族」などの広域の存在を対象にして、両者の「類似」を指摘する。日本側の文化複合と比較する対象は、個別の文化要素ごとに認識される分布域であり、あるいは複数の文化要素が共通に分布する空間であって、結果としてシュミット的な文化圏と大差ない。「民族群」であるべき「文化圏」の認識は、達成されなかった。さらに、「民族＝種族文化にして、諸文化の混合體でないものはなく…」という認識を基礎にして、文化圏をエトノス（民族＝種族）の群（集合）として把握しようとするならば、理論的困難はさらに倍加するはずである。この点は後に再び取り上げよう。

７　岡「民俗学＝民族学」と柳田「民俗学」

岡はこのようにして、大きな方法的困難を残しながらも、日本固有文化の形成に参与した五つの種族文化複合を識別し、それらの比較民族学的な起源を特定しつつ、かつ考古学が示した先史時代の時代区分と照応させつつ、日本民族＝文化の種族史に明快な見解を示した。彼は、この見解に達するのに採用した思考の枠組みを、「民俗学＝民族学的方法」と呼んだ［岡　一九五三b、六頁］。それは単に「方法」に留まらず、方法を含んだ理論体系というべきものである。それは、民族学と民俗学との併用でも折衷でもない。岡が採用した方法の「民俗学＝」部分は、先ずは日本固有文化の資料源としての民俗学である。民俗資料を「＝民族学」によって分析し総合して到達した日本固有文化の姿は、民俗学の示す日本固有文化像とは全く異なる。岡の「民俗学＝民族学」は、柳田の民俗学とは別個の日本研究だった。

柳田民俗学と異なる日本固有文化像に到達して、岡は柳田民俗学を批判した。

私は［民俗学が取り扱う］日本固有文化…が、すべて同系、同質の民族文化に発し展開したものと、頭から前提し、そしてこの立場から個々の民俗を解釈し説明することの危険について注意を喚起したかったのである。…日本固有文化がすでに混合文化であり、いくつかの異系種族文化を分析し再構成する可能性があり、またそれが、日本固有文化の理解と解釈にとって、きわめてたいせつであるという認識が重要なのであって、この二つの解釈、考察の方法の相違は、まったく異なった結論を導き出すことにもなるのであろう。〔岡　一九五三b、二一頁〕

岡の理論の特異さは、同じように民族学から日本の民俗を考察した石田英一郎と比べれば、よく了解される。石田に、岡の研究再開に先立って『河童駒引考』（一九四八年刊）を出版した。この著書の特徴を、内容に立ち入らずに要約すれば、石田は柳田國男の河童駒引伝承の考察を出発点として、この伝承の構成要素と類似する要素を日本近隣地域（東、北、東南アジア）の伝承に探索し、次いでこれらの地域の類似要素に類似する要素をさらに遠方の地域ないし文化圏に求めるというように、数珠繋ぎの手法で類似要素を求めて、欧亜両大陸の処々に視野を広げた。岡が書評で指摘したように、石田は自身の思考に、文化のTrägerつまり「エトノス」概念を介在させることなく〔一九五〇、五六―七頁〕（この点については後に再び取り上げる）、一方で関心を特定の民俗要素（河童と馬と水辺と猿などの民俗的表象）に絞り、しかし地理的には視野を世界大に拡大して、日本の特定の民俗要素が世界大の関連を持つことを示した。石田の関心は、岡の重視するエトノスではなく、「人類文化が時間空間の両面にわたって一個の連続した全体をなすという認識」にあった〔大林・山田　一九六六、一二頁〕。日本の民俗について、岡が新たな見解を形成して、それを民俗学の見解と対置させたのに対し、石田の考察は、民俗学による日本の民俗の知見（具体的には柳田による河童駒引伝承の考察）に、何も付け加えない。石田の付け加えたのは、日本の民俗要素に関する民族学的な知見であり、それは新たな見解として価値を持つものではあったが、民俗学に変更を迫るものではなかった。その意味で、石田の方法は民俗学と民族学の併用だった。

8　石田英一郎の迷走――岡と柳田

先に触れたように、石田は、岡の種族史理論に対する数少ない批判者の中で、最も強硬な批判者だった。しかし石田は、これも先に見たように、敗戦後の民族学が再開された当初は、岡の最大の理解者だった。石田は岡の支援から批判へと転じたのであり、興味深いことに、この変化と相前後して柳田に対する姿勢を変えてもいた。石田と岡を考えるのに、柳田も加えれば、石田の岡批判は別の相貌を現す。石田は岡と柳田の間で二転三転、迷走した。ここで注目するのは三者の間の個人的な関係ではない。石田が迷走したのは、岡の民俗学＝民族学と柳田民俗学の狭間においてだった。

既述のように、敗戦後の民族学では、アメリカ人類学が民族学者の関心を引きつけた。それに反発した石田は、文化史的民族学の復権を試みて、岡の復帰を支援し、岡、江上、八幡による「日本民族＝文化の源流」の討論を『民族學研究』誌上に発表した［岡ほか　一九四九］。この時を出発点として、岡、石田、柳田の三者関係を追ってみよう。この時点で石田は岡に依拠しつつ、柳田に対して批判を試みた。上記の討論「日本民族＝文化の源流」に引き続いて、石田は柳田國男と折口信夫を招聘し、自身の司会で二度に亙って討論会「日本人の神と靈魂の觀念そのほか」と「民俗學から民族學へ――日本民俗學の足跡を顧みて」を行った［柳田ほか　一九四九・一九五〇］。石田は初回の討論の冒頭で討論のテーマを、岡たちとの座談会に言及して、次のように述べた。

あの中の民族學的な部分［つまり岡の発言］…には、大體一九三四年頃までの柳田・折口兩先生の學問の成果の取り入れられているものが少くありませんが、…その民族學的な研究…は、日本の外からみた研究に重點がおかれている、これに對して日本民族というものの内奥から…研究を多年お進めになつて來られました兩先生に感想なり批判なり、或は註文というものを是非承りたいと思うのであります。…

それから第二には兩先生の中心的な學問であるところの日本民俗學というものが、その對象をば一應日本一國に限つておられるというところから來る學問的限界というものは當然考えられなくてはいけないことでありまして、そこでこの日本民俗學と、それからもう一つの民族學との關連、ということについての原理的な、理論的な問題がいろいろと出てくるのであります。

［柳田ほか　一九四九、八七頁］

丁寧な言葉遣いながら、明らかに挑戦的な発言である。石田は岡の民族学的な見解を信頼し、それを自信をもって民俗学の両重鎮にぶつけた。

9　石田の転進——文化人類学へ

石田は、一九五一年に東京大学東洋文化研究所に文化人類学部門が新設されたのに伴い、その教授に就任した。これを機に、それまでの文化史的民族学に依拠した盛んな著述から一転して、著作目録が事実上空白の時期が三年続いた。その間、一九五二年から五三年末までを、アメリカを中心に在外研究で過ごし、一九五四年に日本での活動を再開した時には、「文化人類学」の推進者、「文化人類学」と「綜合人類学」を中軸にした「人類学の綜合教育」の主唱者として登場した。戦後の石田の一度目の転進である。

この年の四月、石田は、急逝した杉浦健一の後任として、東大教養学部教授を兼任し、同年九月に教養学科に開設された文化人類学(14)を担当した。石田は民族学と人類学の両学界に向けても、綜合人類学を基礎教養とし、文化人類学を専門とする教育プログラムを提唱し［石田　一九五四］、自然人類学からも、民族学の内部（岡の勤める東京都立大学の社会人類学など）からも批判され、それに反論する石田は論争家として存在を示した。

石田は攻撃的な論説を柳田民俗学にも向けた。批判の拠り所は、自身の文化史的民族学の研究（『河童駒引考』など）とともに、依然として岡の種族史理論であり、加えて、石田がアメリカで学んできた「文化人類学、綜合人類学」である。石田は一九五四年の日本民俗学会年会で公開講演を行い、その内容を翌五五年三月に、論文「日本民俗学の将来」として同学会機関誌『日本民俗学』に寄稿した。内容は破格の提案を行うものだった。民俗学における柳田國男の貢献を賞讃した上で、柳田には歴史を志向する以前に、広い国外の視野から日本を見る視点があった。民俗学は在野の学問としての孤立から脱して、大学制度に地位を求めるべきであり、その場合、所属先として歴史学を選ぶのもよい。しかし、日本の民俗には「広汎な民族学的知識をもとにしてのみ」解明できるものが多い。かつての柳田の視点を発展させて、「広義の人類学とくに文化人類学の学科課程の中に、その正当な地位を占めることを考えて見られてはどうか」［石田　一九五五］。柳田など特定の個人を越えて、民俗学の全体に向けた、「文化人類学主義」ともいえる支配的な提言だった。

柳田は同じ年の年末に、民俗学研究所の執行機関（理事・代議員会）に研究所の解散を提案し、研究所は自壊するように翌一九五六年三月に解散した。柳田は解散提案の発言で石田の提言に言及し、石田に反論できない非力な所員たちを咎めたといわれる。研究所は柳田が自宅の一部を事務所に提供し、財政的にも支援してきたが、その存続を柳田個人に依存するには大きすぎる困難を抱えており、解散は柳田の年来の意図でもあった［後藤　一九八八、一〇八九―九七頁］。石田の提言は研究所解散の原因ではなかったにしても、柳田の叱声とともに民俗学者の記憶に残ることになる。

後に述べるように、その後の石田は柳田民俗学に対して、この時の提言を自ら覆すような姿勢をとるようになる。それ以外にも、一九五四・五五年の石田の提言には軽佻さが散見された。(15)「人類諸科学の分野で近年発達した新しい研究調査上の技術、たとえばロールシャッハ・テストにせよ、TATにせよ、もしこれらが民俗学の究明しようとする目的に役立つものならば、これを採り入れるのに吝かであってはなるまい」〔同上、四五頁〕。石田のアメリカ人類学への傾倒ぶりを読者に印象づけたに違いない発言である。(16)

10　石田の二度目の転進——岡批判

文化人類学に転じた石田は、理論的考察では「文化史的民族學成立の基本問題」〔一九四九〕、民俗・民族事象の研究では、『河童駒引考』〔一九五六〕を最後として、文化史的民族学に分類される論考を出さなくなる。替わって理論面で取り上げたのは、アメリカで学んだ文化人類学、とりわけクローバーに依拠した「文化」概念であり、さらに石田の理解した文化人類学の視点から、マルクス主義唯物史観に解釈を加えた。唯物史観の枠組みである上部構造と下部構造の区分に言及して、言語、文化、民族性、そして普遍的な人間性は、この区分を超越するものだとする〔一九五九〕。石田はこの文化人類学的な見解をさらに進め、普遍的人間性は現代文明によって危機に陥っているとして、その回復を訴える思想家として知られるようになった〔一九六八〕。石田自身の位置づけによれば、晩年に論じたヒューマニズムは、文化史的民族学の枠組みで追及した「世界や人類を一体として見る…古代文化史の研究」（『河童駒引考』再版の序文〔一九六六、一頁〕）を受け継ぐものだった。

石田は日本文化への関心を持ち続けたが、彼の視線は、民族学よりむしろ隣接諸分野とりわけ考古学に依拠した起源の探求［石田編　一九六六、石田・泉編　一九六八］、さらにベネディクトの「文化の型」概念を援用した日本文化論［一九六七］に収斂していった。このうちの前者、考古学に傾斜した日本文化の起源の探究と連動して、石田は岡の種族史理論に対する批判に転じた。アメリカ滞在で文化人類学に転進したのに続く、石田の第二の転進である。

岡の種族史理論に対する批判を、石田は二度三度と、それも短期間に「立て続け」というにふさわしい勢いで繰り出し、回を重ねるほど詳細に、さらに矛先を岡のみならず、岡の影響を受けたと自認する社会人類学者たちにも向けた［石田　一九六六ｂ・一九六六ｃ・一九六七ｂ］。日本の民族学では他に類例のない厳しい批判だった。石田の批判は、かつて自身にも向けられた他分野からの批判を踏まえたものである［石田　一九六七ａ］。オーストリアから帰国して、石田は、留学中に学んだ文化史的民族学が日本の学界では説得力を持たないことを認識したという。戦後に勤めた東大東洋文化研究所では、「若い研究員」（おそらく大林太良を指す）の発表する「民族学的な歴史研究」が、「証明」以前の「断定」であるとして、歴史学など文科系の研究者に批判され、石田の弁護も説得力を持たなかった［同上、二頁］。「やがて自己の研究を通じ、自らを説得するに足る方法論を摸索しているうちに、ついに筆者自身も民族学のみによる歴史的復原の可能性そのものに懐疑的たらざるをえなくなったのである」。石田はこの自省を岡にも振り向けて、岡の種族史理論が第三者を納得させるものではなかったとして、「私は…ただ民族学なるものがはたして〝純粋に〟独自の立場で、書かれざる歴史の再構成の仕事をなしとげうるかという疑問を、ここに提出しているに過ぎぬ」［一九六六ｂ、三六八頁］。

石田や岡、さらに大林の文化史的民族学が、歴史学考古学など他分野の研究者に説得力を持ち得なかったのは、石田の認識では、文化史的民族学の見解が推論の域を出ず、「問題の決定権を握るものは、つねに考古学と歴史学の資料」だったからである［同上］。「岡氏の所説の中、…［考古学などの］裏づけを離れて…民族学だけで独走するかに見える議論…になると、それだけ説得力も弱まってきて、われわれには、とうていついて行けなくなるのである」として［一九六七b、二〇八―九頁］、岡の挙げた五つの種族文化複合を個別に検討し、蓋然性が高いのは、考古学的な裏付けのある「父長権的支配者文化」と「男性的漁撈・水稲耕作民文化」の二つのみであるとする［同上、二〇九―二一二頁］。

岡の影響の下に日本社会を研究した社会人類学者に対しては、彼らが実地調査によって得た現代の日本社会に関する知見が、先史時代にさかのぼる岡の「種族文化複合」説をどのような意味で「検証」するのか、その方法と可能性を問うた［同上］。彼らの発言に言及しての批判である。石田の批判の根源を表すのは、岡の理論を学説史の視野で検討した歴史民族学の大林太良に向けた批判である。

筆者は氏に問いたい、もし［考古学などの知見とは独立に］純粋に民族学的な資料と方法のみによって数千年の遠い過去にまでさかのぼった種族文化複合を、［大林が述べたように］もはや「これ以外には考えられない」というところまで再構成できた実例が一つでもあるなら、示していただきたいと。

［同上、二一二―四頁］

石田の岡に対する批判には、石田の大林に対する苛立ちを岡に向けたという側面もあったと思われる。大林は戦後世代の民族学者であり、岡、石田に次いで歴史民族学を本場（大林の場合はドイツ）に留学して修得し、石田と同じ東洋文化研究所に勤めた。いわば石田に最も近い後輩だった。

石田の苦衷は、岡とともに自身も関わった研究ジャンルを、かつては「文化史的民族学」と表示したのに対し、学際的な討論の場では「歴史民族学」ないし「民族学的な歴史研究」と言い換えねばならなかったところにあったと思われる。歴史は文献史学の領域であり、歴史的事実には時系列《クロノロジー》上の時点を確定する資料が必要である。先史考古学でも、考古資料の時系列上の時点を確証することが望ましく、それが不可能でも、前後関係の情報が求められる。民族学の見解を「歴史研究」の場に提示すれば、文献史学や考古学がそれぞれにとって必須の情報を求めるのは自然である。しかしそれは、先史考古学が出土品から社会や宗教について推測するのに対し、その推測を確証する出土品・発掘物を示すよう、要求するのに似ている。もともと文化史的民族学は、進化主義民族学と同じく、文字に記録されない人類史（人類文化史であれ形質の進化も含めた人類史であれ）の再構成を課題にして始まった研究分野である。文献史学と先史考古学では明らかにしえない領域について、つまり歴史ではなく種族史・文化史・人類史の領域で知見を提示することで、民族学は十分に存在を示しえたはずである。

石田は岡と大林の歴史（的）民族学を批判する一方で、自身の文化史的民族学の著書『河童駒引考』は、改訂して新版を出した［一九六六ａ］。先にも見たように、この書物で石田は、伝承や神話の事例と事例とを関係づけて、文化史的連関を広く欧亜大陸に探索した。しかし、本書を読み進めればすぐ気づくように、事例と事例の連結を述べる言葉は、その大半が連想と推測の域を出ない。(17) 石田が岡に求めたように、事例の間の連結を裏付けるべき文献資料や考古発掘品の「確証」を求めれば、石田が繋ぎ合わせた文化史的関連は、部分でも全体でも容易に瓦解する。この書物がそれでも読み応えがあるのは、文献史学や先史考古学の「確証」を越えた文化史の知見を提示するからだ。石田の岡批判は、石田自身がからめとられた（歴史学考古学の投げた）網から自力では脱出しえずに、その苦衷を岡たちに振り向けたものだった。

ただしこれは、岡と石田の仕事を全体として見渡すことのできる後世の視点からの、私の感想である。石田は繰り返し批判し、しかも論争家らしく、「堂々と反論を展開していただきたい」［一九六六ｂ、三六九頁］、「社会人類学者はこの「私の」問に答えねばならない」[一九六七b、二一三頁]、あるいは上に引用したように「示していただきたい」と、再三回答を促した。しかし、誰からも応答はなく、石田の批判に対する反論はなかった。

11 石田の第三の転進——柳田民俗学への回帰

先に、石田の変化を岡と柳田の狭間での二転三転と述べた。石田の最後の転進は柳田との関係での変化である。先に見たように、「日本民俗学の将来」[一九五五]を論じた頃の石田は、柳田とその民俗学に批判的であり、その際の拠り所は石田自身の文化史的研究と岡の種族史理論、そしてアメリカ仕込みの文化人類学だった。この姿勢はその後も変わらずに持ち続けた。一九六三年に英文で出した柳田國男の評伝では、その巨大な労作を讃えるとともに、その柳田も「悲劇的な運命を免れることはできなかった」として、柳田の最後の著書にコメントする。この時点では、本節で述べる第三の転進をいまだ果たしていない。

『海上の道』に見る、日本民族の祖先が宝貝を求め、沖縄の島々に沿って南からたどりついたというテーゼは、…考古学上の知見は、必ずしも先生の直観と一致しない。…先生の民俗学の方法は、年代の順位規定にあたっては考古学以上に証明力を欠くのである。同様に歴史学者もまた、…先生が昔の姿といい、古い祖先の生活というのは、いったい何世紀ごろの昔なのかと反問する。…

さらに強力な疑問は、…民族学者・文化人類学者の側から提出される。先生のイメージにある日本民族とは、最初から単一で同質的なethnic groupであった。…けれども多くの人類学者はこの前提そのものに疑をいだく。日本列島を区劃する大きな方言差や文化の地域性、…日本神話や日本語そのものの多元的な構成——これらは日本の民族と文化が、…いくつかの異なった系統のethnic unitsが、むしろ日本列島の上で混融して、今日の日本民族を形成した事実を語るものではないのか。この種の疑問の前に、今日の日本民俗学は何ら説得力のある回答を与えることはできないのである。　［石田　一九六五、一二八―九］

すでに石田の岡に対する批判を見た後だけに、石田の柳田批判は、岡に対する肯定と否定を含んでいて、混濁しているように見える。一方で岡の種族史説をも踏まえて柳田の一元的な日本民族観を批判し、他方で、岡に対して向けたのと同じ批判を柳田に向けて、民俗学の方法では、考古学と歴史学に対抗する年代確定を提示しえないことを述べる。石田はこの柳田の評伝を、岡批判を開始する三年前に書いた。つまり、その時点では依然として岡理論を受け入れていた。時間の経過に沿って石田の思考の変化を追えば、石田はこの評伝を書いた後に、柳田に向けたのと同じ方法的批判が岡にも当てはまることに気づいたという順序になる。

石田の思考を跡づける視線を、この次に続く岡批判を飛び越えて、石田の最晩年の思考に移すことにしたい。石田は東京大学の定年退職を三か月後に控えた一九六三年一二月に、東大には併任で籍を残したまま東北大学に転任し、同大学文学部附属日本文化研究施設教授に就任した。この転任は、石田の日本文化に対する関心をより理論的に整備する契機となったと思われる。石田は、日本国家の起源、次いで日本民族文化の起源系統を、研究施設の研究事業として取り上げ、後者についてはテーマを日本農耕文化の起源に絞って、それぞれシンポジウムを開催し（一九六四年六月と一九六六年三月）、その成果を出版した［石田編　一九六六・石田・泉編　一九六八］。シンポジウムの参加者は、国家の起源の方は日本史と考古学が二人ずつ、それに東洋史の江上波夫の五人、農耕の起源の方は日本から四人、韓国から二人で、全て考古学の専門であり、文化人類学の参加者はそれぞれ司会の石田（国家の起源）と泉（農耕の起源）の一人のみだった。この二つのテーマを追究するのに、石田がこの時点ですでに、岡批判と連動して徹底して民族学を排除していたことが分かる。

この文脈で石田は、日本文化に向かう姿勢を二つの文書で提示した。一つは一九六五年一一月に成城大学で「日本文化論」と題して行った第三回柳田国男先生記念特別公開講義であり、講義内容は同じ書名で没後に出版された［石田 一九六九］。この講義で石田は、「日本民族」を定義するのに、民族の個性に着目して「エトノス」を「エートス」と等号で結ぶ。歴史民族学の方法の「学問的な有効性」には疑問が多いとして、考古学の知見と文献資料を優先させ、「日本民族」の確実に溯れる過去の上限を弥生式文化と認定する。かつて岡が縄文時代に想定した農耕（焼畑陸稲栽培、芋類栽培）にも言及して、それを確証する考古学の資料が出ていないとして、その可能性を退ける。弥生時代に確認できる「大きな事実」として、「日本民俗学でも中心問題になっている稲作農耕」と日本語の二つを挙げる。出土品を手がかりに弥生時代の衣食住の生活技術を描き、「この時代の村落の日常生活の形式は、その後の歴史時代を通じて、近代にいたるまでの日本の稲作農民の生活と、基本的に大差のないものであろうと私は考えています」。稲米儀礼とその背後の「農民の伝統的な世界観、精神のありかた」になると、確証はないが、南シナ、東南アジアなどの水田稲作文化との比較から、弥生時代の稲作農耕とともに「このような日本人の伝統的な精神生活が始まったと考えられます」［同上、五二―八頁］。

石田は意識していたのか無自覚だったのか、判断する材料がないが、石田の描く「日本文化」は、柳田の「単一で同質的な」日本民俗の世界と、「寸分違わず」といえるほどに一致する。石田は岡の種族史理論を排除するとともに、岡の理論が指摘した日本固有文化の多様で多元的な特徴も、一切排除した。日本文化と比較するのは西欧文化のみ。かつて文化史的民族学を懸命に擁護した敗戦直後の石田、あるいは民俗学に文化人類学への合流を説いた「日本民俗学の将来」の石田との懸差は大きい。晩年の石田は日本文化に関心を集中させて、柳田民俗学に回帰した。石田の三度目の、そして最後の転進である。

なぜこの転進があったのか。石田の柳田回帰は、石田の採用した方法の論理的な帰結だと解釈することも可能である。岡の「民俗学＝民族学的方法」を、考古学的な裏付けがないとして排除した石田には、それ以外に援用可能の比較民族学の方法がほとんど残っていなかった。石田が依拠しえたのは、考古学、文献資料（具体的には魏志倭人伝）、文献史学、そして柳田民俗学である。石田は、自己の専門分野からの知見を自ら放棄し、他の専門分野から借りた知見で自身の理解を組み立てた。扱う時代は直接の文献資料のない弥生時代であり、出土品を越えた領域の生活文化の具体像になれば、民俗学が描いてきた日本固有文化が最も近い参照材料になる。岡の種族史理論を排除した石田には、柳田民俗学に回帰する以外に選択肢はなかった。

晩年の柳田の「悲劇」を指摘した石田にならって、その晩年を「悲劇」と描いてもよい。石田が行ったのは、成城大学民俗学研究所が主催した特別公開講義である。柳田の意図を受けて解散した旧民俗学研究所の蔵書と資料カードは、成城大学に寄贈され、大学は民俗学研究所を設けて、それらを受け入れた［大藤　一九六九、一九一頁］。石田の柳田民俗学に対する批判と提言が一つの機縁となって解散した研究所の、事実上の後継組織といえる民俗学研究所で、柳田を記念する行事として、石田は柳田回帰の講義を行った。石田はこの間の柳田民俗学に対する自身の姿勢の変化を自覚しているようには見えない。石田は論争家として論理性を大事にした。その石田が演じた一つの悲劇といえよう。旧民俗学研究所の解散を柳田の叱声とともに記憶に留める民俗学者は、石田の講義を複雑な気持ちで聴いたことだろう。

石田の柳田回帰は、方法上の論理的帰結であるとともに、それ以上の背景もあった。論文「日本文化論の理論的基礎」［石田　一九六七］は、石田が東北大学を定年退職した一九六七年三月に発行されたもので、日本文化研究施設の研究プロジェクトのために理論的提言を行った。石田が書いた事実上最後の学術論文である。この論文の石田は、文化人類学の理論的文脈で議論するというよりは、むしろ論壇の「流行」を多分に意識して、論壇と対話するように議論を進める。「流行」とは、「近年わが国の論壇において一種の流行の観さえある日本文化論ないしは日本民族性論」であり、石田自身も多数のエッセイで健筆をふるい、この「流行」の立役者の一人だった。

この論文で石田は、「日本文化」に向かう姿勢を鮮明にする。「われわれが研究の焦点を右の対象［日本文化］の特質に絞るばあいに問題の中心となるものは、日本文化という構造体の内的構造の分析ではなくて、まず統合された全体の容姿（Gestalt, configuration）、パターン、スタイルであり、…この全体をつらぬく個性的な原理、エートス、ライト・モティーフあるいはシーム（theme）ともいうべきものであろう」［同上、三二一―二頁］。この論文の石田は、独特の用語を含めて、ルース・ベネディクトの「文化の型」理論を最終的な拠り所にしているように見える。「日本文化論」の講義では、結果を意図していたか否かにかかわらず、方法の制約（岡の民俗学＝民族学的方法の排除）から消去法の論理によって、柳田民俗学の一元的な日本文化像に行き着いた。しかし、この「日本文化論の理論的基礎」では、自ら自覚的に選択して「エトノス＝エートス」概念を採用し、考察の視野を全体から小部分へと狭めていく。「全体としての文化」が「個性、原理、エートス、パターン」に凝縮されるように、「民族（Volk）」は「民族性」に凝縮され、さらに「民族の精神として独立した存続を保つ」との認識にまでいたる［同上、三三二頁］。

岡の民俗学＝民族学的方法を退けたことは、この「エートス」への関心の集中と矛盾するものではなく、順の関係にある。しかし、岡に対する批判が「エートス」への関心の集中を促したとは考えにくい。それ以外に、どのような必然性があって、石田は、日本の「エトノス」ならぬ「エートス」を課題とするようになったのか。石田の出発点は、日本の一つの小さな民俗要素（河童駒引伝説）を手がかりに、欧亜両大陸にまたがる人類文化史の広がりを追うことだった。石田が書いた最後の学術論文は、それとは全く逆方向に転換し、河童駒引伝説に類する核心的要素に視野を絞っていった。

12　エトノスの民俗学＝民族学

石田英一郎は岡と柳田の狭間にあって迷走した。岡に代わってコメントするとすれば、それは石田が岡の警告「文化或は文化圏過重、叉はTräger閑却の傾向」［一九五〇、五六頁］を無視して、文化のTräger、さらにエトノスの理論的な重要性を、認識しなかったからだ。『新版　河童駒引考』を出版した際、石田は岡の名前は明示せずに、書評への反論として、「この種の研究においては、一体どの程度までこの意味の文化［伝承の属す種族文化］のトレーガーを考慮に入れることが可能なのか、もっと具体的な教示を乞いたい」と一蹴した［一九六六a、六頁］。確かに、岡の助言を受け入れるには、『河童駒引考』の理論的な組み立てを大幅に変える必要があっただろう。石田の反論から判断して、岡の忠告に応じてエトノスを突き詰めて考えることを、石田は怠った。

一つの民俗要素（河童駒引伝説）に焦点を絞ったこの研究では、石田はエトノスないし民族を考慮しなくても、論考を進めることができた。しかし、晩年に日本文化を考察対象に選んだときには、事情が違った。「エトノス」か「民族」か、いずれかの概念を選ぶ機会を自ら作った。石田は、それ以外に選択肢がなかったかのように、「民族」を選択し、「エトノス」については「エートス」と等号で連結して理解した。岡の警告を考え合わせれば、明らかに安易な選択であり、石田の迷走は、エトノスを「閑却」したツケが回ってきたといえる。「民族」からは、文化のエートスに対応する民族性ないし民族の精神へと思考を凝縮することができる。しかし、岡の想定する多元的な「エトノス」

からは、それ以上凝縮して個性や精神を引き出すことはできない。せいぜい、外来文化にも開かれた、多元性と多様性を抱擁する文化といった、ほとんど「エトノス」概念の同義反復を出ない特性しか、得られない。「エトノス」と「民族」は、その後に続く思考を全く異なる回路へと導く基底的な概念である。

岡の種族史理論は日本固有文化の多様性のみならず多元性を指摘した。しかしこの多元性は、対象物を収集し分析し、つまり帰納的な操作を地道に積み上げていけば、その認識に到達できるような対象物の特性ではない。岡が採用したのは、全く逆に演繹的な方法である。すでにひとまとまりの全体を構成しているかに見える対象物（日本固有文化、柳田民俗学が収集した民俗資料の集合）を、一旦ばらばらに分解し、既存の組合せとは別個の組合せへと組み替えて、互いに異なる複数の系（文化複合）を構成し、全体をこれら複数の系から成る多元的な束として描きなおす。さらに、対象物を分解して得た諸要素を別の組合せへと組み替える作業で、岡は比較民族学の知識を「発見」的なモデルとして参照した。岡が「民俗学＝民族学的方法」と呼んだこの演繹的方法は、方法自体にすでに、多元的な文化像が結論として埋め込まれている。

その多元的文化像、つまりこの方法の民俗学部分と民族学部分を結合する要が、「エトノス」概念である。それは、認識した対象を収める器というより、対象に接近する方法の用具である。先に見たように、岡は思考の下地としてシュミットたちの文化圏説を想定し、さまざまな文化圏が重なりあう特定の空間を切り出して、「エトノス」と概念化した。岡の見方からいえば、文化圏説は文化のTrägerを、世界大に広がる複数の文化圏へと「分解」するのに対し、「エトノス」概念はTrägerの元々の一体性を取り戻す。それゆえ、「現存の民族《エトノス》＝種族文化にして、諸文化の混合體でないものはな［い］」［一九五〇、五六頁、ルビは清水による］。河童駒引伝承を考察石田は、間にTrägerひいてはエトノスを介在させることなく、個別の民俗要素の比較対象を求めて、直接に人類文化の空間へと視野を広げていった。その意味で、岡の目には、石田の文化史的民族学はシュミット文化圏説と同じ思考範囲に留まっていると見えたはずである。

岡はしかし、同じ書評で、石田が日本の民俗要素を欧亜の文化史に節合したことを賞讃し、返す刀で民俗学を批判した。「従来日本民俗學のもつ一つの缺點は、比較民族學的視野と知見の缺如であった。…日本における伝承或は文化を、八重山、對馬、津軽海峡を越えて比較するとなると…躊躇か無関心を示し、或は拒否的な傾向さへも見られる…これには日本民俗學に内在する…相當根本的な理由がある」[同上、五四頁]。岡は「その根本的な理由」をヨーロッパに於ける民俗学の歴史に探った。岡が繰り返し取り上げた論点であるが［一九三五・一九四五・一九五〇・一九七九c］、岡は欧洲の民俗学に二つの類型を識別した。日本の民俗学と関わるのは、その内の一方、「後進國」ドイツとその周囲の国々で民族主義《ナショナリズム》文芸運動の一翼として発展した民俗学《フォルクスクンデ》であり、過去の歴史や辺地の農民に自己の「民族」を追求し、民族固有文化を探り当てようとした。「民族の自己認識の學問である性質上、比較研究に対する興味は薄[い]」[岡　一九五〇、五四頁]。日本民俗学は、形成期の時代状況、「創始者［つまり柳田國男］の經世家的關心」などの条件から、「その意圖において、第二の型即ち中歐、東歐のVolkskundeに、本質的に共通するものがあり」、それ故に「比較民族學に對する日本民俗學の上述の如き、一見拒否的な或は無関心的な態度は、なんとしても理論的には、無理である」[同上、五四—五頁]。先に見たように、後年の岡が種族史理論を提示したときにも、民俗学に向けて、日本固有文化を「同系、同質の民族文化」と前提することの「危険」を警告し、日本文化の「多元的累積的」な認識の重要性を説いた[一九五八b、二一頁]。岡の種族史理論が民俗学に与えた影響について、伊藤幹治は無反応という反応だったと述べたが、この無反応を岡はつとに予見し予言していた。

13　民族とエトノス——民族主義、国際主義、世界市民主義

民族主義の民俗学は、ドイツでも中欧諸国でも、「民族（Volk）」を中核的な概念とした。岡正雄はウィーン留学の後半以降、戦時期を通して、ドイツ民俗学からこの「民族」概念を学び取り、リールの学説に依拠しながら、この概念を軸にして「民族研究」を構想した。当時の岡の語彙に「エトノス」の語はない。この言葉を使い始めるのは戦後であり、日本民族＝文化の種族史理論と連関してこの概念を導入した。その「エトノス」を「民族」あるいは「民族＝種族」と言い換えはしても、その逆に、Volkに当たる「民族」を「エトノス」と言い換えることはなかった。

民族学と民俗学に関する岡の認識を、私なりに再解釈すれば、「民族（Volk）」はドイツ系民俗学の民族主義を表現する概念である。日本民俗学の日本民族に閉じこもった視野は、この概念の特徴でもある。中軸概念と思想的傾向との相関関係が「民族」概念に読み取れるのならば、「エトノス」にもそれに対応する思想を予想してよい。岡はエトノスを媒介にして人類《アントロポス》を考究するといった［岡　一九四八］。人類をエトノスの集まりと捉えるこの見方は、いわば「エトノス」間主義、民族間（国民間、国家間）主義、つまり国際主義《インターナショナリズム》であり、この国際主義に対応してエトノスは、エトノス間の関係に開かれた多元的存在と想定される。

しかし岡は、エトノスを構成単位とする文化圏を構想しながら、それを理論的に整備するには「困難」が多いとして、素描する以上には考察しなかった。実際、個々のエトノスはそれ自体が複数の「種族文化」の合成体である。それをどのような境界で切り出すのか。「一元的で均質な」と想定される民族は、この想定ゆえに現実の集団に適用して境界を画することは困難であり、理論的・理念的な概念に留まる。多元的なエトノスとなれば、境界を区画することの困難な「種族文化」が複数重なり合うのであるから、その困難は倍加するだろう。さらに、そのような多元的エ

トノスを多数集め、それをどのような共通項で結び合わせれば、一つの文化圏の境界を設定できるのか。その困難は、国民国家と国際（国民間、国家間）社会との組合せの困難を想起させる。現代の国際秩序では、多数の民族（それぞれがVolkよりエトノスに近い）が複雑な分布模様で混在する地域に、国家の境界を設けて、地域全体を複数の多民族国家の集まりへと変換しようとする。どのように国境を線引きしても、国際（国家間）秩序と各国国内民族関係の安定は望みがたい。岡が一九三〇年代の中欧バルカンで目撃したのは、民族主義が（国境内外の）民族間さらに国家間に紛争を惹起し、ナチス・ドイツがそれを煽り、利用して、軍事攻勢に巻き込んで行く過程だった。

「エトノス」と「民族」をそれぞれ中軸とする二つの概念セットに対して、石田の文化史的民族学は第三の可能性を示唆する。石田は個別の民俗要素に着目し、間に「エトノス」概念を介在させずに、その類似物を直接に人類文化の全体に捜し求めた。それは、国家を通り越して、個人を直接に世界に結ぶ世界市民主義《コスモポリタニズム》を連想させる。ここでコスモポリタニズムとして私が想定するのは、ナショナリズムを退け、国家の役割を縮小させ、個人主義を（あるいは市民社会を）国境を越えて拡張し、「文明」や「人間、人道」などの普遍的な理念によって問題を見出し、解決しようとする、そのような思想と運動である。石田がこのような世界市民主義を自身の思想として意図したのか、保留が必要であるが、晩年にはヒューマニズムを語る文化人類学者として知られた。

しかし、その同じ晩年の石田が、岡の種族史理論を放棄するのと符節を合わせて、柳田批判から柳田回帰へと転じ、日本民族の「エートス、パターン、個性、民族性」の追究へと進んだ。石田の転進は、世界市民主義が国際主義と対立して、容易に民族主義に転換しうることを示唆する逸話であるかのようだ。論争家として狭量な党派性を嫌った石田である。当然、狭量なナショナリズムを掲げるはずはない。しかし、石田の日本文化論は狭量ではあった。例えば、石田は、中根千枝の提示した「社会構造」を社会領域における「文化のパターン」に当たるとし、中根のタテ社会論は日本社会の「パターン」をいい当てたものと評価した［一九六七、三三三―四頁］。しかし岡は、日本民族＝文化の種族史を再構成したあの短い論文で、日本で輻輳した五つの種族文化複合は、日本に到来後の歴史過程を通して混合融合したが、階層間と地域間に多様性として名残りを留めたと描き、武士階級でさえ、上層部は（タテ社会的な）支配者文化をより濃厚に受け継ぎ、下層部は、農漁民が受け継ぐ水稲栽培―漁撈民文化と混合した。支配者文化との混合が進まなかった漁村では、（タテ社会とは異質な）年齢階梯制により、年齢・世代による上下秩序は厳格だが、「同年齢者間はきわめてデモクラチック」だという［岡　一九五八b、二〇頁］。

岡は、歴史資料を参照した立論ではないが、日本社会の構成が異なる時代ごとに異なる形態で多元的あるいは多様だったことを示した。タテ社会論は、この多元性と多様性から一面のみを抜き出して、過度に一般化した日本社会認識である。この一面性は、石田が当時の「論壇」で対話関係を想定した日本文化論（竹山道雄、会田雄次、鯖田豊之、村上兵衛、中根千枝、増田義郎、見田宗介、手塚富雄など［一九六七、三三一〇頁］）に共通するものだった。石田による日本文化の認識は、「民族」概念に誘導されて、エートスやパターンや民族性に視野を絞り、その度合いに応じて民族主義に染められた。

四　岡正雄の残したもの

1　栄職と栄誉、評価

一九五〇年に五二歳で学界に復帰した岡にとって、教育でも研究者組織でも活動時期は長くなかった。一九五八年四月、日本民族学協会の理事長を辞任。大学院生に影響を与えたといわれる岡の種族史理論を、最もまとまった形で公刊したのはこの年の末だった。一九六〇年、東京都立大学を辞職し、明治大学教授に就いた。一九六四年、東京外国語大学に新設されたアジア・アフリカ言語文化研究所の所長に就任し、一九七三年に辞職するまで三期勤めた。七五歳のときであり、それが大学勤めの最後だった。この間、日本国内でも次世代の研究者の調査に同行したが、一九六〇年に明治大学派遣のアラスカ調査団に参加し、それ以後、一九六二年、六四年、六七年、七五年、七七年と、頻繁にアラスカ調査に赴いた。

岡は国際的活躍も顕著だった。一九六六年六月、オーストリア共和国より勲章Ehrenkreuz für Wissenschaft und Kunst T. Klasseを授与された。国際人類学民族学会議は、先に見たように、岡がとりわけ熱心に参加した交流の場だった。敗戦直後を除いて毎回参加し、しばしば研究発表を行い、一九五七年には常設組織である連合の副会長に選ばれた。岡を中心とした日本人の国際会議参加が下地となって、一九六四年の第七回会議（モスクワ開催）で、第八回会議の日本開催が決まり、岡は第八回会議と連合の双方の会長に選ばれた。四年後の一九六八年九月、その第八回会議が東京と京都を会場に開催され、岡会長、石田副会長の下、円滑にかつ盛大に催された。石田はこの年の四月に日本民族学会会長に就任してもいた。国際会議は岡と石田の双方にとって、研究者としての人生のハイライトだったといえる。

しかし、国際会議の直後に石田は病に倒れ、一一月に急逝した。岡は「持続けた反骨精神」と題して朝日新聞に追悼文を寄せて、「わが国文化人類学は、その最もすぐれたユニークな理論学者を、突如として失った」と嘆いた。石田の「全人類的な世界史像」、人間、文化を課題とした研究と論壇における活躍とを「近年における、一般社会の文化人類学への興味と理解の拡大に最も貢献した学者の一人であった」と讃え、岡との個人的関係にも触れて、石田は若いころからの「反骨精神と情熱」で数多くの論争と批判の論文を書き、「私もその被害者の一人であった」と述べつつ、「喧嘩をまじえての三十三年、古い友人として」石田を見送った［一九七九、二七六―七頁］。

岡は寡作だったといわれるが、岡に関わる出版物には恵まれた。一九六三年には『民族学ノート――岡正雄教授還暦記念論文集』（平凡社）が刊行され、二〇名の友人や元院生が研究論文を寄せ、岡自身も「学説の盛衰――シュミット先生とウィーン学派」を書いた。一九七〇年には同じようにして『民族学からみた日本――岡正雄教授古稀記念論文集』（河出書房新社）が刊行され、一五編の研究論文のほか、三篇のエッセイ、そして先に言及したシンポジウム「岡学説と日本民族＝文化の系統起源論の現段階」［蒲生ほか　一九七〇］を収録した。このシンポジウムでは、社会人類学、民族学、考古学、言語学、東洋史、民俗学の参加者が、学際的な視野で岡の種族史理論の影響を討議した。

日本民族学協会は一九六四年の日本民族學會発足三〇年を機に、財団と研究者組織との二つの機能を分離することにして、日本民族学会が成立した（財団はその後、財団法人民族学振興会と名称を変更して、一九九九年の解散まで存続した）。新設された学会はこの組織変更を記念して、『日本民族学の回顧と展望』［日本民族学会編　一九六六］を編集刊行し、その時点までの日本における民族学・文化人類学の研究史を包括的に回顧《リヴュー》した。分野と地域ごとに担当を分けた論文集形式の書物であり、数編の論文が岡の種族史理論とその影響を論じた。

大林太良と山田隆治の共著『歴史民族学』は、岡の種族史理論が社会人類学者たちに村落社会の実地調査を促したとし、しかし、社会人類学が前提とする現在時という時間と、先史期にさかのぼる民族文化起源論との懸隔ゆえに、社会人類学者たちは歴史民族学的な種族文化再構成を断念し、社会組織の研究に専心して行ったという［大林・山田　一九六六、一七頁］。蒲生正男「社会人類学」［一九六六］は先に参照した。江守五夫「日本――社会構造」は、岡の種族史理論の内の第四「水稲栽培―漁撈民文化」複合に挙げられていた社会的特徴（年齢階梯制など）に関心を集中させて、東京都立大学、明治大学その他の大学の教員と院生が行った多数の実地調査を、丹念に回顧した［一九六六、一四一―五五頁］。

一九七九年一二月に、岡の著述の集大成というべき論文集『異人その他――日本民族＝文化の源流と日本国家の形成』が出版された。書名は、岡の初期の記念的な論文の表題と、石田の司会した（やはり記念的な）座談会の表題を併せたものである。収録したのは岡自身の撰によるものと思われる。「獨墺に於ける民俗學的研究」［一九三五ｂ］、『改造』誌の記事「歐洲に於ける民族研究」［一九四一］など、撰からもれたものがあり、逆に「ヨーロッパにおける民俗博物館（講演）」［一九七九ｃ］のように未刊だった文書を収めてもいる。ウィーン留学から帰国して書いた柳田の書評［一九三五ａ］も、柳田に遠慮してか、収録していない。未完の学位論文については目次の翻訳を収録した［一九七九ｄ］。戦時中の主要な論文「現代民族学の課題」および「東亜民俗学の一つの在り方」を（漢字仮名づかいを変更するほかは原テキストと同文で）収録していることは、特筆に価する。ただし、後者の初出を「『民族研究所彙報』一号　昭和十九年」としているのは、意図したものかどうかは不明であるが、誤記である［岡　一九七九ａ、一〇八・二五五頁］。これら岡の著作の他、伊藤幹治らとの対談「柳田国男との出会い」［岡ほか　一九七九］、井上幸治との対談「民族学との出会い」［岡・井上　一九七九］の二編、さらに「解説」の部に大林太良、住谷一彦、クライナー・ヨーゼフによる岡の評伝と、岡自身の執筆した「年譜」を収める。

このうち、大林の「日本民族起源論と岡正雄学説」［一九七九］は岡の種族史論を、主として「日本文化の基礎構造」［一九五八ｂ］によりながら、学位論文執筆時の学史的な「制約」と関連させて評価する。岡が種族文化複合に「父権、母系」といった社会的要素を含めているのは、シュミット文化圏説の影響であり、難点でもあるという。また、「種族文化」などと、文化の担い手としての「種族」ないし「民族」を重視したことも、「時代的制約」を受けた特徴だとする。岡の設定した五つの種族文化複合は、「全体としてみれば…非常によくできた体系」だとした上で、個別に検討し、「母系的・秘密結社的・芋栽培―狩猟民文化」と「父系的・『ハラ』氏族的・畑作―狩猟民文化」の二つは疑問が多いが、残りの三つは成功していると評価する。

住谷一彦「岡正雄『古日本の文化層』――或る素描」によれば、「岡さんの研究［古日本の文化層］は、ますます学界の趨勢からは遠ざかっていくほかはなかった」［一九七九、四三四頁］。しかし、日本語で執筆した種族文化複合論は、学位論文の結論部分の要約にすぎないとし、学位論文自体は重厚な資料記述と分析の集積であること、岡の学生は日本語の論文よりむしろ岡の談話教育に触発されたことを、社会的テーマ（若者組、年齢階梯、秘密結社、宮座）を例に述べる。

クライナー・ヨーゼフ「岡先生とヴィーン――学説の裏づけ」［一九七九］は、岡が事前にあまり情報を持たずに、ウィーンを留学先に選んだとして、岡が学んだ当時の独墺の激動する政情、文化的状況、ウィーンの民族学、岡の受講した講義など、岡を包む環境を詳細に描く。岡の接したSchmidt & Koppersの文化圏説は、すでに多くの批判に受けており、岡は、先史学との学際的な研究を進めたHeine-Geldernなど、待続世代の民族学者の最新の研究から多くを学んだとする。

生前から始まっていた岡の影境の回顧の連続として、岡の亡くなったすぐ後にも、岡から教えを受けた住谷一彦、坪井洋文、山口昌男、村武精一が、岡の仕事を回顧する座談会「岡正雄『異人その他』を読む」を行ない、単行書に収録出版された［住谷ほか　一九八七］。

岡正雄は一九八二年に逝去した。八四歳の長命だった。岡の最大の著作は生前には刊行されず、出版物では寡作といわれたが、その少ない著述と大学院での教育によって、民族学のみならず、考古学、言語学、民俗学に大きな影響を与えた。影響力の半面で、その学説は強硬な批判も受けた。その学説と影響を評価する回顧の論文やシンポジウムが重ねられ、半ば学説史上の人物となって没した。生前にすでに、影響力ある学者の受ける様々の処遇を、ひとわたり経験した。その意味で充実した人生だった。

2　一つのみんぞくがく、二つのみんぞくがく

柳田國男は、石田が司会する折口信夫との対談で、「ずつと以前から長い間、民俗學《みんぞくがく》と民族學《みんぞくがく》の二つの學問は、必ず融合するという夢をもつている我々としては、その時期がまだ程遠いということに、非常な淋しさを感ずる」と述べた［柳田ほか　一九四九、八三頁］。岡が自身の種族史の構想をあらまし語ったあの座談会「日本民族＝文化の源流」について、石田が感想を尋ねたのに対する応答である。民俗学と民族学は元は一つの「みんぞくがく」から分かれたという語り伝えは、この柳田の認識あたりに源があったのかとも思う。

岡が助力して柳田が刊行した雑誌『民族』（一九二五～二九年）は、民俗学と（形成期の）民族学の双方を柱とした学際誌であり、この雑誌で二つの学問は近接した。しかし、『民族』の休刊後、間に『民俗學』を挟んで、日本民族學會が組織され、『民族學研究』を刊行して、少なくとも学術組織で民族学は自立（民俗学からのではなく、坪井と鳥居の人類学からの自立）を果たした。岡が戦後に発表した日本民族＝文化の種族史説は、素材を民俗学から得ながらも、理論として、さらに思想として、柳田の民俗学とするどく対立し、柳田に民族学との距離を実感させた。

雑誌『民族』は、二つの学問が一つのみんぞくがくだった歴史の記念物ではない。いうなれば、両者が最も接近し、すぐに分離した、そのすれ違いの交差点である。ここでの両者の接近では、双方が相手に関心を広げた。岡は『民族』の編集を手伝う過程で、折口信夫などの民俗学を学び、つまり岡の方から民俗学に歩み寄った。岡は、同世代では珍

しく、日本の民俗を研究する民族学者になった。他方の柳田は、国際連盟の仕事でジュネーブに滞在した期間を含めて、一九二〇年代には積極的に民族学を摂取し、日本の民俗に多元性を見出そうとしたが、その後、一転して一国民俗学に閉じこもったといわれる［岩本　一九八三］。石田が、柳田はかつて広い人類学的な視野を持っていたと指摘したのは［一九五五］、この時期の柳田を指す。柳田も岡も研究活動で一時期に互いに歩み寄り、しかしその後は別々の道に別れて、再び接近することはなかった。

3　学説史の中の岡正雄

岡は民族学を学びながら、研究対象を日本に設定した。民族学とその関連分野の、岡と同世代の研究者を見れば、日本を主な対象にして組織的に研究した民族学者は、おそらく岡一人である。その意味で特異な存在だったが、日本民族とその文化の起源源流という研究テーマ自体には、比較的長い歴史がある。石田は、岡に先立ってこのテーマで研究した学者として、西村真次、喜田貞吉、中山太郎の名を挙げたが［一九六七、二一三―四頁］、大林によれば、彼らに先立って鳥居龍藏が、主要な研究テーマとして日本民族文化の源流を論じていた［大林　一九七五］。

大林は、「概して言えば、鳥居の想定した個々の文化要素の系統論はかなり適切だったと言ってよい」と評価する［同上、一二七頁］。その適否を判断するために、大林は鳥居説を岡の種族史説と対照させる。両者には理論的な差異がある。岡が「文化複合」の概念を導入して、文化要素の間の構造的な連関を重視したのに対し、鳥居にはそのような理論的準備はなく、文化要素をバラバラに比較した。上の引用文で大林が「個々の文化要素の」と記したのは、この差異を考慮したからである。しかし、日本民族の起源源流について、二人の結論はよく符合するという［同上、一二七―一三一頁］。二人の見解が明らかに異なるのは、岡が「母系的」とした「芋栽培＝狩猟民文化」と「陸稲栽培

＝狩猟民文化」の二つであり、鳥居説にはこの二つに対応するものがない。大林はこの論文では岡の理論を検討していない。しかし、後に行った岡説の検討では、先に見たように、この二つの文化複合は民族学的に成功していないと結論した［大林　一九七九］。それを考慮に入れれば、大林の評価はますます岡説と鳥居説の符合を指摘することになる。

岡の晩年は、先に引用したように、「岡さんの［日本民族文化の種族史］研究は、ますます学界の趨勢からは遠ざかっていく…」［住谷　一九七九］と嘆かれるような状態だった。確かに、もはや学会の趨勢ではなくなったが、日本民族文化の起源源流の研究テーマは持続した。佐々木高明が岡以後の研究を回顧している。民族学の岩田慶治、同じく民族学の大林太良、社会人類学の江守五夫、民俗学の坪井洋文、考古学の国分直一、農学の中尾佐助、そして民族学の佐々木高明たちが、個別のテーマで追究して、日本周囲の南北さまざまな地域との類似を指摘する研究を積み上げた。一九七四年に設立された国立民族学博物館は、これら個別の研究成果を総合して発展させる意図で、一九七八年から「日本民族文化の源流の比較研究」プロジェクト（代表　佐々木高明）を一〇年計画で実施した。さらに国際日本文化研究センターは「日本人および日本文化の起源に関する学際的研究」プロジェクトを一九九七年から四年計画で実施した。この二つのプロジェクトは、人文社会自然のあらゆる分野の知見を投入した、その総合的な研究体制に特徴があるという。いまだ確定的な総合的結論に至っていないが、「このような一連の研究を通じ、日本文化が多元的で多重な構造をもつという認識が広く共有されるようになった」。日本人と日本文化のアイデンティティに関する一般の関心は高いが、肝心の民族学・文化人類学では「日本民族文化形成論の研究が低調なこと」は深刻な問題だとして、その克服が学界の課題だとする［佐々木　二〇〇九］。民族学・文化人類学が研究テーマを拡大させる趨勢の中で、日本文化の起源と源流に関する関心は相対的に低くなった。佐々木の回顧は、このテーマを追究する立場で危機感を表明した。しかし、それでも研究自体はより大規模に、より学際的で総合的な広がりで持続してきた。そのように見えないではない。

4 次の時代と岡正雄

前節では岡以後の時代における種族史のテーマのその後を跡づけた。学説史の考察の最後に、いま少し視野を広げて、岡以後の時代の中に岡を位置づけてみたい。岡以後の時代とはいえ、文化人類学はすでに何サイクルもの変転を遂げている。文化人類学の中で岡の種族史が最も大きな影響を与えたのは、種族史を直接の研究課題としない社会人類学であり、岡に続いて種族史に類するテーマを追究したのは、神話研究の大林太良、農耕文化の佐々木高明など、少数に留まる。その社会人類学は岡の存命中にも、ラドクリフ＝ブラウン流の構造＝機能主義から構造主義に移っていた。ここでは構造主義として、レヴィ＝ストロースの構造論に加えて、その影響を受けた人類学者による象徴分析を含めて考えている。しかし、その構造主義も後退して、一九八〇年代九〇年代にはポスト・モダンと呼ばれる自省的な人類学研究が潮流となり、現在はポスト・ポスト・モダン、あるいはさらにそのポストの時代に入っているようだ。

岡の仕事が文化人類学で意味を持ちえたのは、これら岡以後に経過した諸潮流の中で、最初の構造主義の時代までである。構造主義の特徴は、思考の対象から存在そのもの、質量であれ形相であれ存在の要素そのものを、外したことにある。そのかわりに、構造主義は要素と要素の関係に着目し、関係の関係の異同を積み重ねて知見を構成していく。この思考を最も簡潔に例示するトーテミズムを見れば、「鷲鷹」を名乗る鷲鷹族と「烏」を名乗る烏族は、当事者も人類学者も、それぞれ鷲鷹と烏を祖先だという。しかし、このトーテミズムは、次元の異なる二つの要素、つまりトーテム動物（鷲鷹、烏）と人間集団（鷲鷹族、烏族）の間の、存在の連続（質量的な親族関係、祖先と子孫の関係）を表すのではない。レヴィ＝ストロースは、トーテム動物の間の関係（鷲鷹と烏の間の差異）が集団の間の関係（鷲鷹族と烏族の差異）と相同であるがゆえに、トーテム動物は集団の象徴となるとした［一九七〇］。学説史に当てはめていえば、デュルケム［一九七五］が提喩（全体と部分の関係）で解釈したトーテミズムを、レヴィ＝ストロースは隠喩（関係の類似）として再解釈した。

　このトーテミズムの構造的な説明を念頭において、岡の仕事を振り返ってみよう。岡の種族史理論の最大の弱点で、石田が批判を集中させ、大林も成功していないと判断したのは、仮面仮装者の来訪儀礼、祖先マレビト信仰などを特徴とする「母系的・秘密結社的・芋栽培―狩猟民文化」だった。岡自身、この文化複合を構想したのは「メラネシアの種族文化複合の比較民族学的示唆による」と述べ、日本の民俗とメラネシアの「種族文化」とが、精神、社会、物質の各分野において「驚くほど一致」することから、「メラネシアの文化に親縁な…種族文化が日本列島に渡来したかもしれないと考えることも、あながち無理な想定とは思わない」と述べて［岡　一九五八b、九頁］、明らかに無理を承知の上で、この文化複合の発想を種族史理論に加えた。岡にとっては、「異人その他」の論文で得た「メラネシア社會史の日本文化史への暗示」の魅力が、忘れがたかったのである。

　種族史に向かう岡の思考を、学説史上の一つの逸話と見て考察するならば、岡は「暗示」の関係を種族史の関係に読み換えたことによって、石田に批判されたような理論的困難を抱え込んだことになる。レヴィ＝ストロースのトーテミズム解釈にならっていえば、鷲鷹族を鷲鷹の子孫と認識するのと類似の思考回路に、岡は陥っていた。しかし、種族史の枠組みを外し、「暗示」に留めたとして、論文「異人その他」で岡が示した「メラネシア社會史の日本文化史への暗示」は、魅力を失うだろうか。逆にいえば、類似の「暗示」を種族史の連続性に読み換えても、日本文化の理解に付加されるものは、僅少に留まるではないか。「暗示」に留めておけば、少なくとも石田のような批判に遭うことはなく、つまり考古学の裏付けがないなどとして排除されることなく、日本文化の多元的理解をより増進させたはずである。メラネシア「種族文化」の喚起力は、日本の民俗と文化史を理解する上で、種族史という質量的な連続性に言及せずとも、類似の「暗示」を示すだけで十分であることを示す。

種族史・文化史・人類史の思考は、過去（ないし起源、源流）と現在との時間間隔を、存在の連続性（祖先と子孫、民族＝種族の同一性、あるいは文化伝播）によって結合させようとする。レヴィ＝ストロースの構造論は、この存在の連続性を思考対象からはずし、関係の関係を組み上げても十分に、人類文化に関する理解を構成しうることを示した。論文「異人その他」での岡は、理詰めに関係の関係を組み上げるレヴィ＝ストロースの構造論を想起させる思考も行った（たとえば椀貸伝説から河童駒引伝説とコロポックル口碑を介して無言貿易に至る理論展開［一九一八、一〇七八―八三頁］など）。しかし、岡の「暗示」の想像力はそれよりはるかに自由に働き、文化要素の物的な内容、具体的な形態についても、類似の「暗示」に従って想像力を飛躍させた。

結語

文化人類学ではすでに時代は岡を通り過ぎて、おそらく「異人その他」も、過去の名作として回顧されるのに留まる。「エトノス」概念は、それが依拠する国際主義とともに、「民族」の民族主義《ナショナリズム》、国際市民社会のコスモポリタニズムと関連して、想起する価値が残っているかもしれない。他方、人類学の外を見れば、歴史学は基本的に、そして文学芸術はしばしば、近現代とは異質な世界を扱う。この領域でならば、岡の仕事、「古日本の文化層」と「異人その他」はなお、「暗示」の喚起力を発揮すると思われる。(18)

日本の民族学・文化人類学の歴史における岡正雄は、少ない著作よりはるかに大きな存在だった。岡は一九二〇年代以降半世紀あまりの学的生涯を通して、分野名、専門誌、学会組織、大学研究機関、そして国際学会との連携など、民族学（後に文化人類学）が独立の学術分野として体制的変動（新設、改編、再組織など）を迎える画期的局面の多くに、指導的立場で立ちあった。

岡の日本民族＝文化に関する種族史理論は大学院教育を通して影響力を発揮した。民族学者岡正雄が直接に鼓舞したのは社会人類学者だった。岡が教育に参与したのは社会人類学の興隆期であり、戦前戦時期の植民地・占領地で一般化した実地調査に基づく研究スタイルに、戦後は英米の影響が加わって、社会人類学は急速に拡大した。社会人類学に海外調査の機会が開けていくまでの狭間の時期に、岡の指導は、日本社会を調査する社会人類学者に働きかけた。岡の影響は中心的な社会文化要素（水田稲作文化、家と同族など）に対する周辺的で異質な要素の探求を促し、空間的にも漁村、離島、奄美・沖縄に照明を当てた。

岡は指導学生を歴史民族学に向かわせることなく、自説の検証など自説の枠内に留めることなく、（元）院生の社会人類学志向を励まし、自ら彼らの調査に同行した。歴史民族学から出発した石田英一郎と大林太良が、研究の視野を広げながらも、歴史民族学の研究スタイルを終生保ったのとは、対照的である。

石田英一郎は岡の「喧嘩を交えての…古い友人」であり、二人はしばしば好一対として語られる。岡の著述は一九五〇年代末で終わり、その後は自己の学説を更新しなかった。他方、石田は自身の思考の更新《アップデイト》に熱心だった。岡との関係が「古い友人」から「喧嘩」に転化したのは、私的関係のもつれではない。マルクス、柳田、シュミット、岡（柳田批判）、クローバー、再び柳田（岡批判）。石田は、依拠する理論的権威をしばしば替え、新たな居場所に移動するたびに、隣接相手に論争をしかけて自分の領域を区画し、論争相手との関係を再編しようとした。短期間に拠り所を替え続けた石田は、論争相手には毀誉褒貶を繰り返したと映ったに違いない。

岡について残された問題は、「活動期」の岡の変転である。この課題を考えるには、一人の人物の個人史を追う視点のみならず、岡の「活動期」だった戦時期の時代状況、その中での学術動員を視野に含める必要があり、別稿での考察に譲りたい。その上で若干を述べれば、学術の組織者でもあった岡は、自己の専門（民族学）にとって良好な社会的条件を積極的に追求した。岡の社会的姿勢をこのように一般化すれば、ここで区別した三つの時期を通して、この姿勢は一貫していた。時勢への順応が岡の一貫した姿勢であり、参謀本部嘱託の岡のように、乗れる時流には乗った。しかし、ナチズムが最も隆盛だった時期にオーストリアに滞在しながら、ナチズムには染まらなかった。ナチス政権が「ナチス民俗學」を優遇し、「民族研究」を整備するのを目撃しながら、「ナチス民俗學」とも距離を俣った。ナチズムに対しては、岡は学術的思考──「文化」と「體質」、「民族」と「人種」の分離──の一貫性を保持し、守るべき一線はかろうじて守ったといえる。政治によってウィーン民族学が瞬く間に分解するのを、目撃もした。ウィーン民族学の構成員は、学術以外の政治では互いに対立関係を抱えた人々（カトリック保守派、ナチス、ユダヤ人など）であり、独墺合併で政治が優位の状況となって、分解した［クライナー　一九七九、四五七─六〇頁］。それでも岡は、政治的立場の異なる人びとに、その立場ゆえに区別して応対したようには見えない。時勢に関しては基本的に非政治的であり、自分の行動を律する政治信条のようなものは持たず、時流のイデオロギーには距離を置いて対応した。日本の民族学・民俗学では、あれだけ厳しく批判しあるいは批判されながら、柳田國男と石田英一郎とは決定的な断絶を避けて、関係を維持した。比較的身近な範囲の社会関係では、包容力と組織力で人と接し、自身と周囲の社会関係の利益を求め、外部の状況に応じて積極的に行動した。民族学者という社会的外貌を取り除いて描けば、得られるのはこのような岡正雄の人物像である。

【謝辞】岡正雄の未刊だった論文Kulturschichten in Alt-Japanがこのたび出版された［Oka 2012］。岡自身はもとより日本の民族学・文化人類学界の果たせなかったこの出版事業を実現されたクライナー教授はじめドイツ・オーストリアの関係者の方々に感謝したい。本稿の元になったのは、法政大学国際日本学研究所が文部科学省と三菱財団の研究助成によって実施した国際シンポジウム「岡正雄――日本民族学の草分け」（二〇一二年三月一〇～一一日）で行った発表「異人、現在学的民族学、そして種族史的形成――岡正雄と日本民族学の展開」であり、原稿執筆に当たっては大幅に増補改訂した。シンポジウムで発表の機会を与えていただいた代表者のクライナー教授にお礼を申したい。本稿の研究を進める過程で、東京外国語大学アジア・アフリカ言語文化研究所にフェローとして、神奈川大学日本常民文化研究所に客員研究員として、多大の研究上の便宜を与えていただいた。感謝したい。なお、私事ながら付記すれば、私は岡正雄と面識があり、談話で回想をうかがったこともあるが、講義を受けたことはない。石田英一郎は、石田が東大に在職した最後の年の秋学期に、一度だけしかなかった授業に出た。年譜の記述から判断すると、ハワイから帰国して仙台に向かう間のことだったようだ。この二人はもとより、本稿で言及する多くの方々は、個人的関係からすれば敬称をつけるべきであるが、学史の考察という本稿の趣旨に即して、全て敬称略とした。

注

（1）この時期の岡の民族学に対する貢献に関して、岡はしばしばＡＰＥ会を語り［宇野ほか　一九四五、二二頁、岡　一九五八c、三一一―二頁、岡・井上　一九七九、三九九―四〇〇頁］、日本における民族学の歴史を扱った文章でも言及された［石田　一九六〇、一四〇四頁、大林　一九六四、五八頁］。Anthropology（人類学）、Prehistory（先史学）、Ethnology（民族学）の頭文字を繋いでＡＰＥ「猿つまり人間以前」を意味したという命名の妙もあり、個人の語りが伝承されて正史に登用された形である。しかし、日本における民族学の歴史で、言及に値する貢献をこの会が組織として行ったかどうか、確認できなかった。

（2）折口の論文「常世及び『まれびと』」に対する柳田の拒否的態度と、二人の狭間で困惑し、最終的に岡と岡村千秋の判断で『民族』に掲載した経緯について、岡自身が語っている［岡ほか 一九七九、三七九―八一］。

（3）岡による柳田の書評［一九三五a］を要約すれば、「（一）フォルクスクンデとは何か」の節では、「著者［柳田］が民俗學の目的を古代起源の研究から分離したことは、日本民俗學發展の今後の方向決定の爲めに、極めて深い意味があると思はれる」と評価する［同上、二〇九頁］。「（二）民俗学と古代研究」の節では、「今日」の日本の「民俗學」に「三つの方向」を読み取り、それを「比喩的な語を用ひるならば、古代學は現在（フォクロア）に依つて古代を知らんとし、［柳田の］民俗學は過去（フォクロア）に依つて現在を知らうとする」と要約した上で（別の箇所では柳田の民俗學を「即ち現在を、フォクロアに依つて歴史的に解明せんとする學問」とも表現する）、その「民俗學」を「かのリールの現代學…としての民俗學」と重ね合わせる［同上、二〇九―一一頁］。「（四）獨立科學としての民俗學」の節では、柳田の示す採集調査の方法を、「現前の個々事物の索引的辭書的解釋」に留まるものと批評する。「歴史的現在學としての民俗學《フォルクスクンデ》」は「全體としての『現在』の民俗學的文化構造を明かに」すべきだとし、個々の事物は「全體としての民族生活又は民族文化との有機的關係に於いて觀察されなければならない」。「民俗學の對象とする文化」は「傳統的＝共同態的文化《ゲマインシャフツクルツーア》」であり、この文化を創り伝承する「社會的共同態」つまり「民族社會」は「様々なる大小共同社會態の相寄つて構成する全體構造であり、又民族文化は單なる個々文化要素の集積ではなく、大小共同社會態文化の全體構造である。ここに於て、現在學としての民俗學の社會學的方法の必要が起る」として「それ故に現在の民俗學的基礎構造の究明に尚ほ士・農・工・商の職分…のフォルククンデの調査、又は農村、海村、山村、都會等の區別的調査…が必要となつてくる」と指摘する。「之れを要約すると、獨立の學問としての民俗學は歴史＝社會學的方法に依つて、現代學として始めて成立する」［同上、二一一―三頁］。リールの概念を駆使し、リールの「四職分」を日本に当てはめ、柳田を通してリール学説を語る。岡によるこの柳田の書評は、岡の講演論文［一九三五a］

を補足するものであり、岡がリールを手がかりに、「民族社會」にアプローチする理論と方法を整備していたことが読み取れる。岡のこの書評に、柳田は不快だったと思われる。

（4）石田英一郎の経歴は、全集に所収の「年譜」［石田　一九七二］によることにする。

（5）隔週に通ったブタペスト大学では、岡は学生に模した連絡員からドイツと東方との物資輸送などについて情報を得、それをウィーン帰着後にローマの日本大使館に連絡していたといわれる。

（6）岡は後に芦田均との対談で、「實は、私はブタペストの大學へも月二回講義に行つてゐるものですから、その序でに「バルカンの」方々を廻るわけです」、「ドイツから外國へ出るのは非常に難かしくて、なかなか許可が貰へません。私は、まあブタペストの大學の講義をやるといふことになつてゐるから出してくれるのですけれど」と述べている［芦田・岡　一九四一、二八二―三頁］。

（7）公式名に「會」はなく、「準備委員」が委員の会議全体を指す名称を兼ねていたようだ。

（8）ここでは民族研究所の人員構成、調査活動などについては割愛したい。民族研究所については中生による詳細な研究がある［一九九七］。

（9）一九四六年九月に『民族學研究』新第三巻第一輯の再刊を果たした財團は、寄付行為は変更しないまま、その発行母体としての名称に「日本」を加えて「財團法人日本民族學協會」を名乗った。

（10）岡正雄の令息岡千曲氏よりご教示を受けた（二〇一一年六月四日）。

（11）当時の心境を後年の石田が回想している。「筆者は戦前ヨーロッパに学んで帰国したとき、民族学とは未開民族の生活を比較研究することにより、記録に残されない太古の人類文化史を復原する学問［つまり文化史的民族学］であると信じていた。この立場から見ると、当時の日本民族学会などで研究の主題になっていた日本農村の実態調査などは、民族学ではなくて社会学にすぎぬと思った。この考え方は戦後まで続き、岡田謙氏の著『民族学』の書評に端を発した論争なども、私にとっては何とかして自分の立場を理論的に自分自身にも納得のいく形で正当づけようとした努力に外ならない」［一九六六、三六八頁］。

(12) 岡の理事長退任後であるが、日本民族学協会は第二次（一九六〇年）、第三次（一九六三年）調査を実施した［田口 二〇一〇］。

(13) 岡はこの書評では「エートノス」と表示したが、他の論文では「エトノス」と表示し、この方が一般に知られているので、直接の引用を除いては、表示を「エトノス」に統一することにする。

(14) 東大の組織における公式の位置づけは、東京大学教養学部教養学科文化人類学・人文地理学分科の中の文化人類学部分である。開設年月は東京大学文化人類学研究室［n. d.］による。それ以外の石田の経歴と著作の情報は石田英一郎の「年譜、著作目録」［石田 一九七二］によった。

(15) 例えば、石田の在任期間を通して、足元の東京大学の文化人類学部門に民俗学のスタッフは不在だった。ただし、教養学科の文化人類学部門に、非常勤講師の担当で民俗学の授業は導入した。私自身、澁澤敬三の亡くなった一九六三年の秋学期に、池田弥三郎（慶応大学）の担当した授業を受けた。

(16) 敗戦後に民族学が研究活動を再開した当時、杉浦はアメリカ人類学の動向を詳しく述べて、ロールシャッハ・テストにも言及した［一九四七、七三頁］。杉浦は決してアメリカ人類学の動向になびいたのではなかったが、先に見たように、石田は同学者たちの姿勢を、「一から十までアメリカをお手本にすれば間違いがないものと信じて、…先走りをする」と述べて牽制した。石田は「先走り」の一つとしてロールシャッハ・テストも視野に含めていたはずである。それからわずか五年後、アメリカで文化人類学を学んで帰国した石田は、民俗学にロールシャッハ・テストの有効性を説いた。石田はこのテストを自身の研究に取り入れたことはない。石田がこのテストを熟知し、その有効性を納得していたとも思えない。当時の日本の民族学・文化人類学では、せいぜい新たな調査法として試行するのに留まっていて、標準的な方法として受容するには至っていなかった。私の読んだ範囲では、泉靖一のグループが実地調査でこのテストを試行したが、社会的・心理的調査法としての有効性を確認しうるほどの結果を得たとはいえない［泉ほか 一九五一］。他分野（心理学）から（敢えていえば、生半可に）借用した方法を別の分野（民俗学）に推奨する。石田は、自身がかつて批判した「一から十までアメリカをお手本にすれば」云々より以上の軽薄さを、自ら演じたというべきである。

(17) 判断の規準が、ここで私が言及した規準とは異なるが、大林・山田は石田の文化史研究を批評して、「日本から出発して類似要素を追跡、人類文化史上のかなり一般的な大きい流れ（たとえば牧畜民文化や農耕民文化）に遡源することに彼の関心の中心があるようにみえる。…［このように追跡する］諸要素は、それぞれ分布もかなり異り、相互の結びつきも決して常に緊密ではなく、とりあつかわれた各地域での文化史的位置づけもかなりさまざまであると考えられるが、その点の追求よりも、より包括的な文化の大流中にまとめることに石田の関心はある。…石田の場合、その［文化の大流の］基本的な観念の多くは、古典的な文化圏説の図式によって提供されている。…しかし…かつての文化圏の仮説が、果してどれだけこの問題の解決に有効であるかについて疑問をもっている。それよりも重要なことは、この種類の問題領域も、それぞれの地域における密度の高い研究や有効な形式学的分類を前提として始めて大きく進展しうるものであることであろう。このようにして、石田の具体的な諸問題の研究は、方法、結果においては、かなり問題が多い」［大林・山田　一九六六、一二―三］。私の読んだ範囲では、石田はこの大林・山田の批判に応答していない。

(18) 岡の没後に行われた座談会で、山口昌男は岡の論文「異人その他」を賞讃し、座談会当時の一九八〇年代初めに文化人類学、経済人類学、歴史学などで話題を呼んでいた異人、交換、芸能民などの論点の多くを、岡の論文が先取りしていたことを指摘した［住谷ほか　一九八七、二三―三九頁］。しかし、山口の言及した同時代の研究の多くは、岡の論文を参照していない。半世紀前に書かれた論文はあまりに遠すぎた。残念ながら、岡の初期の論文は、想起されるべき時に想起されず、通過されて終わった。

【参考文献】

芦田均・岡正雄（一九四一）「對談　バルカンの内幕」『改造』五月号、二八二―三〇三頁。

石田英一郎（一九四八）「民族學の發展のために――編集後記に代えて」『民族學研究』一二（四）、三六三―八頁。

同（一九四九）「文化史的民族學成立の基本問題」『民族學研究』一三（四）、三一一―三〇頁。

同（一九五四）「人類学の総合教育について」『日本人類学会・日本民族学協会第九回連合大会紀事』四六―八頁、日本人類学会日本民族学協会連合大会事務所。

同（一九五五）「日本民俗学の将来」『日本民俗学』二（四）、三七―四八頁。

同（一九五六）『桃太郎の母――比較民族学的論集』法政大学出版局。

同（一九五九）『文化人類学序説』時潮社。

同（一九六〇）「民族学」日本民族学協会編『日本社会民俗事典』四、一四〇四―一一頁、誠文堂新光社。

同（一九六五）「偉大なる未完成――柳田国男における国学と人類学」石田英一郎『東西抄――日本・西洋・人間』一一四―三〇頁、筑摩書房。

同（一九六六a）『新版 河童駒引考――比較民族学的研究』一―九、東京大学出版会。

同（一九六六b）「大学教育および研究機関における民族学の発展」日本民族学会編『日本民族学の回顧と展望』三六二―九頁、日本民族学協会。

同（一九六六c）「解説 岡正雄「日本民族文化の形成」――蓋然性をめぐる疑問」石田英一郎編『日本文化の源流』（『現代のエスプリ』二一）二〇八―一六頁、至文堂。

同（一九六七a）「新版の序」『文化人類学ノート』一―四頁、ぺりかん社。

同（一九六七b）「附録Ⅰ　歴史民族学の限界――日本民族文化起源論をめぐって」『文化人類学ノート』一九九―二一八頁、ぺりかん社。

同（一九六七c）「日本文化論の理論的基礎――プロジェクト『日本民族性の比較文化論的研究』のために」『東北大学日本文化研究所研究報告』三。『石田英一郎全集』四、三一八―三八頁、一九七〇。

同（一九六八）『人間を求めて』角川書店。

同　（一九六九）『日本文化論』筑摩書房。

同　（一九七二）「年譜」「著作目録」『石田英一郎全集』八、五四三―六九・五七一―九九頁。

石田英一郎編（一九六六）『日本国家の起源――シンポジウム』（角川新書　二二〇）、角川書店。

石田英一郎・泉靖一編（一九六八）『日本農耕文化の起源――シンポジウム』（角川新書　二三四）、角川書店。

泉靖一ほか（泉靖一・祖父江孝男・岡並木・徳山安信・大給近達）（一九五一）「東京における済州島人」『民族學研究』一六（一）、一―二四頁。

岩本由輝（一九八三）『もう一つの遠野物語』刀水書房。

宇野圓空（一九二五）「宗教人類學の提唱」『宗教研究』新二（二）、一一五―三九頁。

同　（一九二九）『宗教民族學』岡書院。

宇野圓空ほか（一九四五）「民族學の諸問題――日本における歴史と課題（座談會）」『民族研究彙報』三（一・二）、一五―二九頁。

江守五夫（一九六六）「日本――社会構造」日本民族学会編『日本民族学の回顧と展望』一二七―六七頁、日本民族学協会。

大藤時彦（一九六九）「あとがき」石田英一郎『日本文化論』一九一―二頁、筑摩書房。

大林太良（一九六四）「日本民族学会の成立」『民族學研究』二九（一）、五八―六五頁。名目上の著者は「編集部」。

同　（一九七五）「鳥居龍蔵の日本民族形成論」『社会人類学年報』一、一二一―三二頁。

同　（一九七九）「日本民族起源論と岡正雄学説」岡　一九七九ａ、四一五―三一頁。

大林太良・山田隆治（一九六六）「歴史民族学」日本民族学会編『日本民族学の回顧と展望』一―二六、日本民族学協会。

岡　正雄（一九二八）「文化は文化から」『民族』三（三）、四九〇―六頁。岡　一九七九ａ、九〇―六頁。

同　（一九二八）「異人その他――古代經濟史研究序説草案の控へ」『民族』三（六）、一〇六九―一〇九頁。岡　一九七九ａ、一一七―四六頁。

同　（一九三三）Kulturschichten in Alt-Japan, 3 Bde. Dr.phil. Diss., Universität Wien.

同（一九三五a）「新刊紹介 柳田國男著 郷土生活の研究法」『民族學研究』一（四）、二〇八―一四頁。

同（一九三五b）「獨墺に於ける民俗學的研究」 柳田國男編『日本民俗學研究』三一七―七二頁、岩波書店。

同（一九四一）「歐洲に於ける民族研究」『改造』八月號、六四―六六頁。

同（一九四五）「東亞民族學の一つの在り方」『民族研究彙報』三（一・二）、一―四頁。岡 一九七九a、一〇八―一三頁。

同（一九四八）「民族學に於ける二つの關心」『民族學研究』一二（四）、三〇六―一一頁。岡 一九七九a、九七―一〇三頁。

同（一九五〇）「書評 石田英一郎著『河童駒引考』」『民族學研究』一五（一）。岡 一九七九a、二五〇―六一頁。

同（一九五六）「日本民族文化の形成」『図説日本文化史大系』一。岡一九七九a、三―一七頁。

同（一九五八a）「日本文化成立の諸条件」『日本民俗学大系』二、一―四頁、平凡社。岡 一九七九a、八六―九頁。

同（一九五八b）「日本文化の基礎構造」『日本民俗学大系』二、五―二一頁、平凡社。岡 一九七九a、一八―三六頁。

同（一九五八c）「二十五年の後に」 岡正雄ほか『日本民族の起源』三〇一―三二頁、平凡社。岡 一九七九a、二九五―三一五頁。

同（一九六四）「パージ時代の渋沢さんの思い出」『民間伝承』二八（四）。岡 一九七九a、二七〇―五頁。

同（一九七九a）『異人その他――日本民族＝文化の源流と日本国家の形成』言叢社。

同（一九七九b）「日本民族の種族史的（ethno-historical）形成」、岡 一九七九a、三七―四七頁。英文の元論文は、『日本：その国土・民族及び文化』（英文）所収、一九五八。

同（一九七九c）「ヨーロッパにおける民俗博物館：講演」、岡 一九七九a：三四一―六一頁。

同（一九七九d）「古日本の文化層（Kulturschichten in Alt-Japan）目次」、岡 一九七九a、三一五―二八頁。

同（一九七九e）「岡正雄年譜」、岡 一九七九a、四八一―九頁。

岡正雄譯、リヴァース（一九二五）「民族學の目的」『民族』一（一）、九九―一一四頁。

岡正雄・井上幸治（一九七九）「民族学との出会い」、岡　一九七九a、三九五—四一二頁。

岡正雄ほか（岡正雄・八幡一郎・江上波夫・石田英一郎）（一九四九）「日本民族＝文化の源流と日本國家の形成——對談と討論」『民族學研究』一三（三）、二〇七—八一頁。

岡正雄ほか（岡正雄・伊藤幹治・後藤総一郎・谷川健一）（一九七九）「柳田国男との出会い」、岡　一九七九a、三七四—九四頁。

折口信夫（一九二九）「常世及び『まれびと』」『民族』四（二）、二〇三—四二頁。

蒲生正男（一九六六）「社会人類学——日本におけるその成立と展開」日本民族学会編『日本民族学の回顧と展望』一—二六頁、日本民族学協会。

蒲生正男ほか（一九七〇）「シンポジウム 岡学説と日本民族＝文化の系統起源論の現段階」『岡正雄教授古稀記念論文集——民族学からみた日本』三七三—四三四頁、河出書房新社。

クライナー、ヨーゼフ（一九七九）「岡先生とヴィーン——学説の裏づけ」、岡　一九七九a、四五三—八〇頁。

後藤総一郎監修、柳田国男研究会編（一九八八）『柳田国男伝』三一書房。

佐々木高明（二〇〇九）「戦後の日本民族文化起源論——その回顧と展望」『国立民族学博物館研究報告』三四（二）、二一一—二八頁。

島木彦次郎（一九五六）「秋葉隆博士の生涯と業績」『朝鮮学報』一〇、三〇三—二二頁。

鈴木二郎（一九六五）「（書評）『民族学ノート——岡正雄教授還暦紀念論文集』」『民族學研究』三〇（三）、二六一—三頁。

杉浦健一（一九四七）「民族學研究の前提と目的」『民族學研究』一二（二）、六五—七六頁。

住谷一彦（一九七九）「岡正雄『古日本の文化層』——或る素描」、岡　一九七九a、四三二—五二頁。

同　（一九八六）「歴史民族学（社会史）」日本民族学会編『日本の民族学　一九六四〜一九八三』八—一六頁、弘文堂。

住谷一彦ほか（住谷一彦・坪井洋文・山口昌男・村武精一）（一九八七）『異人・河童・日本人——日本文化を読む』新曜社。

高田保馬（一九五七）『学問遍路』東洋経済新報社。

田口理恵（二〇一〇）「東南アジア稲作民族文化綜合調査団の資料と活用にむけた模索」神奈川大学国際常民文化研究機構、http://icfcs.kanagawa-u.ac.jp/upload/mtls.pdf［二〇一二年一二月三一日閲覧］

デュルケム、E、古野清人訳（一九七五）『宗教生活の原初形態』上下、岩波書店。

東京朝日新聞（一九四二）「民族研究所を創設 大東亜建設の基本的工作」『東京朝日新聞』一九四二年五月二〇日。神戸大学電子図書館http://www.lib.kobe-u.ac.jp/das/jsp/ja/ContentViewM.jsp?METAID=10014528&TYPE=HTML_FILE&POS=1［二〇一二年八月三日閲覧］

東京大学文化人類学研究室（n. d.）「研究室の沿革」『東京大学文化人類学研究室』http://park.itc.u-tokyo.ac.jp/bunjin/history.html［二〇一三年一月四日閲覧］

鳥居龍藏（一九一三）「人類学と人種学（或いは民族学）を分離すべし」『東亜之光』八（一一）。『鳥居龍蔵全集』一、四八〇―八三頁、朝日新聞社、一九七五。

中生勝美（一九九七）「民族研究所の組織と活動――戦争中の日本民族学」『民族學研究』六二（一）、四七―六五頁。

日本民族學會（一九四三）「學界彙報 日本民族學會理事會及び評議員會」『民族學研究』八（三）、四三七―九。

民族學協會（一九四三a）「學界彙報 民族學協會設立」『民族學研究』新一（一）、一二七―八頁。

同（一九四三b）「學界彙報 民族研究所官制公布」『民族學研究』新一（二）、二一一―二。

同（一九四五）「後記」『民族研究彙報』三（一・二）、四二頁。

柳田國男ほか（柳田國男・折口信夫・石田英一郎）（一九四九）「日本人の神と靈魂の觀念そのほか」『民族學研究』一四（二）、八七―一〇七頁。

同（一九五〇）「民俗學から民族學へ――日本民俗学の足跡を顧みて」『民族學研究』一四（三）、一七三―九〇頁。

レヴィ＝ストロース、C.、仲沢紀雄訳（一九七〇）『今日のトーテミスム』みすず書房。

Oka, Masao, (hrsg.) Josef Kreiner（2012）*Kulturschichten in Alt-Japan*, 2 Bde. Bonn: Bier'sche Verlagsanstalt.

戦時中の日本民族学
――岡正雄の民族研究所――

中生　勝美

一　はじめに

岡正雄は、日本民族学のファンディング・ファーザーとも呼ばれ、戦前、戦後を通じて強い影響力を与えた人物である。東京都立大学の教え子は、話術の巧みさから岡の話を「炉辺談話」といい、授業のみならず、談話室での会話から、世界の人類学者の研究動向や、学問の背景などを聞き、壮大な日本民族の源流の構想に至った経緯や、個別の民族誌の比較検討などを学んだと語る。岡は話術、ダンディズム、カリスマ性で、戦後の日本民族学会をリードした。岡の民族学の特徴は、ウィーン学派の文化史とイギリス流社会人類学を結合して、個別実証性を重視した壮大な理論構成であった。

しかし、民族学の戦争協力という負の評価がつきまとう民族研究所の事務局長として、そしてナチ民俗学を紹介した文章に見られるようなナチズムとの距離、陸軍中野学校で民族学を講義したことなど、戦時中の活動については、従来正面から論じてこられなかった。ある高齢の人類学者で、岡の弟子である教授から、「戦時中に、岡さんはなにをしていたの」と尋ねられたことがある。そして「自分の師に、あなた、戦時中は何していたのなどと聞けなかったよ」ということをおっしゃった。戦後の日本民族学会の会長でもあり、世界的にも認められた民族学者と戦争の関係について、単に個人の問題ではなく、戦争、戦略、インテリジェンスと学問の関係で、戦時中の岡正雄の活動は大変興味深い。

岡正雄が考えた民族研究所の理念と活動は、単に民族学の戦争協力という問題に矮小化するのでなく、ナショナリズムの「民族」とEthnologyの結合、民族学の現実的応用性という問題からみていくと、冷戦終結後の地域紛争が頻発する二一世紀の現状に共通する観点を発見できる。

岡と正反対の性格である石田英一郎は、柳田との関係、ウィーン留学、日本民族学協会とのつながりなどで不即不離の関係にある。二人は、性格や学問など、きわめて対照的であったが、やはり岡正雄、そして日本の民族学を語る上では重要な役割を持つ人物である。石田英一郎については、すでに拙稿で分析したが［中生　二〇一一］、その対極にいる岡正雄について、本稿では分析したい。

二　岡正雄の学問形成

1　学生時代

岡の年譜によると、生まれは長野県松本市であるが、小学校に上がる前に一家で東京へ引っ越し、区立富士見小学校尋常科一年に入学している。しかし一年も経たずに松本へもどり、町立松本小学校尋常科一年に転校している。岡正雄の息子、千曲の証言によれば、大変なガキ大将で、学校に行くまでの辻に学友たちを待たせておき、騎馬戦のように隊伍を組ませ、自分はその上に乗り、彼が通ったあとに辻で待たせている学友を引き連れて学校まで登校していたので、「すでに明治で江戸の世は終わったのに、いつまでの士族のように振る舞っている」と陰口を言われていたという。往年、岡が学会でカリスマ性を発揮した姿のルーツは、すでにこの小学校のガキ大将の頃からあったのかもしれない。

また、岡は陸軍士官学校に行っていた兄を慕っていた。また幼少期に、同郷の軍人で福島安正（一八五二―一九一九）が、一八九二年から九三年にかけて、シベリア鉄道の敷設状況を視察するため、一人で馬に乗ってポーランドからペテルスブルグ、エカテングルク、外蒙古、イルクーツクを経由して東シベリアの一八〇〇キロを馬で横断して実地調査をした探検に感銘を受けて、軍人にあこがれたという。そこで小学校を卒業するとき、陸軍幼年学校入学を志望したが、家族に反対されて進学できなかったという。このエピソードも、岡は軍人に対してあこがれを抱くという、当時の少年としては、ごく一般的な傾向といえよう。

岡が第二高等学校時代の一九一七年にロシア革命がおきたので、左翼系の雑誌や、クロポトキン及びマルクス主義の初歩的な書籍を原書で読んでいた。更にロシア語を独習するなど、ロシア革命が思春期に与えた影響は大きかった。また、学生の自治を要求する民主化運動に参加し、マルクス主義に詳しい大学生から影響された。そしてエンゲルスの『家族、私有財産及び国家の起源』とモルガンの『古代社会』を手に入れて読んでおり、民族学への興味を深め、大学で民族学を専攻したいと考えるようになった。一九二〇年に東京帝国大学文学部社会学科に入学して、鳥居龍蔵の授業などを聞いている。民族学の原書を探しては読み、特にフレーザー関心を持ち、「早期社会分化における呪的要素」で卒業論文を書いた。一九二四年に、岡は自分が翻訳したフレーザーの『王制の呪的起源』の序文を依頼するため、柳田国男を訪ねるが、フレーザーの著作に日本の天皇制が書いてあることを知っていた柳田は、その本の翻訳を出すことに反対した。しかし柳田は東京帝国大学の学生が民族学を専攻することに喜び、木曜会という研究会に出席することを許可した。このころ岡はシュミット・コッパース共著の『民族と文化』を偶然に入手し、民族学研究の指針とすることができた。この時期、リヴァースの『メラネシア社会史』、シュルツの『年齢階級と男子結社』などを読んでいる。

その後、岡は民族学と民俗学の雑誌『民族』の編集にあたるが、柳田国男との反目が深まり、一時期は民族学を断念しようとするが、渋沢敬三に学費の支援を受けてウィーン大学へ留学することになった。

2　ウィーン留学

岡正雄は一九二九年から一九三三年までウィーン大学へ留学し学位を取得した。岡がウィーン大学で学位を授与された一九三三年は、ドイツでヒットラーが政権を取り、ヨーロッパ情勢が緊張した時期である。七月に論文Kulturschichten in Alt-Japan（古日本の文化層）の学位審査が完了してDr.Philの学位を受けた後、八月にバルカン半島を旅行している。このバルカン旅行が、後に大きな意味を持ってくる。

学位取得後、岡はロックフェラー財団の奨学金をうけてウィーン滞在を延長し、コソズラール・アカデミーの日本語講師を委嘱された。そして一九三四年春にはアドリアチック海岸、クロアチア、モンテネグロ、セルビアを旅行している。この年の秋に、日本では日本民族学会が設立された。その翌年の一九三五年四月に岡は帰国をするが、同じ月に北京に来ていたシュミットが短期間来日し、さらに一〇月にシュミットが再度来日したとき、外務省、三井高陽と、ウィーン大学に日本学研究所開設の件につき協議をした。

岡にとってウィーン大学滞在中に影響を受けた重要な人物は、指導教授のシュミットと同時に、三井高陽である。三井高陽は、三井財閥の当主で、一九三〇年代に「東欧」と日本との文化交流史で重要な役割を演じた人物である。三井高陽にとって「東欧」とは、「ソ連と国境を接するヨーロッパ諸国」であり、彼は文化事業を「三井の金による国策遂行」ととらえ、ソ連周辺諸国の親日化を企図したものだった［近藤 一九九八：四〇―四一］。三井の文化事業は、東欧諸国の大学に日本語図書の寄贈、日本語講座の開設、日本研究の振興のための寄付などで、ウィーン大学日本研究所の設立もその一環だった。

岡の年譜によると、三井高陽との最初の接点は、一九三七年七月に日本民族学会調査隊として馬場脩と共同で実施した北千島占守島の先史学的発掘に資金を援助してもらったことだった。この時の成果は、翌年コペンハーゲンで開催された第二回国際人類学民族学会議に、日本民族学会、日本人類学会代表として岡が出席し、占守島発掘の報告をしており、一九三四年七月ロンドン開催の第一回国際人類学民族学会議に続いて、国際的な発表を続け、研究者としての地位を確立している。

外交資料館に保管された一九三六年五月六日の三井高陽から外務省文化事業部長の岡田兼一宛の書簡によると、(2)シュミットが岡を推薦したと記している。そして同年一二月一三日在オーストリア公使館の谷正之から外務省文化事業部の柳沢課長宛の文書によると、岡はこの申し出を快諾し、日本に一時帰国した際に日本文化の蔵書購入を依頼したとある。この文書では、「維納《ウィーン》が由来「ドナウ」流域諸国の文化の中心たる事及最近欧州政局の変化に伴い此の方面も漸く重きを為すに至れる事情にも鑑み当地に日本文化紹介の機関の設置する事の時宜に適するは詳説を要せざる」とあり、ウィーンが東欧の情報収集と日本の広報活動の拠点となることを期待している。同日の公電によると、一九三六年一〇月七日に日本公館はシュミットと面会し、日本側がウィーン大学に日本文化協会を設立し、場所、書籍、それを運営する人件費と物件費を提供し、ウィーン大学側は岡正雄を最初の所長（ディレクター）に希望しているという意向を伝えている。

岡は、シュミットの推薦で日本研究所の所長として赴任することになった。外務省文書の中には、一九三八年八月二五日の文書で、岡の所長（Direktor）という名称は、日本研究所が大学の外部機関であるので不適当だとして、学内に設置を希望して認められた。しかしウィーン大学の官制上、日本研究所が独立の教室として設置されることが困難なので、民族学教室の一特殊部門として主任であるコッパース教授が研究所を行政的に管掌し、岡はLeiter（主事）とするように変更された。この文書には、コッパース教授がカトリック教徒のためナチ政策に反対して四月から休職になったとある。

岡が日本研究所に赴任して授業した内容は「日本の民族学、先史学、日本語の歴史及び日本の神話と宗教」［クライナー　一九七九］であった。一九三九年四月よりハンガリーのブタペスト大学の客員教授に招かれ、隔週ウィーンからブタペストに講義に通い、五月にはハンガリーのシェケット大学でも講義をしている。その間、バルカン半島を旅行している。

一九四〇年には五月にバルカン、トルコを旅行、九月イタリア、ギリシア、トルコ、バルカン諸国を旅行して、一一月より一学期間休暇をとって帰国している。岡は、帰国直後の一二月に、古野清人、小山栄三、八幡一郎、江上波夫、岩村忍、小林高四郎氏らと共に、国立民族研究所設立の運動を開始した。一九四一年六月に、岡正雄は独ソ戦が始まり再赴任できないことを理由に研究所長を辞職している。岡の年譜を見る限り、東欧での情報活動を通じて、民族研究所の設立に関心を持ち、一時帰国した時は、ウィーン大学に留任したまま日本で設立を計画している民族研究所の兼任を考えたのではないかと思われる。しかし、不運にも独ソ戦の勃発により民族研究所の設立を一度可決した近衛内閣が辞職し、設立は無期延期されて、一度目の民族研究所設立運動は頓挫した。

岡のこうした行動は、当然三井の耳にも入っていただろう。さらに岡の後任をウィーンの公館が三井に無断で決めたことに激怒し、同研究所向けの資金援助を停止してしまった〔近藤　一九九八：五五頁〕。外交史料館文書では、岡の後任を三井と相談して決めたようになっているが、一九四一年一〇月六日付けの三井高陽から岡正雄宛の文書によると、三井の寄付金のうち、岡が日本に帰国していた一九四〇年一〇月から一九四一年四月までの給料を返還するよう求め、かつ五年間寄付をする計画であったのを、三年で打ち切ると通告している。一九四二年四月一三日付けの三井高陽から外務省坂本欧亜局長宛ての文書によると、岡でなければ達成できないと思っていた事業にもかかわらず、突然現地公使館がウィーン大学日本研究所の所長を、三井の了解なく村田豊文に任命し、その任命者であるドイツ大使館文化部の経費で運営すると表明したことに遺憾を表明し、寄付を打ち切っている。その後、岡の助手のスラビックも応召でいなくなり、日本研究所は実質的に運営できなくなっていた。では、三井高陽が考えた岡でなければ達成できない国策的文化事業とは何だったのだろうか。これを解く鍵はブタペスト大学の講義で行った時のバルカン半島調査である。

3　バルカン半島の政治状況

岡は、一九三八年から四〇年までブタペスト大学の客員教員としてウィーンからブタペストまで隔週通った。この時、岡は講義の合間にバルカン半島を旅行して、言葉も文化も異なる民族が隣接して居住する社会では、未開社会と同じような民族紛争の問題があり、生きている民族の実態を把握する必要があるけれど、その疑問を解くためにはウィーン学派では限界があることで、彼の学んだ歴史民族学の方法論に疑問を抱くようになった。つまりバルカン半島で起きている民族生成の現象をウィーン学派の文化史説では捉えきれないので、徐々に「エトノス」を対象とする民族学の構想をもったのである［岡　一九六三：三四六頁、岡　一九八一：六七八頁］。

では、どうしてウィーン大学の日本研究所にいた岡が、ブタペスト大学の客員教授になったのであろうか。そこに三井高陽が深く関与している。三井高陽は一九三五年にハンガリー文部省と個人的な契約を結び、五年にわたり年額一万ペンゲー、洪日協会に年額五〇〇〇ペンゲーを日本文化普及のために寄付する約束をした。これにより五年間に三人のハンガリー人を日本に派遣することが可能になった。ハンガリーへの研究資金の提供には、明白な公使館付武官の関与が認められるという。特に日清・日露戦争後の東欧諸国の対日観がロシアを倒した強国日本を尊敬の念で見ており、「ツラン系と分類されたウラル・アルタイ系の諸民族を自覚的な民族統一体へと統合しようとした運動」としてのツラニズムが、戦間期に最も盛んだったのがハンガリーであったからだ［近藤　一九九八：四二一―四三頁］。

日本外務省の対外文化事業は、義和団事変の賠償金を積み立てた基金で発足した「対支文化事業部」に始まり、一九三五年に第三課を新設して国際部化事業に手を広げた。一九三七年七月にハンガリーは日本に対して文化協定の締結を申し込んだ。当初、日本外務省は消極的だったが、ハンガリーをソ連情報交換に役立てることを進言したウィーン駐在の谷正之公使からの来電で積極的方針に転換し、日洪文化協定を成立させた［百瀬　一九八一：三六、四三頁］。岡がブタペスト大学で講義したのは、日本文化論であった。

ハンガリーでは、外務省文化事業部の働きで日洪文化協会が一九三八年五月二〇日に設立され、外務省嘱託の今岡十一郎の著作を出版したり、ハンガリーへ図書を寄贈したりした。この協会が行ったハンガリー国内で最も重要な活動が学習会で、一九四〇年五月三日の第一回ハンガリー研究会が岡正雄の「ハンガリー事情」だった。この講演で、岡は文化協定、文化交流の高度な政治的利用を主張している［近藤　一九九八：五〇-五一］。(3) 岡のこうした問題意識は、単に時代の流れではなく、バルカン半島各所で起きている民族運動、ナショナリズムと、その意識を支える民族学、人類学、考古学、神話学などが背景にある。

はたして岡は単にバルカン半島の旅行だけで、このような問題意識が生まれたのであろうか。一九四一年に岡は、当時ジャパンタイムスの前社長で代議士だった芦田均と「バルカンの内幕」というテーマで対談している。このときに、岡はバルカン半島での活動の片鱗を語っている。岡は、一九四〇年に大学で民族学の講義をしながら、バルカン諸国をめぐり、研究者と交流している。

ハンガリーでは、日本の勃興に影響を受けて、アジアの復興を民族理念としている団体があった。ハンガリーの「ナチ運動」の指導者は元参謀少佐のサラシで、岡が訪れたときに彼は逮捕されていて、その運動を継承しているドクター・フーバイと岡は付き合っている。岡の対談での文脈では、数回面談しているようで、日本とハンガリーの民族的なつながりについて議論している。また農民と学生層、インテリ層にナチ運動は勢力を持っていて、大学生と農村青年の民族思想運動である「ツルル」もアジア主義を標榜していた。この名称は、ハンガリーの第一王朝のアルパート王がカルパティアの山を越えてハンガリー平原に入った時、軍隊が疲労していた時、鳥がアルパート王を導いてハンガリー平原へ導き国を作る建国神話があるので、ハンガリーの象徴にもなり、ツラン民族運動にも連なっている［芦田・岡　一九四一：二八九頁］。

また考古学の分野でも、ハンガリーの考古学者フェーヘルは、ブルガリアで初期ブルガリア王朝の遺物を発掘し、岩壁に描いてある絵を発見した。そしてブルガリアの過去にアジア的なものを再発見するアカデミズムが盛んになった。さらに、ブルガリア最古の武器や最古の軍事組織にも日本の参謀本部が興味を持っていると述べている。岡は「アジア主義的気運は、之を過大視する事は非常に危ない」と釘をさしながらも、親日的気運の育成に利用できるツラン運動について、現地での親露、親独、親日の感情が矛盾なく共存している現状を述べている。その上で、ブルガリア人の親日感情を乃木将軍の言葉や、第一次世界大戦後の連合軍武器接収に日本軍がブルガリアに行き、好意を持たれていること、さらには蜂谷公使がブルガリア人の園芸好きという性格に踏まえて桜の植樹を行うことで、親日感情の醸成に成功した例をあげている［芦田・岡　一九四一：二九〇―二九一頁］。

またハンガリーの歴史に触れて、一〇世紀に建国して以来、ゲルマン民族とスラブ民族の間で一〇〇〇年も国を存立した政治的自信が相当強く、一四世紀にトルコの支配に入ったが、一九世紀にトルコの後退とともに南スラブ族の統一運動が起きて、建国の政治的意思が働いたのは新しい話だと指摘している［芦田・岡　一九四一：二九六頁］。そしてハンガリーが内閣直属の民族研究所を創立し、失地回復運動の基本研究を熱心に行い、さらに国民に対して地理教育が徹底していることに高い評価をしている［芦田・岡　一九四一：二九八頁］。戦後、岡の回想によると、バルカンの政治問題にいつも少数民族問題が絡むので、ハンガリーの民族研究所は学者を集めて研究していたことに関心を持ったと述べている［岡　一九八一：六七九頁］。

戦後のインタビューで、岡はバルカン問題に関心を持つことで、徐々に文化史学派から、イギリスの構造機能主義に学問的傾向を変えていったと述懐しているが、この対談からバルカンの民族紛争を理解するために、民族運動家、考古学者、民族学者との交流を通じて、岡が徐々に関心を変化させていったように見える。そこで岡がバルカン半島を単に旅行してまわるだけでなく、現地の専門家との意見交換や、建国神話がどのように民族運動に働いているのか、また歴史的な要因が民族としての団結力や、民族意識の構築にどのような作用をしているのかの問題を、民族学の知識を用いながら民族の構築をしている人々との交流で現地の情報を取っていることがわかる。このように整理するならば、三井高陽がいう「岡でなければできない事業」ということが分かる。

また、岡はベルリンの日本大使館が、アラビアのことに興味を持っていたから、アラビアについても報告書を書いたと言っている。具体的には、オッペンハイマーのアラビアについての氏族組織が固有名詞を使って詳細に書いてあったので、アラビア政治の理解に役立つと思ってこの本をまとめたという［岡　一九八一：六七九頁］。

岡のドイツ日本大使館の関係では、一九四〇年七月一七日付け在ドイツ大使館の神田書記官から出された外務省文化事業部市川第三課長宛の文書に、岡がベルリンにある日独文化協議会の日本側委員として毎年冬に開催される日独学徒大会に尽力したとある。このことも、戦後の回想で触れていて、ドイツに留学した日本人に本を与えて報告書を書いてもらおうとしたという。さらに、外務長の調査費で民族の専門家をドイツに派遣する提言もして、審議官や代議士の共鳴を得て、彼らが活動してくれたことを語っている［岡　一九八一：六七九頁］。

岡のウィーン大学日本研究所での活動は、東欧から中近東までの民族問題に及び、ドイツ在住の日本人留学生を民族問題に関する研究と翻訳の組織者として活動していたことを示唆している。また、ハンガリーの民族研究所が国策として失地回復運動の基本研究をしていることも、民族学の応用として、岡の関心を引いたのであろう。これが日本での民族研究所設立運動に結び付いていったのではないかと考えられる。ともかく岡の学問で、ウィーン大学での学位取得から大きく変わるのは、このブタペスト大学に通っていたバルカン半島調査時代である。この時期の岡の関心は、民族学という学問よりも、紛争地域のインテリジェンス活動にきわめて近い。

三　民族研究所設立の経緯

1　昭和通商との関係

岡正雄は民族研究所を設立するきっかけを、渋沢敬三の伝記に採録された「追懐座談会」で話している。これによると、岡が一九四〇年にウィーンから日本へ帰る汽車の中で、昭和通商の佐島敬愛と一緒になり、彼の助力で陸軍から資出させて民族研究所を作ったと述べている。その昭和通商は軍事物資の調達を仕事にしており、岡は「古い武器を近東《ママ》あたりに売り込む死の商人だった」との認識を持っていた［岡　一九八一：六八〇頁］。

この証言を信用するならば、岡は一九四〇年一一月より一学期間の休暇をとって帰国した時に、佐島敬愛と偶然であったことが、民族研究所設立へのきっかけになっていて、岡は帰国後すぐに民族研究所設立運動を起こしているが、ウィーン大学は帰るつもりでいたのだろう。

昭和通商は三井物産・三菱商事・大倉商事が各五〇〇〇万円を負担し、資本金一、五〇〇〇万円で一九三九年四月一日に設立した国策会社で、表向きは古い武器を第三国へ輸出したり、タングステンなどの軍需物資を現地で調達して輸入したりする仕事をしながら、実際は諜報活動とアヘン取引を両輪とする、陸軍管轄下の極秘特務機関だった［佐野　一九九七：一六八―一六九］。

鈴木二郎は、佐島と異なる人脈があると指摘する。鈴木が語ったところによると、岡がウィーンに滞在中、陸軍の駐在武官と親しくしており、「話がおもしろく、有用な学問をする岡正雄」という認識が武官の間でされていたという。

さらに当時、岡が面識を得た駐在武官は、帰国後昇進したので、岡の陸軍人脈が築かれた(4)。

2　総力戦研究所

民族研究所の設立準備に並行して、総力戦研究所が国防大学構想の前段階として参謀本部から提起され、一九四〇年九月に設置された。この研究所こそ戦争遂行のための国策研究所であったが、その設立準備段階で、海外の類似した研究所（大英帝国国防大学・アメリカ陸軍産業大学・ドイツ国防大学・ナチス党上級指導者養成塾・フランス高等国防研究所）などを参考にしたプロセスは、きわめて民族研究所に類似している［森松　一九八三：七八―七九］。ある意味で、先行の国策機関として民族研究所を設立するときに参考となったと考えられる。

総力戦研究所は、単に総力戦のため武力戦・政略戦・思想戦・経済戦の基礎研究に加えて(5)、中堅の官僚や民間企業の中堅、大学教員を教育訓練する機関としても活用された。総力戦研究所の研修生が使用したテキストに、一〇カ月のカリキュラム表があるのだが、その内容は国体・総力戦の本義、武力戦、経済戦の三つに分かれていた。このテキストで注目すべきは、戦争の歴史・国際状況・戦略・武器技術・占領地の経済運営などの講義と並んで、民族研究会の「民族研究要綱」（一九四一年九月）及び「諸外国ニ於ケル民族研究施設」（一九四一年五月二七日）が含まれていることである。これは、民族研究所の設立趣旨を示した一九四三年一月一六日の公文書に添付された「民族研究要綱」と比較すると、総力戦研究所の文書を簡略化したことが分かる。

総力戦研究所の「民族研究要綱」には、5つの部門に分けて、調査項目を挙げている。第1部門の民族誌的調査・研究には、民族台帳の作成と副題がつけられ、「先ヅ『ジェネレル・サーヴェイ』ヲ現地的ニ行ヒ、数年毎ニ之ヲ更新スルヲ要ス」と現地調査の必要性を強調している。「ジェネレル・サーヴェイ」という用語を用いているが、公文書館に残る文部省の直轄研究機関、民族研究所の設立に関する文書に添付された「民族研究要綱」にも同じ表現がある。(6) この時期の公文書でありながら英語を使用する特徴から、同一人物が書いた文書であると推定できる。鈴木二郎の証言によると、「岡正雄がNotes and Queries on Anthropologyを抱えて箱根にこもり、諸民族の調査項目に関する原稿を仕上げたことがある」という。(7) さらに「南方圏民族対策ノ方式ニ関スル報告」という文書が、「参謀本部嘱託　岡正雄」の署名でタイプ印刷されており、東アジア・東南アジアの民族状況とともに、日本の民族政策への提言、さらに軍政統治の諮問に応じることのできる民族調査室の設置と、民族研究所との連携を提言しているところは、前述の記述と同じ内容である［岡　二〇〇〇：六七—一一五頁］。軍部が「南方統治」の民族政策を必要とし、それに対して岡正雄の参謀本部への提言が、いかに占領地の民族政策に重要な役割を果たしたのかを示している。

また、別の資料からも、軍事と民族政策の関連性を検証できる。総力戦研究所で訓練生の研修テキストに、「民族研究要綱」という文書が含まれている。その調査項目には、「主観的区画」として、様々なレベルでの対立感情の存在と、その社会的背景を挙げている。この項目を見て思い当たるのは、筆者が戦前に中国で特務機関に勤務していた人たちにインタビューしたとき、彼らが現地での民族対立に対して非常に関心を払っていたことである。特務機関員が現地に入ると、最初の仕事は民族対立が発生する要因となる宗教や経済利益、政治制度についての情報を集めることで、それに関連する学術的な研究は現地事情の把握として不可欠な知識だったのである。そうした民族対立を「策略」として利用した戦略は、「敵の敵は味方」という単純なロジックであった。だから漢族と対立していたモンゴル族及びイスラーム教徒に対して、親日感情を植え付ける工作の基礎として歴史・社会・文化の深い理解が必要だった。(8)

総力戦研究所の「民族研究要綱」には、基礎的な家族・氏族・部族組織・地域地縁的集団・秘密結社などの基本調査項目がある。そして宗教は、占いやタブーと並んで、宗教と政治の関係・宗教的集団帰属感情から民族主義や民族対立の社会背景となるので、そうした側面を調査するような項目が立てられている。さらに政治及び法律的秩序の項目には、単に政治形態や慣習法だけでなく、軍組織や戦争の方法、軍備についても調査項目を挙げている。

また民族政策について、植民地統治の実態、欧米の人種観念と植民地統治の「政治経済文化宗教的な侵略」を調査項目に挙げている。そして日本の民族政策に基礎的な資料を整備するための研究対象として、具体的な民族を例示している。それは在外日本人・朝鮮人・満洲国・蒙古・シベリア・トルキスタン・スラブなど、陸軍が中心となった北進論の対象地域を念頭に作られている。総力戦研究所および民族研究所が、陸軍の影響下にあったことから、こうした例示がされたのだろう。

3　民族研究所設立運動

岡正雄は一九四〇年にウィーンから帰国して、民族研究所の設置に奔走し、「民族学」の有用性に関心をしめす軍部や政府関係者と接触した。しかし岡正雄は一〇年あまりウィーンに留学していたので、日本の人類学・民族学の学会関係者との人脈は限られていた。そこで日本で民族学会を組織していた中心人物である古野清人が民族研究所の設立に協力し、古野と岡の二人が協力して民族研究所の設立運動をした。当時、古野は満鉄東亜経済調査局の高級顧問をしていた。(9) また古野は、『南方問題十講』を編集し〔古野編　一九四二〕、当時の政策立案のブレーンとして活動をしていたので、政府機関、とくに文部省と海軍につながりがあった。文部省との関係で、民族研究所所員の人選は古野の発言権が強かった（鈴木談）。

岡正雄の年譜によると、一九四〇年一二月に「古野清人・小山栄三・八幡一郎・江上波夫・岩村忍・小林高四郎とともに国立民族研究所の設立運動を開始する」とある〔岡　一九六三：三四七頁〕。一九四〇年の秋頃、岡正雄と古野清人が白鳥庫吉を訪問し、当時の首相だった近衛文麿が白鳥の教え子だったので、白鳥の関係から国立民族研究所設立の陳情を依頼したこともあった［白鳥　一九八三：五］。民族研究所設立は、政府とのパイプを総動員しておこなわれた。

さらに、当時文部省文書課課長及び秘書課長として、民族研究所を官僚側から支援した有光次郎（一九〇三―一九九五）は、一九四一年一月二〇日の日記の中で、岡正雄と会見したことを記している。この時、岡はナチス・ドイツがオランダとフランスを占領したので、ドイツ経由でインドネシアとベトナムに所蔵する資料を入手するように要望した。さらに、そうした仕事に従事するため、民族学の研究員を養成するように主張している。(10) こうした活動が実を結び、一九四一年六月に閣議で民族研究所が文部省直轄として設置することを決定した。しかし、独ソ戦の勃発により近衛内閣が総辞職したため、設立は無期延期となった。(11)

その後、一九四二年五月に、大東亜建設審議会により、民族研究所の設置と大東亜共栄圏一〇八種族の民族調査を骨子とした文教政策答申を受けた文部省は、ただちに設立準備委員と幹事を任命した。同年七月に民族研究所を文部省直轄の研究所として開設することを決定し、準備委員会が設置された。(12)

委員長：菊池豊三郎（文部次官）

委員長：永井浩（文部省専門学務局長）、有光次郎・清水虎雄・柴沼直（文部書記官）、秋永月三（企画院部長）、岡本清福・佐藤賢了（陸軍少将）、岡敬純（海軍少将）、藤室良輔（総力戦研究所主事）、谷口恒二（大蔵次官）、小山栄三（人口問題研究所研究官）、羽田亨（京大総長）、桑田芳蔵・和田清・宇野円空・小倉進平・戸田貞三（以上東大教授）、高田保馬（京大教授）、山田三良、新村出、石黒忠篤、渋沢敬三、大川周明、永井柳太郎、金井章二、岡正雄、

古野清人
委員及び幹事：本田弘人（文部書記官）
幹事：浅田三郎（陸軍中佐）、市川義守（陸軍中佐）、迫水久常（企画院書記官）、小林高四郎（大使館三等書記官）、八幡一郎・江上波夫・岩村忍・本田弥太郎。

この中で、大学関係者以外の人たちを調べてみた。文部省直轄の研究所であるので、委員長は文部次官の菊池豊三郎がなっているが、文部書記官の中で有光次郎は、一九四七年に文部省事務次官に就任するエリートで、この時は大臣官房秘書課長兼大臣秘書官で、重要な地位にいた人物である。秋永月三（一八九三―一九四九）は、企画院部長という肩書きであるが、陸軍大学校卒業の軍人で、この時は第一部長という地位にいた。(13) 岡本清福（一八九四―一九四五）は、ドイツ大使館付武官、スイス大使館付武官などを歴任するヨーロッパ通だった。(14) 佐藤賢了は、陸軍大学校を卒業後、アメリカ駐在をしたこともあったが、国家総動員法の審議中に、議員に向かって「黙れ」と一括して問題になったり、仏印進駐を進言するなど硬派の軍人で、戦後A戦犯となった。(15) 岡敬純（一八九〇―一九七三）は、国際連盟日本代表部を勤務し、南進政策の企画などに関わった。(16)

こうした経緯もあって、総力戦研究所の研究員一四名が民族研究所の参与に就任している。(17) そして岡正雄も、陸軍中野学校で、三年にわたり民族学の教官を兼任した［佐野　二〇〇五：三五―三六］。

4　ナチス民俗学の影響

一九三一年の満洲事変以来、日本全体が戦争へ向かう時代の雰囲気のなかで、民族学を時流に乗せ、民族研究所の設立に貢献したのは岡正雄である。岡は一九二九年ウィーンへ留学に行き、学位論文を提出して一九三五年に一時帰国した。この時期、ヨーロッパはナチス政権の樹立で騒然としていた。一九三三年にヒットラーが政権を掌握し、オーストリアは大ドイツ主義により緊張が高まっていた。住谷一彦は「戦時中における岡の軍部との関係については種々の批判があるが、少なくとも書かれたものについてみるかぎり時流に棹さすような表現が抑制されていることは確かである」と述べている［住谷　一九八八：二八六—二八七頁］。はたしてそうなのだろうか。

一九三五年に柳田国男が編集した『日本民俗学研究』の中で、岡正雄は「独墺両国に於ける民俗学的研究」を発表している。岡は、この論文でドイツ民俗学の学説史を一八世紀から説き始め、最後の「現代民俗学」では「人種学的社会学的民俗学—ナチス民俗学」で結んでいる。岡は「ナチス民俗学は未だ完成の途にあり、充分の理論的整頓に迄は到達してゐません」と述べている。しかし、ナチスの理想が民族的全体国家の樹立にあり、「ドイツ民族」の積極的認識にあるので、ナチス民俗学の目的が「ドイツ民族の人種的清掃、固有文化の研究、確保、宣揚といふことが唱導され」たので、ドイツ民族文化の採取、研究に努力してきた民俗学が、「従来の日陰の学問の地位から国学の嫡出子の地位に高揚したわけであります」と、岡はナチズムにより民俗学が脚光を浴びたことを高く評価している［岡一九三五：三六六—三七一頁］。そしてナチスが政権をとった後、一九三三年以来、ドイツでは民俗学が社会教育として大規摸に組織化され、各大学に民俗学の講座が設けられ、一般国民教養学として各科の学生に必修とされ、師範学校では正科とされ、小学校でも民俗学的教育が実施されたことを紹介している。そこで、ドイツでは民俗学の社会的影響力が高まり、それと平行して研究機関の整備が急速に進んだことを、岡は羨望のまなざしで見ている［岡一九三五：三七〇—三七一］。岡がウィーンに滞在した時代の雰囲気が、岡の民族研究所設置の着想になったのである。

今日知られているように、ナチス民俗学と形質人類学は、アーリア系民族の人種的優越性を証明するための学問であり、ドイツの伝統文化を研究するというよりは、人種的優劣の「科学的」基礎付け、および形質人類学的な観点から、強制収容所に送り込むユダヤ人を識別する学問として利用された[18]。岡自身は、こうした人種的優劣にはまったく関心がない。岡正雄がこの論文を発表した後、ウィーン大学に創設された日本学研究所の所長に就任しているが、ナチスのオーストリア併合により設立が遅れた。そこで岡がナチスに対してどのように見ていたかはわからないが、当時岡がウィーンで目撃したように、ファシズムが台頭したドイツでアーリア人の優越性を唱えるナショナリズムが高揚し、教育現場で民俗学が重視され、それにともなって研究機関が増設されていたことに注目していた。岡が日本にも民族研究所を設置するよう軍部や文部省に働きかけるため、ドイツの状況は有力な根拠になった。

それを裏付ける資料として「昭和一七年度概算要求書参照書」と題されたタイプ印刷の小冊子がある。これには、「東亜諸民族調査項目概要」と、「独乙《ママ》ニ於ケル民族研究ノ施設」が収録されている[19]。後者だけで、全七八頁におよぶ書類である。これは、最初の八頁でドイツの異民族研究を扱う「民族研究」の傾向を、比較民族学・比較言語学・政治史・ドイツ学・人種学・伝道学[20]の六系統に大別して紹介している。それに続いて一九四〇年のドイツにおける各大学の言語・歴史・民族に関する海外事情を講義する講座名と担当教員の名前、および大学付設の研究所・博物館の名称と研究者の名前を網羅した資料が添付されている。これは文部省へ民族研究所設置のために参考資料として提出されたものだと思われる。同盟国ドイツの民俗および民族の研究事情を持ち出すのは、岡論文の論旨と一致している。

『朝日新聞』一九四三年一月一八日夕刊には、次のように民族研究所設立を報道している。

> 盟邦ドイツその他各国には民族研究に関する国立施設が完備しており（中略）、わが新施設は、逐次これを凌駕する内容を整備し大東亜地域百数十の民族のみならず、進んで宿敵米英諸民族の本質を闡明し（中略）。調査研究は

かくて飽くまで地に足をつけた現実的なものとし、象牙の塔へ立てこもった学としての研究に偏らず、現地踏査その他第一線への学者派遣をふんだんに計画している。

この記事からも、岡のドイツをモデルとした民族研究所設置運動は、当時の日本で説得力があり、かつ現地調査を中心に民族研究をおこなうことは、占領地軍政を実施するうえで必要不可欠な研究活動だったことが分かる。しかし、ドイツの民俗学（Volkskunde）と日本の民族学の状況は、基本的に異なっている。つまり、ドイツで流行していたナチス民俗学とは、アーリア人の優越性というナチス党の主張を補強するために、あくまで自民族研究が主体であった。それに対して、日本の民族学は、アジア・太平洋戦争の勃発により、早急に戦略展開地域の異民族を把握する必要性が急務であり、そうした地域の諸民族を研究することが期待された。岡正雄自身、自国民を研究対象とする「民俗学」と、異民族を研究対象とする「民族学」の違いは十分認識していたはずである。岡が民族研究所設立の働きかけをしたとき、戦争の必要性によって民族学関係の研究機関が増加した事例として、日本と同盟国のドイツを持ち出すことは、当時の日本政府に対して国策と関係する研究機関の新設提言として説得力を持つ主張であった。(21) 岡は、文部省などの機関へ提出する参考資料に、自民族を扱う「民俗学」と異民族を扱う「民族学」を、時に使い分け、時に混同して用いていた。こうした岡の戦略的な才能によって民族研究所を新設し、民族学を社会的に認知させる結果を生んだことは否めない。(22)

六　結論

民族研究所の概要を調べるほど、戦前から戦後への接点が非常に密接であることが分った。これほど重要な組織が、日本の人類学史を描く上で封印されていた。それは岡と軍部との密接な関係である。確かに民族研究所の設立を政府や軍部に具申するため、岡はナチス民俗学を持ち出している。けれども岡の戦略は、単に民族研究所の重要性を政府や軍部を説得する方策に過ぎず、研究面において、民族研究所ではナチスの民族政策などまったく影響が無かった。また岡が属していたウィーン学派の研究は、民族研究所関係の出版物として、シュミットのハンドブックを複製し、著作を一冊翻訳しているにとどまる。民族学協会で翻訳した書籍も、イギリス社会人類学の影響が強い。その論拠に、公文書の民族研究所研究要綱では英語が使用されており、調査概要もウィーン学派ではなく、イギリス流の社会人類学であるように読みとれる。当時、岡正雄に示唆されて及川宏が翻訳したミルケの『民族学』は、ドイツ語からの翻訳である。本書の原著が見当たらないので、いくつかの論文を編集して翻訳したものだと思われるが、ウィーン学派の内容ではない。その逆に、本書はウィーン学派批判、イギリスの構造機能主義とアメリカの文化様式論の解説で、ドイツ語でアメリカとイギリスの人類学を紹介する内容である。岡は、研究書でイギリス的な社会人類学を推奨していた。特に研究所の助手に、実地調査の参考にするためNotes and Queries on Anthropology を読むように勧めていた（鈴木談）。

このように岡正雄は、民族研究所を作る前からフィールドワークに基づく社会人類学的な志向が芽生えていた。この構想が戦前から戦後の民族学、社会人類学、そして文化人類学の組織化の中核になったのではないだろうか。岡自身、一九三三年にウィーン大学の博士論文を書き終えた後、ウィーン学派の歴史民族学に疑問を抱くようになったと述懐している。そのきっかけが、前述した一九二八年から四〇年までブタペスト大学の客員教員として隔週通い、さらにバルカン半島を調査した経験である。岡は、そこで言葉も文化も異なる少数民族に触れ、ヨーロッパでも未開社会の民族と同じ問題があり、「生きている民族というものをとらえなければならん」と感じて、学問が大きく変わったと述べている［岡　一九八一：六七八頁］。つまり文献学を中心とした文化要素の総合による理論的なウィーン学派に疑問を抱き、生きた社会の現実に目を向け、イギリス流の社会人類学に関心が高まる転機となったのである。

清水昭俊が指摘しているように、日本でウィーン学派が流行したのは、戦後になってからである［清水　一九九五：二三］。清水が指摘しているのは「日本民族＝文化の源流と日本国家の形成」という座談会の公表と[23]、歴史・言語・考古・形質人類学などの学会からの反響である［石田　一九五八］。戦後は、皇国史観を克服しつつ、唯物史観に立つ研究者によって新しい日本史が書き始められていた時に、東アジアの文化史という視点から日本史を描こうとした点で、戦前にはタブーであった皇国史観と異なる歴史観として注目された。特に、江上波夫が唱えた天皇の氏が大陸北方系騎馬民族の部族連合体で日本へ侵入して大和に征服王朝を樹立したという仮説は、ジャーナリズムによって大々的に取り上げられた［江上　一九八六：三二四―三二七頁］。ウィーン学派の文化史説は、日本民族起源論に応用されて、天皇制の文化史的位置づけを展開して、戦前のタブーを打ち破ったという意味で社会的注目を集めた。また見方を変えれば、民族研究所は日本の占領地や戦略展開地での現地調査を任務としていたので、イギリス流の社会人類学の基盤が、この研究所経由で日本にもたらされたといえる。そこで戦後のフィールドワークによる研究、及びアメリカ流の文化人類学を受容する基礎になったのである。

戦後に出版された鈴木二郎の『未開人の社会組織』は、その前書きで、この本の原稿は民族研究所紀要のために執筆されたのであり、再校まで終えていた原稿である述べている［鈴木　一九五〇：前書き］。これには、鈴木が民族研究所で担当したオーストラリア・アボリジニの社会組織をまとめたもので、上海の王立アジア協会から没収した英文の雑誌を主として活用している。この雑誌には一九三〇年代までのイギリスの社会人類学研究が網羅されており、鈴木の著作では婚姻セクションや半族（moiety）、類別的親族関係のタブーについて詳細に論じている。また紀要第一冊に掲載された杉浦健一の「南洋群島原住民の土地制度」、第四冊に掲載された「ミクロネシヤに於ける親族名称」は、アメリカ・イギリスの社会人類学理論を消化して執筆した出色の論文である。これらの論文は、杉浦が民族研究所の所員になる以前に、一九二八年から四一年にかけて南洋庁嘱託としてパラオやポナペを調査した成果である。いずれも、戦後になってアメリカの文化人類学を受容する基礎になり、かつ戦前から戦後の研究の連続性を示す論文として注目される。

アジア・太平洋戦争が勃発した後に設立された民族研究所は、国策研究所として戦後は廃庁にされた。戦後、民族研究所に言及した文書も、「戦争協力をした民族研究所」との批判をさけるためか、限定的な記述しかない。しかし、歴史的な事実は直視せねばならない。

岡正雄が、民族研究所の設立要綱で、研究目的を公認させる戦略として、「民族工作ニ連関スル民族誌的、民族史的、民族政策的調査研究」を前面に打ち出したことは、民族学が国策の学問だと印象付けた要因になっている。大東亜共栄圏の民族政策は、単に統治のためだけでなく、戦略展開地域に居住する少数民族に対しての宣伝工作も含まれる。文化を異にする者同士の衝突で社会的緊張が生まれ、そこに集団としてのまとまりとアイデンティティが育成される。民族の形成過程やダイナミズム、社会統合の構造は、政治と歴史が関係してくる人類学の研究対象である。戦争直後の一時期、「民族学」が戦争協力をした学問という否定的な認識は、一例としてオロチョン族のように特殊能力や国境に居住する民族の特徴を学問的に分析し、軍事的に彼らを利用するため民族誌を用いたことに起因している［中生二〇〇〇］。また「民族独立」のスローガンで、満洲や蒙疆の傀儡政権を正当化しようとした軍部の戦略が、「民族」の「学」を、より政治的な道具と変容させたことも関係している。

＊法政大学日本研究所で二〇一二年三月一一日に開催された岡正雄記念シンポジウムにおいて発表した原稿に、その後の研究を加えて完成させた。特に当時外交資料館におられた三浦啓二氏より外交資料館のウィーン大学日本研究所文書を紹介して戴き、大変参考になった。記して感謝の意を表す。

注

（1）クロポトキンは、博物学者としてシベリアの調査にも出かけたことがある。彼は、ダーウィニズムの中心にある「自然淘汰」の概念に反論するため、『相互扶助論』を自らのシベリアの博物学調査を用いて議論し、のちにナロードニキの革命家として「無政府共産主義」の可能性を模索してボルシェヴィズムとは異なる主張をしていた［鶴見　一九九八：五三頁］。日本のマルクス主義から転向して民俗学、民族学を始めるものは、クロポトキンの「原始共産制」に関心を持っていたものが多いようだ。

（2）以下参照したのは、次の文書。「ウィーン大学日本研究所関一件」外務省外国資料館・外務省資料・I門文化、宗教、衛生、労働及社会問題・1類文化、文化施設、外交資料館所蔵請求番号I-1-3-0-039。

（3）近藤正憲の論文では、この書類が津田塾大学図書館の今岡十一郎文庫で発見したとあるので、津田塾大学図書館で調査をしたが、未整理の状態で現物を確認できなかった。これは「第一回ハンガリー研究会　講演速記」とあるので、手書きの速記録である可能性がある。

（4）具体的には、元イタリア大使館付きの駐在武官で、終戦時、参謀本部の第二部長だった有末精三や、元ハンガリー公使館付きの駐在武官で、終戦時に陸軍省次官だった若松只一、陸軍中野学校を創設した岩畔豪雄と親密な関係だった［佐野　一九九七：一六六頁］。岡が駐在武官と親交を持ったきっかけについて、徳永康元は、次のように語った。岡がウィーンに渡ったのは一九二九年で三一歳だった、文化系の留学生として最年長で、かつウィーンの滞在年数が最も長くなった。当時、岡正雄の兄、岡茂雄は岡書院を経営していたが、それ以前は陸軍に在籍した退役軍人で、岡正雄自身が陸軍への親近感があった。岡がウィーンに滞在していたとき、しばしば日本大使館に出入りして四方山話しをしており、若い駐在武官と交際していたという。

（5）「大東亜共栄圏」建設の基礎作業として、歴史から教訓や規範を学ぶために、占領統治と戦後建設という観点から、日本、中国、東南アジア、西アジア、欧米の歴史を再構成した資料集を作成している。この報告書には、具体的な経緯が書かれておらず、この企画の協力者として、小林元（一九〇四―一九六三）、鳥巣通明（一九一一―一九九一）、橋口兼夫（?―一九四五）の三名の名前が挙がっている［総力戦研究所　一九四二a：二頁］。小林元はイスラーム史、鳥巣通明は日本史を専門にしており、一九四一年の時点で、三人とも陸軍予科士官学校歴史科教授であった。いずれの報告書も、戦争の後の占領統治を政策的観点から、歴史を整理している。たとえば中国は、第一部　異民族における支那統治、第二部　漢民族による支那統治と異民族統治、第三部　漢民族の疆外侵出という構成で、三部は華僑中心にまとめている［総力戦研究所　一九四二b］。その他の「大東亜」は、植民地統治の政策を中心に記述している［総力戦研究所　一九四二c］。

（6）「二　民族研究所官制」国立公文書館所蔵、内閣・総理府、太政官・内閣関係、廃布令（法律・勅令）、廃布勅令・昭和一八年（一）（請求番号：本館-3B-022-00・昭54総00936100）。

（7）Notes and Queries on Anthropologyは、イギリス王立人類学協会が編集して、一八七四年から出版されている調査マニュアルである。一八九二、一八九九、一九一二、一九二九、一九五一年に六版まで改定されている。特に一九五一年の大幅な改訂により、形質人類学の項目が減少し、社会や宗教についての項目が増加して、人類学が総合人類学から、形質人類学と文化人類学に二つに分化し、後者の比重が増加してきている。岡正雄が持参したのは、一九二九年に出版された第五版であると思われる。

（8）総力戦研究所の「民族研究要綱」にも、蒙古や回漢問題として、モンゴル族やイスラーム教徒が漢民族と対立する要因の調査を項目として例示している。

（9）満鉄東亜経済調査局の上司は、右翼の思想家、大川周明（一八八六―一九五七）だった。古野は大川にたいして「思想的には合わないかれども、イスラム教の知識は尊敬する」と語っていたという（鈴木談）。同様のことを前嶋信次も書いている［前嶋　一九八二：七五頁］。ちなみに古野は嘱託という身分だったが、東京帝大教授の月給が七〇円の時代に、古野は月給三〇〇円の高給であった［春山　一九七二：四八六頁］。嘱託であるため、定時に出勤する必要もなく、時間に拘束されなかった（鈴木談）。

（10）「麹町茶亭に岡正雄を招き、永井専門学務局長、伊藤、本田両課長、柴沼会計課長と民族学《ママ》研究所設置の急務、日独文化協定実施の眼目（例え蘭印の民族学的研究資料は和蘭本国にあり、仏印のそれは仏本国にあり、何れも独乙の手を通じて之を日本に解放せしむべき事）、民族学研究につきては研究員をアッタッシェーとして養成の要あること（中略）等を力説されたり」［有光　一九八九：四三一―四三二頁］。

（11）この時岡は、ウィーンへの帰任が不可能になり、ウィーン・ブタペスト大学の客員教授を辞任している。そして参謀本部嘱託を依託されている。一九四二年五月には、参謀本部の委嘱により東南アジアの民族事情を視察している。

（12）「民族研究所の創設」『民族学研究』八巻二号、一九四二年、一五七頁。同じ内容は、「民族研究所を創設」『朝日新聞』一九四二年五月二〇日にも報道があるが、岡正雄と古野清人の名前がない。同報道では、同様の文部省直轄研究所に、国民精神文化研究所、美術研究所、自然科学研究所、電波物理研究所を挙げている。

（13）秋永月三。大正―昭和時代前期の軍人。明治二六年一二月二一日生まれ。陸軍省整備局課員課など動員畑をあゆみ、企画院調査官、同第一部長部などを歴任し、昭和一九年陸軍中将。二〇年内閣綜合計画局長官となる。昭和二四年四月二三日死去。五七歳。大分県出身。陸軍大学校卒。デジタル版日本人名大辞典＋Plusの解説。

（14）岡本清福。大正―昭和時代前期の軍人。明治二七年一月一九日生まれ。昭和六年ドイツ大使館付武官補佐官。参謀本部第四部長、第二部長をへて南方軍総参謀副長。一八年陸軍中将。一九年スイス公使館付武官となったが、終戦の昭和二〇年八月一五日自決。五二歳。東京出身。陸軍大学校卒。デジタル版日本人名大辞典＋Plusの解説。

(15) 佐藤賢了。大正―昭和時代前期の軍人。明治二八年六月一日生まれ。昭和一三年陸軍省軍務局員のとき、国家総動員法案を審議中の衆議院委員会で「だまれ」と議員を一喝し問題となった。一七年軍務局長。二〇年陸軍中将、第三十七師団長。戦後、東京裁判でA級戦犯として終身刑を宣告されるが、のち釈放された。昭和五〇年二月六日死去。七九歳。石川県出身。陸軍大学校卒。著作に「大東亜戦争回顧録」。デジタル版日本人名大辞典+Plusの解説。

(16) 岡敬純。大正―昭和時代前期の軍人。明治二三年二月一一日生まれ。潜水学校教官,国際連盟日本代表部勤務などをへて、昭和一五年海軍軍務局長。一七年中将、一九年海軍次官となる。この間、日独伊三国同盟締結、南進政策の実施などをすすめた。戦後A級戦犯となったが、二九年釈放された。昭和四八年一二月四日死去。八三歳。山口県出身。海軍大学校卒。デジタル版日本人名大辞典+Plusの解説。

(17) 総力戦研究所の研究員一四名が民族研究所の参与に就任している。「総力戦研究所員小川貫璽外十四名民族研究所参与被仰付ノ件」国立公文書館蔵、内閣総理府、太政官・内閣関係、第五類　任免裁可書、任免裁可書（昭和一八年）任免巻一六六（請求番号：本館-2A-021-00・任B03473100）。

(18) シュルマンは、ドイツの形質人類学者が、ユダヤ人と疑われる少女の人種識別を鑑定するため、頭蓋骨や四肢の計量をおこなったことを記述している［シュルマン　一九八一］。

(19) 以上の資料は、神奈川大学常民文化研究所が所蔵する民族学振興会資料にある。

(20) 果たして「伝道学」が、正式の研究テーマとか大学の講座名であったのかは定かでない。しかし、岡正雄がウィーン大学で師事したシュミットとコッパースは神父であり、カトリック系の大学で、海外伝道のために「民族学」が置かれていたことを勘案するならば、伝道学という名称も講座名であったことは考えられる。

(21) ナチズムとドイツ民俗学の関係は、河野真が詳細にまとめている。河野の研究で言及されたナチズムの土台となったフォルクスツゥーム（Volkstum）は国民性や民族性を指している。ナチ体制を積極的に支持した民俗学の関係者がフォルクスツゥームの意義を力説し称揚していた。『ナチス月報』にも、民俗研究者の成績評価を載せるなど、両者の関係は深かった［河

野　二〇〇五：二二八―二三五頁］。しかし、岡のナチズムをめぐる言説の中には、河野が指摘しているナチズムを支持したドイツ民俗学の研究について、なんら言及していない。岡がナチズムと民俗学の関係に着目しているのは、民族主義の高揚で民俗学重視の政策がとられたことに限られ、必ずしもナチズムを支えるイデオロギーに影響を受けていたとは思えない。

(22) 民族学協会の役員でもあり、雑誌の『民族』や『民俗学』の編集委員を歴任した有賀喜左衛門は、民族研究所にかんして大東亜共栄圏の都合のよい研究をやらせようという方針に反発して、あえて近づかないようにしたと述べている［北川二〇〇〇：三一―三二］。ちなみに有賀は岡正雄の旧制高校の二年先輩で、岡を通じて柳田国男に面識を得るなど、岡とはきわめて近い関係であった。有賀の回想では、直接岡のことに言及していないが、民族研究所の動機が良くないと批判しており、戦時の時勢に流される危険性を感じていたという。有賀のように、あえて民族研究所から遠ざかった研究者もいたことは重要である。

(23)『民族学研究』一三巻三号、一九四九年。

【参考文献】

芦田均・岡正雄（一九四一）「対談バルカンの内幕」『改造』昭和一六年五月時局版

岡　茂雄（一九八三）（一九七四初版）『本屋風情』中央公論社

同　（一九八六）『閑居漫筆』論創社

岡　正雄（一九三五）「独墺両国に於ける民俗学的研究」柳田国男編『日本民俗学研究』岩波書店

同　（一九六三）「岡正雄教授著作目録」岡正雄教授還暦記念論文集編集委員会編『民族学ノート』平凡社

同　（一九七九）『異人その他：日本民族＝文化の源流と日本国家の形成』言叢社

同　（一九八一）「岡正雄氏談話」渋沢敬三伝記編纂刊行会編『渋沢敬三』下、渋沢敬三伝記編纂刊行会

同　（二〇〇〇）「南方圏民族対策ノ方式ニ関スル報告」『ＲＵＧＡＳ』一八号

岡正雄著、大林太良編（一九九四）（一九七九）『異人その他：岡正雄論文集』岩波書店

郵　便　は　が　き

料金受取人払郵便

神田支店承認

5279

差出有効期間
平成26年８月
20日まで

１０１-８７９１

５１１

東京都千代田区
神田神保町１丁目１７番地
東京堂出版 行

※本書以外の小社の出版物を購入申込みする場合にご使用下さい。

購入申込書

〔書　名〕	部数	部
〔書　名〕	部数	部

送本は、○印を付けた方法にして下さい。

イ．下記書店へ送本して下さい。
（直接書店にお渡し下さい）
（書店・取次帖合印）

書店様へ＝貴店帖合印を捺印の上ご投函下さい。

ロ．直接送本して下さい。

代金（書籍代＋手数料、冊数に関係なく１５００円以上２００円）は、お届けの際に現品と引換えにお支払い下さい。

＊お急ぎのご注文には電話、FAXもご利用下さい。
電話　03−3233−3741㈹
FAX　03−3233−3746

◆愛読者カード◆

本書の書名を
ご記入下さい

フリガナ
ご芳名　　　年齢　　　歳　　男　女

ご住所　　（郵便番号　　　　）

電話番号　　（　　　）

電子メール　　　　@

ご職業

本書をどこでご購入されましたか。

都・道 府・県　　区 市　　書店

◇お買い求めの動機をお聞かせ下さい。

A 新聞・雑誌の広告で（紙・誌名　　　　）
B 新聞・雑誌の書評で（紙・誌名　　　　）
C 人に薦められて
D 小社のホームページで
E 書店で実物を見て
　1.テーマに関心がある　2.著者に関心がある
　3.装丁にひかれた　4.タイトルにひかれた

◇本書のご感想、お読みになりたいテーマなどご自由にお書き下さい。

ご協力ありがとうございました。

ご記入いただきました情報は、弊社の愛読者名簿に登録し、今後新刊をご案内させていただく場合がございます。

つきましては、愛読者名簿に登録してよろしいでしょうか。

□はい　　□いいえ

なお、上記に記入がない場合は、「いいえ」として扱わせていただきます。

岡　正雄他（一九五八）『日本民族の起源：対談と討論』平凡社
岡正雄教授還暦記念論文集編集委員会編（一九六三）『民族学ノート：岡正雄教授還暦記念論文集』平凡社
蒲生　正男（一九六六）「社会人類学　日本におけるその成立と展開」日本民族学会編『日本民族学の回顧と展望』日本民族学協会
同　　（一九七二）（一九七〇）「岡正雄先生と社会人類学」『民族学からみた日本』河出書房新社
河野　真（二〇〇五）『ドイツ民俗学とナチズム』創土社
河野　勲（一九八三）『ロマンを追って八〇年：佐島敬愛の人生』私家版
北川隆吉編（二〇〇〇）『有賀喜左右衛門研究：社会学の思想・理論・方法』東信堂
日本近代史料研究会、木戸日記研究会（一九七七）『岩畔豪雄氏談話速記録』（日本近代史料叢書〈B―七〉）
国分　直一（一九九〇）「日本民族学協会」『国史大辞典』第一一巻、吉川弘文館
近藤　正憲（一九九八）「三井高陽の対東欧文化事業：ハンガリーのケースを中心に」『千葉大学社会文化科学研究』二号
佐野　眞一（二〇〇五）『阿片王：満洲の夜と霧』新潮社
清水　昭俊（一九九五）「民族学と文化人類学：学会の改称問題によせて」『民博通信』七〇号
同　　（二〇〇一）「日本における近代人類学の形成と発展」篠原徹編『近代日本の他者像と自画像』柏書房
白鳥　芳郎（一九八三）「岡正雄先生追憶の記」『民族学研究』四八巻一号
鈴木　二郎（一九五〇）『未開人の社会組織』世界書院
同　　（一九六五）「書評『民族学ノート：岡正雄教授還暦記念論文集』」『民族学研究』三〇巻三号
住谷　一彦（一九八八）「岡正雄」綾部恒雄編『文化人類学群像』アカデミア出版会
総力戦研究所（一九四二a）『占領地統治及戦後建設史：草稿　第一篇　日本』総力戦研究所
同　　（一九四二b）『占領地統治及戦後建設史　第二篇　大東亜其一』総力戦研究所

同（一九四二ｃ）『占領地統治及戦後建設史　第二篇　大東亜其二』総力戦研究所
同（一九四二ｄ）『占領地統治及戦後建設史　第三篇　西亜』総力戦研究所
同（一九四二ｅ）『占領地統治及戦後建設史　第四篇　欧米』総力戦研究所
徳永康元（一九八九）『ブダペスト回想』恒文社
中生勝美（一九九三）「植民地主義と日本民族学」『中国―社会と文化』第八号
同（一九九四）「植民地の民族学－満州民族学会の活動」『へるめす』五二号
同（一九九七）「民族研究所の組織と活動：戦争中の日本民族学」『民族学研究』第六二巻第一号
同（一九九九ａ）「地域研究と植民地人類学」『地域研究』第四号
同（1999b）,"Japanese colonial policy and anthropology in Manchuria" in Jan Bremen & Shimizu Akitoshi, ed. *Colonial anthropology in Asia and Oceania*, Cruzon
同（2003）"Mabuchi Tōichi in Maccasar", Akitoshi Shimizu and Jan van Bremen eds., *Wartime Japanese Anthropology in Asia and the Pacific*, Senri Ethnological Studies, no. 65, Osaka, National Museum of Ethnology
同（二〇〇〇）「証言　オロチョン族をアヘン漬けにした日本軍」『世界』二〇〇〇年五月号
同（二〇〇四）「人類学と植民地研究」『思想』九七五号
同（2005）"The Imperial Past of Anthropology in Japan" in Jennifer Robertson ed., *A Companion to the Anthropology of Japan*, Mass.:Blackwell
同（二〇一一）「マルクス主義と日本の人類学」山路勝彦編『日本の人類学：植民地主義、異文化研究、学術調査の歴史』関西学院大学出版会
中根千枝（一九六三）「岡正雄先生のプロフィール」岡正雄教授還暦記念論文集編集委員会編『民族学ノート　岡正雄教授還暦記念論文集』平凡社

中野校友会編（一九七八）『陸軍中野学校』中野校友会
南山大学人類学研究所編（一九七一）『W・シュミット記念論文集』中日新聞社
西村朝日太郎（一九八八）「日本民族学のプロモーター：岡正雄とかれを廻る人びと」『信州白樺　特集有賀喜左衛門・岡正雄』六七号
ハイネ・ゲルデルン著、小堀甚二訳（一九四二）『東南アジアの民族と文化』聖紀書房
ハウスホーファー（von K. Haushofer）著、佐々木能理男訳（一九四三）『日本』第一書房（原著：*Japans Reichserneuerung : Strukturwandlungen von der Meiji-Ära bis heute* / von K. Haushofer. Berlin : W. de Gruyter, 1930、*Alt-Japan : Werdegang von der Urzeit bis zur Großmacht-Schwelle*（*1868-Meiji*), Berlin : de Gruyter, 1938.）
福間　良明（二〇〇八）「民族知の制度化―日本民族学会の成立と変容」猪木武徳編『戦間期日本の社会集団とネットワーク』NTT出版
論文集刊行委員会編（一九七〇）『民族学からみた日本：岡正雄教授古稀記念論文集』東京：河出書房新社
百瀬　宏（一九八一）「戦間期の日本の対東欧外交に関する覚書」『国際関係学研究（津田塾大学）』No.八
森松　俊夫（一九八三）『総力戦研究所』白帝社
Andrew Zimmerman (2001):, *Anthropology and Antihumanism in Imperial Germany*, University of Chicago Press
James R. Dow and Hannjost Lixfeld edited and translated (1994):, *The Nazification of an Academic Discipline : Folklore in the Third Reich*, Indiana University Press
Neumann, Franz (1944):, *Behemoth: The Structure and Practice of National Socialism 1933-1944*, Oxford University Press（ノイマン、F著、岡本友孝・小野秀祐・加藤栄一訳『ビヒモス：ナチズムの構造と実際』みすず書房、一九六九年（一九六三年））
Schmidt, Leopold (1951):, Geschichte der österreichischen Volkskunde（レーオポルト・シュミット著；河野真訳『オーストリア民俗学の歴史』名著出版、一九九二年）

Schmidt, Wilhelm (1935);, *Neue Wege zur Erforschung der Ethnologischen Stellung Japans*, Tokyo:Kokusai bunka Shinkokai（ヴィルヘルム・シュミット著・岡正雄訳『日本の民族学的地位探求への新しき途』国際文化振興会、一九三五年）

Schmidt, Wilhelm & Koppers, Wilhelm (1924);, *Völker und Kulturen*, Wien（ヴィルヘルム・シュミット、ヴィルヘルム・コッパース著；大野俊一訳『民族と文化』上下巻、河出書房新社、一九七〇年）

第二部

隣接諸科学からみた岡の学説

岡正雄と民族学博物館

近藤　雅樹

神話研究と対をなす物質文化研究の方面について「岡正雄と民族学博物館」という題目を与えられているので、岡が関与した博物館で取り扱う資料を紹介したい。

岡正雄は教育者・研究者としての側面から語られることが多い。しかし、博物館行政に関してどういう位置づけができるかという点には、あまり言及されることがなかった。とはいえ、岡自身が博物館の活動に対して全く無関心であったかというと、決してそうではない。直接的、間接的に、いろいろな面で発言し、また実践している。そのような側面を少し拾いだしてみることにする。

岡が博物館行政にどのように関与していたか、簡単に紹介すると、一九五〇年に日本民族学協会の理事長に就任して八年務めた。これは東京・保谷にあった民族学博物館の運営に直接かかわるポストだった。五二年には文化庁の前身である文部省文化財保護委員会、その専門審議会委員を務めた。また五六年には東京都の文化財保護委員をはじめ、文化財保護委員会の専門審議委員会民俗資料部会長、こういう形で間接的ではあるが、博物館行政・運営に関与してきた。そして六六年には、松本市にある日本民俗資料館名誉館長になり、郷里の博物館の名誉館長として、直接博物館の活動、実践にあたった。

配布した資料は一六枚、全部で一七一点（略）、保谷にあった民族学博物館時代に、岡が収集した資料を報告したもの、それを現在の国立民族学博物館が継承しているリストである。

それともうひとつ、コペンハーゲンの、デンマーク王立博物館の主任学芸員だった、カイ・ビルケット＝スミスとの友情交換として、デンマーク資料と、日本の縄文時代、弥生時代、鉄器時代の資料との交換寄贈をおこなった、その時に国立民族学博物館に引き継いだ資料のリスト八枚（略）である。

これを見れば、岡の収集資料は、北海道の主にアイヌを中心にしたものが大半を占めていたことがわかる。また、カイ・ビルケット＝スミスとはアイヌ研究、北方先住民研究とのあいだで深い交流があったので資料交換が実現した。交換に供せられた資料は、一九〇〇年にカイ・ビルケット＝スミスが収集した資料で、グリーンランドの少数民族のものである。

写真1はコペンハーゲンの王立博物館のカイ・ビルケット＝スミスとの間で交わした、交換でデンマークに寄贈した資料リストである。二〇点あまりが贈られた。それに対してデンマークから一〇〇点あまりの資料が保谷の民族学博物館に届けられた。

写真2は奄美大島の穀倉が移築された記念の日に、保谷の民族学博物館の敷地内で撮影されたものである。保谷の博物館の建設に尽力した渋沢敬三と並んで岡が写っている。

写真3はカイ・ビルケット＝スミスへの手紙で、渋沢敬三が「近くにコペンハーゲンへ行くのでよろしく」という紹介状である。コペンハーゲンの王立博物館には、こういうものも残されていた。

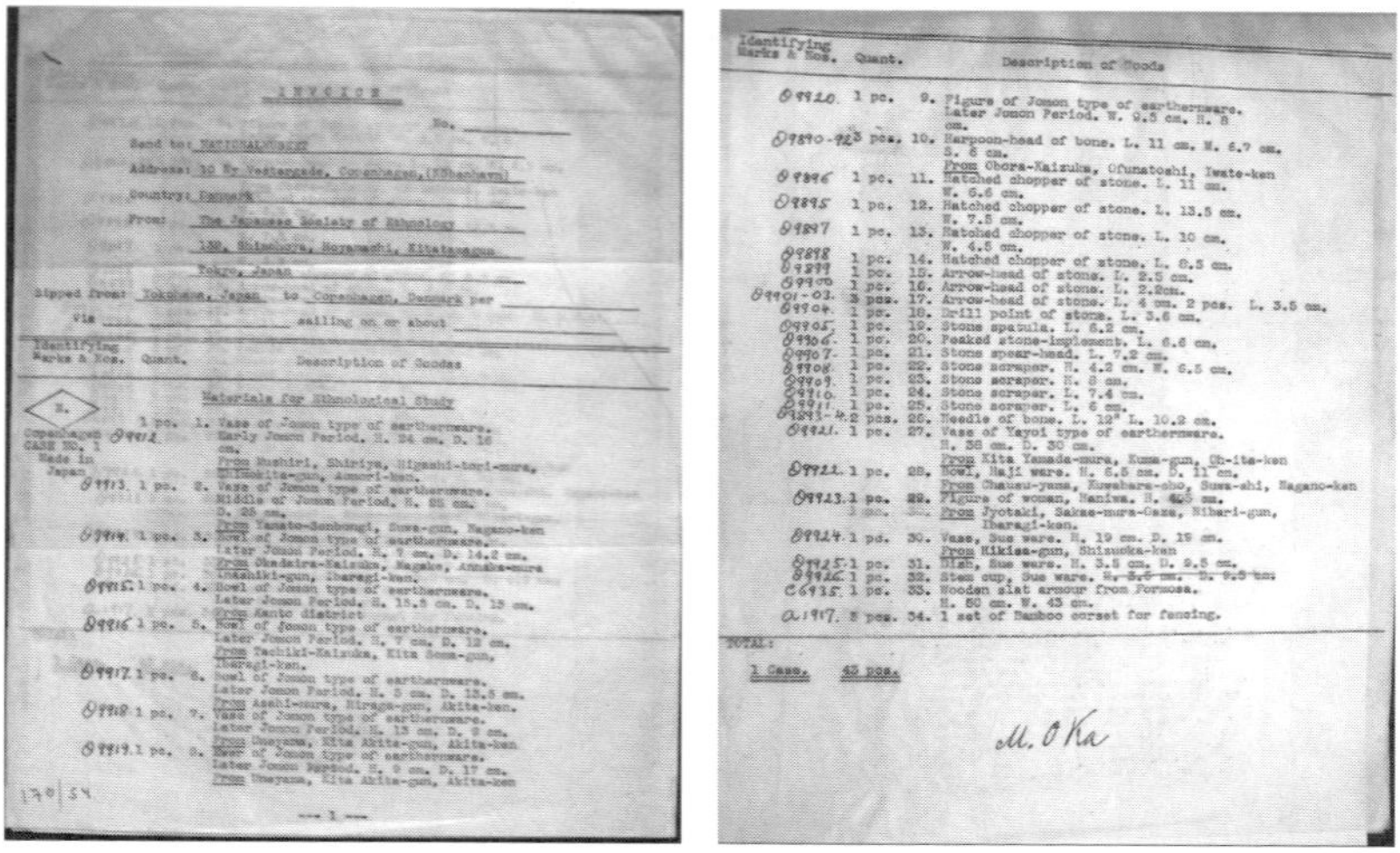

INVOICE

No. ______

Send to: NATIONALMUSEET

Address: 10 Ny Vestergade, Copenhagen, (København)

Country: Denmark

From: The Japanese Society of Ethnology

139, Shimohara, Hoyamachi, Kitatamagun

Tokyo, Japan

Shipped from: Yokohama, Japan to Copenhagen, Denmark per ______

Via ______ sailing on or about ______

Identifying Marks & Nos. Quant. Description of Goods

Materials for Ethnological Study

N. Copenhagen CASE NO. 1 Made in Japan

O9912. 1 pc. 1. Vase of Jomon type of earthenware. Early Jomon Period. H. 24 cm. D. 16 cm. From Mushiri, Shiriya, Higashi-dori-mura, Shimokita-gun, Aomori-ken.

O9913. 1 pc. 2. Vase of Jomon type of earthenware. Middle of Jomon Period. H. 25 cm. D. 26 cm. From Yamato-Sonbongi, Suwa-gun, Nagano-ken

O9914. 1 pc. 3. Bowl of Jomon type of earthenware. Later Jomon Period. H. 7 cm. D. 14.2 cm. From Okadaira-Kaizuka, Nagako, Annaka-mura Inashiki-gun, Ibaragi-ken.

O9915. 1 pc. 4. Bowl of Jomon type of earthenware. Later Jomon Period. H. 15.5 cm. D. 15 cm. From Kanto district

O9916. 1 pc. 5. Bowl of Jomon type of earthenware. Later Jomon Period. H. 7 cm. D. 12 cm. From Tachiki-Kaizuka, Kita Soma-gun, Ibaragi-ken.

O9917. 1 pc. 6. Bowl of Jomon type of earthenware. Later Jomon Period. H. 5 cm. D. 13.5 cm. From Asahi-mura, Hiraga-gun, Akita-ken.

O9918. 1 pc. 7. Vase of Jomon type of earthenware. Later Jomon Period. H. 13 cm. D. 9 cm. From Umeyama, Kita Akita-gun, Akita-ken

O9919. 1 pc. 8. Ewer of Jomon type of earthenware. Later Jomon Period. H. 9 cm. D. 17 cm. From Umeyama, Kita Akita-gun, Akita-ken

170|54

— 1 —

Identifying Marks & Nos. Quant. Description of Goods

O9920. 1 pc. 9. Figure of Jomon type of earthenware. Later Jomon Period. W. 9.5 cm. H. 8 cm.

O9890-92 3 pcs. 10. Harpoon-head of bone. L. 11 cm. W. 6.7 cm. S. 8 cm. From Obora-Kaizuka, Ofunatoshi, Iwate-ken

O9896 1 pc. 11. Hatched chopper of stone. L. 11 cm. W. 6.6 cm.

O9895 1 pc. 12. Hatched chopper of stone. L. 13.5 cm. W. 7.5 cm.

O9897 1 pc. 13. Hatched chopper of stone. L. 10 cm. W. 4.5 cm.

O9898 1 pc. 14. Hatched chopper of stone. L. 8.5 cm.

O9899 1 pc. 15. Arrow-head of stone. L. 2.5 cm.

O9900 1 pc. 16. Arrow-head of stone. L. 2.2cm.

O9901-03. 3 pcs. 17. Arrow-head of stone. L. 4 cm. 2 pcs. L. 3.5 cm.

O9904. 1 pc. 18. Drill point of stone. L. 3.6 cm.

O9905. 1 pc. 19. Stone spatula. L. 6.2 cm.

O9906. 1 pc. 20. Peaked stone-implement. L. 6.6 cm.

O9907. 1 pc. 21. Stone spear-head. L. 7.2 cm.

O9908. 1 pc. 22. Stone scraper. H. 4.2 cm. W. 6.5 cm.

O9909. 1 pc. 23. Stone scraper. H. 8 cm.

O9910. 1 pc. 24. Stone scraper. L. 7.4 cm.

O9911. 1 pc. 25. Stone scraper. L. 6 cm.

O9893-4. 2 pcs. 26. Needle of bone. L. 12" L. 10.2 cm.

O9921. 1 pc. 27. Vase of Yayoi type of earthenware. H. 38 cm. D. 30 cm. From Kita Yamada-mura, Kuma-gun, Oh-ita-ken

O9922. 1 pc. 28. Bowl, Haji ware. H. 6.5 cm. D. 11 cm. From Chausu-yama, Kuwabara-cho, Suwa-shi, Nagano-ken

O9923. 1 pc. 29. Figure of woman, Haniwa. H. 4?5 cm. From Jyotaki, Sakae-mura-Gaza, Nibari-gun, Ibaragi-ken.

O9924. 1 pc. 30. Vase, Sue ware. H. 19 cm. D. 19 cm. From Hikisa-gun, Shizuoka-ken

O9925. 1 pc. 31. Dish, Sue ware. H. 3.5 cm. D. 9.5 cm.

O9926. 1 pc. 32. Stem cup, Sue ware. ~~H. 3.5 cm. D. 9.5 cm.~~

C6935. 1 pc. 33. Wooden slat armour from Formosa. H. 50 cm. W. 43 cm.

O1917. 2 pcs. 34. 1 set of Bamboo corset for fencing.

TOTAL:

1 Case. 42 pcs.

M. Oka

写真1

写真2（渋沢史料館所蔵・提供）

以下の写真は、岡が保谷の民族学博物館のために収集した資料の一部である。民俗資料に関してはあまり多くは集めていない。ここには北海道アイヌの遺物とか伝世品とかがあるが、日本国内に関しては郷里の松本市で収集したものの若干が存在するのみである。写真4はそのうちの2点で、蘇民将来という縁起物。写真5は信州手鞠、美しいことで有名な手鞠である。

アイヌの資料…アイヌだけではないような気もするのだが、写真6は偶像である。日常的な雑器も収集している。写真7のコーヒー茶碗は、民俗資料としては違和感があるが、日常使っていたものということでこういうものも収集

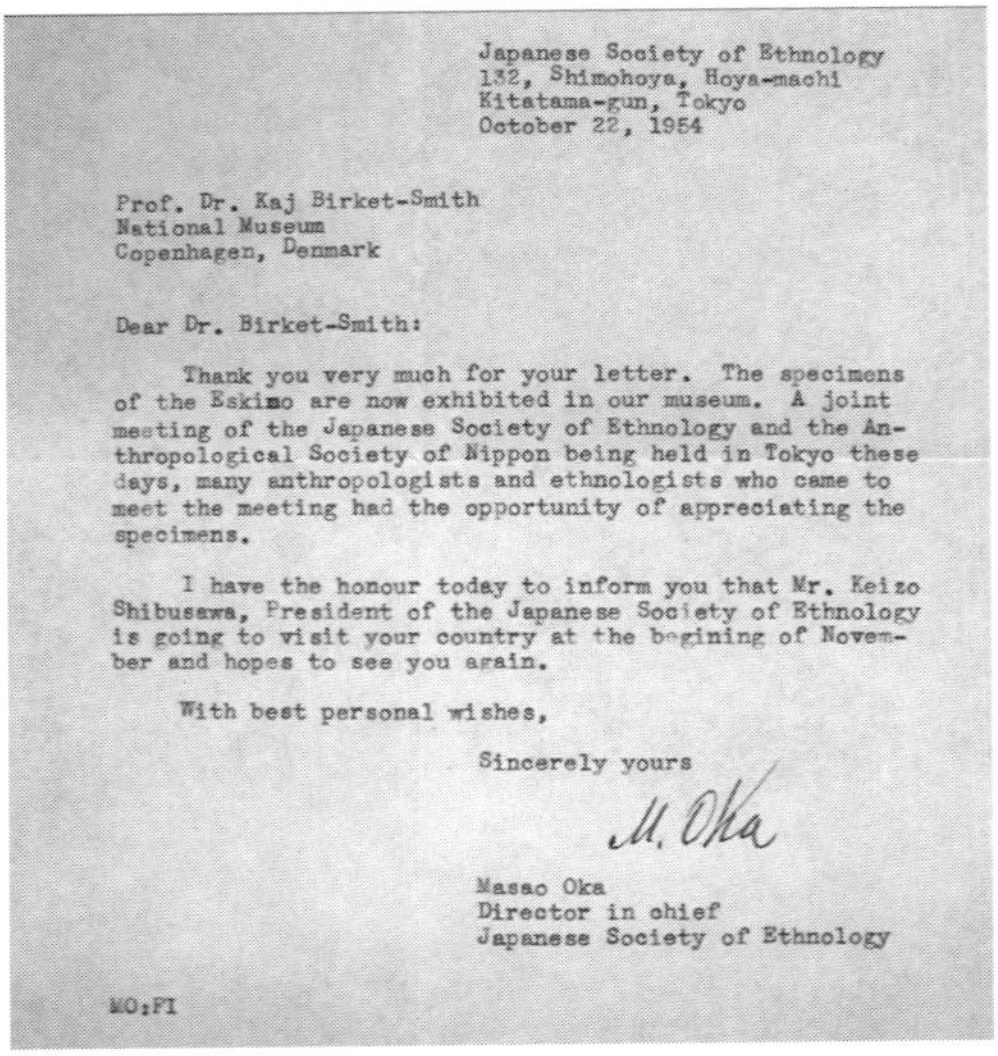

Japanese Society of Ethnology
132, Shimohoya, Hoya-machi
Kitatama-gun, Tokyo
October 22, 1954

Prof. Dr. Kaj Birket-Smith
National Museum
Copenhagen, Denmark

Dear Dr. Birket-Smith:

Thank you very much for your letter. The specimens of the Eskimo are now exhibited in our museum. A joint meeting of the Japanese Society of Ethnology and the Anthropological Society of Nippon being held in Tokyo these days, many anthropologists and ethnologists who came to meet the meeting had the opportunity of appreciating the specimens.

I have the honour today to inform you that Mr. Keizo Shibusawa, President of the Japanese Society of Ethnology is going to visit your country at the begining of November and hopes to see you again.

With best personal wishes,

Sincerely yours

M. Oka

Masao Oka
Director in chief
Japanese Society of Ethnology

MO:FI

写真3

写真4

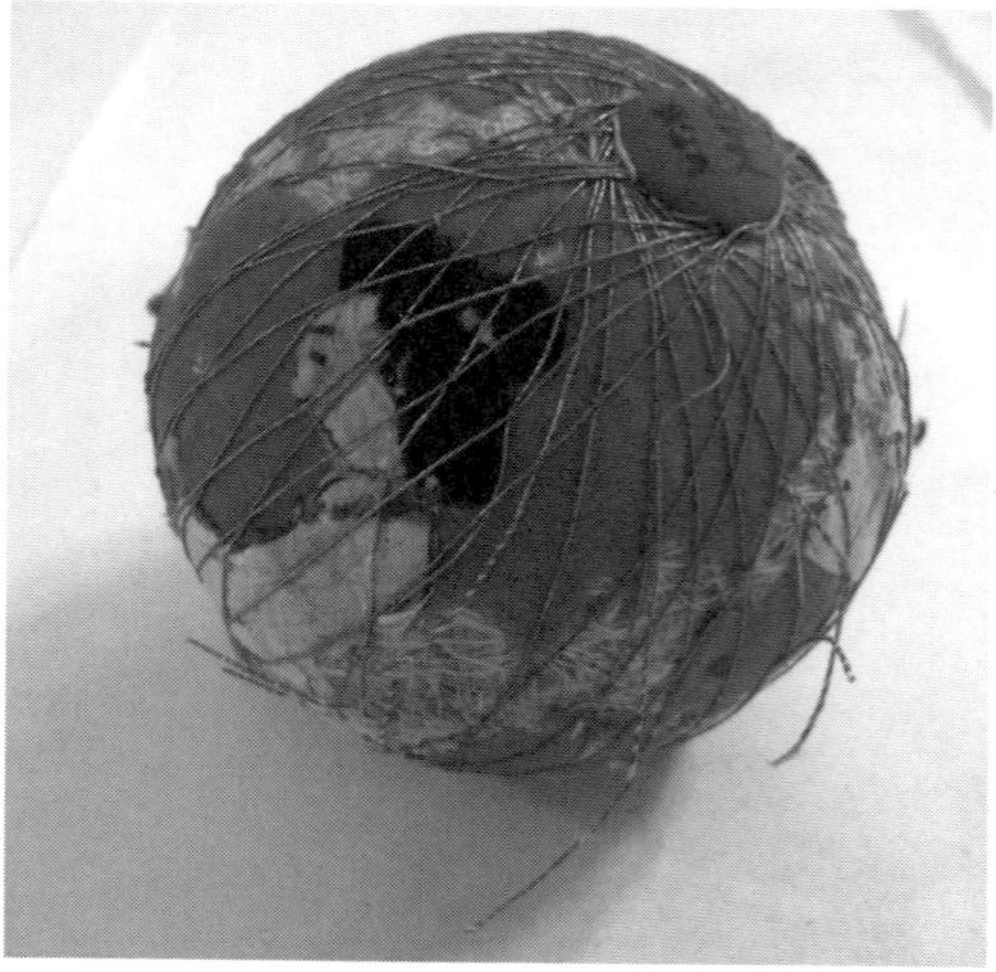

写真5

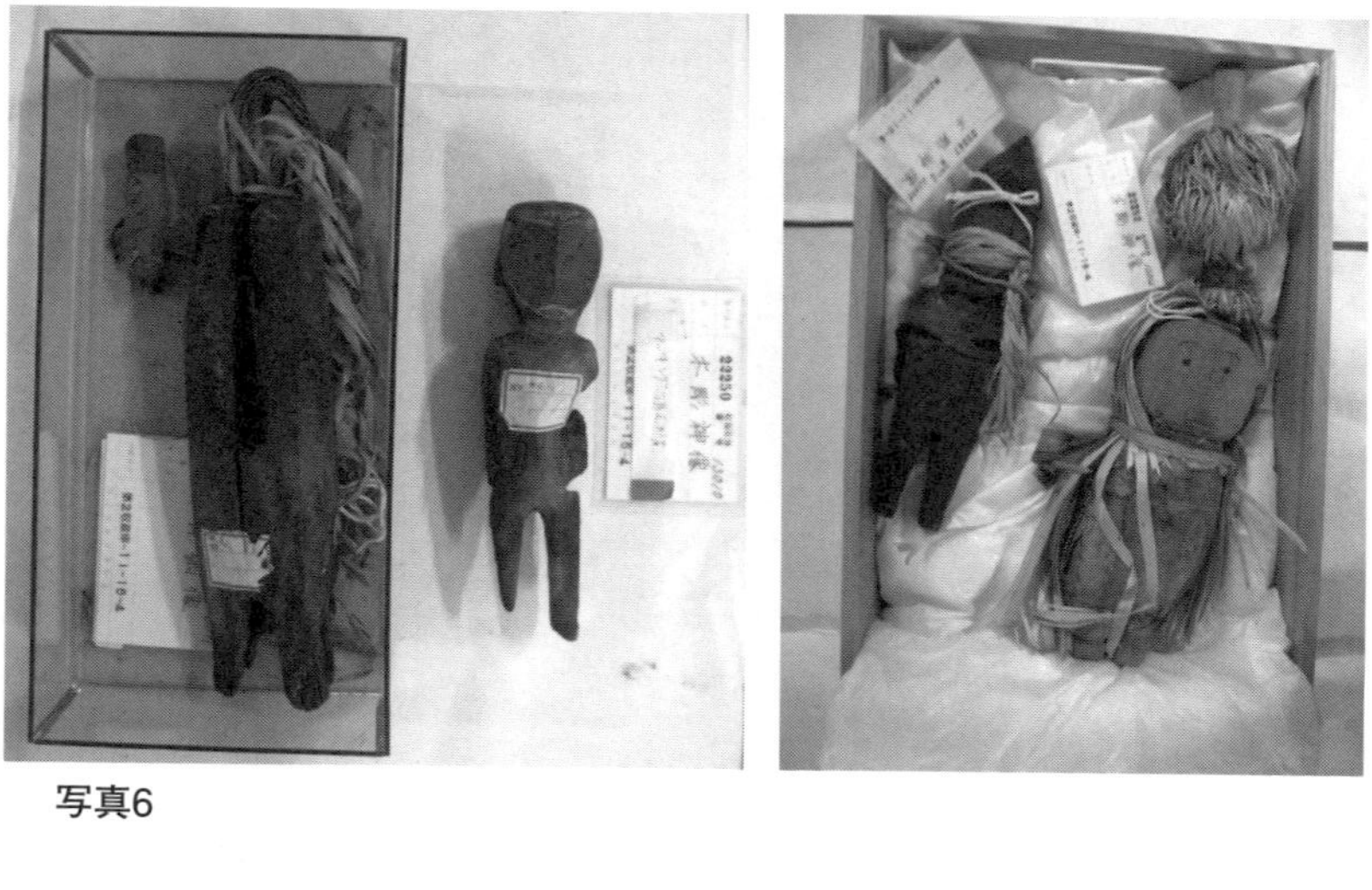

写真6

22269
コーヒー茶碗
第2収蔵庫-11-16-5
22268
13028
コーヒー茶碗
第2収蔵庫-11-16-5
22267
13027
小皿
第2収蔵庫-11-16-5

写真7

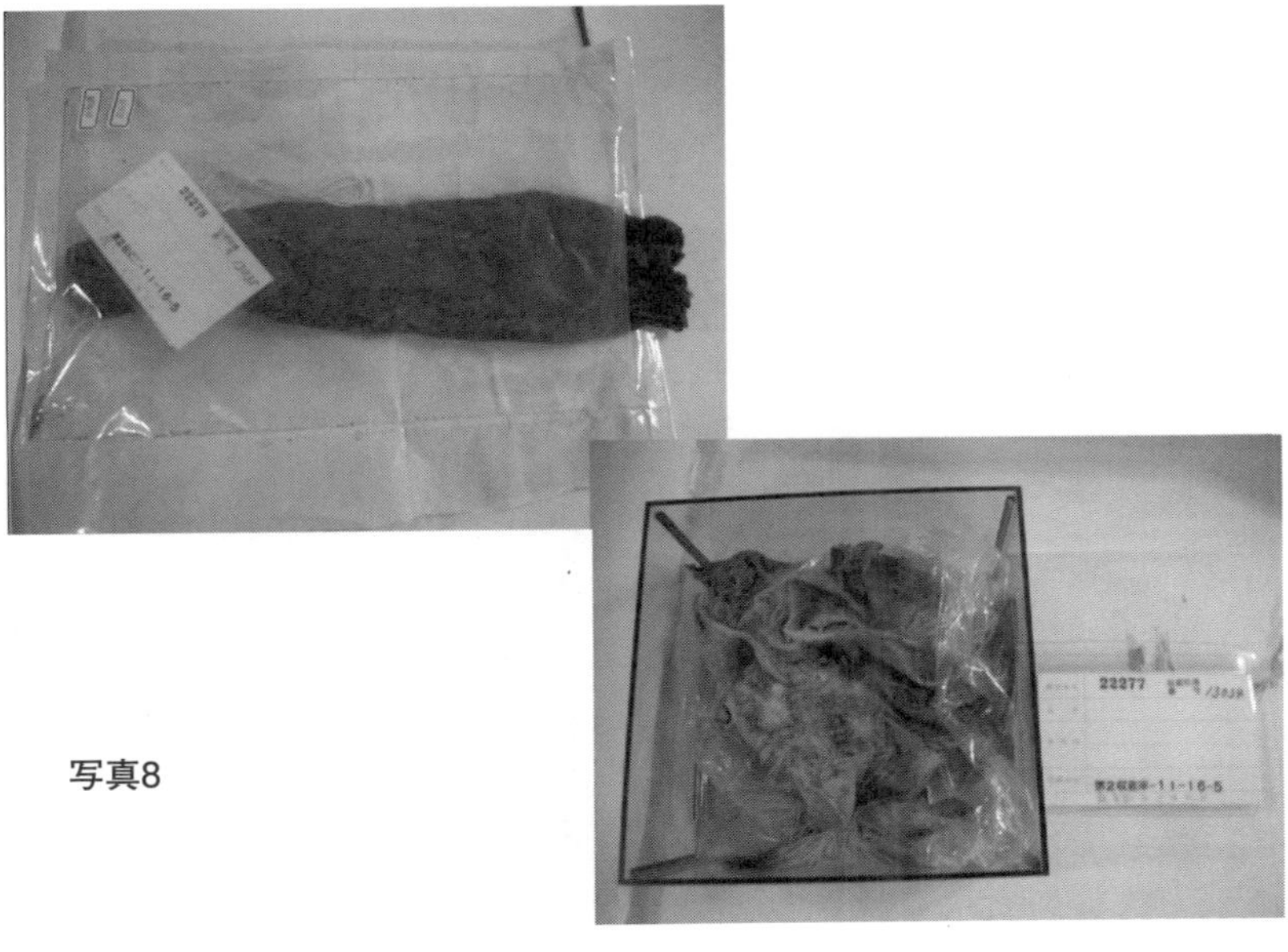
22277
第2収蔵庫-11-16-5

写真8

写真9

写真10

してきている。写真8は革袋。それから革の帯、保存状態はあまりよくない。写真9はトナカイに載せるバスケットで、白樺で編まれた上に動物の毛皮を覆って作られた運搬具。写真10は揺籠。北海道アイヌのものだと思われる。

岡正雄は、この民族学博物館で具体的にどういう活動をしたのかというと、民族学会の一員として、博物館のために民具の収集をしたり、収集資料の調査に出かけたり、というかかわり方をとっていたようである。

日本民族起源論における考古学と岡正雄の乖離

石川　日出志

はじめに

「岡の日本民族文化形成論の背景には、ウィーンの民族学と日本民俗学ばかりでなく、日本の人類学における関係の研究の蓄積があった。私の念頭にあるのは、岡の前の世代を代表する学者鳥居龍蔵のことである。…（略）…すぐれた啓蒙家であった鳥居の著作を通じて、岡が本格的な研究者になる以前に吸収した知識や見方がある程度、岡の学問形成の下地になったのではないか、と私は思っている。」

この一文は、大林太良が岡正雄の論文集『異人その他』岩波文庫版の巻末に付した解説の一節である［大林一九九四、二七四―二七六頁］。鳥居が、単独で考古学・人類学・民族学・言語学等の知識と手法を駆使して、アジア各地をフィールド調査した際の総合性は、岡の研究姿勢によく引き継がれているように思える。

岡が、日本列島にかつて渡来した諸種族文化複合を類型化・モデル化したのに対して、鳥居はそうした類型化を行って議論を組み立てることは少ないものの、一九一七年に「固有日本人説」という学説を提唱している［鳥居一九一七］。弥生式土器に伴う石庖丁・抉入石斧・石剣などの磨製石器群が大陸に類例が求められることを根拠に、「弥生式土器使用者は大陸からの渡来集団」＝「固有日本人」と類型化したこの学説は、その後の考古学的手法による日本民族起源論の基本線を形づくった。この鳥居学説は、戦前日本で唯一の考古学講座のあるじとして、近代的考古学を日本に定着させた京都大学の濱田青陵（耕作）に継承され［濱田　一九三〇］、一九三〇年代には共通理解となった。(1)もちろん、一九四八年に行われた対談〈日本民族の起源〉で、岡正雄の問題提起をうけて自説を展開した考古学者八幡一郎と江上波夫にも、その根幹は引き継がれている。

したがって、この対談・討論では岡と考古学とは連携し合う成果を生み出すはずであった。しかし、その後の日本考古学界はこの対談・討論にはかなり冷淡であり、むしろここにおいてこそ両者の乖離が一気に拡大する結果を招来した。この対談・討論は、江上波夫が提示したいわゆる日本国家「騎馬民族征服王朝説」が脚光を浴び、それに対して小林行雄らの古墳時代研究者が厳しい批判を行ったことは、よく知られている。一方、この対談・討論に出席したもう一人の考古学者である八幡一郎の発言には、表立った批判や反応はない。この対談・討論で江上と八幡、ふたりの考古学者が語った論旨は、岡学説に即した内容であった。そのうち江上説だけが批判されたが、しかし考古学の方法論の点で対談・討論でのふたりの発言は同じ特色をもち、その点にこそ周囲の考古学者は距離を置かざるを得なかった。一九三〇年代後半から考古学が築き上げた型式学による「編年」にもとづく議論を行う原則がないがしろにされていたのである。社会各方面から脚光を浴びた対談・討論とは裏腹に、考古学者が岡学説、ひいては日本民族起源論から距離を置く、むしろ契機になったのではないか。

一　岡正雄の日本民族文化起源論

岡学説は、一九三三年のウィーン大学学位論文〝Kulturschichten in Alt-Japan〟（古日本の文化層）を基礎として改訂が繰り返され、一九五八年の「日本文化の基礎構造」に完成形を見ることができる。民俗学・民族学的方法と先史学的方法を併用して、四～五種の種族文化複合を再構成し、日本民族文化はそれらの渡来・流入の重なりによって歴史的に形成されたと考える。対談・討論では四つの種族社会を提示したが、一九五八年論文で次の五種の種族文化複合に改められ（岡　一九五七）、一九五八年本の註もこれに従っている。

（1）母系的・秘密結社的・芋栽培―狩猟民文化
（2）母系的・陸稲栽培―狩猟民文化
（3）父系的・「ハラ」氏族的・畑作―狩猟・飼畜民文化
（4）男性的・年齢階梯制的・水稲栽培―漁撈民文化
（5）父権的・「ウジ」氏族的・支配者文化

このうち、（1）は大陸南部から縄文時代中期以後、（2）は南アジア系語とともに縄文時代末期、（3）はツングース系種族が弥生時代初期に、（4）は中国江南地方から紀元前四・五世紀にそれぞれ渡来し、（5）は朝鮮半島南部から三・四世紀に渡来し支配者王侯文化と国家的支配体制を持ち込んだ天皇氏族だという。そこに採用された先史学・考古学的知見は、一九二〇年東京帝国大学在学時に聴講した興味深い講義の主である鳥居龍蔵、一九二五年につくったAPE会などでの八幡一郎・江上波夫との交流、ウィーン大学におけるメンギーン教授の講義などが基礎となったのであろう。とりわけ、APE会の仲間であり、民族研究所でもともに過ごした八幡・江上両氏との交流が密であることが自作の年譜から明らかである。それがいかんなく発揮されたのが、一九四八年に行われた対談〈日本民族の起源〉である。石田英一郎の司会のもとに、岡学説の提示を受けて、八幡・江上が持論を展開した。しかし、その内容自体が、その後、岡学説から日本考古学者たちが乖離するきっかけとなってしまった。その根幹を考えるのが本稿の趣旨である。

二 『日本民族の起源』における江上波夫説と小林行雄による批判

1 江上説

この対談・討論で江上波夫が提起した騎馬民族説は、社会や学術界各方面に大きな反響を呼び起こした。とりわけ戦前の弾圧から解放された唯物史観派から相次いで批判が巻き起こったが、これに対して、石田英一郎が自らを「はなはだ無礼千万な雑言を吐いた」［石田　一九五八、八頁］と語るほどに、激しい批判で切り返した。考古学界からも、小林行雄や後藤守一が江上説を批判する見解が出したが、これに対しても石田が批判的な意見を述べている［一四―一五頁］。しかし、石田の記述を読む限り、小林らの江上説批判の根幹を押さえたものとは言い難い。

八幡が、古墳文化の前期と後期とでは、前期が弥生文化からの連続性が認められるのに対して、後期になると横穴式石室の登場、馬具や食器類の副葬など顕著な違いが認められると述べたあとに、江上が自説を展開する。江上は、弥生文化から前期古墳文化までが「呪術的な、象徴的な、平民的な、東南アジア的な、いわば農耕民族的な特徴」があるのに、後期古墳文化では「現実的な、戦闘的な、王侯貴族的な、北方アジア的な、いわば騎馬民族的特徴がいちじるしく支配的」である。それは、「前期古墳文化人なる倭人が自主的な立場で、騎馬民族的大陸北方文化を受入し、その農耕民的文化を変貌せしめたのではなく、大陸から朝鮮半島を経由し、直接日本に渡来侵入し、倭人を征服支配したある有力な騎馬民族があ」り、その中心勢力が「天皇氏」で、「大和朝廷が強大な王権をもって近畿に確立」したのだ、と主張する［石田ほか　一九五八、一二一・一二六―一二七・一三一頁］。岡学説の種族文化複合（5）の「父権的社会＝大家族、父系的氏族組織、三段社会組織、ハラ外婚同族組織、五組織職業集団、父長権的種族長制、種族的会議、軍隊組織、奴隷制・種族的王朝の発生、王朝的種族職階制など。これはまさにこの列島に王侯文化をもちこんだ民族であり、この日本列島における都市文化を決定的に発展させた。」［石田ほか　一九五八、七〇頁］の渡来を考古学の側から支持したものに他ならない。

2　小林行雄による批判

この対談・討論記録が『民族学研究』第一三巻三号（一九四九年二月：日本民族＝文化の起源特集号）に掲載された二年後、小林行雄が「上代における乗馬の風習」と題する江上説批判を主題とする論文を発表する（小林一九五一）。石田は、江上説に対する小林の批判を評して、乗馬習俗の定着に相当の期間を要したという小林見解は、日本列島内部の自立的発展を説くものだとみなす［石田ほか　一九五八、一四―一五頁］。しかしこれは、小林が江上説を批判する核心が編年＝方法論の問題にあることを見過ごしている。

たしかに小林の結論は、江上が古墳時代前期と後期の文化に「根本的に異質的な」、「その変化が急激で、その間に自然な推移の迹を認め難い」という文化相の相違を見出すのに対して、乗馬の風習を含めて「わが国の古墳時代の文化に関するかぎり、いかなる時をもってそれを前後の二期に分断しても、あらゆる現象がそろって截然と区分せられ、あるいは急激に変化したと認めうるような適当な時は見出されない。」「わが古墳時代の文化を二期に区分するための原理としては、その区分の時期をいつにもとめるにしても、騎馬民族の征服によってことを理解する方法は、考慮の余地がない」［二八二頁］という点にある。

しかし小林がもっとも問題視したのは、対談・討論で江上波夫が、騎馬民族的な文化が現れる古墳時代後期を四、五世紀に始まるとしながら、「その騎馬民族の中心勢力をなしたものが天皇氏であること、そうしてその日本への渡来が四世紀前半にあることもほぼ想像に難くない」とも述べて、「征服王朝たる大和朝廷」による日本の国家の成立を論じる点である［小林　一九六一、二六四頁］。小林は「日本における騎馬民族征服王朝説を成立させるためには、これらを古墳時代後期の文化発生の理由とするか、あるいは、そういう現象をはなれて、崇神天皇に象徴される大和朝廷の始源のとするか、そのどちらに態度をきめるかということが、先決問題ではないか」［二六四—二六五頁］と述べる。江上が、騎馬民族的な文化が現れる古墳時代後期が四・五世紀に始まると述べつつ、騎馬民族の中心勢力をなす天皇氏の渡来が古墳時代の始まりである四世紀前半まで遡るとみなすことの編年的矛盾をこそ、小林は批判しているのである。

さらに、対談・討論記録が註を付されて平凡社から刊行されたのが一九五八年一月であるが、この年の一一月に新潮社から『日本文化研究』シリーズの一編として刊行された『民族の起源』で、小林は末尾に「騎馬民族渡来説」の一項を設けてふたたび江上説を批判する。騎馬民族征服王朝が成立したという「四世紀の日本の文化が、乗馬の風習をまったく欠如していたという考古学上の事実と矛盾する点は、どうしても無視することができない」と、古墳と馬具などの編年研究にもとづく考古学的な事実との矛盾を突く(2)。

その後の江上説をめぐる議論が、馬具の実用性などや、五世紀における馬具や馬文化の定着をどう評価するかに重点がおかれるが、小林による批判の核心は、江上が五世紀のデータで四世紀を語ることの誤りにある。

3　江上説の「ミッシング・リンク」

石田とは異なり、江上は小林による批判の核心、すなわち後期古墳にみえる騎馬民族的特徴を根拠にしながら、「日本への渡来が四世紀前半にあることもほぼ想像するにかたくない」［石田ほか　一九五八、一三一頁］と判断する矛盾を的確に理解していた。そのため、一九六五年になって、「東北アジア系騎馬民族が朝鮮半島経由で日本に侵入し、騎馬民族文化をもってその征服事業に従事した」ことが、「日本における統一国家の成立とも直接結びつくものであることは、時期的な一致ばかりでなく、後期古墳の早いころを代表するものがいわゆる応神・仁徳陵であることからあきらかであろう。しかも、応神・仁徳陵は、その規模においてピラミッドを凌ぐ大建造物であり、そこには当時すでに絶大な権力を誇った大和朝廷の厳然たる存在と、日本における統一国家の基礎の確立が明示されていて、創業の時期はそれよりかなり前に経過してしまっていることも示唆されているのである。そうすると創業の時期はおのずから古墳時代前期に遡らなければならないという理屈になるが、それでは古墳時代前期に騎馬民族の朝鮮半島から日本列島への侵入の事実を反映するような考古学的事実が認められるであろうか。これを積極的に実証するようなものはまだ見出されていない。」［江上　一九六五／一九八四、四二頁：傍点　石川］とその矛盾を認め、それを「ミッシング・リンク（系列上欠けている部分）」と呼ぶ。そしてそれを「探索する方針としては、北九州から畿内に至る地域の、形式的に後期とされている古墳のうちに、実年代のうえで前期にまで遡るものがないかということ、換言すれば、前期古墳と後期古墳とは勿論、無関係ではないけれども、元来別系統で、それらの地域では両者が併存していた時期があったのではなかろうかということ、北九州か本州西端部かに、とくにその沿岸地方に高句麗中期、百済前期のそれのような大陸系の古墳が古墳時代前期に行われた徴証はないかということが考慮に値するであろう。」［江上一九六五／一九八四、四三頁］とも述べる。(3) もちろん、考古学の基本的方法論を逸脱した主張であり、考古学者であればだれも容認し得ないものである。

三　八幡発言に対する考古学界の無反応

一方、八幡一郎はこの対談・討論で、考古学界の古墳時代研究では、前期と後期に二分する意見と、前・中・後期に三分する意見が並立する状況であることや、弥生文化と前期古墳文化の関連性も解説するなど、江上に比べて考古学上具体的な発言をしている。しかし、八幡発言の結論は、「弥生式文化」の「根源は南方的なものであって…（略）…中シナ・南シナ方面、あるいはもう少し南から山東岬角をかすめて南朝鮮および、九州に到達した…（略）…たとえば北シナから南満におこなわれた石庖丁は、この方面の文化と結合して南鮮、日本に流布した」という考えである［石田ほか　一九五八、一三九―一四〇頁］。これは考古学的方法で明らかにされたものではなく、明らかに岡学説の（4）種族文化複合を念頭に置く見解である。ただし、江上説の反響が強すぎた面もあるが、八幡説に対する反応は活字化されておらず、無反応ないし無視という状況であったように見える。しかし、考古学界の無反応・無視には理由があった。

八幡のこの対談・討論での役割は、江上説の前提となる古墳時代研究の基本的事項を紹介するとともに、上記のような「弥生式文化」の起源を論じることである。その議論の前提になるのが「弥生式文化」と「縄文式文化」の関係だが、そこに大きな問題があったのである。八幡は、「縄文式文化」を前・中・後期に三大別した上で、中期から後期へと飛躍的な発展が見出せることを詳しく紹介する。そしてその原因として西日本に弥生文化が成立したことの影響・刺戟を挙げる［石田ほか　一九五八、一六三―一七一頁］。八幡のこの「縄文後期＝弥生時代併行説」は、戦前に述べた「弥生式文化の日本列島に拡がり初めたのは、大体西暦紀元前後といはれる。これが磨消縄文系或は条線文系（八幡の「後期」：石川補記）を通じて、縄文式に接触し、徐々にそれを消滅せしめたのである」［八幡　一九三八、二一三頁］という意見をそのまま継承するものである。

しかし、戦後間もないとはいえ、すでにこれを支持するものはいなかった。八幡の縄文時代後期は、現在の定説である山内清男説では後期と晩期に二分されているが、晩期末という短期間に限って東・西日本で縄文・弥生文化が併存する段階があるとしても、基本的には縄文時代から弥生時代へと移行しており、前後の関係にあることは、すでに常識化していたのである。

四　一九三〇～四〇年代日本考古学界における編年研究の進展

近代以後の日本考古学の歩みを顧みると、一九三〇～四〇年代は遺物・遺構の編年研究に著しい進展があった時期にあたる（第1表）。

縄文時代では、山内清男・八幡一郎・甲野勇という「縄文土器編年研究の三羽烏」が、関東・東北の貝塚を層位的に発掘調査し、土器型式を設定してそれを編年序列・体系化する作業が着々と進められた(5)。特に山内は、徹底して土器型式の編年網を日本列島に張り巡らし、各地の土器型式の前後関係や相関関係を読み解き、縄文文化の変遷や地域性を論じる研究路線を推し進めた。縄文時代／文化と弥生時代／文化の関係については、一九三〇～三二年に縄文土

第１表　岡正雄と日本考古学界：1920-1960

暦年	岡正雄（1898.6.5-1982.12.15）	縄文時代関係	弥生時代関係	古墳時代関係，考古学一般
1920 年	東京帝国大学社会学科入学．			
1921 年				喜田貞吉「日鮮両民族同源論」『歴史と民族』6-1
1922 年				濱田耕作『通論考古学』
1923 年			中山平次郎「焼米を出せる竪穴址」『考古学雑誌』14-1	
1924 年				
1925 年	APE 会つくる．		山内清男「石器時代にも稲あり」『人類学雑誌』40-5	藤田・梅原・小泉『南朝鮮における漢代の遺跡』
1926 年				
1927 年				
1928 年	「異人その他」．	山内清男「下総上本郷貝塚」『人雑』43-10		
1929 年	ウィーン留学．	中谷治宇二郎『日本石器時代提要』		
1930 年		山内清男「所謂亀ヶ岡式土器の分布と縄紋式土器の終末」『考古学』1．八幡一郎「遺物遺跡地に基ずく相概念の提唱」（南佐久）	森本六爾東京考古学会設立．森本「北九州弥生式土器編年」『考古学』1．島田貞彦『筑前須玖史前遺跡の研究』京大５	
1931 年				
1932 年		山内清男「日本遠古之文化」『ドルメン』1-4 ～ 2-2（～ 1933）	小林行雄「安満Ｂ類土器考」『考古学』3-4	Montelius, O(浜田耕作訳)『考古学研究法』
1933 年	7 学位論文『古日本の文化層』．		小林行雄「畿内弥生式土器の一二相」『考古学』4-1	
1934 年				
1935 年	4 帰国．			梅原末治『近畿地方古墳墓の調査(1)』，濱田『東亜文明の黎明』
1936 年		ミネルヴァ論争．		濱田耕作「前方後円墳の諸問題」『考古学雑誌』，渡部義通・和島誠一他『日本歴史教程』
1937 年		山内清男「縄紋土器型式の細別と大別」『先史考古学』1-1	京大：唐古遺跡発掘調査．	
1938 年		八幡一郎「縄紋式文化」・小林行雄「弥生式文化」・後藤守一「古墳文化」『日本文化史大系』1		
1939 年		山内清男『日本先史土器図譜』(～ 41),『日本遠古之文化·補註付新版』		
1940 年	国立民族研究所設立運動開始．			梅原末治「上代古墳出土の古鏡に就いて」『鏡剣及玉の研究』
1941 年				小林行雄「竪穴式石室構造考」『紀元 2600 年記念史学論文集』
1942 年	1 民族研究所設置，総務部長			
1943 年	メンギーン『石器時代の世界史』訳．		小林行雄ほか『大和唐古弥生式遺跡の研究』	
1944 年				
1945 年				
1946 年				
1947 年			静岡市登呂遺跡発掘調査(～ 50)	
1948 年	**対談＜日本民族＝文化の源流と日本国家の形成＞**，「民族学に於ける二つの関心」			日本考古学協会設立．日考協「上代古墳の総合研究特別委員会」．
1949 年	1949 対論『民族学研究』13-3 発表．	日本考古学協会「縄文式文化編年研究特別委員会」		
1950 年	日本民族学協会理事長．			小林行雄「古墳時代における文化の伝播」『史林』33-3・4
1951 年			日本考古学協会「弥生式土器文化綜合研究特別委員会．	小林行雄「上代日本における乗馬の風習」『史林』34-3．小林『日本考古学概説』
1952 年				小林行雄『古墳時代文化の成因について」『日本民族』
1953 年				八幡一郎『日本史の黎明』
1954 年				
1955 年				小林行雄「古墳の発生の歴史的意義」『史林』38-1
1956 年	「日本民族文化の形成」			小林行雄『前期古墳の副葬品にあらわれた文化の二相」『京都大学文学部 50 周年記念論集』
1957 年				小林行雄「初期大和政権の勢力圏」『史林』40-4
1958 年	「日本文化の基礎構造」，1948 対談の単行本化**『日本民族の起源』**			小林行雄『民族の起源』
1959 年				小林行雄『古墳の話』，水野清一・小林『図解考古学辞典』
1960 年				

鳥居龍蔵（1870.4-1953.1.14）
喜田貞吉（1871.5.24-1939.7.2）
浜田耕作（1881.2.22-1938.7.25）
梅原末治（1893.8.13-1983.2.19）
岡正雄（1898.6.5-1982.12.15）
山内清男（1902.1.2-1970.8.29）
石田英一郎（1903.6.3-1968.11.9）
八幡一郎（1902.4.14-1987.10.26）
江上波夫（1906.11.6-2002.11.11）
小林行雄（1911.8.18-1989.2.2）

器の終末期に位置する東北地方の亀ヶ岡式土器を六型式（大洞B式→BC式→C1式→C2式→A式→A′式）に細分し、その分布を追跡することによって、「縄紋式の終末は地方によって大きな年代差をもたなかった…（略）…三河と東北に於ける差は僅々土器一型式、畿内と東北の間にも二三型式の差を超えない…（略）…縄紋式末期が地方によって多大の年代差をもたないとすれば、その後を襲う弥生式の上限についても、おそらく同じことが云えるであろう。」［山内　一九三二、五〇―五一頁］と主張した。

そして一九三六年に雑誌『ミネルヴァ』でおこなわれた「対談・討論：日本石器時代文化の源流と下限を語る」で山内が自説を語ったが、これを読んだ喜田貞吉が縄文時代の下限は東北では平安時代まで下ると反論し、両者の間で四回にわたって激しい応酬が交わされた［『ミネルヴァ』創刊号〜一―六・七号］。ミネルヴァ論争と呼ばれるこの事件は、紙面上では平行線のまま終わった。しかし、それまでのように縄文文化を漠然と一つの文化単位として議論することはできず、土器型式の大別と細別に示された編年体系のなかで年代経過を把握して議論することを決定づけることとなった。そのことの徹底が、おなじ三羽烏のひとりである八幡一郎には不足したまま、一九四八年の対談・討論での発言となってしまったことになる。ちなみに、八幡は、単行本『日本民族の起源』が刊行される五年前の一九五三年に上梓した『日本史の黎明』（有斐閣）では、こうした見解をすでに放棄・撤回しているが、本文中にそのことには何も触れていない。

弥生時代研究でも、森本六爾の先駆的な取り組み［森本　一九三〇］ののち、一九三三年には小林が弥生式土器に三つの段階（のちの前・中・後期に相当）を認め［小林　一九三三］、一九三八・三九年には小林行雄が『弥生式土器聚成図録』で全国的な弥生土器の編年体系を完成させ［森本・小林　一九三八・三九］、奈良県唐古遺跡の調査成果に基づいて畿内の弥生土器の詳細な編年研究を構築している［小林ほか　一九四三］。古墳時代研究でも、後藤守一や濱田耕作が古墳を前・中・後期の三期に区分し［濱田　一九三六］、さらには小林行雄が埋葬施設や土器の編年研究［小林ほか　一九四三］を進展させていた。

そして戦後になると、一九四八年に設立された全国的学会組織である日本考古学協会のなかに、縄文・弥生・古墳各時代の全国的な調査研究プロジェクトが立ち上げられ、学界を挙げて縄文・弥生土器と古墳の編年体系が急速に整備されていく。そうした真っただ中に対談〈日本民族の起源〉が行われ、社会の注目を集め、単行本化された。「型式学による編年」が整うということは、考古学が初めて自らの方法で考古資料を時間と空間に配列して、自らそれを歴史的に評価する手段を手中にしたことを意味する。こうした研究動向を把握できないままの江上、把握できているはずなのに戦前の見解を述べてしまった八幡。考古学界にとって、この対談を批判こそすれ、とうてい受け止め得るものではなかった。民族学と考古学の共同研究の推進を目指したにも関わらず、結果はまったく逆の道をたどることになってしまった。

五　その後―一九七一年の二論文が考古学界に与えた刺戟―

その後、民族学と日本考古学の距離は疎遠な状態が続いた。もちろん、一九七〇年代に大学で考古学を学び始めた筆者の世代でさえ民族学・文化人類学・社会学の基本は学ぶべきものと意識されていたように、考古学者はその成果の吸収に努めていた(6)ものの、共同研究や活字化は低調であったと言わざるを得ない。ようやく一九七〇年前後になって変化の兆しが現れる。中尾佐助（一九六六）・上山春平（一九六九）・佐々木高明（一九七一）らによる「照葉樹林文化論」である。佐々木自身が「岡氏の（1）の芋栽培文化と（2）の雑穀栽培文など、南シナ・東南アジアの地域から、つぎつぎにわが国に波及してきた稲作以前の農耕文化を、一括して〈照葉樹林文化〉として捉えることにしたい」［佐々木　一九七一、二五頁］と述べるように、岡学説を基礎として発展させた学説である。一九六〇〜七〇年代に福井県鳥浜貝塚をはじめ各地の縄文時代遺跡で植物遺存体が注目され、縄文農耕論や植物利用に関する議論が考古学界で盛んになりつつあったことから、「照葉樹林文化論」に注目が集まることになった。また、縄文時代の集落遺跡の分析に苦慮していた一九七一年、大林太良が発表した論文「縄文時代の社会組織」には、考古学者の多くがいっせいに注目し、縄文時代集落論を活性化させる働きをした。考古資料が急速に増加し始める状況の中で、考古学的方法による限界を意識しつつ、新たな縄文時代像の構築を模索する際に大きな刺戟となった。

しかし、一九八〇年代以後、ふたたび民族学と日本考古学の協同は少なくなる。日本考古学は、精緻な調査にもとづくデータ・資料を蓄積したが、機器の改良と相まって分析科学分野との協同はたくさんの蓄積はあるものの、しかしなお連携の不足な分野も少なくない。より多角的な研究の総合化を求めるべきことはいうまでもない。

【注】

（1）小林行雄も一九三八年に「弥生式文化人は海を越えてきた人々であった」と同種の見解を述べ（小林　一九三八）、その考えは戦後も持続した［小林　一九五一b］。一方、山内清男は、弥生文化の母体は縄文文化にあり、大陸から稲作などの文化要素を受容して弥生文化が形成されたと考えた［山内　一九三九］。

（2）小林はさらに「日本の支配者層のみが騎馬民族の出身であったという考え方は、無意識的にもせよ、天皇は天神の子であるという類の、支配者層の優越性を誇張する主張と、傾向をひとしゅうしている。…（略）…むしろ、日本の民族の問題として、われわれのとりあつかいうることの多くが、多分に政治的な差別観に根ざすものであったことをふりかえれば、一部の人びとが一つの目的をもって、ことさらに自分たちを異民族であるかのようにいいたてることがあることも、驚くほどのことではないというべきであろうか。」とまで述べる。［小林　一九五八・一九七二］

（3）江上は一九六七年に『騎馬民族国家—日本古代史へのアプローチ—』（中公新書）を刊行して自説を展開するが、「Ⅱ日本における征服王朝」の「日本国家の起源と征服王朝」は一九六五年論文をほぼ忠実に再録した内容となっている。なお、江上は、一九八二年には、韓国の釜山市福泉洞古墳群と慶尚南道高霊池山洞古墳群、福岡県の老司古墳や観音山古墳群の調査成果をもって、この「ミッシング・リンク」は解消したと断じた（江上　一九八二）。

（4）八幡の「後期」は現在の縄文時代後期と晩期（山内清男説）を包括することに注意を要する。そして山内説の縄文後期にすでに西日本で弥生文化が成立していたことを主張する。

（5）このことについては岡自身も「考古学においては、このころ多くの新進の考古学者が抬頭してきた。山内清男・八幡一郎・甲野勇の諸君が、日本石器時代の編年《クロノロジー》の設定に、はじめて科学的基礎をおいた」［石田ほか　一九五八、三一一頁］と認めている。

（6）ちなみに筆者が『日本民族の起源』を購入したのは高校三年生の一九七三年二月二八日で、初版第17刷である。

【参考文献】

石田英一郎（一九五八）「九年の後に—序にかえて—」『日本民族起源論—対談と討論—』平凡社、一—一二九頁
石田英一郎・江上波夫・岡正雄・八幡一郎（一九五八）『日本民族起源論—対談と討論—』平凡社
上山　春平（編）（一九六九）『照葉樹林文化—日本文化の深層—』中公新書
江上　波夫（一九六五）「日本における民族の形成と国家の起源」『東洋文化研究所紀要』第三二分冊（江上一九八四再録）
同　（一九六七）『騎馬民族国家—日本古代史へのアプローチ—』中公新書
同　（一九八二）「その後の「騎馬民族征服王朝説」の発展—ミッシング・リンクの解消—」『東アジアの古代文化』

三三号（江上一九八四再録）
同　（一九八四）『倭人の国から大和朝廷へ』江上波夫著作集八、平凡社
江上　波夫・後藤守一・山内清男・八幡一郎・甲野勇（一九三六）「対談・討論　日本石器時代文化の源流と下限を語る」『ドルメン』創刊号、三四―四六頁
大林　太良（一九七一）「縄文時代の社会組織」『季刊人類学』二―二
同　（一九七七）「日本文化の五つの源流―日本民族起源論と岡正雄学説―」『歴史と人物』七―六（岡正雄　一九七九『異人その他』言叢社、所収）
同　（一九九四）「解説」『岡正雄論文集　異人その他　他十二篇』岩波文庫（青一九・六一―一）
岡　正雄（一九五六）「日本民族文化の形成」『図説日本文化史大系』1（一九七九『異人その他』言叢社、三―一七頁）
同　（一九五八）「日本文化の基礎構造」『日本民俗学大系』2（一九七九『異人その他』言叢社、一八―三六）
同　（一九七九）『異人その他』言叢社
小林　行雄（一九三二）「安満B類土器考」『考古学』三―四、一一一―一二〇頁
同　（一九三三）「畿内弥生式土器の一二相」『考古学』四―一、二―六頁
同　（一九三八）「弥生式文化」『日本文化史大系』一、二一四―二五三頁
同　（一九五一ａ）「日本上代における乗馬の風習」『史林』三十四―三［小林　一九六一、二六一―二八六頁］
同　（一九五一ｂ）『日本考古学概説』創元社
同　（一九五八）『民族の起源』日本文化研究第一巻第四分冊　新潮社［小林　一九七二、八九―一五三頁］
同　（一九六一）『古墳時代の研究』青木書店
同　（一九七二）『民族の起源』塙新書
小林　行雄・末永稚雄・藤岡謙二郎（一九四三）『大和唐古弥生式遺蹟の研究』京都大学考古学研究室

佐々木高明（一九七一）『稲作以前』ＮＨＫブックス
鳥居　龍蔵（一九一七）「畿内の石器時代に就て」『人類学雑誌』三二―九、二六二―二七三頁
中尾　佐助（一九六六）『栽培植物と農耕の起源』岩波新書
濱田　青陵（一九三〇）『東亜文明の黎明』刀江書院
森本　六爾（一九三〇）「北九州弥生式土器編年」『考古学』１付録
森本　六爾・小林行雄（一九三八・三九）『弥生式土器聚成図録』東京考古学会
八幡　一郎（一九三八）「縄紋式文化」『日本文化史大系』一、一三六―一一三頁
同　（一九五三）『日本史の黎明』有斐閣
山内　清男（一九三〇）「所謂亀ヶ岡式土器の分布と縄紋式土器の終末」『考古学』一―三、一三九―一五七頁
同　（一九三二）「日本遠古の文化三　縄文土器の終末四」『ドルメン』一―七、四九―五二頁
同　（一九三七）「縄紋土器型式の細別と大別」『先史考古学』一―一、二八―三二頁
同　（一九三九）『日本遠古之文化　補註付・新版』先史考古学会

現代言語学の観点から見た岡正雄の先史時代の文化と言語層理論

パトリック・ハインリッヒ

一　はじめに

七世紀以前の日本は、言語的に未知の領域である。しかし一方で、七世紀からの日本列島における言語的な均質性は異例であると言える。さらに、日本語族（Japonic languages）の言語史は、約二五〇〇年しか遡らず、比較的「浅い」のにも関わらず、比較言語や内的再構のような歴史言語学の手法による、日本語族の系統には未だに解答が出ていない。したがって、日本語族の系統研究は、一般の方法論では限界があると言ってもよいだろう。このため、日本語族を多数語族と同時にリンクしようという言語学者の試みも現れた。すでに八〇年前に、岡正雄もこのような見解を示した。

二　岡正雄の生涯における言語系統研究

一九三二年から一九三五年に執筆された『Kulturschichten in Alt-Japan』の中で岡は、日本語は言語的な重層化の結果、形成されたものであると述べた[Oka 2012]。当時、これは大胆なスタンスであった。さらに、岡が言語学研究を考察したのは一一三〇頁中わずか四頁のみであり、当時の系統学の文献についてもほとんど議論していないことは驚くべきである。岡は非常に簡潔な論考をして、以下の結論を出した[Oka 2012: 1021]。琉球諸語と八丈語を含む「日本語」は全体で五つの層に成る。年代順に、これらは（1）パプア・北ハルマヘラ語族の層、（2）オーストロアジア語族の層、（3）オーストロネシア語族の層、（4）ツングース・満州語族の層、そして（5）モンゴル語族の層である。言うまでもないが、この仮説はいくつかの根本的な問題がある。先ず、これらの語族は実際に存在しているかどうかは疑わしく、また明白に日本語とリンクすることもできない。どのように言語層が生起するかも全く知られていない。さらに、岡がリッストアップした語族は何百言語で構成されている。ある言語の層がいつ支配的であったか、また特定の時間に特定の地域で使用されたか、前の層がどのように入れ替えられたかと言う問題に関しての説明もない。岡は、近代日本国家の領土を構成する地域の任意性も再考しない。それゆえに、岡の考察が、日本語族起原の研究にほとんど影響を残さなかったのは不思議ではない。

しかし依然として、日本語族とアイヌ諸語の系統は不明である。言語系統研究における主要な問題の一つは、言語間の共通性は類型論に依拠するのか、あるいは起源論に依拠するのかと言う問題である。言い換えれば、日本語族、朝鮮語、アルタイ語族、オーストロネシア諸語、オーストロアジアの語族、タミル語との類似性は、類型的なものか、あるいは同じ起源によるものであるかが現在までわかっていない。

言うまでもないことだが、アルタイ語族起源説は、日本語族の起源研究の中でも最も歴史が長い。この意見は、最初に一八五七年にアントン・ボラー［Anton Boller］によって提出された。日本では、藤岡勝二が日本語とアルタイ語族と結びつけようとした。藤岡［一九〇八］は、上代日本語とアルタイ語族が共有する十四の言語的な特徴を含むリストを発表した。一九四五年以降のアルタイ語族の仮説の重要な研究にMartin［1966］、村山［一九六六］、Miller［1971］、Lewin［1973］、Whitman［1990］がある。Robbeets［2005］は、アルタイ語起源説上の出版物の包括的な見直しを行った。日本語、朝鮮語、ツングース語、モンゴル語とテュルク諸語との間に提案された二〇五五同根語の蓋然性を検討し、六三五同根語が十分な証拠があり、アルタイ語族と日本語は系統が同じと結論づけた。しかし、全く同じ同根語を検討したVovin［2010］によると、同根語は六つの語彙だけである。このように同根語の率が低いため、朝鮮語と日本語は系統が一致せず、むしろその六つの語彙さえ古い借語であるとボビンは結論する。

アルタイ語族と比較して、オーストロネシア語族（マレー・ポリネシア語族とも言われる）起源説をめぐる研究は、やや遅れて始まった。最初にオーストロネシア語族と日本語の系統を真剣に検討した学者は新村出［一九七一（一九一一）］であった。堀岡文吉［一九二七］は、新村の研究を取り上げて、藤岡［一九〇八］のアルタイ語族研究に似た共有の言語的な特徴のリストを作った。しかし、アルタイ起源説が強い影響を与えたために、オーストロネシア語族起源説は多くの場合、単に日本語の形成に影響を与えたように受け取られる。すなわち、Benedict［1990］は例外として、オーストロネシア起源説の枠組みで研究する言語学者は、日本語がオーストロネシア語族の基層とアルタイ語族の上層で構成されると述べる。けれども、岡と同様に、具体的にどのように言語層が生起するのかは説明されない。

最初に混合言語としての日本語族のアイデアを出した人はPolivanov［1974（1918）］であった。当時に、ポリワーノフの混合言語仮説はMeillet［1925］による混合言語が不可能であるという原理を否定した。もちろん、メイエの主張にも関わらず、現在では混合言語のいくつかの例は知られている（Matras and Bakker 2003を参照）。具体的に、ポリワーノフは、日本語がオーストロネシア語族とアルタイ語族の混合であると書いた。この仮説は、服部（一九五四・一九五九）が行った言語年代学調査によって真実性を増した。服部［一九五九、二〇六―二二六頁］の日本語、朝鮮語、満州語、モンゴル語、タタール語、アイヌ語、ニヴフ語、中国語、チベット語、タイ語、ベトナム語、クメール語、マレー語、タガログ語、フォルモサ諸語、モツ語、カロリン語、サモア語とボング語の基礎語彙研究によって、どの言語も日本語と五～一〇の同根語を共有する事が明らかになった。ポリワーノフの見解は、もともとのアルタイ起源説から、七〇年代に混合語仮説へシフトした村山七郎（一九七八）にさらに支持された。しかし、大野晋［一九五七・一九七四・一九八〇］こそが、混合語説を普及した人物であると言ってもよい。オーストロネシア語族の言語が、縄文時代に日本列島に入ったと述べたのは大野［一九五七］が最初である。この後、弥生時代におけるアルタイ諸語話者が日本列島に渡来して、オーストロネシア語族とアルタイ語族の接触の結果として日本語が生まれた。大野の意見によれば、弥生の言語は日本語の上層を提供した。弥生の渡来人が縄文人の言語を使用することになるのはありえないものと考え、大野は混合言語仮説を支えた。大野の仮説によると、日本語は、文法的にアルタイ語族（弥生の言語）であると同時に、語彙的にはオーストロネシア語族（縄文の言語）に属する。後に大野［一九八〇］は、ドラヴィダ語の第三語を含む論説を出した。要するに、縄文前期時代に先ずオーストロネシア語族が列島で使用され、そして縄文中期時代には、ドラヴィダ語話者が渡来したから、かれらの言語はオーストロネシア語と混合された。弥生時代には、アルタイ語族話者が朝鮮半島から入って、オーストロネシア・ドラヴィダ混合語はアルタイ語族とさらに混合されたと大野は考えた。

上記ポリワーノフ［Polivanov 1974（1918）］の仮説を根拠にして、日本語はクレオール語であるという仮説を提唱した言語学者もいる（例えば［Chew 1976; Akiba Reynolds 1978］）。ここで注意する必要があるのは、クレオール言語と混合言語は日本の系統研究において、区別されないことが多いと言う問題である。これについては、以下で詳細に議論する。

三　岡以降の系統研究動向

日本語族系統研究の一三〇年の歴史を考察すると、インド・ヨーロッパ語族のケースと異なる事が明らかになる。したがって、インド・ヨーロッパ語族の研究から発展した研究方法が不適切、不十分であることもわかる。それゆえに、最近の研究重点は日本語族の系統から日本語族の形成（formation）にシフトした。

日本列島と朝鮮半島における言語研究は、これらの国々の長い間の単一言語イデオロギーによって遅れた［ブレンツィンガー　二〇一三を参照］が、現在ではユネスコが日本では九言語（日本語、アイヌ語、八丈語、奄美語、国頭語、沖縄語、宮古語、八重山語、与那国語）と朝鮮では二言語（韓国語、済州語）の存在を認識している［Moseley 2009］。「日本」と「朝鮮」という領土では、過去にさえ、単一言語社会であった証明はないとMaher［1996 : 40］が述べている。特にほぼ千年かかった縄文から弥生への変化の時期に、列島に新しい言語と多言語性が導入されたことに疑問の余地はない。同時に、日本列島における弥生文化と人口の増加により、本土における言語が統一されることとなったが、この統一プロセスは、八丈島と琉球諸島にすぐに影響を及ぼさなかった。ちなみに、日本列島の言語的な構成を理解するには、列島の中心部と周辺部とをはっきり区別する事が重要となる。

さらに、言語的な多様性を通時的な多様性と把握することが必要である。つまり、元々単一言語社会が存在したという解釈が問題なのである。この単一言語イデオロギーによって、歴史的にも常に単一言語社会が存在したかのような錯覚に陥ってしまう。しかし、歴史的にどの地域にも、今より多くの言語が存在していたことは疑いない［Wendel and Heinrich 2012］。それゆえに、現在の言語族は過去に単に一つの祖語であったと説明する言語史研究について疑問が出て来た。琉球諸語、八丈語、日本語が、紀元前三〇〇年から遅くとも七〇〇年までに共通の祖語から分岐したという仮説［服部　一九五九］も、疑問視されるようになった。先ず、琉球諸語と日本語の分岐の計算方法は、いくつかあるから、分岐時期も異なる。Lee and Hasegawa［2011］によれば紀元前二〇〇年、服部［1959: 80-83］によると五〇〇年、大城［一九七二］によると五八七年となっている。しかし、Unger［2009: 100］とSerafim［2003］は、琉球諸語が琉球列島に入ったのは十世紀以降であるとし、琉球諸語と日本語の祖語は異なると主張する。つまり、琉球諸語の祖語と日本語の祖語、琉球諸語と日本語ではなく、同じ祖語を共有する。この考え方を反映して、Pellard［2013］は、琉球諸語の祖語が旧九州の言語（変種）であるとする。Vovin［2010］は八丈語の祖語が旧東日本の言語（変種）であったと提案した。旧九州の日本語族の言語と旧東日本の日本語族の言語は、その後、旧中央日本語に置き換えられたから、琉球諸語と八丈語が祖語による言語的に古風な特徴を持っていても、祖語からの分岐が三世紀以降起こった可能性もある。

日本語族と朝鮮語の統語的な類似性を説明するために、Unger［2009］もVovin［2010］も共有系統の立場から、言語接触の立場へ焦点をシフトした。言い換えれば、二人とも、日本語族と朝鮮語との類似は、ただ地域的な理由によるものであると主張する。Unger［2009: 18］は、日本語族と朝鮮語の収束（convergence）が、大陸で行われたと言うが、Vovin［2010: 239］は、この収束は一六〇〇年後期、日本列島で起こった可能性があると論じる。言語接触を考慮することは重要であるが、両者の仮説には問題がないわけではない。先ず、言語接触は、通常文法より語彙レベルで最も影響を与える。さらに、言語接触による文法上の影響は不可能ではないが、朝鮮語と日本語族のような文法的な収束程度が、単なる接触の結果であるかは疑わしい。

混合言語とピジン、クレオール言語には大きな相違があるが、これらの相違は日本語族の系統研究では無視されてきた。混合言語と違って、ピジン言語はコミュニケーションが不可能な際に生じる。したがって、接触した諸言語の要素を使って、新しい言語が確立される。クレオールは、このピジン語が、子供によって第一言語として習得された言語である、と長い間主張されてきたが、実際にこのようなプロセスは誰も確認したことがない。むしろ、クレオール言語は、ある社会全体に第二言語として広がっている言語である。それゆえ、南西ヨーロッパで元々ケルト語を使用した地域でのロマンス諸言語もクレオール言語として把握できる。よって、クレオール言語という特別な言語カテゴリーは不要になると言ってもよいだろう。クレオール言語と呼ばれて来た言語は、単にヨーロッパ以外で、いわゆる「白人」ではない話者によって使用されるヨーロッパ言語である。したがって、クレオール言語は差別的なコンセプトである［Mufwene 2007を参照］。

また、言語接触の場合、コミュニケーションの障壁を築く混合言語は、ピジン言語と逆の機能があるとも言える。なんらかのコミュニケーション上の問題により、他の人々と言語的に境界線を引きたいと思うことが、混合言語の発生のメカニズムである［Matras and Bakker 2003］。たとえば、タンザニアで話されるマア語は、クシ語族の語彙とバンツー語族の文法で構成される。マア語の混合は、バンツー語コミュニティとクシ語コミュニティの両方の間で移動するマア民族が、独自の言語アイデンティティを構築したいという希望の表れである。混合言語の他の例としては、米国とカナダのミッチフ語、ロシアのメヅニーアレウト語、エクアドルのメディアーレングアなどがある。

日本語族の研究の場合、ピジン、クレオールと混合言語の新しい知見はまだ反映されていない。が、日本語族は、二つの理由でピジン言語ではないと結論することができる。ピジン言語がさらに発展しない上に、話者数の多い言語（この場合、縄文の諸語）は、ピジンの文法に強い影響を与え、話者数の少ない言語はピジンの語彙に強い影響を与えるが、日本語族と朝鮮語の関係がこのパターンと一致しない。むしろ、日本語族と朝鮮語は文法の強い類似性を共有するが、語彙レベルでは類似性が非常に少ない。

四　まとめ

狩猟採集社会が農業社会に変われば、言語シフト（言語取り替え）が発生するから［Wendel and Heinrich 2012: 153–155］、縄文諸語は日本語族と系統的な関係がないと思われる。したがって、日本語族は弥生の言語である。しかし、このような短い間では、一般に日本語族と朝鮮語の語彙差異は起こらない。同時に、日本語族と朝鮮語の関係は、単に接触による類似点があるという仮説も成り立ちそうもない。よって、単なる系統関係でも、また単なる接触関係の説明でも、日本語族と朝鮮語の関係を説明できない。そこで、日本語族は、意図的に構築された言語壁としての混合言語であるというシナリオは、適当な仮説であると私は思う。琉球諸語と日本語の共通語彙の割合は少なくないから、この言語混合プロセスは弥生人の到来以降起こったとしか考えられない。さらに、言語的なイノベーションは、日本語族の出現と普及に大きな役割を果たしたと思われる。結論として、日本諸語の系統と形成は不明な点がまたたくさん残っている。岡が日本語族の形成に複数の原因を求めた点は評価できるが、言語形成に重要となる言語的なイノベーションと言語シフトについては考察されていない。今後このような研究が必要になるだろう。

【英文参考文献】

Akiba Reynolds, K.（1978）*A Historical Study of Old Japanese Syntax.* PhD thesis. Ann Arbor: University Microfilms International.

Benedict, P.K.（1990）*Japanese / Austro-Tai.* An Arbor: Karoma Publishers.

Chew, J.J.（1976）The Pre-History of the Japanese Language in the Light of Evidence from the Structures of Japanese and Korean. *Asian Perspectives* 19, 190–200.

Lee, S., and T. Hasegawa（2011）Bayesian phylogenetic analysis supports an agricultural origin of Japonic languages. *Proceedings of the Royal Society B. Biological Sciences* 278(1725), 3662–9.

Lewin, B.（1973）Japanese and the Language of Koguryŏ. *Papers of the C.I.C Far Eastern Language Institute* 4, 19–33.

Maher, J.C.（1996）North Kyushu Creole: A Language Contact Model for the Origins of Japanese. In D. Denoon et al., eds. *Multicultural Japan: Palaeolithic to Postmodern*, pp. 31–45. Cambridge: Cambridge University Press.

Martin, S.E.（1966）Lexical Evidence Relating Korean to Japanese. *Language* 12.2, 185–251.

Matras, Y. and P. Bakker (eds.)（2003）*The Mixed Language Debate. Theoretical and Empirical Evidences*. Berlin: de Gruyter.

Meillet, A.（1925）*La méthode comparative en linguistique historique*. Oslo: Aschehoug.

Miller, R.A.（1971）*Japanese and the Other Altaic Languages*. Chicago: University of Chicago Press.

Moseley, C. (ed.)（2009）*Atlas of the World's Languages in Danger*. Paris: UNESCO.

Mufwene, S.S.（2007）Creoles and Pidgins. In C. Llamas, L. Mullany and P. Stockwell, eds., *A Routledge Companion to Sociolinguistics*, pp. 175–184. London: Routledge.

Oka, M.（2012）*Kulturschichten in Alt-Japan* (2 vol.). Bonn: Bier'sche Verlagsanstalt.

Pellard, T.（2013）The Linguistic Archaeology of the Ryukyu Islands. In P. Heinrich, S. Miyara, and M. Shimoji, eds., *The Handbook of the Ryukyuan Languages*. Boston: Mouton de Gruyter.

Polivanov, E.D.（1974[1918]）One of the Japanese-Malayan Parallels. *Evgenij Polivanov: Selected Works*, pp. 139–140. The Hague: Mouton.

Robbeets, M.（2005）*Is Japanese related to Korean, Tungusic, Mongolic and Turkic?* Wiesbaden: Otto Harrassowitz.

Serafim, L.A.（2003）When and where did the Japonic Language enter the Ryukyus? A Critical Comparison of Language, Archaeology, and History. In A. Vovin and T. Osada, eds.,日本語系統論の現在（*Perspectives on the Origins of the Japanese Language*）, pp. 463–76. 国際日本文化センター

Unger, M.J.（2009）*The Role of Contact in the Origins of the Japanese and Korean Languages*. Honolulu: University of Hawai'i Press.

Vovin, A.（2010）*Koreo-Japonica. A Re-Evaluation of a Common Genetic Origin*. Honolulu: University of Hawai'i Press.

Wendel, J. and P. Heinrich（2012）A framework for language endangerment dynamics: the effects of contact and social change on language ecologies and language diversity. *International Journal of the Sociology of Language* 218, 145–66.

Whitman, J.B.（1985）*The Phonological Basis for the Comparison of Japanese and Korean*. Ph.D. Dissertation. Harvard University.

【和文参照文献】

大野　晋（一九五七）『日本語の起原』岩波書店

同　（一九七四）『日本語を遡る』岩波書店

同　（一九八〇）『日本語の成立』中央公論社

大城　健（一九七二）「語彙統計（言語年代学）的方法による琉球方言の研究」外間守善編『沖縄文化論争第五巻』四九一—五二一頁、平凡社
新村　出（一九七一）「国語系統の問題」『新村出全集』筑摩書房、一二四—一三二頁（初出は一九一一）
服部四郎（一九五四）「言語年代学即ち語彙統計学の方法について」『言語研究』二六・二七号、二九—七七頁
同（一九五九）『日本語の系統』岩波書店
藤岡勝二（一九八五）「日本語の位置」『日本語の系統・基本論文集』和泉書院、六〇—八一頁（初出は一九〇八）
ブレンツィンガー・マティアス（二〇一二）「日本の琉球諸語と韓国の済州語の国際標準に向けて」下地理則・ハインリッヒ・パトリック編『目指せ！琉球諸語の維持』ココ出版
堀岡文吉（一九二七）『日本及汎太平洋民族の研究』冨山房
村山七郎（一九六六）「言語学的に見た日本文化の起原」『民俗学研究』三〇—四、三〇一—八一〇頁
同（一九七八）『日本語系統の探求』大修館

岡正雄を読み直す

――現代の神話学から――

平藤　喜久子

一　はじめに

岡正雄は、ウィーンで執筆した学位論文「古日本の諸文化層」(*kulturschichten in Alt-Japan*)のなかで、古代の日本民族＝日本文化について、複数の文化複合が、それぞれ異なった時代に渡来することによって醸成された、多層的、多起源的な文化であるとし、その種族文化複合の復元の仮説を示した。

この仮説は、戦後の日本における比較神話学の出発点となったといってもよいだろう。宗教人類学者の佐々木宏幹も民族学的神話研究についてまとめるなかで、岡について「戦後の我が国の民族学的神話研究に極めて大きな影響を与えたのは岡正雄である」［佐々木　一九七七：四四頁］と述べている。

こうした高い評価がなされるとともに、岡については、戦時体制下で民族研究所の設立に尽力し、その実質的な中心となっていたことも注意されている。岡がどのようにして植民地主義、帝国主義の時代と関わっていったのか。この点については中生勝美の詳細な研究があり、坂野徹なども論じている［中生　一九九七・坂野　二〇〇五］。筆者もファシズム期の日本において神話学がどのように時勢とかかわっていったのかを論じるなかで、岡正雄について取り上げて論じてきた［平藤　二〇一〇］。

二〇一二年になり、岡の「幻の論文」とまでいわれた*kulturschichten in Alt-Japan*がドイツで刊行され、その内容が明らかになることを受け、あらためて岡が神話学に与えた影響を検討する必要がでてきた。本稿では、そのために最近神話学で試みられている新しい研究方法を採り上げ、整理しつつ、現代からみた岡正雄の位置づけについて論じることとする。

二　岡正雄と日本神話研究

ここでは岡の日本文化論とそこでの日本神話の位置づけについて確認する。

岡が学んだウィーン学派は、文化圏学派とも呼ばれるように、共通する文化複合の地域を文化圏と呼び、その広がりや発展の経緯を歴史的に明らかにする研究を行う。神話の比較は、その神話を有する民族がどの文化圏に属すのかを知る手がかりを得ることになるため、重要な検討材料の一つとなる。岡もまた、日本神話について古代日本の文化複合を明らかにするなかで積極的に取り上げていた。彼は一九三八年にウィーン大学に新しく設置された日本学研究所に客員教授、所長として赴任する。ヨーゼフ・クライナーによれば、そこでの教授内容も「日本の民族学、先史学、日本語の歴史及び日本の神話と宗教」［クライナー　一九七九：四七一頁］であったという。このことも彼の研究方法を示しているといえよう。

表1　日本文化の基礎構造［岡　1979：20-31より作表］

（1）母系的・秘密結社的・芋栽培―狩猟民文化	縄文時代中期
	秘密結社
	来訪神
（2）母系的・陸稲栽培―狩猟民文化	縄文時代末期
	オオゲツヒメ、ウケモチの死体化生型神話、天の岩戸神話、イザナキ・イザナミ神話（？）
（3）父系的・「ハラ」氏族的・畑作―狩猟・飼畜民文化	弥生時代初期
	「カミ」の垂直的表象
	シャーマニズム
（4）男性的・年齢階梯制的・水稲栽培―漁撈民文化	南方からの弥生文化（4、5世紀頃）
	イザナキ・イザナミ（？）、海幸、山幸の神話
	小屋の文化
（5）父権的・「ウジ」氏族的―支配者文化	3、4世紀頃
	騎馬民族文化と共通
	天孫降臨、神武天皇建国神話

「古日本の諸文化層」をもとに岡が戦後にまとめたものから、彼の研究を簡単に紹介すると、岡は古代日本には上に挙げる五種類の異なった文化複合が渡来したと想定した（表1）。

これらの文化複合の要素は、考古学上の出土品などの物質文化だけではなく、祭りや習俗、そして古事記、日本書紀にまとめられた神話にもみられるとし、その分析も大変重視している。岡の研究は、日本文化が多層的で多起源的であるという前提のもとに、神話をはじめとするさまざまな事象からその文化複合を解き明かそうとするものであり、その大胆な仮説は戦後の神話学者たちによって日本神話の系統研究の一つの出発点として位置づけられることになる。なかでも大林太良、吉田敦彦は、岡の影響を強く受けた比較研究を行った。とくに岡の教えを受けた大林は、岡の歴史民族学を中心に、いくつかの方法を組み合わせて日本神話の系統を解明しようとした。岡は前述の通り五つの文化複合を想定したが、大林は岡の仮説を修正し、四つの文化複合を想定し、日本神話の起源もその四群にわけることができるとした（表2）。

たとえばこのうち「天地開闢・アマテラス」神話の担い手としては、岡のいう「(二) 母系的・陸稲栽培―狩猟民文化」が想定されており、また「天孫降臨」は、「(五) 父権的・「ウジ」氏族的―支配者文化」が、「日

表２

	天地開闢・アマテラス	出雲神話	天孫降臨	日向神話
主要構成要素の分布	中国中・南部 東南アジア ポリネシア	中国中・南部 東南アジア	朝鮮 蒙古	東南アジア・ ことにインドネシア
日本における担い手	水稲耕作民 漁労民	農耕民 鍛冶 司祭	皇室の祖先	隼人
日本への侵入の時期	弥生式時代	古墳時代	古墳時代	弥生式時代？
副次的な構成要素の分布	内陸アジア		東南アジア	
日本における担い手	皇室の祖先		水稲栽培民	
日本への侵入の時期	古墳時代		弥生式時代	

［大林　一九六一（一九七三）をもとに作表］

向神話」は、「（四）男性的・年齢階梯制的・水稲栽培―漁撈民文化」の文化複合を意識していると考えられる。

そして大林と吉田が共通して取り上げたテーマが歴史民族学者のイェンゼンが研究した「古層栽培民」（初期栽培民）のハイヌウェレ型神話である。この神話が日本神話のオホゲツヒメ（古事記）、ウケモチ（日本書紀）の殺害、およびその死体からの作物の化生の神話と類似していることに注目した二人は、日本にも古層栽培民の文化圏が渡来していたと考えた。一方の大林は、この文化圏について、中国の江南や東南アジアの焼畑雑穀栽培文化を介して縄文後・晩期に西日本に渡来したと考えた。他方吉田は、縄文時代中期の日本に、メラネシアの文化と類似する「（一）母系的・秘密結社的・芋栽培―狩猟民文化」が渡来していたとする岡の説に注目した。そしてオホゲツヒメ神話・ウケモチ神話のもとになったような「ハイヌウェレ型神話」は、岡のいうこの（一）の文化とともに縄文時代中期に流入したと想定している。このように岡の学説を出発点とする研究は、イェンゼンなど他の研究成果や研究領域を参考しつつ修正、検討が重ねられてきた。こうした点を考えれば、岡の神話学史における高い評価は当然ともいえよう。

ところで岡は一九三五年に「太陽を射る話」という射日神話の分布に

関する研究を発表して以降、しばらくの間、日本神話に関する本格的な研究は発表することはなかった。神話研究から離れたといってよい。その時期は彼が一九四八年に江上波夫、八幡一郎、石田英一郎との座談会「日本民族＝文化の源流と日本国家の形成」に参加するまで続く。なぜ彼は神話研究から離れたのか。その理由として考えられるのが、彼の民族学へのスタンスの変化である。

岡は赴任していたウィーン大学から一九四〇年に帰国すると、古野清人らとともに国立の民族研究所設立の運動に奔走する。その間に独ソ戦争がはじまったため、ウィーンへは戻れず客員教授は辞任し、そのまま日本で民族研究所立ち上げのために尽力することとなる。中生勝美によれば、このころ岡は歴史的なウィーン学派からフィールドワークを重視するイギリスの社会人類学に関心を寄せていったという［中生　一九九七］。この変化は「現在民族学の諸問題」という一九四二年一〇月に学士会館で開かれた第一回民族学研究会での講演でも表明されている［岡　一九四二］。ここで岡は民族学が民族政策と連携し、民族を統治するという目的のためにその存在意義を発揮するため、現在的研究が必要であると述べている。神話などを題材とする歴史的な研究ではない方法によるということである。岡の歴史民族学的な神話研究は、こうした理由で中断されることになったのである。

戦後民族研究所が解体されると、岡は長野県に移り住み、自給自足の生活をはじめた。学界への復帰は、先に述べた江上らとの座談会「日本民族＝文化の源流と日本国家の形成」のときであった。この座談会は、岡がウィーンで発表した「古日本の諸文化層」の内容報告をもとに開かれた［江上　一九五八］。これを機に岡はふたたび日本文化の成立についての研究を行うようになり、日本神話についてもその研究の一環として取り上げるようになる。一度は離れたウィーン学派の歴史民族学へと戻っていったのである。岡にとって神話研究とはまさに歴史民族学と不即不離のものであったのだろう。

神話だけに限らず民族や文化の起源に関わる研究は、ナショナリズムと結びつきやすい。ファシズム期には、松本信広や三品彰英ら、戦後の神話学界に大きな影響を与えた研究者たちも同様に時流を意識した研究を行っていた［平藤　二〇一〇］。その研究の時代性を意識することは、研究史を踏まえる上では重要であろう。しかし戦後の神話学が岡の研究を踏まえて展開してきたことを考えれば、いまの研究状況からあらためて岡を問い直すことも必要だ。

三　現在の神話学からみた岡正雄

現在、神話学では、いくつかの注目すべき新しい研究視点があらわれている。ここでは、その神話研究の視点から岡の研究を検討してみる。

神話学に新しい視点が導入されるようになった背景には、遺伝子工学の発展などにより、これまで以上に人類史の再建が精緻に行われるようになったことが挙げられる。母親からのみ伝えられるミトコンドリアＤＮＡを遡ると、人類は、一六万年～二〇万年前頃にアフリカに存在したとされる一つの系統に修練されるという。この「ミトコンドリア・イブ」についての研究はすでに人口に膾炙したといえよう。今はそのアフリカからどのようにして人類が世界中に広がっていったのか、そのルートと時期の再建がさまざまな分野で盛んに試みられている。

世界のはじまりについて語る神話は、人類の歴史とともにあると考えられている。ということは、アフリカでかつて誕生し、アフリカから広がっていった人類が、いまのわれわれと同じ人類（ヒト科）であるなら、彼らも当然神話をもっていたと考えられる。そこから神話についても、こうした人類史再建の議論をもとに展開すべきという考えがでてくる。

このことと深く関わるのが、脳科学の立場を重視する研究である。現生人類の誕生以来の宗教、神話のありようを、進化や脳のしくみについての研究をもとにあきらかにしようとするものである。

研究の蓄積は、まだ多いとは言えず、また筆者は十分にこうした新しい研究を咀嚼しているわけではなく、詳しく論じることはできないが、これまで公開されている論文等の研究成果から、岡の研究および日本神話の研究を再考する上で参考になると考えているのは、スティーブ・ファーマー（Steve Farmer）、マイケル・ヴィッツェル（Michael Witzel）、ユーリ・ベレツィン（Yuri Berezkin）の研究である。それぞれの研究をごく簡単に紹介する。(1)

ファーマーは、神話学には神経生理学（neurobiology）、脳科学の視点が必要であるという立場に立つ。われわれの脳は、自分と他人を認識したり、他人の感情や性的なサインを読み取るための「社会脳」（social brain）として進化した。宗教や神話はその進化の副産物であると考える。それは、進化の過程で、さまざまなものを擬人化（anthropomorphize）してとらえる傾向を持つようになったからである。この擬人化が、神話と宗教が生まれるもとであるとされている。その時期はいまから二〇万年前、アフリカでのことであったという。その神話にたどり着くためには、さまざまな地域に共通の神話の分析が有効であると考えている。もちろん、神話は環境によって変化を受けるが、そうした変数を考古学的な資料に基づきつつ考慮しての研究が必要であるという［Farmer 2006; 2008; 2009］。

ヴィッツェルは、神話体系全体の比較を行うことを提唱する。言語の比較にたとえるなら、単語レベルで比較するよりも、文法構造で比較するということになる。そうした方法により、以下の四つの神話群を想定し、神話、儀礼、物質文化等を総合的に比較検討していく［Witzel 2006］。

パン・ガイア（Pan-Gaean）神話・・・最古層の神話。

出アフリカ（Out-of-Africa）神話・・・アフリカを出てインドに到着した段階で持っていた神話。

ゴンドワナ（Gondwana）神話…出アフリカ以後にオーストラリア近辺に到着した人類の神話。
ローラシア（Laurasian）神話…インドからユーラシア内陸、ヨーロッパ、アフリカ北部に共通する神話。起源は先史時代に遡る。

ローラシア神話を例にすれば、ヴィッツェルは、この神話には、宇宙と世界のはじまり、それに続く神々の世代、半神的英雄の時代、人間の登場、そして高貴な血筋の起源を連続的に語るという構造がみられるという。日本神話は、ここに含まれることになる。歴史比較神話学という言い方もされるが、神話を比較し、その神話が位置する文化圏を設定するウィーン学派の方法と似ている点もあると思われる。違いを挙げるなら、議論する年代がきわめて広くなり、連続していない地域間の比較も有効となる点であろう。

これらファーマーとヴィッツェルの研究は一見新しいようだが、文化圏的な発想（ヴィッツェル）と、心理学的な発想（ファーマー）という点では、一九世紀末から二〇世紀初頭にでてきた考え方と共通する部分もある。いずれも今後さらに分析の精度の高まりや当てはまる神話のデータの蓄積が注目される。

ロシアの民族学者であるベレツィンは、世界中の神話、民話のモチーフをテーマ別に分類したカタログを作成し(2)、分布地図にし(3)、それをもとに神話の分布や伝播を考える研究を行う。人類の移動と重ね合わせることも可能である。松村一男は、この研究によってウィーン学派の研究が部分的にではあるが豊富なデータで追認されていると述べている［松村　二〇一〇］。

岡の研究との関わりでこのデータを利用することも可能である。日本神話のなかに、海幸山幸の話として知られている話がある。山幸が兄海幸の釣り針をなくして、それを探しにワタツミの宮に取り戻しに行く話である。釣り針は鯛の喉に刺さっており、それをとることによって、鯛は回復する。このような神話は、インドネシアやオセアニアに

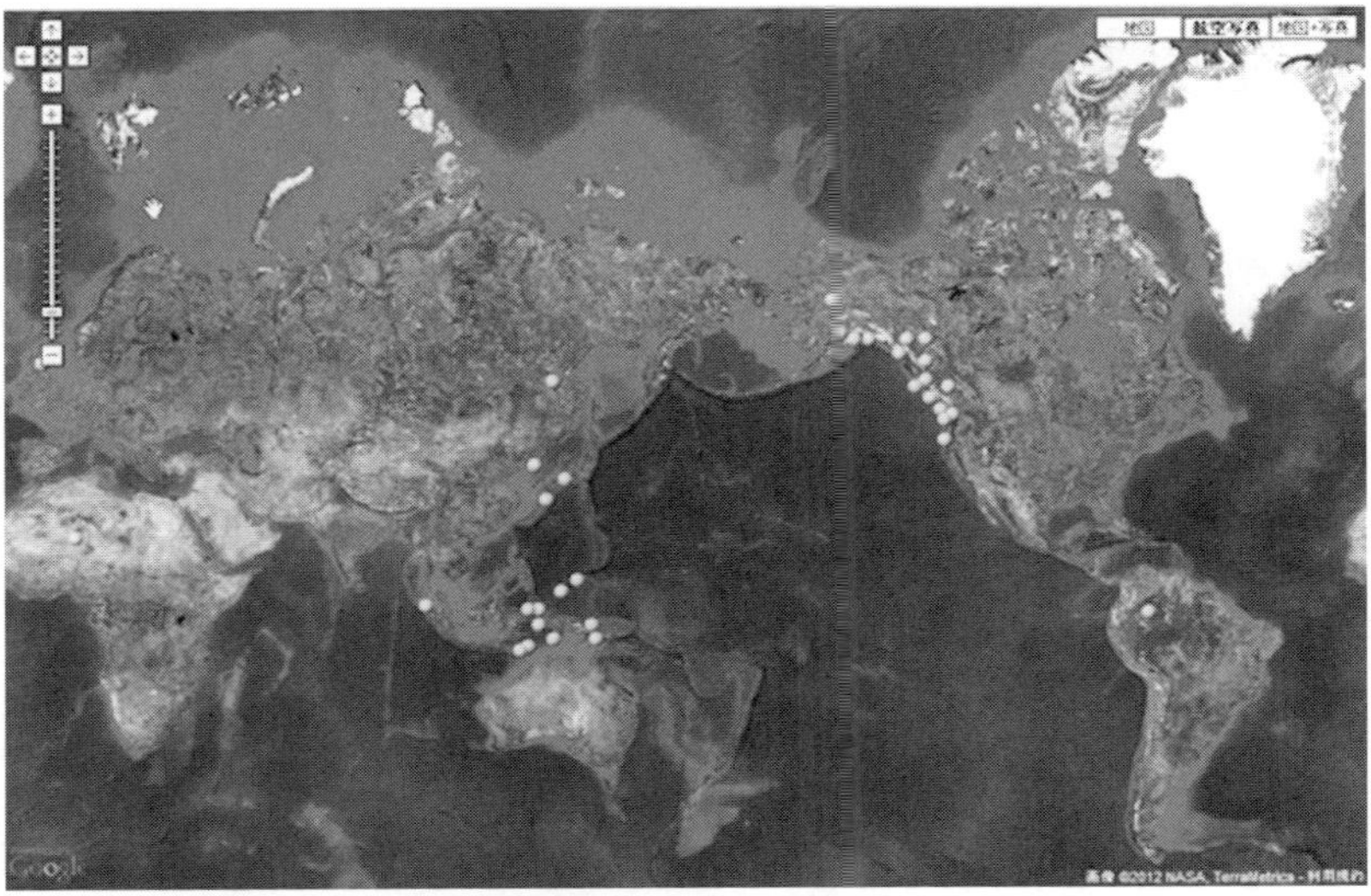

「失われた釣り針型」の分布図（L105 "Invisible fish-hook"）

もあることが知られており、「失われた釣り針型」とよばれる。岡正雄は、この神話について[4]男性的・年齢階梯制的・水稲栽培―漁撈民文化の渡来とともに南方から弥生時代に伝わったものと考えている［岡　一九七九］。

この神話についてのベレッツィンのデータは次のようになっている。

この神話と似たモチーフに「取り戻された銛」（L106 "Lost spear must be brought back"）というものがある。借りた銛など釣り具を失い、取り戻して返還し、復讐するというものである。もちろん海幸山幸はこのモチーフにも分類される。このモチーフになるとアフリカにも分布がみられる。両者を重ね合わせた図が次頁のものである。

この図をみると、「取り戻された銛」の神話のみある地域はアフリカ大陸であり、「取り戻された銛」と「失われた釣り針型」の両者があるのは、インドネシア、オセアニアから日本にかけての地域であり、北米の太平洋岸地域には、「失われた釣り針型」のみが分布していることがわかる。

ここから漁具を失い、それを取り戻す神話が古層にあり、

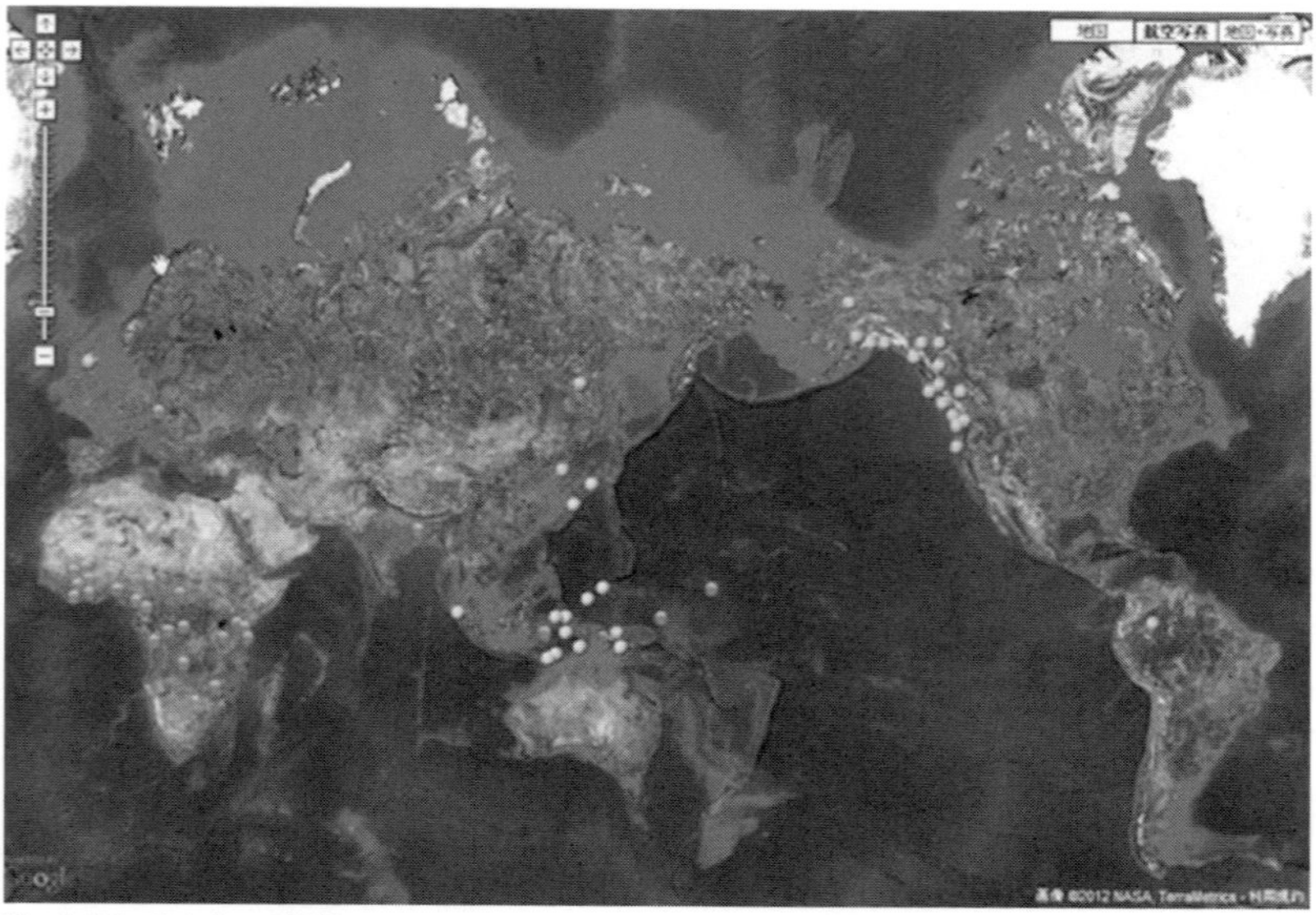

"Invisible fish-hook", "Lost spear must be brought back"

そこにインドネシア、オセアニアで新しい要素が加わり、日本に入ってきた神話である可能性を想定することができる。つまり、海幸・山幸の神話が、人類の出アフリカ時代にまでその起源を遡る可能性すらあるということになる。岡の指摘した文化複合そのものの検証、深さ（古さ）について、こうした方法で探っていくことも、今後の一つの課題となろう。

　このベレツィンのデータはオンラインで公開されており、世界中、どこにいてもわれわれはこのデータを利用し、地図を使用することができる。そこからこのようにあらたな研究の可能性がうまれてくる。

　岡は、メンヒェン・ヘルフェンの研究をもとに、射日神話について研究し、「太陽を射る話」という論文にまとめている。彼は、日本の民話にある太陽を射る話を、台湾や中国などそのほかの地域の神話と比較した［岡一九七九］。彼は、この神話の分布を、インドネシア族、タイ・支那族、トルコ・モンゴール族、日本、西部インディアンに限られるとする。メラネシア、ミクロネシア、ポリネシアにはなく、北アジアでは、モンゴル、ツングースに限られていることに注意を払っている。そのことからこの分布が、中国との接触による比較的新しい分布であると述べた。ただしアメリカ西部への分布については、文化史的な説明は難しいとしている。他方、メンヒェン・ヘルフェンがこの神話を、ギリシアから中国に伝わったものと指摘しているとにも注目しているが、スキタイを媒介者とすることには、「考慮の余地がある」と述べ、慎重な態度を示している。

この神話について、いままで取り上げたヴィッツェルやベレツィンの研究を参考にしてみてみたい。ベレツィンは、この神話をデータA2B "Extra Suns Killed"（「余分な太陽を殺す」）としている。この分布地域は、ヨーロッパからユーラシア大陸、オセアニア、南北アメリカ大陸の一部である。メラネシア、ミクロネシア、ポリネシアにはなく、日本、中国、インド・ヨーロッパ語族にあるという点では、ヴィツェルのいうローラシア神話に属する可能性がある。ヴィツェルによれば、ローラシア神話は、インドから東南アジア、中国、日本シベリア、北米、中米、南米、またインドからユーラシア内陸、インドからヨーロッパに神話が伝わった神話群である。メンヒェン・ヘルフェンがいうギリシアから中国へという流れとは異なった方向ではあるが、源を同じくする可能性もあるだろう。日本には、岡のいうように何度も渡来したであろうし、先史時代からの神話であるとするには躊躇があるが、こうした研究ではこれまで禁欲的にならざるを得なかった言語の違う地域間の神話の比較が、これまで以上に重要な意味を持つことになるだろう。

四　おわりに

近年の神話学の試みは、これまでの比較神話学が行ってきた隣接地域との比較、あるいは親縁関係にある言語文化内の比較から、神話の起源を解明しようとする手法を、人類史再建という大きな枠組みによって乗り越えようとするものだといっていいだろう。この取り組みは、コンピュータによるシュミレーションやデータベース構築、そしてそのインターネット上での共有といった現代的なツールによって後押しされている。また神経科学や進化生物学など、一九八〇年代以降に飛躍的に展開した分野の研究を参照することが求められる。こうした新しい観点を採り入れつつ、神話は読み直しがおこなわれるようになった。岡正雄の研究は、総合的な神話研究であり、あとの時代の神話学への影響がきわめて大きいものである。「古日本の諸文化層」がふたたび注目される機を得たことからも、いまあらためて詳しく再検討を加えていくことが求められているだろう。

注

（1）松村一男は、新しい比較神話学と呼ぶにふさわしい研究者として、マイケル・ヴィッツェル、スティーヴ・ファーマー、ユーリ・ベレツィンのほか、ヴィム・ファン・ビンスベルゲンを取り上げ、わかりやすくその研究の概要と特徴をまとめている［松村　二〇一〇］。

（2）神話のモチーフのカタログhttp://ruthenia.ru/folklore/berezkin/eng.htm

（3）分布地図http://starling.rinet.ru/kozmin/tales/index.php?index=berezkin

【参考文献】

江上波夫編（一九五八）『日本民族の源流』平凡社。
岡　正雄（一九四三）「現代民族学の諸問題」（昭和十七年十月八日學士會館に於ける第一回民族學研究會の講演要旨）『民

族学研究』一（二）：一一九―一二二頁
同　（一九七九）『異人その他―日本民族＝文化の源流と日本国家の形成』言叢社。
大林　太良（一九六一）［一九七三］『日本神話の起源』角川書店
同　（一九七三）『稲作の神話』弘文堂。
クライナー、ヨーゼフ（一九七九）「岡先生とヴィーン」岡正雄『異人その他―日本民族＝文化の源流と日本国家の形成』言叢社：四五三―四八〇頁
坂野　徹（二〇〇五）『帝国日本と人類学者　一八八四―一九五二』勁草書房。
佐々木宏幹（一九七七）「日本神話研究と民族学」『講座日本の神話一　日本神話研究の方法』有精堂。
住谷　一彦（一九七九）「岡正雄『古日本の文化層』―或る素描」岡正雄『異人その他―日本民族＝文化の源流と日本国家の形成』言叢社
中生　勝美（一九九七）「民族研究所の組織と活動」『民族学研究』六二（一）：四七―六五頁
平藤喜久子（二〇一〇）「植民地帝国日本の神話学」竹沢尚一郎編『ファシズムと宗教』水声社：三一一―三四七。
吉田　敦彦（一九七六）『日本神話の源流』講談社
Farmer, Steve (2006); "Neurobiology, Stratified Texts, and the Evolution of Thought: From Myth to Religions and Philosophies", Revised version of a paper prepared for the Harvard and Peking University International Conference on Comparative Mythology, Beijing, China, 11-13 May.
2008 "Neurobiological origins of Primitive religion: Implications for comparative, mythology", Revised version of a paper prepared for the Second Annual Conference of the International Association for Conference of the International Association for Comparative Mythology, Ravenstein, the Netherlands, 19-21 August.
2009 "The Future of Religious Education: Neurobiological, ecological-historical, and computational approaches to

comparative mythology and religion", PowerPoint prepared for the 3rd Annual Conference of the International Association for Conference of the International Association for Comparative Mythology, Kokugakuin University, 24 May, Tokyo.

松村一男（2010）："Western Impact on Study of Japanese Mythology", draft for XXth IAHR World Congress, held at Toronto University, 20 August.

Witzel, Michael（2006）："Out of Africa: The Journey of the Oldest Tales of Humankind",『総合人間学叢書』第1巻、東京外国語大学アジア・アフリカ言語文化研究所共同研究プロジェクト「地球文明時代の世界理解と新しい倫理・人間観の研究」：二一―六五頁

第三部

外国からみた日本民族学と岡正雄

「土俗学」から「民俗学」へ
――日本人類学史に現れた学名の変遷と学問のアイデンティティー――

全京秀（山泰幸・金広植訳）

一　翻訳の問題？

西洋中心の近代化という枠組みの中で、先鋒的な役割を果たして来たのが、いわゆる近代学問である。東アジアに暮らす我々が知っている学問とは、近代化の過程で根本的に枠組みが変わり、その過程で新しく流入した産物の一つであり、いま現在我々が知っている学問として導入された。受け入れる側は必然的に用語の翻訳という問題を経験することになった。オランダに留学した西周（一八二九―一八九七）をはじめとして、一八六〇年代～七〇年代の日本人は西洋学問の翻訳のために大変な努力をした。日本にない概念を導入する場合も問題であったが、同じような状況で存在する概念の翻訳にも問題が発生した。

西洋の学問を受け入れる構図ができてから、絶え間なく進化する西洋学問の軌跡をたどることに汲々として、新しく登場するたびに翻訳という過程を踏むことが学問後進地域の宿命であり、苦悩である。一度、後を追いかけて行かなければならない構図ができた以上、このトラックを脱することは難しい。そのため後進地域の学者のほとんどが先進地域の新しい産物を翻訳し伝達する「仲買人」の役割をしようとして多くの時間を過ごしているのが実情だ。この結果、後を付いて行くことに汲々として、自分の姿も十分に省みることができず、結果的に学問的植民主義の状況に置かれたまま、じたばたする場合が少なくない。絶えず、翻訳物という形態で先進地域の思想と学問を受け入れなければならない状況に置かれている現実を直視しないと、学問という場が作り出した躍動性の周辺だけをぐるぐる回って自分のアイデンティティーまで混沌に陥ってしまう場合がある。

翻訳という初歩的な過程における困難を経験する立場について議論をしなければ、学問後進地域の学者達は学問的植民主義という枠組みを脱することは難しいだろう。大変な努力で西洋学問の基本概念を漢字に翻訳する作業をした日本人のおかげで、漢字を共有する中国と韓国では特別な努力なしに成果を得られた。中国の場合、学者自らの努力で翻訳を試みた場合があるが、韓国の場合は日本語の翻訳をほとんどそのまま採用した事実を否定することはできない。植民地経験百年の歴史が韓国の学界に刻印されていることに対する徹底的かつ客観的な反省と深思熟考がなければ、韓国の学界は百年前に創られた学問的植民主義の構図を抱えたまま、また次の世紀を迎えるだろう。

日本文化を背景にした日本人の翻訳が、韓国の文化を背景にする韓国人にそのまま移転されたことは、近代化の過程で複雑化した植民地の問題に連続している。日本の近代化が模倣の過程とするなら、韓国の近代化は剽窃の過程といえる。模倣とは、原典をしっかり理解するために自ら何かしなければならないので、努力の過程が必要だが、剽窃は簡単に移すだけの作業だ。自らの努力がない状態で他の人の成果を自分のもののように表現する過程と結果が剽窃だと言える。典型的な学問的植民主義を経て、少なくはない剽窃を試みたのが、近代化過程における韓国の知識人だったと指摘しなければならない。人類学の分野も例外ではない。本稿は、人類学の分野においても使用する基本的かつ重要な用語の翻訳が抱えている問題に関する深い議論に関心を持っている。

翻訳とは、与えられた用語をいかに理解したかについての結果である。翻訳された用語が何であるかについて議論することは、その用語が含んでいる存在論と直結する。存在に対する認識主体の先決の問題が翻訳の核心だと思う。つまり、ある用語を翻訳する人がどのような背景を持ち、どのような教育過程を過ごし、どのような種類の観念に傾倒しているかを反映するのが、翻訳された用語が示す実在だと思われる。同一の用語が、時代が変わり翻訳された姿が変われば、二つの翻訳の間には世界観と思想的な背景が異なる主体が介入されていることを先験的に感知しなければならない。

本稿で問題にする核心的な用語を英語で表現するとethnography（フランス語とドイツのethnographies、ロシア語のetnografiaなど）だ。この用語が英語から漢字を使う日本語で翻訳される過程で、時代によって異なる現象が生じた。この点について深い考察を加えたい。人類学という学問の核心的な用語の中の一つであるethnographyに対する時代別の認識の差を明らかにすることが、人類学という学問に対する時代による認識の変化を追跡する重要な基準になるからだ。この用語が日本では一九二〇年代のある時点を基準にして、「土俗」あるいは「土俗学」から「民俗」あるいは「民俗学」に転換される時期の事情を明らかにし、このような転換の背景に対して深い検討を試みることが本稿の内容である。そして、そのような変化の過程の中でアイデンティティーはどうなるのかという問題について議論する。

一八六二年オランダに留学した最初の留学生九名中の一人だった西周が著述した『心理学』［一八七五］の中に、「**anthropology**、**譯シテ人性學**ト云ヒ、先ヅ比較ノ解剖術（comparative anatomy）ヨリ生理學（physiology）、性理學（psychology）、**人種學**（**ethnology**）」といってanthropologyは人性学、ethnologyは人類学に翻訳した最初の事例がある［坪井正五郎　一八九〇、一〇〇頁、強調は筆者］。その後、この用語が一般化し、坪井もこの用例に従うことになる。西周がanthropologyを「人性学」と翻訳した最初の年は一八七四年であり、東京大学の総長を歴任した加藤弘之が、一八七九〜一八八〇年間anthropologieについて「人学」という翻訳語を使う場合もあった。翻訳語にわずかな混乱があったが、anthropologyは一八八一年には人類学に定着することになる［與那覇潤　二〇〇三、八八頁］。

西周はethnographyという用語に対して関心を持たなかったようである。その理由はethnographyが一つの独立した学問とは見なされていない時代背景と状況を伝えていると理解するのが正しい。したがって、人類学を専攻するために留学した坪井正五郎がロンドンでethnographyという用語に初めて出会った時、この用語をどのように翻訳するか苦心し、その結果、「土俗学」と決めたと思われる。

二　「土俗学」と坪井正五郎

「土俗」という用語が、東アジアで使用されてきた歴史は非常に長いと推定される。『朝鮮王朝實録』によく登場する「土俗」という言葉の存在によって、この用語の意味が今日までよく伝えられている。しかし、近代学問の枠組みの中で、「土俗」を学術用語として使った最初の人物は坪井正五郎であり、彼が英語のethnographyを「土俗学」として翻訳したこと［坪井正五郎　一八九〇、一〇〇頁］はほぼ確実である。つまり、新しい現象を説明する用語の翻訳の過程で勝手に新造語の創出を試みたというより、過去に使用した用例にできるだけ忠実な過程を経ていると理解される。つまり、新たなものに対する土着化の試みを通じて、変化の中に持続性を追求した結果だと思われる。つまり、翻訳という過程は土着化の試みによって、またこの試みの深度に応じて、新しく登場した用語の定着可能性が試される。

これ以前、類似の現象に対して、「風俗」という用語が使用された用例が見える。たとえば、北海道開拓使だった肥塚貴正が、何篇かの古記録からアイヌに関する事項を抜粋し、整理して前篇十巻と後篇十巻を発行した『蝦夷風俗彙纂』（一八七二、菊判和綴木版本）がある。前編は、起源、人種、沿革、人物、奇談、戦乱、言語、儀服、飲食、薬餌、礼式、祭事、祝賀、喪事の項目で、後編は、法則、給与、家屋、交易、技芸、遊戯、工業、機会、雑録、外事の項目で構成されている。引用書目は八十種類に達しており、江戸時代の資料で構成された一種のアイヌに関する百科事典である。この本の題目に「風俗」という言葉があることが注目される。続いて登場する論文も「風俗」という言葉を持続的に使っている。「質素節倹した生を風俗だと定義し、これが退廃になる過程、すなわち、風俗退廃を叙述し、風俗改正をしなければならない」［鈴木弘恭　一八八三］と論旨を披瀝している［重野安繹　一八八一・一八八三、鈴木弘恭　一八八三a・一八八三b、坪井正五郎　一八八七&一八八九、村尾元長　一八九二］(1)。言い換えれば、「風俗」は次第に近代化過程の阻害要因を意味する用語と化していくことになる。

最も人気の高かった大衆雑誌『風俗畵報』をはじめ、「人類学的な分類法によって食人風俗の根源を第一食欲上（physical）、第二情感上（emotional）、第三道徳上（moral）」に分けた『食人風俗考』［寺石正路　一八九八、五頁］や、日本の風俗を人類上と人文上に分けて「人類上には體軀、容顔、人情、食物、人文上には風俗（服装、頭髪、化粧、器用）、習慣（建築、彫刻、加冠、婚姻、喪葬、祭式、信仰、歌舞娯樂）、言語、生業」理解しようとする『日本風俗の新研究』［平岡専太郎　一九〇九］の試みもあったが、「土俗」が学問の用語になるにつれて、「風俗」は次第に大衆用の通俗語に定着していった。

中国では「土俗」という用語が使用されたことはなく、「風俗」が学術用語として選ばれていることが北京大学の歌謡収集の活動を通して知られる［荘厳　一九二五、尚厳　一九二五ａ＆一九二五ｂ］。「一九二三年六月北大内に「風俗調査会」が結成された。民俗学研究は歌謡に止まるべきではない、もっと広い分野においてその研究対象を持つべきであると気が付いた人々によって作られたものであった。張競生が主任となり、事業として、一、文書資料の収集、二、調査表による調査、三、博物館陳列資料の収集の三項目を決議した。風俗調査表は一、環境（十二項目）、二、思想（一〇項目）、三、習慣（三二項目）という多くの内容を持つので、二千部印刷して学生に夏休みを利用して調査…」［直江廣治　一九四八：四二頁］とあり、「風俗」は近代化過程の学問定着時期には、環境と思想及び慣習を含む広い概念だったということがわかる。つまり、東アジアの漢文文化圏で「風俗」は一つの土着的な概念であり、「土俗」とともに使われた跡が見られ、「風俗」は「土俗」と共に対抗概念として、後日登場する「民俗」を待ち受けているのと同じ運命に置かれていたと言える。

エドワード・タイラーの下で学んだ坪井正五郎の留学期間である一八八九年から一八九二年という時期は、日本人類学の形成の分岐点となっている。坪井の一八八七年の論文において、「風俗」が登場し、イギリス留学直前の時期一八八九年十月の論文でもキーワードが「風俗」である点は、さらに坪井正五郎のイギリス留学が「土俗」という用語の使用と深い関係があることを証言する部分である。

「土俗」という用語が近代学問という枠組みの中で日本社会に最初に登場し、人類学という学問の中心になったのは坪井のイギリス留学期間中であった。一八九〇年二月に発行された『東京人類学会雑誌』五巻四七号に「土俗学」が登場し、坪井の帰国後一八九三年から一九〇〇年まで夏期講習会の名前で六回実施した「土俗会」が「土俗」と「土俗学」の概念と方法を日本で実践する母体だったと思われる。この集まりの実務を引き受けた鳥居龍蔵と伊能嘉矩が坪井を引き継いで人類学という学問を続けたことは「土俗」という用語の定着と拡散に大きく寄与したと評価することができる［全京秀　二〇〇九、五五―五六頁］。

土俗会の内容を見ると、土俗の範囲を区別できる言葉が登場する。第一回の土俗会の題目は「日本各地新年の風習」、第二回の題目は「各地贈答の風習」で、続けて登場する坪井の文章では「風俗習慣方言信仰等に關する諸種の調べ即ち私が總括して土俗調査と稱する」［坪井正五郎　一八九五、三九四頁］と言い、土俗の範疇と内容を比較的明確に提示している。「八丈嶋の土俗は實に古風で有りますが、琉球諸島の土俗を調べて見ると更に古風で有ります。私は未だ自分で彼地に行つた事は有りません。この大學では曾て田代安定氏に琉球土俗の調査を依託した事が有つて其報告書は總て人類學教室に保存して在り諸種の標品も陳列所に置いて在ります」とある［坪井正五郎　一八九五、四〇一頁］。「土俗調査」の過程で「標品」が人類学教室の陳列所に保管してあるという説明は土俗学が博物館という施設と密接な関連性があることを明示している。つまり、坪井が使った土俗の意味は「風俗、慣習、方言、信仰などに関する諸種」であり、「風俗」とは、「習慣」、「方言」、「信仰」などと併置できる内容を含む言葉として使われた点ははっきりしている。したがって、「風俗」は「土俗」の下位概念として使われたことが確認でき、当時、「土俗」はある地域の「文化」を説明するための具体的な内容を含んだ一つの総括的な概念に近いものであった。

坪井が採択した「土俗」という言葉は多くの論文集に登場する学術用語として使われる［坪井正五郎　一八九七＆一八九九＆一九〇一＆一九〇二a＆一九〇二b］。「私が土俗調査と云ふのは諸地方住民の風俗習慣等の調べの事」［坪井正五郎　一八九七、一二六頁］と言い、「土俗」が諸地方住民の風俗習慣などである点をはっきり示している。坪井の弟子たちも続けて「土俗」をテーマにした論文を様々な雑誌で発表した。たとえば、八木奘三郎はTylorのsurvival概念に忠実に、アイヌ風習に残っている器物の品質、形象などの製作法に着目した卓越な論文を発表し［八木奘三郎　一八九六］、「土俗」概念を韓国に適用した論文［川住鋥三郎　一九〇〇］が発表されたのも注目される。このような過程を経て一九一六〜一七年頃に「土俗」は熟語として用いられて、折口信夫が一九一八年八月『土俗と傳說』というタイトルの雑誌を発行したこともあった。

『日本阿夷奴學會』第四号（一九一八）では「人種土俗談話会」という会合の内容が紹介されて、この会合は四月上旬理科大学人類学教室で、小松眞一の「旅行談」、小田桐劍二の「蝦夷島奇観の類本比較」（二三頁）という講演もあった。会合の名前が「人種土俗談話会」ということも注目される。一九二〇年代の土俗という用語は、様々な著者によって、日本の内部だけではなく、他の地域も含めて広範囲に適用された。陸軍大尉である著者がシベリアに適用した事例が見られ［鈴江萬太郎　一九二二］、日本土俗研究所は『趣味の土俗叢書』一〇編［本山桂川編　一九二四—一九二五］と資料集九輯［日本土俗研究所編　一九二四—一九二五］を発刊した。

フランスの学界の動向を紹介する用例でも、坪井の翻訳はそのまま受け継がれている。「人種学学院(L'institutedEthnologie)の講義は…、モースは相不変同院で「土俗誌」を講ずる…、ヴァンゲネップ氏も土俗誌綱領（ManueldEthnographie）を」出版し、「マーセル・モース氏は今度支那朝鮮に於ける冬季の太陽祭を伝説の上から再建して一小冊子を出すさうであります。同氏は日本の伝説に興味を有し、近年中日本旅行をしたい希望を私に漏らしました。」［松本信廣　一九二七］とある。松本は「土俗学」という用語の代わりに「土俗誌」を使ったことは「-graphy」の意味を強調した結果だと思われる。もともとの意味がそのまま適用されたことは、もちろんだ。稀にethnologyを土俗学と翻訳した宗教学者のケース［赤松秀景　一九二七］もあるが、大きな配慮がいることではない。

日清戦争直後、日本の植民地に編入された台湾の場合、台湾の知識人が表現する「土俗」は正確には坪井以前に使われた内容をそのまま維持している。「臺灣土俗」［郭廷獻　一九〇六］と言及した著者は台湾が日本の植民地に編入された後の最初の帰化人であり、台湾専門学校の台湾語の先生である。「土俗」という用語の観点を通して台湾人の台湾観と植民地、後の台湾の進歩、及び生番に対する所見も含んでいる文だ。当時、中心部で使われた用語の内容をほぼそのまま受容した結果だと思われる。「土俗」という用語で台湾を眺める視線は、台湾総督府が一九二八年台北帝国大学を設立する際にも適用されている。

土俗と人種を重ねて、台北帝国大学文政学部の講座は教室名称に、「土俗及び人種学研究室」用いた。一九一八年『日本阿夷奴學會』は「人種土俗」という用語を使ったことと対照的に、一九二八年に台北帝国大学は「土俗・人種」を使った。即ち、一九一〇年代から一九二〇年代の間に「土俗」と「人種」という用語は学術用語として定着し、両者は別個に使われたり併用されたりした。即ち、ethnographyとethnologyが併用されていることは、当時の世界の人類学界の共通の現象であったことを無視することはできない。両者の混用に対して不満を表し、両者の意味を明らかに整理した事例がMalinowskiのトロブリアンド民族誌『Argonauts of the Western Pacific』で確認できる［Malinowski 一九二二］。当時日本の人類学界は世界の学界の動きとほぼ、同時代的に歩調を合わせていたことがわかる。

一九三〇年代以来、土俗という用語を排他的に外地に対して適用した事例は数え切れないほど見られる。たとえば、サハリンの原住民に対して「土人」という言葉と合わせて適用されたケース［樺太廳敷香支廳編　一九三二&一九三三・敷香土人事務所編：一九三五］、満洲に適用されたケース［滿洲文化協會編　一九三四：滿洲文化協會編輯部　一九三四］、シベリア［布施知足訳　一九三六―一九三八］、ニューギニア［南の會　一九三七］と太平洋［三吉朋十　一九四二―一九四二］に適用されたケースが見られる。ニューギニアの場合は同人会の名前で発刊された写真集であり、同人会の英文の名称はThe Japan Society of Oceanian Ethnographyで、同人の名簿を記録された順に示すと、岡正雄、小林知生、杉浦健一、中野朝明、松本信廣、八幡一郎である。シベリアの場合は、チャプリカの書籍を翻訳しながら、「土民」と「土俗」という用語を中心にして、太平洋の場合は「日章旗下の太平洋」という題目の下で南洋経済研究所員が『満洲日日新聞』に連載、「土俗編」を掲載している。特に「共栄圏内の土俗」という題目が目を引き、帝国の大東亜戦争遂行中に編入された占領地に関する内容で「土俗」という用語の適用が植民地から占領地への移行していることが実感できる。

このような状況下でも、土俗という用語が日本の内地、飛禅の木工文化問題に適用された場合［吉田富夫一九三七］など、東京人類学会（会長長谷部言人）が日本帝国の「内地」と「外地」を併置して刊行した全十二巻の『内外土俗品図集』の題目に「土俗」を明示している点に関しては、他の脈絡で点検してみなければならない事項と思われる。台北帝国大学の移川子之蔵を中心に組織された南方土俗学会が月刊で発行した『南方土俗』は一九三一年三月に創刊号を出して、一九三九年三月から一年間休刊した。一九四〇年三月から復刊された雑誌は名称が『南方民族』に変わった。復刊する時の最初の号は「六巻一、二号」合併号になり、発行所が新高堂書店から南方民族発行所に変わった。しかし、学会の名称は「南方土俗学会」をそのまま維持した。一八九〇年二月坪井正五郎がethnographyに翻訳した学問的な精神を戦争の状況下でも維持しようとする努力の一環が移川子之蔵によってなされたと思われる。即ち、ethnographyの元の意味に固執するアカデミズムが持続性を見せている点を確認できるし、人類学という学問分野の核心の概念としてのethnographyの位置づけを実感できる所だ。

個人的な好みと政治的な状況が結合して「土俗」という用語を使用する過程が変化していく姿を読み取ることができる。それにもかかわらず、一つ必ず確認しなければならない重要な点は、アカデミズムの立場がどのように整理していたかという点だ。一九一八年にハーバード大学人類学科で博士の学位を取得することで、日本人最初の人類学博士になった移川子之蔵が台北帝国大学の公式的な研究室の名称に「土俗」を使って、戦争下でも「土俗」という用語に固執したのは、人類学という学問分野内でethnography（土俗学）という概念が持っている重さを守るためだったと思われる。

後日、土俗という用語は「土人」という言葉とともに幅広く使われ、彼らの習俗を表す言葉として定着する過程を経て、一種の差別語に転落した点もあると指摘できる。しかし、そうではない側面に対しても注目する必要がある。「民族学」と「民俗学」という二つの用語が集中的に使われる時期に突入して以来、すなわち、日本民族学会の活動が拡張され、柳田國男による「民俗学」の集中的開発の時期が到来した以降にも、台北帝国大学で土俗・人種学講座が持続的に維持されていることが意味するのは、坪井正五郎以来、日本人類学会の雰囲気を粘り強く反映する姿を維持していると解釈できる。もちろん、一九三九年に同時に、早稲田大学の西村真次と洞富雄、そして東京帝国大学理学部人類学教室の杉浦健一による講義の題目に登場する「土俗学」［日本人類学会編　一九五五、一頁］の意味が少し変質している部分があることについては注意が必要である。

三　用語の交代と主導権の争奪

問題は、どの時点で「土俗」に代わって「民俗」が登場したかということだ。「民俗」という言葉が学術用語に登場することが、どの時点で、なぜ、誰が最初に試みたかについては、正確に論証することは易しくない。古文献に登場する「民俗」ではなく、近代学問の場という背景の上で使われる用語のことであり、この部分を明らかにする作業はこれからの課題だと思われる。ただ、人類学／民族学の分野で中心的な用語の変化を起こさなければならなかった学会の雰囲気に対しては微力ながら本稿で論議する必要性を感じる。

「今日、民俗学はFolkloreの訳語として使われているが、坪井正五郎博士がこの名称を使った最初は（明治二三年『人類学雑誌』五巻五〇号）Ethnographyの訳語だった。その後、Ethnographyに対して土俗学の名称を使い、民俗学は使われなくなった。我が民族の習俗伝承を観察することは博士が最初に必要を認めたし、日本民族諸伝承の研究も土俗学的に扱うべきだ。」［松本信広　一九三五：一九一］という陳述がある。この陳述の前半部は誤謬だ。Ethnographyという英語の言葉が坪井によって最初に登場したのは、『人類学雑誌』五巻五〇号ではなく、『東京人類学会雑誌』五巻四七号（一八九〇）だ。この言葉の訳語は、「民俗学」ではなく、はっきり「人種誌」又は「土俗学」と摘記されている。坪井が「人種誌」と「土俗学」を一緒に書くことによって、両用の可能性を開いておいたことはethnographyの「ethno-」に気を使った結果だと思われる。すでに、西周によってethnologyが「人種学」に翻訳された先例を尊重したが、坪井は即ち「人種誌」を諦めて、「土俗学」に一元化して使ったことを指摘できる。この用例が学会に定着した状況についてはすでに言及した通りだ。

坪井が「人種誌」を諦めて「土俗学」を選択した理由はなんだろうか?西周によってethnologyが人種学に翻訳された影響で、「-graphy」に忠実な翻訳語が「人種誌」となる訳だ。初めはethnographyの意味と、この用語の適用に対して深い考えはなかったと思われる。一方、当時数えきれないほどの西洋の文物に対して翻訳に没頭した日本社会に登場した代表的な言葉の中の一つがraceだった。この言葉に対して「人種」と翻訳した先行の知識層の立場とethnographyを当時日本社会に適用しようとする坪井の悩みが結合され、最終的に選択されたのが「土俗学」だと思われる。用語の翻訳にとっても選択と集中の過程が一種の土着化の過程だと理解する必要がある。坪井は最終的にethnographyという言葉が含んでいる内容の意味を考えたのだ。

一方、「民俗学」の根本的な前提を言及するためにはジェイムス・フレーザーの『金枝篇』、イギリスの民俗学者G.L.Gomme、イギリスの『Notes&Queries』に言及して、「柳田民俗学」の生成を促した人物として評価される南方熊楠（一八六七―一九四一）が、「我が国（日本）も何らかのFolk-lore会の設立」［牛島史彦　一九八八、四三頁］を慫慂した事実がある。その時、南方が言及した「Folk-lore」は『シェークスピアの民俗学』が構成する範疇の内容と同一のことだと思われる。(2)「民俗学」という用語が、まだ誕生していない状態で「Folk-lore」を一時的にそのまま使った南方の見解も無視することができない。彼の提案が『郷土研究』が発行される以前であったことを確認する必要がある。

数年間、大英博物館で勤務した経歴を有した南方の提案に肯定的に反応するように、「明治四五年（一九一二）に、石橋臥波は、坪井、三宅、白鳥らとはかり「日本民俗学会」を創立し、大正二年（一九一三）には機関誌『民俗』を創刊した。民俗学の名称が公的に用いられた最初である。ここでは民俗学は国民の間に現存する古代文化の遺物、つまり、伝説、童話、俚諺、迷信、風俗習慣などを研究するものとしている。『民俗』は大正四年までに、五冊を刊行するにとどまり、これを継承することもなく終わり、以後の影響はうすい」［植松明石　一九七九：三五］。一九一二年に坪井と一緒に参加して「日本民俗学会」の創立、及び機関誌『民俗』が創刊されたのには、「土俗」が「民俗」に代替されたことによって一定の程度で雰囲気醸成の役割があったことを意味する。もちろんこの学会及び機関誌がうまく受け入れられなかったという事実も重要な意味を持っている。言い換えれば、土俗という用語は、民俗という用語の共存併行の使用の期間が相対的に長かったという点を意味する。

ともかく、「民俗」という用語をよく使った人は南方熊楠であり、彼が「Folk-lore」であると指摘した現象に対して「民俗」という翻訳語が適用されたことに間違いない。すなわち、「folklore=民俗学」という構図は南方熊楠によって、はっきり定着していて、彼は十二支に関する議論をするために、約十年間発表した論文で粘り強く「民俗」という用語を採用した。『太陽』二〇（一）（一九一四）に掲載された「虎に関する史話と伝説、民俗」を筆頭に、「猪に関する民俗と伝説（二）」『太陽』二九（四）（一九二三）まで続けて連載された。一つ、明らかなことは南方によって使われた「folklore＝民俗学」は内容上「-lore」に焦点を合わせたことで「伝説」と「史話」の内容を含んでいる。後日、民俗という用語を採用した西村真次の場合、「ここで言う「民俗」は「Folklore」の意ではなく、それを含めたところの、もつと広義のものであることを断はつて置く」［西村真次　一九二七、一一頁］だと言って、「民俗」という用語の内容が分化していることを暗示する。

民俗という用語が土俗に代替されることに関しては、南方熊楠の功績を外すことはできないようだ。南方が使った民俗という用語の用例の中には、用語使用のオリエンタリズムは感じられない。即ち、民俗が土俗に代替することに成功する過程は、アカデミズムの単独の努力で成り立ったのではなく、用語を消費する読者である民衆（大衆）との関係で発生するコミュニケーションの結果かもしれない。この過程でオリエンタリズムが作動する部分も入り混んで、アカデミズムと帝国主義が錯綜する混沌性を見せていることが、中心的な用語の交代過程だと思われる。

ある個人の執筆の歴史の中で土俗が民俗に代替される過程を詳しく明らかにしている場合を見てみたい。「大正十五年三月、私の民俗学的第一回の著書は『土俗私考』と題した。…早大校友関係の永楽クラブ会員である長谷川天渓、松宮春一郎、増田正雄を中心にして、それ以外の三、四人の友人が私のために後援会を作って研究を手伝った。この力を得て『日本土俗学』という本を構想したが、最初、後援相談会の席上で長谷川が大英百科全書にある民族学エスノロジー、土俗学エスノグラヒー、民間伝承ホークロアの三者について説明をし、松宮は、「土俗学」ということは土民の生活を研究の対象にするが、土民という言葉が何となく、耳に障るとし、常民とか民衆と言ったほうが妥当ではないかとして、土俗学を民俗学だと直したほうがいいと提案した。彼の提案は大正初期に刊行された石橋臥波氏の雑誌『民俗』から来たと考えられる。このような忠告を受け入れて、一九二六年六月に出版した第二回の著書では『日本民俗志』という題目に決めた。」「…私の民俗学の名だけは定まつたが、その內容は依然として土俗学時代と同じやうに、廣義には、常民の間に行はれた信仰、習慣、風俗、說話（神話、傳說、民譚）、工藝、言語、歌謠、俚諺、舞踊、遊戲などを資料として、文化の源流、進度、傾向を研究するといふのであつて、狹義には、是等の資料を以て、常民の生活の基調、推移、動向を研究するといふのである。そして、その研究方法を歷史学的にしたといふのである」［中山太郎　一九四一、二—四頁］。

中山の論議とほぼ似た時期に「考現学」という用語を使い、一九二五年「東京銀座街風俗記録」を発表した今和次郎と、伝播論人類学者西村真次との会話でも類似した脈絡が見える。「銀座の街頭で働く気持で約一週間ばかりの間暮した或日の帰り、電車で会つた西村真次さんに私は「土俗学の方法を文明人に適用するとそれは土俗学の範囲に入りませんか？」とやりつつある仕事をかんたんに話して訊いてみた。西村さんは「私はそれを土俗学の範囲に入れていない」と答へられ尙つけ加へて「アメリカあたりの学者の解決ではいいだらう」と言はれた。私は実は、最近Boas教授やWissler博士の研究でカルチユアの人類学的考察方法は刺戟されていたのである」［今和次郎　一九二五］と述べた。土俗学という用語の使用の限界点に対して深思熟考した大正末期の知識たちの認識地図が読み取れるエピソードであり、中山の「民俗」と西村の「カルチュア」がほぼ同じ構図ということが分かる。

一九一〇年頃から、地誌類を通して民俗学的な資料の収集を始め［中山太郎　一九三二］、英語のethnographyを土俗と翻訳して使ったこと［中山太郎　一九一九］が明確な中山の場合は、一九二六年が三月から六月にかけて全く同じ意味で「土俗学」という用語が「民俗学」に転換されていることが明らかである。それにもかかわらず、彼が使った用例はこのように機械的に転換されていないだけでなく、転換の過程で若干の重複と葛藤があったこともわかる。中山は土俗という用語を使うことと同時に「民間伝承学」という用語を駆使した場合もあって［中山太郎一九二四〕、彼自身が転換期だと表現した直前の場合〔中山太郎　一九二五a・一九二五b〕と、この期間に該当する時期に発表された論文〔中山太郎　一九二六〕では、はっきり「土俗」または「土俗学」という題目を持っていて、転換期を経た二年後に発表された論文〔中山太郎　一九二八〕にも「土俗」という題目の文を発表している。明示的に「土俗」を捨てて「民俗」を採択した中山自身が、自分との約束を破って持続的に「土俗」という用語を採用することはどのように理解するべきか？

学問上の重要な用語の採用はある個人の宣言や約束では成り立たないことが確認できるし、「土俗」から「民俗」へのキーワードの転換は個人の次元でも、学界及び、出版の業界の次元でもそんなに簡単におきるものではないということがわかる。また、もう一つ確認しなければならない点は、「土俗」という用語の底力だ。この用語ではないとい含められない意味の問題があるからこそ、意識的にあるいは無意識的になされた「土俗」という用語の廃棄の試みがうまく行かなかったことを指摘するべきだ。「民俗」には含められない「土俗」の意味上の固有性に関する議論が必要であったということをはっきりさせたい。新たな用語とは、学問という文化に持ち込まれる変化の問題であり、議論が、新たな用語の定着の過程で追いつ追われつの試みそれ自体が一種の土着化の過程であり、この過程が変化の中で持続性を示す現象だと言える。これは、ある有力者の宣言によってのみ可能なことではなく、広範囲な学者達の議論の過程から始まるものであると考えられる。

個人の努力と意志だけではなく、一定の地域の動きも用語の変化と定着にどのような影響を与えているのかについても考えてみる余地がある。仙台放送局で実施した東北土俗講座（一九二九年夏から開講して一九三〇年一月完了）の内容には、「土俗」という用語が底力を発揮する姿を見ることができる。佐佐木喜善の「東北土俗講座開講及閉講の辞」、三原良吉の「網地島の猫」、田仁の「仙台の玩具」、柳田國男の「東北と郷土研究」、中山太郎の「東北は土俗学上の宝庫」、中道等の「南部の恐山」、「下北半島の鹿と猿」、「平内半島の民俗伝説」、森口多里の「東北人の民俗芸術」、折口信夫の「東北文化と東北文学」、金田一京助の「言語と土俗」、「イタコと座頭」などで、講座の講演集は三元社から出版された〔『民俗学』二巻二号、一九三〇、六九頁〕。一九二九年と一九三〇年頃、「土俗」は「民俗」と混用されているが、両者が全部「土俗」という構図の下で使われたという事実と、「土俗」を捨て「民俗」を採択したと主張した張本人だった中山太郎が、再び「土俗」を取り上げていることも注目に値する。

『方言と土俗』という雑誌の用例は、そのような当時の事情が伺える。「全国土俗雑誌一覧」という文の題目から「土俗」がはっきり使われているだけではなく、当時発刊された雑誌を全部、おおざっぱに「土俗」という範疇内に含めている点にも注意する必要がある〔匿名　一九三〇〕(3)。この「一覧」と合わせて同誌の広告欄に「大岡山書店発行土俗書」を紹介し、中山太郎の『日本民俗学』シリーズ、松村武雄の『民俗学論考』、折口信夫の『古代研究』、柳田國男の『海南小記』や『郷土会記録』をすべて含んでいる。同雑誌の一巻六号（一九三〇）に載せてある広告欄には、岡書院発行の書籍を「岡書院出版土俗書」と明記している。はっきりと「土俗」が「民俗」よりは広い範疇の意味を含む用語として認識されている点が指摘できるし、『方言と土俗』の編集責任者が意図的に「土俗」という用語の拡散を試みていることもわかる。日本列島の北辺、盛岡で発刊されたこの雑誌は四巻九号（一九三四）を最後に廃刊となった。仙台と盛岡という東北地方の保守性が用語転換の脈絡と過程を見せてくれる事例だと理解できる。

私は「土俗」から「民俗」へ代替される過程に持ち込まれた理由を二つ設定して、この二つの内容について議論することを本稿の主眼点にしたい。一つは、「民」衆論から始めて、国「民」創出につながった「民」の概念の政治的な拡張により、民俗概念の政治性につながった問題であり、もう一つは「土俗」概念に被せている社会進化論的な野蛮性、汚染、恐怖の可能性と関連した集団心理的なスティグマの問題だ。そして、この二つの理由が結合しながらシナジー効果を出した結果、「土俗」は「民俗」に席を譲ることによって、二つの用語の間の概念上の衝突の歴史は終決したのである。それにもかかわらず、「土俗」が一つの完結された用語として、いまだに命脈を保っていることは、この用語が含む意味上の固有性と包括性が作動しているからだと解釈することができる。

四 「民俗学」―民衆認識と国民創出の政治過程論

すべての社会現象の政治化は常に権力の問題を背景にしているので、一つの現象が登場する場合には、これに対する弁証法的な前後の過程、または反対給付の問題を想定しなければならない。民俗という用語の登場の弁証法的な過程、また反対給付というメカニズムを想定すれば、国体精神の具現の手段として登場した民俗概念に対応するのは、その前の時期の民衆論であったと思われる。中山が使った民俗概念の根底からこのようなメカニズムの発見が可能だ。「我国の民俗なるものは殆んどその悉くが、国体精神の発露であり結晶であると云ふも過言ではない」［中山太郎一九四一、三頁］。そして、祖先崇拜、稲作儀礼、年中行事、民間信仰などを通した国体精神の展開［中山太郎一九四一、四―一九頁］が民俗学の内容となっている。従って、国体精神の具現の手段として民俗を見なしている点と、民衆を基盤にした国体精神の具現という点では、民俗は政治化された概念に造語されたと理解できる。

一九四一年という時期に中山太郎は、なぜ「土俗」から「民俗」に、「一九二六年」に転換したと具体的に明言しているのかという問題についても考える必要がある。当時まで使われていた「民俗」の意味の限界、即ち、「-lore」の側面の意味だけを担う「民俗」では、学界の市場という舞台に対する影響力に限界があると判断した結果、坪井以来、日本学界で人類学の正統性を担ってきたと認識されている「土俗学」の意味の継承を通して、政治化された民俗学の正統性の確保のためのジェスチャーである可能性を排除することはできない。「一九二六年三月」という度が過ぎるほど具体性を帯びた中山の証言は、皇紀二千六百年の記念と大東亜戦争の勃発という極右的状況に便乗した学界政治（academic politics）の一環だと解釈できる。

一九一〇年代、大正デモクラシーの雰囲気の中で、吉野作造を中心に展開された急進的な民衆論［島村輝二〇〇二：一七四―一七五］は、知識層を導くキーワードに定着した。「主権の所在」を論じる吉野の論文［吉野作造　一九一六］では、立憲制の君主国では、「民主主義」と区別して、「民本主義」を定立すべきとし、この議論のキーワードとして「一般民衆」を提示した。天皇制の立場から見れば、民衆論は、まさに革命的な思想だった。吉野の「民衆」は一九一六年から数年間「民衆芸術論」において秘かに話され、急進的に政治性と芸術性の統合が模索される場が作られた。この影響で本間久雄は『早稲田文学』に「民衆芸術の意義及び価値」という論文（一九一六年八月号）を発表し、大杉栄はロマンロランの『民衆芸術論』を翻訳した（一九一七）。加藤一夫の「民衆は何処にありや」が『新潮』（一九一八）に載せられ、川路柳虹は「民衆および民衆芸術の意義」を『雄弁』（一九一八）に発表した。加藤一夫の『民衆芸術論』（洛陽社、一九一九）が出版され、福田正夫は民衆芸術の実践ジャンルとして「民衆詩派」を主唱するために雑誌『民衆』を創刊（一九一八）した。「民衆」がまさに時代を導く理念として成長した時代が、大正デモクラシーだった。時を合わせて、一九一七年のロシア革命、一九一八年日本国内の米騒動、一九一九年朝鮮独立運動、中国の「五・四運動」勃発などは、急進的な時代の変化の中心に民衆というキーワードが定着していたことを証言するに十分だ。

「民衆」の発見という大正時代は、人類学という学問の分野でも影響を及ぼさざるを得なかった。「民」の威力が発見された時代的な状況の影響で「土俗」の「土」の文字が「民」という文字に代替された可能性を提案したい。このような過程の間接的な証言もある。一九二七年十月プラハで開催されるCongress of Popular Artsに参加するために、会議の直前、夏に組織した民俗芸術の会に対して言及した小寺融吉は、「民俗芸術」が「十年前には民衆芸術という名前で流行した」［小寺融吉　一九二八、三八頁］と説明した。「民俗芸術」と言いながら、英語では「popular arts」を使った点が当時、日本の状況の変化を証言することかもしれない。即ち、民衆論が流行した当時、この「民衆」と言う用語が含む意味の中には「民俗」が含まれていることがわかる。これは「民」の力に対する認識の反映だったと思われる。

時期別に用語が変更されて使用されたケースは、個別の学者たちの間にも発見される。宇野圓空の場合、一九二五年帝国学士院研究費の主題は「南洋及蘭領印度に於ける宗教土俗の視察調査」、一九二六年と一九二七年帝国学士院研究費の主題は「インドネジヤの宗教土俗研究」であった。研究の対象は南洋とインドネシアであった。ところが、一九三七年には研究の対象を日本に限定しながら「宗教民族学的研究」を標榜している。インドネシア「宗教土俗」の内容に当たる日本の対応は「宗教民族」に当たるという認識の差別性が存在する証拠として、宇野圓空の用例が受け入れられる。

「民俗」と「民俗学」が「土俗」と「土俗学」に取って代わって、優位を占めて一つの独立した学問として定着することは、およそ一九二九年民俗学会の結成と『民俗学』という機関紙の発刊から始まるようだ。学会の名で開催された「民俗学談話会」の創始期の内容には明らかに「民俗」の地位が「土俗」よりも上位にあることを実感する箇所がある。例えば、第二回（一九二九.四.十三、学士会館）の時小川鉄の「台湾蕃族土俗談」と第三回（一九二九.五.十一）の時伊波普猷の「ハワイ土俗談」を明らかに指摘できる。民俗学談話会の部分的な内容として台湾とハワイの土俗が挙論されたからであり、同時に第三回の一九二九年五月十一日に「『民族』と別れる日だと…『民族』に集まってから、今度は『民俗学』に変わって一緒に行く」情況が、折口信夫の話［『民俗学』一九二九．八、三四頁］に整理されて見られることは、当時、『民俗学』が学界の構図を平定した雰囲気を伝えている。もちろん、この過程に折口信夫の論文に対する柳田國男と岡正雄の間の葛藤が介在している点も忘れてはいけない点だ。一九二九年から一九三一年まで二年間にわたった一六回の「民俗学談話会」と一九二九年から一九三二年まで三年間にわたった七回の「民俗学大会」の余波が、民俗学という名前の学問が自立するうえで、かなりの程度の寄与があったと考えられる。そして、その付随的な効果が、「土俗」と「民俗」の衝突の過程を終わらせたことであり、これによって「民俗学」の時代が開かれたと考えられる。

『民俗学』は、もはや狭い意味のfolkloreに局限されたものではない。関連する学問の内容のすべてを網羅しながら、研究者たちも一緒に新しい方向のアイデンティティーを模索したことが、一九三〇年代初めの日本学界の流れだったことがわかる。彼らは『民俗学』というタイトルの下に、過去の民族学の領域に属する内容まで含めようと試みていた。たとえば、ドイツのベルリンで活動したVereinigung für Völkerkunde und Verwandte Wissenschaftenが「伯林民俗学会」として、石田幹之助によって翻訳、紹介された点を指摘できる［『民俗学』三冊九号、一九三一、三〇―三二頁］。すなわち、後日、民族学に翻訳されるVölkerkundeの内容を含む新しい民俗学創造の作業が始まったことがわかるのである。『民俗学』の肉付けは内容上、無理だったことを指摘しなければならず、その結果は、さらに異なる新しい動きをもたらす起爆剤になったと思われる。それは日本民族学会の結成として現われた。

あたかも、第一回人類学及び民族学国際会議（International Congress of Anthropological and Ethnological Sciences、一九三四．七．三十～八．四）がロンドンで開催され、日本でも代表団が派遣された。国際的な学会の動きは日本学界の版図の変化にも影響力を行使し、窮極的に一九三四年十月日本民族学会設立を見るようになった。その趣意書によると、「…最近、世界帝国において膨脹する民族主義的機運は民族に対する再認識を要求している。…民族学の理解は不可欠である。日本で民族研究は今までは大体、民俗学の名前で主に郷土研究の方向に発展、日本残存文化の採集と解説に貢献…、そのほかの民族文化との特徴を比較し、相互の系統関係を明らかにして、文化の発生や接触、伝播の理法を考究することは海外で民族学の進展から当然、要求されている。特に、今夏ロンドンで第一回が開催された国際人類学民族学大会の成立と…旧民俗学会の委員会が自ら組織を発展的に解消することを決定…発起人一同は日本民族学会を新しい組織で発源した。在来の月刊『民俗学』の代りに純粋な学術的機関紙として季刊で『民族学研究』を編集…」[『民族学研究』一冊一号、一九三五、二一九―二二〇頁]するという宣言的な内容だった。旧民俗学会が民族学会に変貌することが発展的に進行するというレトリックがシニカルで皮肉のように聞こえた人々がいたのはもちろんだ。その発起人の名簿には柳田國男を除いたほぼすべての関連の人士たちが含まれる挙国性を見せていた。

「民俗学会が民族学へ移行することに対立したアカデミズムの中の研究者の分派は日本主義的な傾向をとった。…折口信夫、小寺融吉、北野博美を中心に日本民俗協会を創設した。これは（既存の）「民俗芸術」と「郷土芸術」を継承、再編成したものであり、主に国学院と慶応義塾を基礎に結成された…国風、国民性、国学」[赤松啓介一九三八、五二一―五二三頁]が協会のキーワードだった。すなわち、民俗学の世界化に反撥した国学としての民俗学のアイデンティティーの確立の次元で現われた反射的な反発だったことがわかる。日本民族学会において、すでに刊行された『民俗学』を合本頒布する（一九三六年四月）作業を準備する過程も民俗学の側では、あまり愉快な事ではなかったと思われる。民族学に対する民俗学の反発はすぐ起こり、十月に発起した日本民族学会に対抗して日本民俗協会は十一月に出帆した。国学院大学の郷土研究会（一九一六年折口信夫によって創立）の学生たちを中心に準備した

第一回民俗芸能大会（一九三五.十）が日比谷の公会堂で、そして第二回民俗芸能大会（一九三六.五）が日本青年館で琉球古典芸能大会を主題に開催された。日本民俗協会と郷土研究会が一緒に行動し、前者は対外的なことで、後者は学内の学生たちを中心に運営された。このような努力の結果、国学院大学では一九四〇年度学部の講座で民俗学と民俗学資料室が設置された［大場磐雄・今泉忠義・西角井正慶　一九四七］。国風と国学の雰囲気は皇紀二千六百年の神国創出と無関係ではないだろう。

昭和初期の政治的な激動と満州事変の勃発は、日本の知識人たちの思想地図に少なくない影響を与えたと判断される。その結果、「一九三三年に起こつたマルクス主義者の天皇制ナシヨナリズムへの大量転向」［磯前順一　二〇〇八、七頁］が民俗学と人類学界にもたらした波及効果について摘記しなければならない。東京帝大と京都帝大出身の若いマルクス主義者たちを例にすれば、岡正雄、大山彦一、大間知篤三、石田英一郎などが柳田國男の木曜会という傘の下に結集した頃の事情が「転向」と深い関連がある。転向の余波で発生した思想地図の変化は民俗学と民俗学範疇の学界に若い血を輸血する結果を生産したという点を指摘できる。『民俗学』時代の序幕とともに相対的に疎外された柳田國男に再起のエネルギーを提供したのが若い研究者たちの思想的な「転向」から始まったということは、後日、日本人類学の思想的右翼性のための捨石になったと解釈されなければならない。

このような変化の動力を感知した柳田國男が「「民俗学」という言葉を普通名詞で使うには日本ではちょっと早い感じ」［柳田國男　一九三四、一頁］だと前置きして、折口信夫主導の日本民俗協会とは異なる代案を提示したのが、他でもない「民間伝承」という概念だった。日本民俗学会と日本民俗協会が大学に属した研究者たちを中心に構成された点に着眼した柳田國男は地方に散在したいわゆる、郷土学者たちの趣味的な傾向を持って、民間伝承の会を組織するのに成功した。柳田の還暦記念として日本民俗学講習会（一九三五・七・三一―八・六）が一週間東京で開催されることで、一九三七年八月までに九三七人の会員の全国的な組織になった。当時、日本民族学会の会員四一八人に比べたら、民間伝承の会は全国最大の組職に急成長した。「その支部にあたる組職には、磐城民俗研究同志会、横浜民間伝承の会、名古屋民間伝承の会、金沢民俗談話会、佐渡民間伝承の会、甲斐民俗学会、下伊那民俗研究会、南越民俗社、大阪民俗談話会、京大民俗学会、近畿民俗学会、広島民俗学同好会、南予民俗研究会、鹿児島民俗研究会など」［赤松啓介　一九三八、五七—五八頁］が活動していた。当時は、満州事変と日中戦争の間に当たる時期であることを勘案すれば、日本では民俗学界が勃興する雰囲気が、戦争期であった点を間接的に証言する。すなわち、国粋主義的に流れる民俗学のアイデンティティーを表していることは間違いない。

土俗学という用語がほとんど消える状況でウィーン学派の民族学を修学した岡正雄が民俗学の傘の下で「土俗学」を取り上げたことは用語使用の歴史の進行過程で外すことができない部分だ。長い歴史を持つ「土俗」の意味に対する再発見の声が提案されたことは、国粋主義的に変化する民俗学一辺倒の雰囲気に対する牽制だったといえる。「民俗学が一般的人類なるものを研究するのではなく、特定の文化民族、即ち例へばドイツ民族を研究するのである以上、民俗学は土俗学の単なる補助的部分ではあり得ないわけです。歴史的土俗学（historische Voelkerkunde）の説明をここで申している暇はありませんが、これと土俗学の関係は前者とは異つています。これは民俗学の目的が、特定民族又は文化の特質、文化要素の相互的結合関係、民族の全体的民俗文化構造文化要素の変展といふやうな問題の研究にありとなし、民俗学の独立の目的と意義とを認めているのであります。…土俗学の仕事の終つたところから民俗学は始まり、民俗学の終つたところから土俗学の領域が始まるのであります」［岡正雄　一九三五、三六〇頁］と主張した。時期的にナチスの民俗学の影響と無関係ではない岡正雄が主張する民俗学と土俗学の関係は聞いて心に留めておくに値する。特に彼が民俗学の適用の範囲と内容を「特定文化民族」と「歴史的土俗学」と内容の説明を添付したことは両者の関係を定立する一つの指針になる。「土俗学」の意味が国学としての民俗学に埋没しない理由を見ることできる。

「土俗学」を弁護する岡正雄の民俗学に対する牽制の努力は、「すでに港を去った船」の前で無気力になるしかなかった。別途の事務所を備えた民間伝承の会は全国的な組織を対象にして日本民俗学講座を開催した。「一九三七年一月一九日から一年間三十回にわたって、毎週火曜日（午後六時―九時）東京駅前丸ビル八階集会室で定員一二〇人で制限して、入会金一円と聴講分第一期（一月―三月、一円）、第二期（四月―七月、一円五〇銭）、第三期（九月―十二月、一円五〇銭）までもらう状況を呈したし、講師には柳田國男、折口信夫、岡正雄、大間知篤三、桜田勝徳、杉浦健一が動員された。続けて全国各地の民俗学同好者の要望で民俗学大会を全国各地で開催される。第一回日本民俗学大会（一九三九・一一・二六）が、東京市神田区駿河台佐藤新興生活館で開催され、講師は柳田國男（文化と文化系）、大藤時彦（民俗学研究の歴史）、関敬吾（最近の民俗学）、橋浦泰雄（会の現状及将来についての討議）」（『民族学研究』五（二）、一一三―一一四頁）だった。「民俗学」は、いままさに「日本民俗学」と看板を変えて、新しく作られていた。「民俗学」は全国規模の旋風の人気を獲得するようになり、日本に焦点を合わせた「民俗学は内省の学（柳田國男先生）と規定され、…民俗（民間伝承）を研究する学問である…」［関敬吾　一九四四、二五〇頁］という定義は民間伝承がすなわち民俗だという点、そして、その概念の中心に柳田があったという点がすぐにわかる。

民衆概念が国民概念へ進化する戦争期の状況に位置を占めた民俗学の内容と概念は、それがどれほど政治的に創案され操作されたものであるかを十分に証言している。民衆の生活基盤である郷土に対する再認識を促しながら、日本民俗学を定義する関敬吾の発言は戦争期の国民扇動と民俗学が結合する姿を見せる明らかな事例だ。「最近、地方文化の問題が大きく取上げられ、郷土再認識が重要な課題となりつつあることは、見逃すことの出来ない問題である。

その原因は幾つか考へられるであらうが、その主なる原因の一つは、国が重大な時局に直面すると、国の歴史を振返り、国の文化を再認識するといふことは当然である。従つて地方文化を再検討し、郷土を改めて見なほし、そこに保存されといる古い我が国の伝統的文化を見出そうとするのもまた、自然の理である…この郷土の正しい認識こそ、祖国のよき認識の第一歩であり、祖国愛への出発点である。かかる意味に於て、日本民俗学が郷土認識の科学として取上げられることは、民俗学の目的を知るものはいづれも認める処である」［関敬吾　一九四四、二四九―二五〇頁］。この時点で盛況裏に大衆的な人気を呼んだ民間伝承の会の背景を背負って、民俗学を振興させようとする柳田の意図に対する共感の醸成に参同した関の立場を見守る必要がある。

そして八紘一宇の頂点に擁立されなければならない帝国日本の「民俗学は特定の高文化民族を、主として自分自身の手によって自己民族を研究する学問とも考へられている」［関敬吾　一九四四、二五二頁］という陳述は、皇紀二千六百年という時代的な雰囲気を背景にする論理だと言うほかない。そのような論理の中で「フォルク（常民または民族）」［関敬吾　一九四四、二五三頁］という翻訳が妥当性を持つ。したがって「現代民俗学は国民の歴史的生活様式の認識を意図するものである。我が国民の伝統的生活様式、純粋なる我が民族文化を、記録以外の手段によつて、研究する科学といふことが出来よう」［関敬吾　一九四四、二五六頁。強調は筆者］。「国民」すなわち、皇国臣民を研究対象の概念の核心に設定した当時の日本の現代民俗学の立場を明らかにしたわけだ。戦時期に作られた国民の概念に適応する日本民俗学のアイデンティティに関する論議が可能なのである。独立的な学問は方法論がしっかりとしなければならないという認識の下で「記録以外の手段」という方法的な限界を明確に設定したことは、歴史学との境界を認識して、民俗学自らの固有の領域を確保するという意志の表現だが、実際に、そのようにならなかったとしたら、歴史学という巨人を意識しすぎた強迫観念の表現に過ぎない。

五　「土俗」という用語とスティグマシステムの作動

第一次世界大戦が勃発すると、帝国日本は連合軍側に立って地中海まで艦隊を派遣する威容をふるうことで戦勝国に含まれ、その成果としてドイツの植民地だったミクロネシア諸島を信託統治領として支配することになった。パラオに設置された南洋庁は、太平洋での日本の国力を誇示する踏み石になった。名実ともに「帝国」の一員であることを自他ともに認めるようになった。露日戦争の勝利で帝国列強の列に加わった日本が国際的に公認された信託統治領を堂々と引き受けたことは、帝国日本のイメージを世界史的に褒貶する事件だった。

脱亜入欧に終止符を打ち、世界的な認定によって、外見上の帝国は内部的な体制構築を通した均衡感覚を要求するに至り、帝国にふさわしい内外的なバランスを取るために内部的には民力涵養運動が展開されたと考えられる。帝国内の植民地は台湾と関東州に引き継いで朝鮮と樺太、及び南洋が含まれることで帝国の中心としての日本人の地位確立の作業として、日本人の「民」の力を増大させる必要性があった。

当時の感覚で表現したら、中国で進行している「文明化」のようなことが、日本で行政政府によって推進された民力涵養運動だったと考えられる。「近代日本の文化政策の展開を、図式的にまとめてみますと、内務省の文化政策、地方政策はだいたい十年おきに区切れます。一九一〇年代の地方改良運動で、神社合祀をはじめ社格化による伊勢と靖国を頂点にしたヒエラルヒーが形成されはじめ、それが後の一九三〇年代の郷土教育運動や一九四〇年代の大政翼賛会の地方文化運動につながっていくわけですが、その間においたのが、一九二〇年代の民力涵養運動です。…一九二〇年代のこの運動で、実は神棚（家の中に神霊を祭る龕室）、門松（新年に家の中に神を祭るために門の前に立てる松）をはじめ、初詣（新年に入り、初めて神祠を参拝する）、七五三（子供の成長をお祝いし、三歳、五歳、七歳に神祠に参拝する）、神前結婚式、あるいは集団参拝の形式や、それに黒の喪服を着るといった慣習が、全国的に普及しはじめます。今日、一般の日本人が考えている日本の伝統文化の多くは、この時期に内務省の民力涵養運動で、半ば強要的な政治力によって規範化し、国民儀礼化させることで、初めて普及していくのです」〔岩本通弥二〇〇八、五四—五五頁〕。民力涵養運動は、第一次世界大戦後一九一九年三月、当時の内務大臣、床次竹二から各府知事に発送された訓令から始まった一種の戦後経営事業の総称でもあった。五大要綱（国体精華の発揚で健全な国家観念の養成、立憲思想を確立して公共心の涵養の企図、世界体制にふさわしい修養蓄積、相互尊重と軽信妄作の退治、勤倹節約の微風と生産増殖）を骨子にした国家思想の啓蒙と地域秩序の再編、民主主義の思想の高揚、生活改善と労使—地主の小作関係の調整を含んだ雑多な内容の運動だった。

その付帯的な効果としては、帝国の位相に対する確立の構図として自然に「内地」と「外地」の区分が必要になり、「外地」と「内地」の各々に対して適用する用語の差別性を要求する声の一環として「土人」と連動させる「土俗」の「土」字を「内地」には適用しないという試みが展開されたと思われる。また、当時ロシアのBolshevik革命に刺激を受けた社会主義が染みこんだ民衆論の拡散を遮断する効果も狙っている一種の官製政治運動が正に民力涵養運動であった。

時代的な背景と官制政治運動の影響で、「土俗」が「民俗」に転換する流れが始まったと見られるし、進歩思想を基礎に「民力」の強調によって醸成された雰囲気の中で「民俗」が「土俗」に取って替わる試みがあったと理解できる。この変化は単純な単語の語感の問題ではなく、政治システムの問題が反映している。同時に関東大地震で非常に大きい変化が生じた点も考慮しなければならない。地震で崩れた都市の残骸たちとともに消えなければならない過去のものとして、土俗という用語に未開または野蛮という偏った価値が介入されながら、概念としての土俗がスティグマタイズされる経験をするようになる。学術用語にまで拡散した概念のオリエンタリズム現象だと言おうか。当時、生活様式として、帝国主義が部分的にでも日本社会の内側に拡散する過程と程度を感知するようになる。その結果、植民地や占領地には適用することができる土俗と言う用語が、帝国日本の内地には適用されなくなり、その代替として民俗が登場したと考えられる。もちろん、状況によって例外的な用例が発見されることも注意が必要だ。

土俗という用語が、スティグマタイズされるところには、「土人」が絶対的な貢献をしたと考えられる。「どじん其国土ニ生レツキタル民」。これは日本ではじめて本格的に編纂された国語辞典である『言海』（一八八九—一九九一）における「土人」の定義である。これに遡ってつくられていた各種の字引類の定義をみても、「トチノヒト」「ソノクニノヒト」「土民ニ同ジ」などとあり、基本的には「土民」とも交換可能な「その土地、地方の人」という語義になっている。漢和辞典、古語辞典をあたっても状況は同じであり［諸橋『大漢和』、角川『古語大辞典』］、「未開人、野蛮人」としての「土人」は、明治以前にはまだはっきりとその姿を表わしてはいない」［中村淳二〇〇一、八六頁］。脱亜入欧で近代化を試みた経験を持っている日本社会が自分たちの問題を野蛮人と言う用語と互換される「土人」の範疇の中で考慮するということは想像すらできないことだった。「亜」と「土人」は支配の対象と見なす思想を成長させて来た日本の知識人たちとしては、不適切な用語の適用による汚染恐怖を抱くことは当然の結果であった。

人類学という学問が定着し始めることで、日本人の研究者たちが出会った進化論の線上の野蛮人たちに対する認識が、「土人」として定着し始めたのは、初期研究者たちの報告書からも観察されるだけでなく、一般知識人たちの記録でも簡単に見られる。坪井の弟子たちの中で、佐藤伝蔵と八木奘三郎はメラネシアとポリネシア、及びヤップとパラオの紹介で、「土人」という用語を使った［佐藤伝蔵・八木奘三郎　一八九六ａ＆一八九六ｂ］。彼らのまなざしは、素朴な進化論に即した他者化の水準にあったと考えられる。このようなまなざしは、帝国日本が戦争に突入し支配とヘゲモニーの争奪戦に没入する一九三〇年代後半には完全に違った姿を見せる。まなざしの進化は戦争に向ける帝国のシステム進化とも歩調を合わせていた。「土人」は支配対象に適用する用語であって、これ以上支配者に適用する用語としては納得できなかった。

樺太庁傘下の植民地に住んでいる原住民たちを「樺太土人」［川村秀弥　一九三九ａ］と規定して、その特性を「不規律、無秩序、騒乱、注意散漫、倦怠、覇気欠乏、消極的、淳朴正直、表裏無して教唆命令によく従う」［川村秀弥　一九三九ｂ、三四頁］人々と規定して、「自然に服従して、自ら生産する土人たちを人間的に生活ができるようにする教育の力」［川村秀弥　一九三九ｂ、二七］を見せるために、一九三〇年七月土人教育所が設立された。教育所は「国民的な情調を涵養すること、職業的な陶冶をすること、協動精神を育てること、勤労労動精神を育てること」［川村秀弥　一九三九ｂ、三二］を教育方針として定め、「実業科（水産実習:曳網刺網、農業:蔬菜栽培、副業:養兎、養鶏、養豚等、手工:土俗品製作、手芸:同）、作業科（共同的な勤労作業に慣行されるように、薪の収集、校地公道の清掃、薪炭の運搬、除雪、神社境内地や道路の清掃）」［川村秀弥　一九三九ｂ、三二―三三頁］などを教育施設の内容とした。「土人」たちが「土俗品」を製作することで自立の基盤を築くという趣旨だった。「土俗」は「土人」と直結した姿を明らかに見せていることがわかる。

大東亜戦争勃発直後、占領地になったフィリピンに対する紹介書にも「土俗」が適用［三吉朋十　一九四二］され、レイモンド・ファース（Raymond Firth）の著書『The Art and Life of New Guinea』（一九三六）を翻訳する過程で「南方土俗学」の権威者Malinowski［鈴木治訳　一九四三、後記九頁］という表現を使っている。土俗と言う用語は、戦争状況の占領地において軍政によって統治されなければならない対象の人々を指している点が見て取れる。この問題は大東亜戦争による占領地の拡散と合わせてしばらく進化する姿を見せることになる。

日本の人類学者として、「土人」の用例に対して深い分析をした事例を引用してみる。土人定義の変遷を明らかにするために、辞書的な次元で四つの用例の意味を分類した結果、「土地人、土人形、原始生活、留保付き」［中村淳　二〇〇一、九二頁］が提示され、「〈土人〉の周辺」の用例を一五個に分けた結果、「土地人、土人形、原始生活、留保付き、土民、土幕、蕃人（外国人）、蕃人（古代三韓、漢人）、蕃人（未開人）、蕃人（高砂族）、蛮人、原住民、先住（住職）、先住（先住民）、先住民」［中村淳　二〇〇一、一〇一頁］などで整理された。『人類学雑誌』（第一冊—第五〇冊、一八八六—一九三五）に使われた「土人」の用例を表題に使った論文は全部で六〇編だった。地域別ではインドネシア、オーストラリア、オセアニア、ポリネシア、ミクロネシア、メラネシア、樺太、千島、台湾、東南アジア、南アフリカ、北アメリカで現われる［中村淳　二〇〇一、一〇九—一一二頁］。辞書的な土人の意味と土人と関わる単語を総動員して分類する過程で、「土俗」は珍しいと思うほど、完全に除外されていたことに対しても注目したい。すなわち、以上の単語用例の分析による試みを理解したら、最小限度「土俗」という単語は「土人」という単語と意味の連携が成り立たない状態で使われたという点を指摘できる。

しかし帝国の拡張と支配とヘゲモニーの構造が確立する経験をした日本社会の知識人たちが、野蛮人の意味を含む「土人」の「土」字と「土俗」の「土」字の間で可能な、象徴的な互換性を想定し、そのような意味上の互換性による汚染禁忌の文化的なメカニズムを学問という領域に投射させた結果、「土俗」が「民俗」に取り替えられることに直接的または間接的に寄与した可能性を排除できない。もちろん、このような可能性に対する議論は具体的な論証が困難な集団心理上の問題という点は理解を求めたいところだ。

六 「日本民俗学」―官制用「固有性」の創造

学問的な次元で、「土俗」が差別用語として認識されたのではなく、官制政治運動の一環として展開された一種の「文明化」作業の過程で差別的な待遇を受けた「土人」という用語から伝染したと理解するのが妥当で、先に「土人」に対する差別的な用例から発生した「土」字に与えられた野蛮性の意味が「土俗」の「土」字に移転され、「土俗」という用語を排除する動きが生じたと思われる。しかし、当時の言語感覚では、「民俗」が「土俗」に代わるには不足があったと思われる。なぜなら、一九一二年に出発した日本民俗学会の「民俗」や、一九一〇年代南方熊楠が使った「民俗」は大体、「-lore」に重点を置いていたので、「土俗」の後釜を埋めるためには、「民俗」にプラスアルファが必要であった。そのプラスアルファを捜すために登場したのが、「固有性」論理と思われる。

例えば、「一九二九年（昭和四年）四月で、そのころにはもう、日本民族固有のものについての共通の信念をうえつける教育はあつた」［鶴見俊輔　一九七八、一九頁］。鶴見俊輔の指摘によれば、時代の要請で登場した「固有であるということ」は極めて政治的なレトリックを含んでいる。「国家は、国民の団結をつくりだしたいという目的をもつので、実用主義的に「固有なもの」の概念を利用しようとする。…日本の国が明治以来、この固有なるものの概念をつくりだし、うえつけ、ささえてきたなかで、国家の政策を批判し得ると考える人びとは当然に、この固有なるものという考え方に疑問を示してきた。その対立は、一九四五年の敗戦以後も、根本的にはかわっていない」［鶴見俊輔　一九七八、二二頁］。日本文化の心理的な内面から展開する躍動性の次元に到達したものと予断された固有性の問題に対する評価は列島を揺さぶった戦時状況を伺わせる。

「土俗学」が消えることとは対照的に「民俗学」は日本作りの歴史に尽力していた。「土俗」の範疇に属しそうなアイヌや南方の文化要素も日本史の中に含む場合には、「民俗」の範疇で議論する例が登場したりした。「我国の民俗も三源流を有している」［中山太郎　一九三七、一三九頁］と主張することで、アイヌ系、北方系、南方系の文化は、すべて「民俗」化する。選択的に「民俗」化して、歴史作りの過程に貢献する重鎮の民俗学者の立場は、もはや学問と呼ぶに値しない状況に突入した。それは政治に追従する戦争期の民俗学の姿だと言うほかない。

一九二八年二月、日本では最初に衆院議員選挙が実施され、投票による民衆の力が認められる社会が始まり、続いて起きた世界恐慌の中で民衆の声は政略と政策を中心に考慮されるしかなかった。一九三一年満州事変が勃発し、昭和時代は、いわゆる一五年戦争の始まりを迎えた。戦争の構図は民衆動員のシステムを生み出し、政策が優先され、民衆にフォーカスが合わせられるようになる。時代の思想と精神力を導く学界に要求される表現が学問の内容を飾るもので、このような流れによって、民衆と戦争を一つの型の中に入れる作業の試みが、柳田國男による「一国民俗学」の議論だと考えられる。

一九二〇年代中盤から一九三〇年代中盤の十年の間に人類学／民俗学を中心にした日本学界に大きな認識変化があったという点はほぼ確実だ。人類学や民俗学が日本の学界全体の構図のなかで周辺的な地位を脱することができなかった状況を考慮すれば、社会的な認定と「市民権」獲得のための力の蓄積の試みが人類学や民俗学の分野に携わる研究者と学者たちの念願だっただろう。日本国内の状況と同時に、世界的な経済恐慌以後、ヨーロッパではファシズムが勢力を得て、ドイツではナチスが政権を握ってナチスの民俗学が登場した時期に、日本では満洲事変以後のいわゆる一五年戦争の構図のなかで、民俗学は戦争動員のための国民創出に力点を置く学問として定着しようとする努力を戦争加熱化の流れに合わせて試みたと思われる。

一九二〇年代に本山桂川を中心に活動した日本土俗研究所が趣味之土俗叢書十編などを刊行し、一九三一年から「土俗」という用語を全面的に「民俗」に取り替えた資料集を刊行し始めた。このことは世相を反映していると理解できる。本山の活動は用語の変遷史を一目瞭然に見せてくれる事例としてもおもしろい。彼の日本土俗研究所（一九二〇年代）は、日本民俗研究会（一九三〇年代）に改名してから、さらに東亜民俗研究所（一九四〇年代）に変わった。土俗という用語が民俗に変わって、日本という地名は大東亜共栄圏の流れにあわせて東亜に変わる過程を見せてくれる。本山という研究者一人の動きがこれほど時代の変化によく追従している点は留意する必要がある。

「郷土」と「伝承」に表現された柳田國男の民俗学が目指していることも、窮極的には官制運動から始まった固有性を基盤にしている。国民を創出するための求心点としての固有性とその伝承の様態の発見をはかるための「一国民俗学は文化的共同体、即ち言語、地理、生活の共通的諸條件の上に組立てられた日本人の行為伝承、言語伝承、心意伝承を、時間と場所を捨象したパタン性において捉え、その先後関係をたずね、その諸様式の系列、系統、段階を求め処理するところに出発する」［堀一郎　一九五一、八八頁］と整理された。実証的ではなければならない生に対する表現としての「民俗」に割りこんだ「固有性」の虚構論理が柳田民俗学の底辺を支える柱の一つだと思う。柳田民俗学の官制政治運動が結託した部分が「固有性」という虚構論理の擁立だ。お互いを利用しなければ存在基盤が崩れるという点を把握した両者の結託は一種の二重陰謀（double conspiracy）の結果だと言わざるを得ない。

「柳田國男氏は日本民俗学を規定して「自己反省の学」とし、その幾つかの論文に「新国学談」の名を冠している。その意味するところは頗る含蓄があり暗示深い。自己認識を自国の民間伝承を通して行い、その伝承基盤に及んで日本文化成立の経緯を明らかにするをもって日本民俗学の主たる目的とするならば、その採集資料の比較綜合の上に、歴史、地理、言語上の考慮が必要であり、その資料の調査と解釈の上に心理学、宗教学、その他多くの社会科学の諸方法、諸成果、諸法則を採用するのは、むしろ当然の手続きといわねばならない」［堀一郎　一九五一、八七頁］では、積極的に柳田支持論が提起されている。自分認識や自己反省という心理学的な過程の問題は窮極的に個人のアイデンティティーと直結されるしかない。しかし、柳田國男が提示した「自己反省の学としての民俗学」は国民創出という目標を設定することで、事実把握と現象理解という論理を学問の基盤とするのではなく、国家という集団の求心点に動員される政策の道具と化した。柳田民俗学に内在する官制の固有性作りの意図が、戦後も繭の中のさなぎのように位置していることを指摘しなければ、柳田からつながる民俗学はこの状況から脱することはできないだろう。

　反省という過程は不可欠であり、自分をのぞき見る鏡の確保が鍵であるのに、現象理解より政策を優先した問題意識は、鏡を自省ではなくナルシシズムの機会に落としてしまう結果を生産したと思われる。戦争という時代的な状況が、ナルシズムを制御するブレーキを提供する機会を剥奪したと理解される。そして「現代民俗学は国民の歴史的生活様式の認識を意図するものである。我が国民の伝統的生活様式、純粋なる我が民族文化を、記録以外の手段によつて、研究する科学といふことが出来よう」［関敬吾　一九四四：二五六、強調は筆者］という主張は、「皇室至上主義」［中山太郎　一九四二：四〇］に即して「国民」すなわち皇国臣民を研究対象の核心概念で設定した戦時期日本の現代民俗学の立場を闡明したのが、柳田民俗学と官制政治運動が結託した二重陰謀の過程だと言える。

　官制政治運動が反映した神道の行事に対して、中山太郎が「官僚神道」だと批判したことがあるが、そのような批判は、すぐに沈黙した。一九二五年治安維持法の発動で、官制運動に対する批判は国体批判と見なされる仕組みができた。したがって、「柳田國男の学問を核にする日本民俗学の運動は国民創出に向けた啓蒙のプロジェクトだったという認識」［佐藤健二　二〇〇二、五三頁］は、一九三〇年代日本民俗学の政治性を解く言及といえる。すなわち、近代国民国家を志向する国民創出という政治的脈絡で進行した多くのプロジェクトの中の一つが土俗に代わる民俗の登場なのだ。国民創出という図式が植民地の民族創出のためのモデルになる過程は、それほど簡単ではなかった。制度に対して従属的な地位を占めている植民地という構図は国民に対して民族の従属的な地位を要求するものであり、国民に対する民族の従属は帝国の民俗学に対して植民地の民俗学を差別する認識枠組みが形成されることになった。

柳田の壻、堀は「古代信仰の遺風が地方遠隔の土俗の中に現存する」［堀一郎 一九五一、二六頁］と「土俗」の意味を再生させている。堀が使う土俗の意味には明治以後にずっと挙論されて来た固有性と言う信仰が蹲っていることを指摘できる。「戦時となると、戦争の危機が人間の内奥にまではたらきかけて、しまいには、この島にはじめからすむ日本民族の固有の文化の体現者として自分がいる、という考え方を、心から信じる人が多数出て来たということも事実だ。しかし、その信仰は、戦時が終ればまた名目上の思想として、背景にしりぞいた」［鶴見俊輔 一九七八、二〇頁］。鶴見の固有性の概念に対する問題提起は深く繰り返して考えてみる課題だ。政治化された固有性の信仰の背景を持つ「民俗学」が帝国構図の位階的な階級秩序によって作られたスティグマが作り出した隙間をかきわけて登場した背景を見逃せば、学界というシステムの中で当たり前に認められなければならない市民権の獲得が民俗学に保障されることはないだろう。なぜなら、共同体に基づく真理探求の学問という目標とは異なる目標が介入された歴史的事実を、民俗学が持つという疑惑を受けているからだ。

七　結語―「土俗学」の未来性

ある学問を構成する主要な用語とその時代的な背景に対する解釈が重要だと考えて筆者は、「土俗学」と「民俗学」に対する議論をすることで、いわゆる民俗学と呼ばれる学問のアイデンティティーに関する所見を披露した。民俗学という用語の定着過程に関する議論のために、「土俗」と「土俗学」に関する用例を整理した結果、創始期の英語のethnographyが坪井正五郎によって、「土俗学」として翻訳され拡散したことを明らかにした。一九世紀末と二〇世紀初、日本で人類学という学問が定着する過程で「土俗学」は重要な役目を担ったこともわかった。

「民俗」が登場する背景には、英語のfolkloreに対応する用語の必要性が提起されて、南方熊楠と石橋臥波を中心に民俗学と民俗の用例が登場したことが明らかになった。学問が世の中と直結し政治性と連携されて土俗学の意味が変質する過程には、二つのメカニズムが介入していることを本稿で論証した。第一に、一九一〇年代民衆論の拡散によって刺激を受けた官制政治運動によって、「民」の力が全面に配列される社会的状況の一環として、「土俗」の「土」字が「民」字に取り替えられたのではないかという問題を提起した。第二に、帝国日本の国民創出と「文明化」作業過程に介入された官制政治運動によって、従来、帝国の内外で適用されて使われた「土俗」が意味の変質をともなうようになったことも議論した。「土人」の「土」と等しい線上で取り扱いされた「土俗」の「土」字が、帝国日本の内地に対して適用される用例が忌避される現象を露骨に示しながら、「土俗学」は「民俗学」に改名されたという点が具体的に証言された。二つのメカニズムの同時的な出現が創出したシナジー効果によって、「土俗学」という名称が消え、「民俗学」に取り替えられた過程を本稿で議論した。

「民俗学はしばしば英語のFolklore、ドイツ語のVolkskundeと同義語として使われるが、前者は庶民の知識を意味し、後者は庶民に関する知識を意味する」［関敬吾　一九五八、八二頁、強調は原著者］という明快に見える区分は二つの用語の本質を糊塗する側面がある。前者の意味は事実上「folk」の「-lore」として「-lore」に強調点があり、後者は「volks」の「kunde」という意味として「volks」に強調点があると理解するのが望ましい。関敬吾は前者の意味を「-lore」を越えて拡大解釈することで、ethnographyが内包する領域をfolkloreで取り替えようと試みた。ethnographyをfolklore

で取り替えようという試みと操作が絶えず続けられて来た日本学界の根深い歴史は昨日や今日の事ではない。大学という制度圏のethnographyが、folkloreを奉じる在野の挑戦に対して苦しんできた過程が、いまでも残っている現実を目の当りにすることができる。

いまや日本学界の民俗学は構成内容と意味上で見れば、確かに二つの分かれ道がある。一つは「-lore」を強調する狭い意味の民俗学があって、他の一つは「folklore」を拡大解釈して「volkskunde」とethnographyの意味領域を含む広義の民俗学がある。外来語の翻訳という次元を越えた意味拡張の問題に突入する民俗学がどの方向に進むことが望ましいかという問題は、「民俗学」を営む人々の肩にかかっている。個人的な意見を打ち明けるのが許されるなら、私は広義の民俗学の領域を文化人類学の内容と非常に等しいものと認識しており、民俗学と文化人類学の領域の争いは稚拙なつまらない戦いに過ぎない。そのようなエネルギーがあるなら、私たちは普遍的な文化の概念に即した諸般の現象に対する理解の方向で頭を突き合わせて争わなければならないと提案する。

ヨーロッパではナチス主導の戦争の雰囲気が熟しており、アジアでは日本による戦争が進行中だった一九三〇年代後半、日本の学界は民族学と民俗学が両立する構図で変身した。最近、民族学側の十年間の討論の変身の努力によって、民族学を「文化人類学」に名称を変更する成果が二〇〇四年に達成されたが、内容上には戦時構図である二つの「ミンゾクカク」のレトリックは今も進行中だ。民族学側の自己反省の努力に相応する民俗学側の努力が開進されなければならない順番になったと思われる。両者が共存する構図の模索のための真正な学問的な討論の結果が期待される。その期待は戦時期に用意された政治的な構図の影響と用語の衝突の泥仕合の中で消えた「土俗学」という用語を見直すことによって可能になると思われる。そのためには始発点である坪井に帰らなければならない。ethnographyとしての「土俗学」は果して意味がないだろうか？

解放後、平壌で提案された事例の一部を見てみたい。ソ連の政治的な影響に染まった部分を取り除ければ、彼らが新たな気持ちで、ethnographyを見た純粋性を読み取ることができる。始まりという原点の鏡が提供する自省の機会が捉えられる可能性がある。「私たちは「ethnography」を「民俗学」と翻訳することに賛成するでしょう。その理由はこうだ。「民俗学」における「民」の字は、官民や民間ということと関わる封建主義的な概念として解釈することは不快であるが、人民や民衆や民主などの現代的な意味は決して不当なことではない。そしてethnographyとFOLK-LOREの違いを述べるなら、後者は前者の研究対象の一部分、すなわち歌謡、舞踊、伝説、口碑、信仰などイデオロギー的な対象だけに重点を置いて、その最終の任務を博物館に置く学問ではなく、収集と保存は勿論で、その研究結果の定まった部分を人民生活に広く、普及させる使命がある」［韓興洙　一九五〇、二一三頁］。

戦争期に官制化で苦しんだ「土俗学」と「民俗学」は、いまはグローバル化時代における商業化によって苦しんでいる。両者の構図は等しい。それが政策道具であろうが、金もうけの手段であろうが、学問自体の力によって学問の運命に対する構図を判断するのではなく、外圧によって自分の運命が左右されている。ethnographyと関わる学問の未来に対して、深思熟考しなければならない時点にある学界は、未来を見るための鏡を過去に捜すしかない。東アジアの近代化とともに一世紀を超えて東アジアの漢字とともに同苦同楽して来たethnographyの意味を再発見する努力だけはあきらめてはいけない。ポストモダン時代にもethnographyは進化するだろう。

前近代と近代の経験を背景にして、「後近代」のethnographyを検討する責任が今日を生きる私たちに与えられている。その進化の動力が外からもたらされることもある。そのように誘導する必要もあるだろう。しかし、本当に重要なことはアカミズムの自主性である。用語の衝突の是非を正せない愚かさに縛られている間に、アカデズムの自主性を喪失する恥ずかしさを望ましいと思う同志はどこにもいないという希望的メッセージを残したい。それとともに、漢文文化圏で二千年も使われてきた「土俗」という単語の意味を再発見し、その意味を現代の東アジア人類学の枠組みの中で法古創新する必要があることを言い加えたい。

注

（1）「風俗」という用語の類似の用例は、一九一〇年から朝鮮に適用した例も見られる。東京外国語学校韓国校友会が発刊した会報に「朝鮮の風俗」［藤戸桜岳　一九一〇、墨傢児　一九一〇、金某　一九一〇］に関する文が載せられている。墨傢児の文の中に朝鮮の子守歌が収録されていることが興味深い。日本で使われた用例よりも時間的に遅れた「合邦」頃に登場するのは、その周辺性を示していると思われる。

（2）〝faries, witches, ghosts, demonology and devillore, natural phenomena, birds, animals, plants, insects and reptiles, folk medicine, customs connected with the calendar, birth and baptism, marriage, death and burial, rings and precious stones, sports and pastimes, dances, punishments, provers, humanbody, fishes, sundry superstitions, miscellaneous customs, etc.〟(Dyer, T.F.Thiselton 1883 p.526) など、シェークスピアの作品を背景に〝Folk-lore〟と言う用語を適用した範疇。

（3）この文に収集された資料のリストを列挙すれば次の通りである。出版年、主導人物、出版社、発行地などの順。一九三〇年十月現在の状況が分かる資料である。「郷土」、「民俗」、「土俗」などの範疇で含まれることができる内容を皆雑に包んで「土俗」の範疇に入れた点に注目する。郷土研究（一九一三　高木敏雄／柳田國男、郷土研究社、東京）、民俗（一九一三・五　石橋臥波、東京）、郷土趣味（一九一八・一　田中緑紅、郷土趣味社、京都）、土俗と伝説（一九一八　折口信夫／柳田國男、不明）、土の鈴（一九二〇　本山豊治、長崎）、土のいろ（一九二四　飯尾哲爾、静岡県浜名）、民族（一九二五　柳田國男、岡書院、東京、廃刊）、岡山文化資料（一九二七　桂又三郎、岡山、一九三一　中国民俗研究に改名）、旅と伝説（一九二八　萩原正徳、三元社、東京）、民俗芸術（一九二八　小寺融吉／北堅博美、地平社、東京）、民俗研究（一九二八　本山豊治、

千葉県市川町)、南島研究(一九二八　西平賀譲、那覇市、廃刊)、土の香(一九二八　加賀治雄、愛知県中島郡)、民俗学(一九二九　小泉鉄、岡書院、東京)、芳賀郡土俗研究会報(一九二九　高橋勝利、栃木県芳賀郡)、佐渡郷土趣味研究(一九三〇　青柳秀夫、佐渡郡小木町)、九州民俗学(一九三〇　三松荘一、福岡市)、土の色(一九三〇　梅林新市、福岡市)、愛媛県周桑郡郷土研究彙報(一九三〇　杉山正世、愛媛県立周桑高女)、方言と土俗(一九三〇　橘正一、盛岡市)。

【参考文献】

赤松　啓介(一九三八)『民俗学』三笠書房
赤松　秀景(一九二七)「パリ大學土俗學研究所の新設」『民族』二(四)
磯前　順一(二〇〇八)「序論戦後歴史学の起源とその忘却」『マルクス主義という経験―一九三〇―四〇年代日本の歴史学』青木書店
岩本　通弥(二〇〇八)「戦後日本民俗学とドイツの影響-埋めまれた連続性」上杉富之・松田陸彦編『戦後民族学／民俗学の理論的展開―ドイツと日本を視野に』成城大学民俗学研究所
植松　明石(一九七九)「日本民俗学の胎動」瀬川清子・植松明石編『日本民俗学のエッセンス』ぺりかん社
牛島　史彦(一九八八)「南方熊楠―民俗学の父」綾部恒雄編『文化人類学群像三(日本編)』アカデミア出版会
江馬　　務(一九三四)「風俗の変移と風俗語解釈に就て」『立命館文学』一(六)
大場　磐雄・今泉忠義・西角井正慶(一九四七)「国学院大学郷土研究会略史」『民間伝承』十月号
岡　　正雄(一九三五)「獨墺に於ける民俗學的研究」柳田國男編『日本民俗學研究』岩波書店
樺太廳敷香支廳編(一九三二)『オロッコ土人調査其他』敷香
同　　(一九三三)『オロッコ其他土人調査』敷香

川住鋥三郎(一九〇〇)「韓国に於ける土俗上の見聞」『東京人類学会雑誌』一六(一七六)
川村　秀弥(一九三九a)「樺太土人の宗教」『樺太聴報』二四
同　(一九三九b)『土人のしらべ』敷香、土人事務所
小寺　融吉(一九二八)「国際的民俗芸術会議の意義」『国際知識』八(六)
佐藤　健二(二〇〇二)「民俗学と郷土の思想」『編成されるナシヨナリズム—一九二〇—一九三〇年代』一(岩波講座五近代日本文化史)岩波書店
佐藤　伝蔵・八木奘三郎(一八九六a)「南洋諸島土人所用の器物」『太陽』二(二四)
同　(一八九六b)「南洋諸島土人所用の器物」『太陽』二(二五)
敷香土人事務所編(一九三五)『オロッコ土人の研究』米澤中商店
島村　輝(二〇〇二)「群衆・民衆・大衆—明治末から大正期にかけての「民衆暴動」」『編成されるナシヨナリズム—一九二〇—一九三〇年代』一(岩波講座五近代日本文化史)岩波書店
鈴江萬太郎(一九二二)「西比利亞に於けるブリヤート人の居住とその土俗」『朝鮮及滿洲』一八〇
鈴木　弘恭(一八八三a)「風俗史」『史学協会雑誌』五
同　(一八八三b)「風俗史」『史学協会雑誌』六
鈴木　治訳(一九四三)『ニューギニアの藝術』天理時報社
関　敬吾(一九四四)「民俗学と郷土文化の問題」日本歴史地理学会編『郷土史研究の調査と方法』地人書館
同　(一九五八)「日本民俗学の歴史」『日本民俗学大系』第二巻、平凡社
坪井正五郎(一八八七)「風俗漸化ヲ計ル簡單法」『東京人類學會報告』二(一四)
同　(一八八九)「横浜に於ける風俗測定成績」『東京人類學會報告』五(四四)
同　(一八九〇)「パリー通信」『東京人類學會雑誌』五(四七)

同（一八九五）「史學上土俗調査の價値」『史學雜誌』六（六）
同（一八九七）「考古學と土俗調査」『考古學會雜誌』一（三）
同（一八九九）「土俗的標本の蒐集と陳列とに関する意見」『東洋學藝雜誌』二一七
同（一九〇一）「土俗比較雜話（一）」『教育學術界』四（二）
同（一九〇二a）「土俗比較雜話（二）」『教育學術界』四（三）
同（一九〇二b）「土俗比較雜話（三）」『教育學術界』四（四）
鶴見　俊輔（一九七八）「固有へのうたがい」『日本のなかの朝鮮文化』四〇
寺石　正路（一八九八）『食人風俗考』東京堂書店
匿名（一九三〇）「全国土俗雜誌一覧」『方言と土俗』一（五）
直江　広治（一九四八）「中国民俗学の展開」『歴史評論』三（二）&表紙裏
中村　淳（二〇〇一）「〝土人〟論―〝土人〟イメージの形成と展開」篠原徹編『近代日本の他者像と自画像』柏書房
中山　太郎（一九一九）「土俗より見たる日本の民族」『財團法人明治聖德記念學會紀要』十一
同（一九二四）「元服の土俗と割礼」『東亜之光』一九（九）
同（一九二五a）「土俗学上より見たる商習慣」『歴史地理』三〇〇
同（一九二五b）「土俗談語」『郊外』五（七）
同（一九二六）「鹿島神宮祭頭の土俗学的考察」『国学院雑誌』三二（四）
同（一九二八）「刀剣と土俗」『郊外』九（二）
同（一九三三）「地誌類について」『東京堂月報』二〇（八）
同（一九三七）「民俗学より見たる上代文化」雄山閣編集局編『原始文化の研究』雄山閣
同（一九四一）『歴史と民俗』三笠書房

同　　（一九四二）「氏子精神の復興」『生活科学』九月号
西村　眞次（一九二七）『民俗斷片』日本民族叢書一、磯部甲陽堂
日本人類学会編（一九五五）『人類学の概観（一九四〇―一九四五）』日本学術振興会
日本土俗研究所編『日本土俗資料』（一九二四―一九二五）一輯（一九二四：三六）、二輯（一九二四：三〇）、三輯（佐佐木喜善編『和賀郡昔話』一九二四：三〇）、四輯（一九二四：三〇）、五輯（一九二四：三二）、六輯（一九二四：二八）、七輯（「性に関する迷信」中山太郎―『太陽』に掲載されたものの再掲載、一九二四：二八）、八輯（牛後錄、一九二五：三二）、九輯（一九二五：二六）
肥塚貴正編（一八七二）『蝦夷風俗彙纂』北海道廳
平岡専太郎（一九〇九）『日本風俗の新研究』杉本書房
藤戸　桜岳（一九一〇）「韓國之風俗」『會報』六
布施知足訳（一九三六・十一―一九三八・五）「西比利亞土民のシヤーマン習俗（一）―チヤプリカ女史の〈土俗西比利亞〉より」『善隣協會調査月報』五四から、「西比利亞土民の神（完）―チヤプリカ女史の著より」『善隣協會調査月報』七二まで一三編訳
堀　　一郎（一九五一）『民間信仰』岩波書店
松本　信廣（一九二七）「巴里より」『民族』二―三
滿洲文化協會編（一九三四）『滿洲土俗資料（一―二）』大連
滿洲文化協會編輯部（一九三四）「滿洲土俗資料と滿洲大博覽會」『滿蒙』
三吉　朋十（一九四二・一・七―一九四二・二・一）「日章旗下の太平洋」『滿州日日新聞』
同　　（一九四二）『比律賓の土俗』丸善株式會社
本山桂川編（一九二四―一九二五）『趣味之土俗叢書』茨城縣太田宮本町、日本土俗研究所

柳田　國男（一九三四）『日本農民史』刀江書院
吉田　富夫（一九三七）「飛禪に於ける土俗學上の問題」『ひたびと』五（五）
吉野　作造（一九一六）「憲政の本意を說いて其有終の美を済すの途を論ず」『中央公論』一月
與那　覇潤（二〇〇三）「近代日本における「人種」觀念の変容—坪井正五郎の「人類学」との関わりを中心に」『民族学研究』六八（一）
南の會（一九三七）『ニユーギニア土俗品圖集（上）』南洋興發株式會社
『早稲田大學學則』一九四〇年四月改定
『早稲田大學案內』一九四二年度版（丸善株式會社發行）
『民俗學』一巻六号（一九三〇年十一月）、二巻二号（一九三〇年二月）、三巻九号（一九三一年九月）
『民族學研究』一巻一号（一九三五年一月）
『日本阿夷奴學會』第四号（一九一八）
郭廷献（一九〇六）「台湾土俗の話」『慶応義塾学報』一〇二
金　某（一九一〇）「朝鮮ノ風俗」東京外国語学校韓国校友会『会報』八
墨儫児（一九一〇）「朝鮮ノ風俗」『会報』七
全京秀（二〇〇九）「死滅危機の文化遺産と土俗の再発見—伝統主義を越えて」全京秀編『死滅危機の文化遺産』ソウル：民俗苑
韓興洙（一九五〇）「朝鮮民俗学の樹立を為して」『文化遺物』二、ソウル
莊嚴（一九二五）「由坤寧宮得到的幾種滿人舊風俗（一）」『歌謠週刊』七七
尚嚴（一九二五a）「由坤寧宮得到的幾種滿人舊風俗（二）」『歌謠週刊』七八
同　（一九二五b）「由坤寧宮得到的幾種滿人舊風俗（三）」『歌謠週刊』八〇

Dyer,T.F.Thiselton(1883) Folk-Lore of Shakespeare. London:Griffith&Farran
Malinowski,Bronislaw(1922) Argonauts of the Western Pacific. London

日本とドイツ語圏における民族学の位置づけ

――岡正雄から発想を得た相対的な観点――

クリストフ・アントワイラー

はじめに

グローバルな視点における、最近の人類学に対する岡正雄の遺産は何であろうか。本論文は民俗学（folkloristics）というより、主として人類学（anthropology）、特に文化人類学（cultural anthropology）について論じている。ドイツ語圏では日本学にそれほど高い関心が寄せられてはいないが、このような状況の下で、欧州と日本の人類学研究の過去と現在の経験および岡の研究活動との間の対話を築く試みをすることが本論文の目的である。

人類学と民族学の研究という視点で日本と欧州、特にドイツ語圏における活動とを比較する。各国間で相違点があるにもかかわらず、興味深い類似点、類似する問題点、そしてその両方の融合した形も存在する。両方の伝統には（a）異文化と自国の文化間の制度的分割、（b）課題とアプローチの融合及び（c）それぞれの国、そして国際的学界での細かい類似点が認められる。

一　欧州と東南アジアからの偏った見方

筆者は、ケルン大学で文化人類学の訓練を受けた学者として、現在一五人の教授と共にボン大学の東洋アジア研究所Institute of Oriental and Asian Studiesに勤めている。一四〇〇人の学生が属するこの研究所はドイツ最大のアジア研究に関する大学機関である。「アジア学」の文学士及び現時点で一二項目に及ぶ修士を擁し、西アジア、南アジア、中央アジア、東南アジア、東アジア、アジアの経済と社会、比較アジア宗教学研究などの研究機会を提供し、多くの実績を上げている。

筆者は人類学部に入る前、地質学と古生物学を勉強し、学生時代から、自然史に情熱を持ってきた。人類学が創出される前の一八世紀の多くのドイツ学者と同様に、筆者は人間を人種によって区別しない研究を主流とする人類学に関心を持っている。したがって、現在の欧州、特にドイツにおける主流的人類学とは異なる立場を取っている。国家主義時代以前の日本人類学、例えば坪井正五郎(1)を見れば分かるように、同様の方向性は日本でも発展していた。筆者が関心を持っているのは人間の普遍的特質・行動様式とその世界観である［Antweiler 2012a］。そのため、筆者は自分自身を欧州人類学の伝統的なタイプや代表者とは見なすことはできないと考える。

文化人類学において中核をなす筆者の課題は、アーバニティと近代文化の変貌である。この分野については、日本の文化人類学者も最近､関心を寄せている。近代的変貌と近代化に関しては日本の人類学に特有な〝独立した発明〟(例えば、［今和次郎:〝archaeology of the present〟, non-participant studies and modernologio; cf. Gill 1996］）がある。主にドイツ語圏の諸国（ドイツ、オーストリア、スイス）の日本学者の中に、日本の文化、特にその近代化に関して研究したドイツの文化人類学者がいる［Ölschleger's reviews 1990b, 2004, cf. also Brumann & Cox 2010］。

東南アジアの文化地域の中では主にインドネシアに関して研究が進んでいる（例えば［Antweiler 2012b］）。インドネシアの観点から見ると、近代日本は「アジア」の国ではあるが、「欧米」と同一視して考えられている。東南アジアは通常、文化的領域、つまり東南アジア本土と東南アジア諸島領域に分けて考えられる（参考文献一覧に関しては［Antweiler 2004］を参照）。日本の学者でも東南アジア本土に関して、人類学研究に貢献してきた重要な研究者がおり（一覧表に関しては［Horstmann 1999］と［Kashinaga 2009］、事例に関しては［Hayami 2001, 2006 ; Tanabe & Keyes 2002］を参照）、それは東南アジア諸島、特にマライ文化圏も同様である（例えば［Yamashita 2001, Uchibori 2003 cf. Uchibori 2010］）。

岡正雄の全研究活動の中に、東南アジアの中の特別な地域に関して、参考となる知見を見出すことができる。それは、主として東南アジアの神話、母系制度に関連する社会構造、稲作文化とそれに関する儀式などである（例えば［岡 1966 2012］）。理論上のアイデアを発展させるための一つの基準は東南アジア研究の創始者の一人とみなせるハイネ＝ゲルデルンRobert Heine-Geldernの人類学的・歴史学的研究であった（1932, 1933, 1956, 1957 ; Grotanelli 1969, Mückler 2000を参照）。しかし、非日本語の資料しか利用できないので、本討論はかなり偏ったものであることは否めない。

二　日本とドイツ語圏の人類学の学問分野の比較

1　日本とドイツ

日本とドイツにおける人類学は、幾つかの共通の特徴を持っている。それは現在の特性であると同時に、歴史的な軌道でもある。各国の伝統的研究方法を比較する前に、その伝統が発展してきた国自体を比べても面白いかもしれない。国と国家として日本とドイツの間には類似点がいくつかある。両方の国家がそれぞれの地域で宗主国あるいは帝国主義国家として存在したのである。第二次世界大戦での敗戦は両方の国々に荒廃と外国の占領軍事力をもたらした。ドイツと同じように、日本も戦争後の都市化、近代化、そして激しい米国化を体験した［Hendry 1995］。ドイツも日本も、社会的、経済的に近代化が遅れた社会、そして最近では「高齢化が進んだ社会」と考えてもよい。とはいっても、両国間には著しい違いもある。日本はある程度距離的に離れた列島から成り立っているのに対して、ドイツは数多くの国々に国境を接して西欧、中欧にまたがっている。通常は島国の民族にはそれぞれの島の文化の相違が誇張される傾向がある［Holenstein 2012:2］。もう一つの違いは都市化で、高度に都市化した地域に対する人口集中と過疎地域との間の不均等の問題である。ドイツの人口は比較的均等に分布している。もう一つ、ドイツの特徴には、ＮＡＴＯ志向のドイツ連邦共和国（*Bundesrepublik Deutschland, BRD*）とワルシャワ・ブロック志向のドイツ民主共和国（*Deutsche Demokratische Republik, DDR*）への一九八九年までの政治的な分断がある。

文化的背景、特に人類学的背景を見ると、日本国内には現地民族が存在することが分かる。この例としては第一にアイヌが挙げられる。その他の例えばカーストに属する人、部落民、穢多などと呼ばれる人々も存在するが、それはドイツには見当たらない。ドイツには先住民と呼ばれる少数民族が存在しない。その代わりに、ソルブ民がベルリン周辺にいるし、ドイツ東北にはかなり大きなデンマークの少数民集落が暮らしている。最近、日本には主に韓国や東南アジア、特にフィリピンからの移民が増加しているが、ドイツは入植の長い歴史を持っている。

人口が必ずしも集団自己像に伝わるわけではないが、ドイツにはイタリア、トルコ、ギリシャ、ロシア、旧ユーゴスラビア、その他の国々にルーツを持っている人が数多くいるにもかかわらず、ドイツ人の中には、ドイツを米国と同じような移民国として考えている人が少ない。外から見ると日本はよく「非西洋」、又は極東、アジアの典型的な国家として考えられているが、日本には自分をアジア人と考えていない人が多い。

日本が西洋、つまり世界的な軌道に乗って近代化を進めているか、それとも別の近代性、代替的な近代性を発展させているかは未解決の問題である。後者の場合、地域化した西洋近代性の模倣になるか、「アジア風近代性」の一種となるか、それともハイブリッドの近代化となるか、どれになるかは疑問である（Ivy 1995, Hijiya-Kirschnereit 1988, Vlastos 1998, Iwabuchi 2002, Ota 2002, Ölschleger 2003, Kurasawa 2004, Lutum 2005, Hirakawa 2009, Chen 2010, Harootunian 2010, Holenstein 2012を参照）。

2　相互作用する学問分野と混乱させる用語

日本における人類学研究の伝統と現状に似た形として、ドイツとドイツ語圏の学界には人類学のタイプは一つではなく、二つ存在している（概要に関してはDostal & Gingrich 2012を参照）。その両方の学問分野が一九世紀から存在し続けてきた。(2) その一つ目は「Volkskunde」（*Folklore Studies*、民俗学）である。民俗学は自己の文化の中の地方的な文化に焦点を定め、初期には周辺民族の伝統的文化の解明に集中した。自分の属する民族に関する科学として理解してもよい。これは、「Empirische Kulturwissenschaft」（*Empirical Science of Culture*, 経験的文化科学）や「Europäische Ethnologie」（*European Ethnology, European Cultural Anthropology*, 欧州民族学、欧州人類学）、また、単に「Kulturanthropologie」（*Cultural Anthropology* 文化人類学）など、「さまざまな呼び名」で知られている分野である。これらは、日本の民俗学に似ており、一九世紀の前半、国家主義との連携を持って発展してきた［Weber-Kellermann et al. 2003, Kaschuba 2006］。

二番目の、主に非西洋民族に関連するドイツ語圏からの人類学分野はほとんどの国でCultural Anthropology（人類学）と呼ばれている。一番目の学問分野を（自己の）民俗に関する科学として理解できるならば、この二番目の分野は諸民族に関する科学と言ってもよい。このいわゆる「民族学」は一九世紀の後半に、「始原民族」、ドイツ語で「Naturvölker」（*natural peoples*, 自然民族）の研究に端を発した。この学問は非西洋文化の資料を取り扱う博物館の設立や文化の進化と普及に関する理論に伴って発展してきた。前者と同じようにこれにも幾つかの呼び名がある。最近ではドイツでは「Ethnologie」と呼ばれているが、「Sozialanthropologie」（*Social Anthropology*, 社会人類学、特にオーストリア、イギリス並びにインド）、「Sozial- und Kulturanthropologie」（*Social and Cultural Anthropology*, 社会・文化人類学）又は「Kulturanthropologie」（*Cultural Anthropology*, 文化人類学）も使われている。文化人類学という言葉はまだ定着してはいないが、学界でもよく「Völkerkunde」（民族学）とドイツ語で呼ばれている。（3）

異なる分野として認識され、その結果、さらに複雑さを高めているのは、両方の分野が「Ethnologie」（民族学）及び「Kulturanthropologie」（文化人類学）と呼ばれる場合があることである。各分野を代表する科学協会の名称が非常に類似し、その省略が両方ともＤＧＶ（ドイツ民俗学学会〝Deutsche Gesellschaft für Volkskunde〟〔*German Association of Ethnology*〕、ドイツ文化人類学学会〝Deutsche Gesellschaft für Völkerkunde〟〔*German Association for Cultural Anthropology*〕）であることが更に混乱を増幅している。数多くの名称の混乱にもかかわらず、両者の課題やアプローチの方法は第二次世界大戦以降大きな変化を遂げてきた。その上、両者の分野は現在でも画然と分かれてはいるものの、一九八〇年代からはアプローチの方法に歩み寄りが見られるようになった。それは研究する対象、概念、方法にも当てはまる現象である（文化人類学からの観点に関しては［Haller 2011］、民俗学からの観点に関しては［Kaschuba 2012］を参照）。

この二つの分野の間には相互作用が見られる。欧州人類学の研究は今でも殆ど資料に依存するが、文化人類学の方法である面接やフィールドワークの要素も取り入れるようになっている。［cf. e.g. Nixdorff & Hauschild 1986, Vermeulen & Roldán 1995, Göttsch & Lehmann 2001, Hess et al. 2012］。一方、文化人類学者はその研究者や学会を巻きこんで、欧州の諸社会や文化を研究し始めた。その上、参加・観察が文化人類学の極めて重要な方法でありながら、資料の利用も最近ルーチンとなってきた。筆者が勤めているボン大学の一例を挙げると、異なる分野に属する代表者が集まってきて新しい修士課程を一緒に開始するといった現象も起こっている。

生物学、言語学、考古学、文化人類学を含む幅の広い人類学（いわゆる「四つの分野のアプローチ」）が育ってきた米国と違って、ドイツ語圏の諸国では人間の文化全体を包括する人類学研究の習慣がなかったが、最近では、ドイツで両方の学問分野を統合したCultural Studies（「Kulturwissenschaft」or「Kulturwissenschaften」「文化科学」又は「人文学」）の発展が見られる。この分野は英国と米国の文化科学からの強い影響を受けており、メディアや大衆文化に集中している。文化科学は文化人類学からの概念や方法を踏襲することが多く、そのために「文化」という概念の理解や方法に関する考え方、例えば「フィールドワーク」が人類学の利用の仕方と異なっても、文化人類学者には「文化」と「フィールドワーク」という専門用語が資金調達に際してその力を失いつつあるのである。

3　類似点：二種類のドイツ人類学、二種類の日本ミンゾクガク

ドイツ語圏諸国と日本の人類学の学問分野にはそれぞれ特徴があり、それぞれが歴史的に大きく異なる軌道を歩んできた。にもかかわらず、少し距離を置いて比較すると、問題点や短所や機会などの意味で驚くほど類似点が認められる。

第一に両方の人類学の伝統がかなり古いことである。のちに「日本人類学会」として知られる「じんるいがくのとも」は一八八四年に創立された（モースEdward Morse）。「ドイツ民族学会」はそれより遅れて一九二九年に創立されたが、日本人類学会と同じような前身が存在していた。一方、「ドイツ民俗学会」は一九六三年の創立となっているが、その前身である「Verband der Vereine für Volkskunde」（民俗学協会の同盟）は一九〇四年に創立されていた［DGV 2012］。両者の伝統は自然人類学と文化人類学の複合から発展を重ねてきたものである。両国での伝統的な分野は異文化研究に集中していた。「人類に取り組む」ことは遠いところに行くことを意味した。日本でもドイツでも、初期の人類学者は自分の文化から遠いに単純かつ異質な民族、すなわち「始原民」に集中したのである。そのため、識字民族、文明化した民族や西洋の民族ではなく、先住民（*dojin*）が日本での研究の中心であった。ドイツの人類学者は異文化（ドイツ語で「andere＝別の」や「fremde＝異質の民族」）を研究対象とし、特に、規模の大きい文明が研究対象になった場合には、現代のものではなく、既に滅亡した文明、例えばマヤ人、インカ人やアステカ人の文明が研究の対象となったのである。

伝統的には両研究方法ともフィールドワークに重点を置くことを特徴とした。異文化ショックといわゆる「二次的社会化」に対応する感覚が、人類学者の真価を確認するリトマス試験と考えられていたのである。両方の伝統には遠心的な志向があった［Sekomoto 2003, Eades 2005:82-84, Kuwayama 2008］。ドイツおよび日本のそれぞれの伝統には他国からの人間科学の伝統を数多く含んでいた［Koizumi 2006:5, Yamashita 2006参照］。そのため、それぞれの異なる色付けの流れが日本で発展してきた（ドイツの「Ethnologie」（民俗学）に近い）欧州色付けの民族学、イギリスにおける社会人類学に近いイギリス色付けの社会人類学と米国の人類学に似た文化人類学などである）。

この両者の伝統には、研究者が弱点の原因となるという問題においても類似点が存在する。一九二〇年代半ば以降、日本において人類学と民俗学との間に分裂傾向が現れてきた。その一方で、一般化を目指して、普遍的課題が局所的に現れてきたことに関心を持って、比較的アプローチを志向した人類学者が現れた。それは民族学の分野だった。これを背景として「日本民族学会」が一九三四年に創立された。もう一つの流れは民俗学の分野であり、日本国家主義を信奉する民俗学者が存在していた。上記「日本民族学会」とほぼ同時に、この民俗的な流れを代表する学会である「日本民俗学会」が創立された（一九三五年）。それに加えて、「民間伝承の会」が一九三五年に誕生したのである［Yanagita 1944; cf. Tsurumi 1975, Ivy 1995, Harootunian 1998, Lutum 2005］。

日本とドイツの人類学を比較すると、両国の人類学が第二次世界大戦後に米国化されて、今では世界中の地域を対象とするようになったことが分かる［Barth et al. 2005, Gingrich 2005参照］。それぞれの国の国家主義という伝統があったにもかかわらず、両国の人類学者はそれぞれドイツおよび日本固有の人類学に止まらず、より広範な人類学を実践すると考えている。両国における人類学はある意味で言語上の制約を受けている。例えば、ドイツの人類学分野ではドイツ語での学生向けの入門書は高々五冊しかない（最も最近のものは［Heidemann 2011］である）。米国式教材はドイツ語圏の読者のためには存在しておらず、一冊が翻訳されたに過ぎない［Harris 1997］。日本に関しては「日本の人類学分野は、…（日本）経済と異なり、輸入超過である」［Yamashita 2006、Sugishita 2008:147、Mathews 2010, Yamamoto n.d.参照］というコメントがあった。多くの点で、ドイツおよび日本における人類学の主流で議論されている課題は類似点を有しており、それは少数民と外国人（例えば日本における日系人、ドイツにおけるトルコ人）や、大衆文化とメディアである。理論の面では、ポストモダニストとポストコロニアルの流れが優位に立っている。上述した文化科学による人類学への影響はドイツをはじめその他の国々における「日本学」により希釈されたものと思われる［Ölschleger 2008:97］。

両国での学問分野は、新規研究手段の開発において一般的にあまりオープンであるとは言い難いが、日本の人類学者は比較的オープンであると言える［Yamashita 2006:44］。両国政府がともに、この分野が直接国益に関与するとは考えていないと云っても過言ではない。ドイツにも、日本にも、非専門家がこの分野に関心を持つことはあるが、それは、異文化に対するロマンティシズムや呪術やシャーマニズムなどの異国風の課題への興味に過ぎないだろう（ドイツに関しては［Antweiler 2005、日本に関してはKoizumi 2006］を参照）。

4　世界人類学間の差異と位置付け

興味深い類似点は別として、重大な相違もある。ドイツ文化人類学は深い内因性の起源を持っている。ドイツは、古い科学的伝統から発展して大都市や覇権人類の中心地の一つとなったが、ドイツ文化人類学が世界中の人類学に果たした重要性は、第二次世界大戦と一九五〇年代における活動によって維持されてきた。上述したように、日本では早い段階に日本人類学会が創立されたが、本格的な活動は第二次世界大戦後に遅れ始まった［Shimizu & van

Bremen 2003]。しかしながら、学問分野としてはドイツより日本の文化人類学のほうが大きくなってきた。日本文化人類学会が二〇〇〇人以上 [Cheung, Yamashita et al. 2004, Eades 2005 : 84] のメンバーを持っているのに対して、ドイツ民俗学会（ＤＧＶ）には五〇〇人が所属するに過ぎない。米国が支持する人類学に対するカウンター・ウェイトとして創立された欧州社会人類学家学会（ＥＡＳＡ）のメンバーは一〇〇〇人余りである。日本では東南アジア史学会だけでも六〇〇人ほどのメンバーが属しているのである [Hayami 2006 : 71]。

一方、日本の文化人類学は、日本の民族や文化の起源に関心をもった欧米の強い影響によって創立されたので、外因性の要因が強かった。この民俗生成論への関心は、第二次世界大戦中の期間を除いて、日本の文化人類学（そして日本民俗学も）の歴史に浸透した [Kreiner 1984, 2012c]。基本的には、日本人は科学の対象として考えられ、日本は、非西洋概念「我々／ここ」を使用する非西洋国として認識された。西洋との距離を詰めて、西洋の仲間になり、「アジアから立ち上がる」という潜在的な希望があったのである [Sugishita 2008: 141, 151]。この動きは、日本の生活様式及び社会の西洋化・近代化の志向、上述した議論にその前身を見ることができる [Sugishita 2008: 149; Ota 2002]。日本人は西洋ではないのに「文明人」として見られた［柳田　一九五八）。日本の人類学者は日本文化の起源を追求して日本の文化を他文化と対比したが、その傾向は一九九〇年代まで残っていた（[Nagashima et al. 1987 での三種文献を参照）。ドイツ人類学の場合には、それはかなりマイナーな課題だった。日本の文化人類学は一九三〇年代と一九四〇年代の国家主義と帝国主義に伴って発展してきたわけであるが [Goto 2003, Nakao 2005, Kreiner 2012c: 77-80]、その発展は、第二次世界大戦後の米国人類学の発展形態に似ているところがあるものの、日本の人類学における国家主義的傾向は、既にそれ以前から現れていたのである [e.g. Tsuboi, cf. Duara 2009]。

ドイツの場合、本分野での国家主義の伝統は帝国主義と強力に結び付けられていた [Penny & Bunzl 2003]。日本の文化人類学が帝国主義に利用された度合いはドイツに比べて低かった。それは我々／ここの議論ではなくて、その他、もしくは無効志向に深く関わっていたからである。後年になって日本帝国の分野におけるマイノリティ研究に際して使われてきたに過ぎない（例えば［Minzoku Kenkyishu, "National Institute of Ethnic Research", Koizumi 2006］を参照）。それとは裏腹に、日本民俗学は帝国主義に幅広く利用された。帝国主義の論拠を提供する（岡、Ichida, Mabuchi）ことや反西洋的「大東亜共栄圏」の確立を主張するのに利用されたのである［Askew 2003, Sugishita 2008］。ドイツでは、民俗学と生物人類学が国家社会主義者に利用された反面、ドイツの文化人類学は殆ど関連しないと思われて利用されなかった。

数多くの日本の研究機関は、人類学の研究対象が日本の田舎に集中したためか、第二次世界大戦後に閉じることが要請されたのに対し、ドイツにおいては、文化人類学も民俗学もそのまま継続が容認された。もう一つの相違点は外国からの影響に対する寛容さに関連するところである。第二世界大戦後、日本の文化人類学は他国の人類学学問からの影響に対して開いた傾向を持っていたのに比べると、ドイツの文化人類学は一九五〇年代に欧州の伝統的見方を踏襲しつつあった［cf. Haller 2012a］。日本の文化人類学は過去でも、現在でも日本と日本の文化に集中している。ドイツの文化人類学はよりドイツ語での国境を越えたものであり、ドイツ、オーストリアとスイスは共同で大きな学会を構成しており［Gingrich 2005, Dostal & Gingrich 2012: 334］、人類学者の中には、オーストリア人であるのにドイツ人だと考えられている人が何人もいる。例えばトゥルンワルトRichard Thurnwaldとその他のヴィーン学派の学者（「Wiener Schule＝ヴィーン学派」、［Schmidt & Koppers 1924, cf. Kreiner 2012b］などである。海外（例えば米国）で暮らして仕事をする日本の人類学者は日本の研究に集中しているが、それを他の人類学者から見ると、彼らは、欧米人類学における外国人類学者と同様に、「現地人類学者」の役割を果たすということになる［cf. Yamamoto n.d.,

Hall & Sakai 1998: 376f.]。その特定の位置付けによって雇用市場で八方塞がりの状態となる原因となるのである。日本の人類学者には（日本の同僚によって）外国文化を研修することが期待されるのに対して、海外での日本の同僚には（欧米の同僚によって）日本文化の研究が期待されることになる。それに反して、海外に働いているドイツの人類学者にはドイツの文化を研究することは期待されず、その結果、彼らの雇用市場の状態はそれほど激しくないということになる。

日本とドイツの人類学間のその他の相違点は、理論的アプローチおよびその使い方に関連するものである。進化論は日本の文化人類学にかなり大きな影響力を保っているが、ドイツの文化人類学における進化論者は少ない（Marx, Engels）。進化論が広く普及されたのは、第二次世界大戦後の東ドイツ（ＧＤＲ）の「民族誌」だけであった［Johansen 1988］。最近の社会進化論、文化進化論へのそれぞれのアプローチは主にドイツの文化人類学以外で発展してきた［Wuketits & Antweiler 2004］。伝播論が一九世紀にあらゆる形（特に「Kulturkreislehre＝文化圏説」）でドイツの文化人類学で強い影響を与えたにも関わらず、それは今日では、オーストリアの人類学でも殆ど廃止されている。それに反して、伝播論は日本の文化人類学で復活した［Ishida et al. 1949］。主にナチスによる悪用が原因で、ドイツでは生物人類学、特に物理人類学が殆ど壊滅状態となり、霊長類研究が幾つか存続しているのみである。それに対して、日本では物理人類学が盛んで、日本の霊長類学は世界中の基準を打ち立てている。

それぞれの学問分野を代表する両国における学会の名称を比較することは興味深いことである。一九三四年に創立された「Japanese Society of Ethnology」（日本民族学会）は二〇〇四年に名前を「Japanese Society of Cultural Anthropology」（日本文化人類学会）と変えた。そのドイツのカウンターパートは以前と同様の「Deutsche Gesellschaft für Völkerkunde」（ＤＧＶ、ドイツ文化人類学学会）で知られていることに対して、大体の大学機関は

「Ethnologie」（民族学）や「Sozialantrophologie」（社会人類学）に名前を変えた。面白いことに、ＤＧＶの英語版のホームページでは、学会が「German Anthropological Association」（ＧＡＡ、ドイツ人類学会）と呼ばれている。それに対応するスイス学会は「Schweizerische Ethnologische Gesellschaft」（スイス民族学会）で、オーストリアの学会は「Anthropologische Gesellschaft in Wien」（ヴィーン人類学会）と呼ばれている。類似のドイツ民俗学会（もう一つのＤＧＶ）は今でも「Deutsche Gesellschaft für Volkskunde」であり、その他の民族学研究機関が上述のように名前を変えたのである。

両国における人類学の分野で顕著な相違は組織と特に集中化に関連したことである。日本の文化人類学の研究機関は主に東京、京都（International Research Center for Japanese Studies, Nichibunken = 国際日本文化研究センター）および大阪に集中している。吹田市での国立民族学博物館（民博）は世界一大きい人類学博物館である。梅棹忠夫の活動以降、博物館の大きさだけではなく、二〇人ほどの教授が属する徹底した研究所に発展してきた。民博は一九七八年～一九八七年に「Comparative Research on the Origins of Japanese Ethnic Culture Project」などの大規模な研究プロジェクトを実施しており［Sasaki 2008:172-174］、出版物を刊行して好評を得ている（例えば*Senri Ethnological Studies and Senri Ethnological Reports*）。さらに、日本における人類学に関する批判的討論にも参加している（Minpaku, n.y.を参照）。それとまったく対照的に、ドイツの文化人類学は、主に小型の研究機関と博物館に分散している［Krickau 1999, DGV 2012a DGV 2012b］。

ドイツの人類学博物館とドイツの大学との間の関係は、過去、現在を通して必ずしも順調ではなく、相互に摩擦による悪影響を受けた時期もあったのに対して、日本の博物館の志向は大学の方針にかなり一致させているようである。さらに、もう一つの相違点はドイツ語圏の出版制度が日本のそれと異なることに関連している［Eades 2005:84-86,

2012a, 2012b]。ドイツの文化人類学の歴史は現在よく研究されている。国家主義人類学、そして特に第二次世界大戦以降の段階の近況はほとんど知られていないが、幾つかの新規研究が結果を出しつつあり［Kreide 2010, Haller 2012a］、戦争後のドイツ語圏における人類学に関する歴史的研究が続けられている［Haller 2012b］。日本の文化人類学の歴史は二〇世紀半ばぐらいまでは十分理解されているが［Kreiner 2012c］、一九五〇年代以降の日本の文化人類学に関する歴史的研究は比較的少ない。日本とドイツ語圏におけるその学問分野間の類似点と相違点に関しては、未解決の問題が残っている。その内の幾つかを以下に述べる。

日本の文化人類学は日本の近代化を抵抗なく受け入れたのに対して、日本の民俗学は近代性を拒否した［Sugishita 2008: 150; cf. nihonjinron partially］。一方、ドイツの文化人類学は他の文化の近代性を拒否したことに対して、ドイツの民俗学はドイツの田舎での生活様式に関する近代化を拒否した。日本の文化人類学とドイツの人類学は周辺的な人類学［pace Boskovic 2008］ではないが、世界の人類学の文脈からみると、どちらも半周辺的な人類学と考えてもよい。両方がそれぞれの言語圏以外に無視されることもある［Mathews 2004, 2008, Kuwayama 2005］。一方、関連する研究機関、博物館の学生の数から考えると、どちらも重要な人類学である。日本と日本の文化は、ドイツ語圏の諸国だけではなくて、人類学内の重要な課題である（[Linhart 1966, Kreiner 1984, Kreiner & Ölschleger 1996 and Ölschleger 2004］による批評を参照）。それは日本から発信される人類学のアウトプットを見ると分かる（例えば［Obayashi 1991, Kelly 1991, Hendry 1998, Robertson 2005, Moeran 2005］を参照）。米国と英国の人類学に対しては日本の文化人類学は周辺的なものだが、アジアの各人類学内では中心的な位置を占めており［Yamashita & Eades 2001; Kuwayama 2004a, 2004b］、「非西洋」人類学内の重要な声として機能を果たしている［Fahim 1982］。ドイツの文化人類学は日本の文化人類学より西洋の人類学を中心に位置付けられている。ドイツの文化人類学はドイツ語圏の諸国に中心的な役割を果たしているが、フランス人類学はフランス語圏の諸国に占めるほどの中核的存在にはなっていない。

中心と同時に周辺にも広がる学会モデルの実現性に関しては根本的な疑問が出されている（[Van Bremen 1999:39, Van Bremen at al. 2005] 参照）。特に現在の国際人類学と世界各国の人類学の関係から見ると問題のある概念である [Restrepo & Escobar 2005, Ribeiro 2006, Ribeiro & Escobar 2006, Hannerz 2010]。現在世界中にある人類学にふさわしいイメージとしては、研究対象として大小の島々から構成される国の人類学が考えられる（[Yamashita 2006:43] 参照）。もう一つ、未解決の課題は、人類学の各分野と文化科学間の、生産的だが摩擦の多い関係の改善である（[Antweiler 2012c] 参照）。三番目の課題は、社会に対する人類学の役割を明確化することである。日本では、第二次世界大戦以前には人類学は社会一般には知られていなかった [Koizumi 2006]。日本においてベストセラーかつロングセラーとなったベネディクトRuth Benedictが執筆した『菊と刀』（一九四六）の影響から、非専門家向けの本が何冊も生み出された。その内ベストセラーになったものもあった（[Nakane 1970, e.g. Hatanaka, Aoyagi, Yamamoto n.d.] による引用）。それに対して、文化人類学は非専門家に知られていないことがあり、しばしば先史考古学と間違えられることがある。文化人類学は異国風なものと認識されるケースが多く、科学政策、特に大学の研究やその資金政策との関係から云って、真摯に考慮するべき四番目のテーマとなるのではないだろうか。研究の極化（卓越した研究拠点、hojinka respcetively kokuritsu daigaku hojinka）や「国立大学の非国有化」を狙う政策により現在の文化人類学と民俗学にかかっているプレッシャーには、世界の共通問題として知識社会の良識を反映させるべきであろう。

三　日本とドイツ語圏における人類学のために岡から学ぶ

ヘンドリー Joy Hendryは、日本で現在実施されている文化人類学を世界の舞台で人類学の良いモデルとすることができるだろうかという質問を投げかけている（[Hendry 2006]）。「岡流」人類学がどこでさらなる開発に貢献できるかとの課題を中心に論を進めてみよう。岡正雄をガイドにして、課題の整理、理論の実施、方法の開発という面で、日本とドイツの人類学者には学ぶべきことが数多くある。坪井やその他の学者と大きく異なり、岡は外国で勉強することを選択し、それを西洋の国で実施した。海外で研究する日本の人類学者は自国日本に客観的に焦点を当てる機会を持った方が良いと思われる。それによって、より「求心性」の高い人類学が期待できるからである（[Yamashita 2006: 32-33]）。また、海外の研究機関における日本の人類学者には、非日本文化研究の可能性も与えられることとなり、米国、カナダ、ニュージーランドやオーストラリアで研究している日本の人類学者が後日帰国して職を得ようとする場合、上述した八方塞がりの状態打開の対策を採るための重要なカギとなるのである。日本で研究している日本の人類学者もおそらく岡正雄に刺激されるところがあったであろう。日本の文化人類学の記述的民族誌の伝統は非常に長く（その良い例は［Han 2001］である）、したがって、彼らは日本に関する頻度の高い実験的研究を増やすこともできるし、増やしたほうが良いと考えられる。それによって、異国風というイメージが払拭され、現在の遠心傾向の対策となることが考えられる。

岡の研究活動を考慮に入れて、日本の民俗学は課題と探索への取り組みにより多元的なアプローチを取ることを目指すべきであろう。文化様式のカルチャリスト的解説に対する対策を開発することも考えられる。日本人の精神を利用して様式を解釈する一元的な説明、国民性に関する「ベネディクト流」の見方から、日本の特異性や日本人の精神構造などを計り知ることも可能である（例えば［Doi 1974, Ito 2008］とÖlschlegerによる批判［1990a, 1990b］、及び［Janiewski & Banner 2004］例えば*Haji no bunka*恥の文化）。それは特に本質主義の日本人論に当てはまることであろう（［Yoshino; Befu 2001］での議論、［Oguma 2002］を参照、及び［Befu & Kreiner 1991］での貢献）。このような批判的な逆流には、地元の人たちしかその文化を「理解」できないという柳田らが強調した仮定への反論も含んでいる。

　ドイツ語圏の諸国と日本で実施されている日本学に関しては、岡の仕事は学問分野全体を発展させるのに役に立つ可能性があるし、単純な言語学的研究から離れて日本学の方向性を実際の人類学に向かわせる機会を提供することにもなる。さらに、人類学と歴史学のアプローチを統合する研究の促進を促すことにもなるであろう（例えば［Morris-Suzuki 2010］。日本の民俗学者と人類学者が行った欧州の様々な文化の研究でとった新しいアプローチと組み合わせることも可能である［Udagawa 2010, Mori 2010, 2012］。したがって、クライナーJosef Kreinerとその科学的サークルで意図している「人類学的日本学」と仮称したいプロジェクトを促進するためにも岡を参考にするべきであろう。

　時代とともに文化が変貌する事実に関心をもつ文化人類学者である筆者にとって、岡の研究のなかで説得力に欠ける部分は、しばしば、歴史に対する過度に思弁的な議論である。特に筆者が疑問視しているのは、一九五〇年代に発表された文化要素の選択的利用と日本民族生成に関する議論と、日本文化内の五つ（前後）の「階層」の仮定である［Obayashi 1991, Kreiner 2012c:86-87参照］。その議論は伝播論と合わせた特異な一九世代版進化論とも言える。一九四〇年当時の新進化論的思想や文化変貌（適応、同化、文化性の超越）に関する議論は一九四〇年代、一九五〇年代の人類学、考古学の理論とほとんど無関係に発展してきた。文化を体制として把握した岡の研究成果は、一般人類学にも重要なレッスンを提供している。岡は他の研究に集中する傾向から離れた（それは岡の場合「西洋」であった）ばかりでなく、アジアとの比較研究志向を重視した。この点では、例えば「グローバル民俗学」の柳田の研究手法との類似点が見られる［cf. Kuwayama 2005: 99, Kreiner 2012c］。岡の成果は現象の比較や地域の比較への志向にまで及んでいる。それは例えば「Sacral Visitors＝異人、まれびと」にも当てはまることである。地域に関する議論の中では、日本、東南アジア、メラネシア間の関係も明確化されている。最後に指摘したいのは、岡正雄はまさに「学際的な学者」であったということである。先史、歴史、宗教学との間に強力な関連性を見出し、新しい関係を表出した（本書のアントニKlaus Antoniの論より貢献文書を参照）。この強力な関連性の上に、岡は集学的チームでの伝統的研究手法を確立したのである。

ドイツの文化人類学への、もう一つの岡の教えは、この学問分野が科学機関や国の政策や方針決定の場にも参加すべきであるという主張である。ドイツの文化人類学は、それにより公共問題、実際的関心、社会と政治への期待に取り組むのために有意な方法に関して学ぶことができるのである。

まとめ

岡は、日本の学問分野の伝統的な境界を越えた創造性に富んだ旅行者であって、実際に普遍的な人類学を構築するための方向性を得られる有力な研究手法を提案した。最も重要な実績は、異なる国の伝統科学の間に橋を架けた岡の実行力と非凡な能力である。明確な比較志向に基づく日本文化とその他の国の文化・社会との比較研究が非常に有意義である。また、人類学、宗教学の研究と先史研究を融合させた岡の努力も重要な成果として結実している。過去に人類学と民俗学の方向性に説得力を失ったのは、歴史的な課題を重視したことが原因で、その幾つかの議論には、日本の先史と日本文化内の「階層」の関係について考慮するために文化要素が選択的に使用されている。それにもかかわらず、岡の貢献は、進化論にせよ伝播論にせよ、歴史学者しか関心を持っていない休眠状態の理論ではないことを明確化したことであると筆者個人は思っている。注意深く活用すれば、（非宗教的）進化論も（家畜化した）伝播論も社会的変化と文明のマクロ的歴史学の核心を表出できると云えるのである。

岡正雄の研究とその成果から得られる不朽のアイデアを出発点とすると、日本と欧州の人類学者は一丸となって、国家主義、欧米中心主義、そして日本中心主義を超えて、より国際的な志向を示す人類学確立に貢献できると考えられる。現在の日本人類学と民俗学とを組み合わせると、岡の成果は人類学内で支配的な問題傾向に反論できる要素を与えている。その支配的な傾向を無境界の「人類学的背景」から概括し、文化とアイデンティティを複数の意味で言うと、（a）詳細説明からの離脱（b）因果関係理論の回避（c）文化的団体（民族、文明、地方）に関する批判的な議論の動きが明らかになったと見られるのである。諸社会、歴史を包括的な立場から、理科学者と一緒に研究することは岡から得られた一つの財産である。日本の人類学（及び日本の民俗学）の基本的な強みの一つは実験を重要視していることである。その次としては一九六〇年代から行われてきた長期間のフィールドワークを挙げることができる。そして三番目の日本人類学の主な長所は地域研究への明確な志向である。したがって、岡から出発した有意義な研究手法は人類学、民俗学、そして学際的東南アジア研究にも利用できるのである。

註

（1）[Askew 2008、Duara 2009] を参照

（2）この次の部分はドイツ語圏でこの学問分野に使用される複数の名称、多様性によって発生する各国間の混乱、更に二種類のミンゾクガク（民族学と民俗学）の区別などに関するものであるので、それを日本語に訳することはほぼ不可能である。

（3）グーグルで検索してみると、「Ethnology」（民俗学）の検索結果は五四六万件で「Cultural Anthropology」（文化人類学）の七六七万件に少々及ばない。それにも関わらず、ドイツ語圏と日本語の日本学者と日本の人類学者によく使われている英語の「Ethnology」は、国際学会において、人類学を意味する用語としてはほとんど使われていない。米国の人類学者は、「Ethnology」は（a）民俗学、（b）人類学の研究に資料の使用や（c）明確に記述的な民族誌アプローチを意味する語として用いられている。そして、「Ethnology」という言葉を雑誌のタイトルに含む人類学誌の数が少ない（例えば、米国におけるピッツバーグ大学の「Ethnology」誌）。

【参考文献】

柳田國男（一九五八）「日本における内と外の観念」、『講座現代倫理　第五巻　内と外の倫理』筑摩書房

Antweiler, Christoph (2004) : *Southeast Asia. A Bibliography on Societies and Cultures* (including CD-ROM) . Münster: Lit Verlag and Singapore: Institute of Southeast Asian Studies (ISEAS) , (Southeast Asian Dynamics, 3)

Antweiler, Christoph (2005) : *Ethnologie. Ein Führer zu populären Medien* (Cultural Anthropology. A Guide to Popular Media) . Berlin: Dietrich Reimer Verlag (Ethnologische Paperbacks)

Antweiler, Christoph (2012a) : *Inclusive Humanism. Anthropological Basics for a Realistic Cosmopolitanism*. Göttingen: V+R Unipress; Taipeh: National Taiwan University Press (= Reflections on (In) Humanity, 4)

Antweiler, Christoph (2012b) : Materielle Kultur und soziale Organisation von Raum in Indonesien. Gebaute Welten in der Regionalmetropole Makassar. In: Günther Distelrath, Ralph Lützeler und Barbara Manthey (Eds) : *Auf der Suche nach der Entwicklung menschlicher Gesellschaften. Festschrift für Hans Dieter Ölschleger zu seinem sechzigsten Geburtstag von seinen Freunden und Kollegen:* 31-70. Berlin: EB-Verlag (= Bonner Asien-Studien, 11)

Antweiler (2012c) : Kulturwissenschaft jenseits modischer Extreme. Ethnologie als Kulturanthropologie". In: Stephan Conermann (ed.) : Was ist Kulturwissenschaft? Zehn Antworten aus den „Kleinen Fächern〝. Bielefeld: Transcript: 47-81

Askew, David (2003:) Empire and the Anthropologist: Torii Ryuzo and Early Japanese Anthropology. *Japanese Review of Cultural Anthropology* 4: 133-154

Asquith, Pamela J. (guest ed.) (2000) : Japanese Scholarship and International Academic Discourse. *Ritsumeikan Journal of Asia Pacific Studies* 6 (December)

Barth, Fredrik, Andre Gingrich, Robert Parkin & Sydel Silverman (2005) : *One Discipline, Four ways: British, German, French and American Anthropology.* The Halle Lectures. Chicago & London: Chicago University Press

Befu, Harumi (2001) : *Hegemony of Homogeneity. Anthropological Analysis of Nihonjinron.* Melbourne. Tran Pacific Press

Befu, Harumi & Josef Kreiner (eds.) (1991) : *Othernesses of Japan.* Munich: Iudicium

Benedict, Ruth (1946) : *The Chrysanthemum and the Sword. Patterns of Japanese Culture.* Boston: Houghton Mifflin

Boskovic, Aleksandar (ed.) (2008) : *Other People's Anthropologies. Ethnographic Practice on the Margins.* New York & Oxford: Berghahn Books

Brumann, Christoph & Rupert Cox (eds.) (2010) : *Making Japanese Heritage.* New York & London: Routledge (= Japan Anthropology Workshop Series, 13)

Chen, Kuan-Sing (2010) : *Asia as Method. Toward Deimperialization.* Durham & London: Duke University Press

DGV, Deutsche Gesellschaft für Völkerkunde (2012a) : Institute (http://www.dgv-net.de/institute.html; accessed, 23.11.2012)

DGV, Deutsche Gesellschaft für Völkerkunde (2012b) : Museen (http://www.dgv-net.de/museen.html, accessed 23.11.2012)

DGV, Deutsche Gesellschaft für Volkskunde (2012) : Website (http://www.d-g-v.org/; accessed 24.11.2012)

Doi, Takeo 1974: *Amae. Freiheit in Geborgenheit. Zur Struktur japanischer Psyche*. Frankfurt: Suhrkamp

Dostal, Walter & André Gingrich[2] (2012) : German and Austrian Anthropology. In: Alan Barnard & Jonathan Spencer (eds.) : *The Routledge Encyclopedia of Social and Cultural Anthropology*. London & New York: Routledge: 334-336 (11996)

Duara, Prasenjit (2009) : The Nationalization of Anthropology: Japan and China in Manchuria. In: Andrew Willford & Eric Tagliacozzo (eds.) : *Clio/Anthropos. Exploring the Boundaries between History and Anthropology*. Stanford, Cal.: Stanford University Press: 187-222

Eades, Jerry S. (Jeremy Seymour) : (2005) : Anthropologists of Asia, Anthropologist in Asia. The Academic Mode of Production in the Semi-Periphery. In: Jan Van Bremen, Eyal Ben-Ari & Syed Farid Alatas (eds.) : *Asian Anthropology*. London & New York: Routledge: 80-96

Eades, J. S.. (Jeremy Seymour)[2] (2012a) : Japan. In: Alan Barnard & Jonathan Spencer (eds.) : *The Routledge Encyclopedia of Social and Cultural Anthropology*. London & New York: Routledge: 388-390 (11996)

Eades, J. S.. (Jeremy Seymour)[2] (2012b) : Japanese Anthropology. In: Alan Barnard & Jonathan Spencer (eds.) : *The Routledge Encyclopedia of Social and Cultural Anthropology*. London & New York: Routledge: 390-393 (11996)

Fahim, Hussein (ed.) (1982) : *Indigenous Anthropology in Non-Western Countries. Proceedings of a Burg Wartenstein Symposium*. Durham, N.C.: Carolina Academic Press

Gill, Tom (1996) : Kon Wajiro, Modernologist. *Japan Quarterly* 43: 198-207

Gingrich, Andre (2005) : The German-Speaking Countries. In: Fredrik Barth, Andre Gingrich, Robert Parkin & Sydel

Silverman: *One Discipline, Four ways: British, German, French and American Anthropology*. The Halle Lectures. Chicago & London: Chicago University Press: 61-153

Göttsch, Silke & Albrecht Lehmann (eds.) (2001) : *Methoden der Volkskunde. Positionen, Quellen, Arbeitsweisen der Europäischen Ethnologie*. Berlin: Dietrich Reimer Verlag (= Ethnologische Paperbacks)

Goto, Ken ´ ichi (2003) : *Tensions of Empire. Japan and Southeast Asia in the Colonial and Postcolonial World*. Athens, Ohio: University of Ohio Press and Singapore: Singapore University Press

Grotanelli, Vinigi L. (1969) : Robert Heine-Geldern's Contribution to Historical Ethnology. *Current Anthropology*, 10 (4) : 374-376.

Hall, Stuart & Naoki Sakai (1998) : *A Tokyo Dialogue on Marxism, Identity Formation and Cultural Studies*. In: Kuan-Hsing Chen (ed.) : Trajectories. Inter-Asia Cultural Studies. London & New York: Routledge: 360-378 (= Culture and Communication in Asia)

Haller, Dieter[5] (2011) : *DTV-Atlas der Ethnologie. München*: Deutscher Taschenbuch Verlag

Haller, Dieter (2012a) : *Die Suche nach dem Fremden. Geschichte der Ethnologie in der Bundesrepublik 1945-1990*, Frankfurt am Main: Campus Verlag

Haller, Dieter (2012b) : Interviews with German Anthropologists. Video Portal for the History of German Anthtropology post (1945) . (http://www.germananthropology.com; accessed 23.11.2012)

Han, Min (2001) : *Social Change and Continuity on a Village in Northern Anhui, China. A response to Revolution and Reform*. Suita, Osaka: National Museum of Ethnology (= Senri Ethnological Studies, 58)

Hannerz, Ulf (2010) : *Anthropology's World. Life in a Twenty-First-Century Discipline*. London & New York: Pluto Press (= Anthropology, Culture & Society)

Harootunian, Harry D. (1998) : Figuring the Folk: History, Poetics, Representation. In: Stephen Vlastos, (ed.) : *Mirror of Modernity. Invented Traditions of Modern Japan*. Berkeley etc.: University of California Press (= Twentieth-Century Japan: The Emergence of a World Power, 9) ; 144-161

Harootunian, Harry D. (2000) : *Overcome by Modernity. History, Culture, and Community in Interwar Japan*. Princeton, N.J.: Princeton University Press

Harris, Marvin (1989) : *Kulturanthropologie. Ein Lehrbuch*. Frankfurt: Campus Verlag (orig. 〝Cultural Anthropology 〟, New York: Harper & Row, Publishers, 21987)

Hayami, Yoko (2001) : Within and Beyond the Boundaries: Anthropological Studies of Mainland Southeast Asia since the 1950s. *Japanese Review of Cultural Anthropology* 2: 65-104

Hayami, Yoko (2006) : Towards Multi-Laterality in Southeast Asian Studies. Perspectives From Japan. In: Cynthia Chou & Vincent Houben (eds.) : *Southeast Asian Studies. Debates and New Directions*. Leiden: International Institute for Asian Studies and Singapore: Institute of Southeast Asian Studies (= IIAS/ ISEAS Series on Asia) : 65-85

Heidemann, Frank (2011) : *Ethnologie. Eine Einführung*. (= UTB-Basics)

Heine-Geldern, Robert von (1923) : Südostasien. In: Georg Buschan (Eds) : *Illustrierte Völkerkunde, Band II, Teil 1: Australien und Ozeanien, Asien*: 689-969. Stuttgart: Strecker und Schröder

Heine-Geldern, Robert von (1932) : Urheimat und früheste Wanderungen der Austronesier. *Anthropos* 27: 543-619

Heine-Geldern, Robert von (1956) : *Conceptions of State and Kingship in Southeast Asia*. Ithaca: Cornell University Southeast Asia Program (= Data Paper, 10)

Heine-Geldern, Robert von (1957) : Die kulturgeographische Bedeutung Südostasiens. *Geographische Rundschau* 9 (4) :121-127

Hendry, Joy^2 (1995) : *Understanding Japanese Society*. London & New York: Routledge (= Nissan Institute Routledge

Japanese Studies Series) (21987, London: Croom Helm)

Hendry, Joy[2] (1998) : Introduction: the Contribution of Social Anthropology to Japanese Studies. In: Joy Hendry (ed.) *Interpreting Japanese Society: Anthropological Approaches*. London & New York (Routledge) 1-12 ([1]1986 in *Journal of the Anthropological Society of Oxford (JASO)*

Hendry, Joy (2006) : Anthropology in Japan. A Model for Good Practice in a Global Arena? In: Joy Hendry & Heung Wah Wong (eds.) : *Dismantling the East-West Dichotomy. Essays in Honor of Jan van Bremen*. London & New York: Routledge: 1-9 (= Japan Anthropology Workshop Series)

Hess, Sabine Hess, Johannes Moser & Maria Schwertl (eds.) 2012 (in print) : *Europäisch-ethnologisches Forschen. Neue Methoden und Konzepte*. Berlin: Dietrich Reimer Verlag (= Reimer Kulturwissenschaften)

Hirakawa, Sukehiro (2009) : *Japan's Love-Hate Relationship with the West*. Folkestone: Global Oriental (first ed. 2005)

Holenstein, Elmar (2012) : Zu Japans Andersheit. "Eine alternative Art, modern zu sein" (On Japanese Otherness. 'An Alternative Way to Be Modern') . Revised from preface to Doi, Takeo: *Amae. Freiheit in Geborgenheit. Zur Struktur japanischer Psyche*. Frankfurt: Suhrkamp: 7-16; (orig. 2009; http://www.eu-ro-ni.ch/publications /Holenstein_Japans_Andersheit/pdf; accessed 2.2.2012)

Horstmann, Alexander (ed.) (1999) : Japanese Anthropologists and *Tai Culture. Tai Culture. International Review on Tai Cultural Studies* 4 (1) : 1-192

Hijiya-Kirschnereit, Irmela (1988) : Japanischer Eurozentrismus, europäischer Relativismus und einige Konsequenzen. In: Das Ende der Exotik. Frankfurt am Main: Suhrkamp Verlag: 193-211

vIto, Abito (2008) : The Distinctiveness and Marginality of Japanese Culture. In: Hans Dieter Ölschleger (ed.) : *Theories and Methods in Japanese Studies: Current State and Future Developments. Papers in Honor of Josef Kreiner*. Göttingen:

Bonn University Press within V&R Unipress: 43-62

Ivy, Marilyn (1995) : *Discourses of the Vanishing. Modernity, Phantasm, Japan. Chicago*: University of Chicago Press

Iwabuchi, Koichi (2002) : *Recentering Globalization. Popular Culture and Japanese Transnationalism*. Durham, N.C. & London: Duke University Press

Janiewski, Dolores & Lois W. Banner (eds.) (2004) : *Reading Benedict, Reading Mead. Feminism, Race, and Imperial Visions*. Baltimore, Md.: The Johns Hopkins University Press (= New Studies in American Intellectual and Cultural History)

Johansen, Ulla (1988) : Die Ethnologie in der DDR. In: Hans Fischer (ed.) : *Ethnologie. Einführung und Überblick*. Berlin: Dietrich Reimer Verlag: 271-286

Kaschuba, Wolfgang[3] (2006) : *Einführung in die Europäische Ethnologie*. München: Verlag C.H. Beck (= C.H. Beck Studium) ([1]1999)

Kashinaga, Masao (ed.) (2009) : *Written Cultures in Mainland Southeast Asia*. Osaka: national Museum of Ethnology (Minpaku) (= Senri Ethnological Studies, 74)

Kawada, Minoru (2000) : *The Origin of Ethnography in Japan. Yanagita Kunio and His Times*. London & New York: Kegan Paul International (= Japanese Studies)

Kelly, William Wright (1991) : Directions in the Anthropology of Contemporary Japan. *Annual Review of Anthropology* 20: 395-431

Koizumi, Junji (2006) : Transformation of the Public Image of Anthropology: The Case of Japan (www.ram-wan.net/documents/.../8-koizumi.pdf; accessed 22.2.2012) ; pp. 181-191 (= Workshop: "*A WCAA Debate: the Public Image of Anthropology*". European Association of Social Anthropologists, 9th Biennial Conference 2006, University of Bristol,

Bristol, paper)

Kreide-Damani, Ingrid (ed.) (2010) : *Ethnologie im Nationalsozialismus. Julius Lips und die Geschichte der "Völkerkunde".* Wiesbaden: Reichert

Kreiner, Josef (1984) : Betrachtungen zu 60 Jahren japanischer Völkerkunde. In memoriam Masao Oka. *Anthropos* 79: 65-76

Kreiner, Josef (2012a) : Einleitung: Oka Masao (1898-1982) und sein Werk "Kulturschichten in Alt-Japan". In: Oka Masao (Josef Kreiner, ed.) : *Kulturschichten in Alt-Japan.* 2 Bände (= JapanArchiv, 10) . Bonn: Bier'sche Verlagsanstalt (Originalausgabe Wien, 1933) : 1-24

Kreiner, Josef (2012b) (im Druck) : Die Gründung des Instituts für Japankunde an der Universität Wien. In: Ingrid Getreuer-Kargl & Sepp Linhart (eds.) : *Österreich und Japan während der Zwischenkriegszeit (1918-1938)* . Wien: Institut für Ostasienwissenschaften der Universität (as Mscr. 1-45)

Kreiner, Josef (2012c) : Vorläufige Anmerkungen zur Paradigmengeschichte der anthropologischen Disziplinen in Japan Mitte des 20. Jahrhunderts. In: Günther Distelrath, Ralph Lützeler und Barbara Manthey (eds.) : *Auf der Suche nach der Entwicklung menschlicher Gesellschaften. Festschrift für Hans Dieter Ölschleger zu seinem sechzigsten Geburtstag von seinen Freunden und Kollegen*: 71-102. Berlin: EB-Verlag (= Bonner Asien-Studien, 11)

Kreiner, Josef & Hans Dieter Ölschleger (eds.) (1996) : *Japanese Culture and Society. Models of Interpretation.* München: Iudicium (= Monographien aus dem deutschen Institut für Japanstudien der Philipp-Franz-von-Siebold-Stiftung, 12)

Krickau, Ortrud (Arbeitskreis für internationale Wissenschaftskooperation) (ed.) (1999) : Ethnologie im deutschsprachigen Raum. Band 1: Personenverzeichnis. Band 2: Studienführer. Göttingen: Arbeitskreis für internationale Wissenschaftskooperation (AIW)

Kurasawa, Fuyuki (2004) : *The Ethnological Imagination. A Cross-Cultural Critique of Modernity.* Minneapolis: University of Minnesota Press (= Contradictions, 21)

Kuwayama, Takami (2001) : *The Discourse of Ie (Family) in Japan's Cultural Identity. Japanese Review of Cultural Anthropology* 2: 3-37

Kuwayama, Takami (2004a) : *Native Anthropology. The Japanese Challenge to Western Hegemony*. Melbourne: Trans Pacific Press (= Japanese Studies)

Kuwayama, Takami (2004b) : The "World-System" of Anthropology: Japan and Asia in the Global Community of Anthropologists. In: Shinji Yamashita, Joseph Bosco & Jeremy S. Eades (eds.) : *The Making of Anthropology in East and Southeast Asia*. New York & Oxford etc.: Berghahn Books: 35-56 (Asian Anthropologies)

Kuwayama, Takami (2005) : Native Discourse in the "Academic World System". Kunio Yanagita's Project of Global Folkloristics Reconsidered. In: Jan Van Bremen, Eyal Ben-Ari & Syed Farid Alatas (eds.) : *Asian Anthropology*. London & New York: Routledge: 97-116

Kuwayama, Takami (2008) : Japanese Anthropology and Folklore Studies. In: Hans Dieter Ölschleger (ed.) : *Theories and Methods in Japanese Studies: Current State and Future Developments. Papers in Honor of Josef Kreiner*. Göttingen: Bonn University Press within V&R Unipress:25-41

Linhart, Sepp (1996) : Community Studies on Japan. In: Josef Kreiner & Hans Dieter Ölschleger (eds.) : *Japanese Culture and Society. Models of Interpretation*. München: Iudicium (= Monographien aus dem deutschen Institut für Japanstudien der Philipp-Franz-von-Siebold-Stiftung, 12) : 109-141

Lutum, Peter (2005) : *Das Denken von Minakata Kumagusu und Yanagita Kunio. Zwei Pioniere der japanischen Volkskunde im Spiegel der Leitmotive wakon-yôsai und wayô-setchû*. Münster: Lit Verlag (= Ethnologie, 21)

Mathews, Gordon (2004) : On the Tensions Between Japanese and American Depictions of Japan. In: Yamashita, Shinji,

Joseph Bosco & Jeremy S. Eades (eds.) : *The Making of Anthropology in East and Southeast Asia.* London etc.: Berghahn Publishers (= Asian Anthropologies) : 114-135

Mathews, Gordon (2008) : Why Japanese Anthropology is Ignored Beyond Japan. *Japanese Review of Cultural Anthropology* 9: 53-71

Moeran, Brian (2005) : The Anthropological Study of Japan. *Minpaku Anthropology Newsletter* #21 (Special theme 1: Anthropological Study of Japan) : 3-5

Minpaku n.y.: Does Anthropology Really Exist in Japan? (Special Issue) . *Minpaku Anthropology Newsletter* #10

Mori, Akiko (2010) : An Anthropological Study of Europe: What Does It Mean to be Social? *Minpaku Anthropology Newsletter* #31 (Special Theme: Anthropology of Europe at Minpaku (II () : 1-3

Mori, Akiko (2012) : Japan. In Regina M. Bendix & Galit Hasan-Rokem (ed.) : *A Companion to Folklore*. Malden, Mass. etc.: Blackwell Publishing (= Blackwell Companions to Anthropology) : 211-233

Morris-Suzuki, Tessa (= Teresa Irene Jessica) 2010: *Borderline Japan. Foreigners and Frontier Controls in the Postwar Era.* Cambridge: Cambridge University Press

Mückler, Hermann (2000) : Robert Heine-Geldern und seine Bedeutung für die Ethnoarchäologie Südostasiens und Ozeaniens. In: Christine Pellech (ed.) : *Kulturdiffusionismus, Weiterführende Theorien.* Wien: 129–154 (= Acta Ethnologica et Linguistica, AEL, 72, Series Generalis – Symposia 1)

Nagashima, Nobuhiro, Masao Namaguchi, Noboru Miyata, Katzuhiko Komatsu, & Teruo Sekimoto (eds.) (1987) : An Anthropological Profile of Japan. *Current Anthropology* 28 (4) , (Supplement) , S 1-S108)

Nakane, Chie (1970) : *Japanese Society.* London: Weidenfeld & Nicholson

Nakao, Katsumi (2005) : The Imperial Past of Anthropology in Japan. In: Jennifer Robertson (ed.) : A *Companion to the*

Anthropology of Japan. Oxford: Blackwell Publishers (= Blackwell Companions to Anthropology) : 19-35

Nixdorff, Heide & Thomas Hauschild (eds.) (1986) : *Europäische Ethnologie. Theorie- und Methodendiskussion aus ethnologischer und volkskundlicher Sicht*. Berlin: Dietrich Reimer Verlag (= Veröffentlichung des Museums für Völkerkunde Berlin Staatliche Museen Preußischer Kulturbesitz)

Obayashi, Taryo (1991) : The Ethnological Study of Japan's Ethnic Culture: A Historical Survey. *Acta Asiatica* 61: 1-23

Ölschleger, Hans Dieter (1990a) : Ethnologische Ansätze in der Japanforschung (I) : Arbeiten zum japanischen Nationalcharakter. In: *Japanstudien. Jahrbuch des Deutschen Instituts für Japanstudien der Philipp-Franz-von-Siebold-Stiftung* 2:43-70

Ölschleger, Hans Dieter (1990b) : Ethnologische Ansätze in der Japanforschung (II) : Die Entwicklung der Culture and Personality-Studien über Japan. In: *Japanstudien. Jahrbuch des Deutschen Instituts für Japanstudien der Philipp-Franz-von-Siebold-Stiftung* 2:269-297

Ölschleger, Hans Dieter (2004) : Ethnology and the Study of Japan: A Short Overview of German-Speaking Scholarship. *Japanese Review of Cultural Anthropology* 5: 123-151

Ölschleger, Hans Dieter (2008) : The Cultural Turn in German Japanese Studies. In: Hans Dieter Ölschleger (ed.) : *Theories and Methods in Japanese Studies: Current State and Future Developments. Papers in Honor of Josef Kreiner.* Göttingen: Bonn University Press within V&R Unipress: 91-99

Oguma, Eiji (2002) : *A Genealogy of "Japanese" Self-Images.* Melbourne: Trans Pacific Press (= Japanese Society) (orig. Jap. *Tan'itsu Minzoku Shinwa no Kigen*)

Oka, Masao (1963) : *Oka Masao Writing Catalog. In: Oka Masao Sixtieth Birthday Commemoration.* Tokyo: Heibonsha (= Minzokugaku nôtu, Notes on Ethnology, no number)

Oka, Masao (1966) : Das Werden der japanischen Volkskultur. *Beiträge zur Japanologie* 3 (1) : 28-54

Oka, Masao (Josef Kreiner, ed.) (2012) : *Kulturschichten in Alt-Japan*. 2 Bände (= JapanArchiv, 10) . Bonn: Bier'sche Verlagsanstalt (originally Vienna, 1933)

Ota, Yoshinobu (2002) : Culture and Anthropology in the Ethnographic Modernity. In: Richard G. Fox & Barbara J. King (eds.) : *Anthropology Beyond Culture*. Oxford & New York: Berg (= Wenner-Gren International Symposium Series) : 61-80

Penny, H. Glenn & Matti Bunzl (eds.) (2003) : *Worldly Provincialism. German Anthropology in the Age of Empire*. Ann Arbor: University of Michigan Press (= Social History, Popular Culture, & Politics in Germany)

Restrepo, Eduardo & Arturo Escobar (2005) : "Other Anthropologies and Anthropology Otherwise". Steps to a World Anthropologies Framework. *Critique of Anthropology* 25 (2) : 99-129

Ribeiro, Gustavo Lins 2006: World Anthropologies. Cosmopolitics for a New Scenario in Anthropology. *Critique of Anthropology* 26 (4) : 363-386

Ribeiro, Gustavo Lins & Arturo Escobar (eds.) (2006) : *World Anthropologies. Disciplinary Transformations Within Systems of Power*. Oxford: Berg (Wenner-Gren International Symposium Series)

Robertson, Jennifer (2005) : Introduction: Putting and Keeping Japan in Anthropology. In: Jennifer Robertson (ed.) : *A Companion to the Anthropology of Japan*. Malden, Mass. etc.: Blackwell Publishing (= Blackwell Companions to Anthropology) : 3-16

Sasaki, Komei (2008) : The Origins of Japanese Ethnic Culture –Looking Back and Forward. In: Hans Dieter Ölschleger (ed.) : *Theories and Methods in Japanese Studies: Current State and Future Developments. Papers in Honor of Josef Kreiner.* Göttingen: Bonn University Press within V&R Unipress: 167-184

Schmidt, Wilhelm & Wilhelm Koppers (1924) : *Völker und Kulturen*. Regensburg: Habbel

Sekimoto, T. (2003) : Selves and Others in Japanese Anthropology. In: Shimizu, Akitoshi & Jan van Bremen (eds.) : *Wartime Japanese Anthropology in Asia and the Pacific*. Osaka: National Museum of Ethnology (= Senri Ethnological Studies, 65) : 131-143

Shimizu, Akitoshi & Jan van Bremen (eds.) (2003) : *Wartime Japanese Anthropology in Asia and the Pacific*. Osaka: National Museum of Ethnology (= Senri Ethnological Studies, 65)

Sugishita, Kaori (2008) : Japanese Anthropology and the Desire for the West. In: Aleksandar Boskovic (ed.) : *Other People's Anthropologies. Ethnographic Practice on the Margins*. New York & Oxford: Berghahn Books: 142-155

Tanabe, Shigeharu & Charles M. Keyes (eds.) (2002) : Cultural Crisis and Social Memory. Modernity and Identity in Thailand and Laos. London & New York: Routledge Curzon

Tsurumi, Kazuko (1975) : *Yanaguita Kunios Work as a Model of Endogeneous Development. Japan Quarterly*, 22 (3) : 223-234

Uchibori, Motomitsu (2003) : Tracing Ourselves Back to "Ethnologie": Ethnographic Works by Japanese Anthropologists on the Peripheries of Insular Southeast Asia". Japanese Review of Cultural Anthropology 4: 45-74

Uchibori, Motomitsu (2010) : My Kind of Ethnology/Anthropology: On the Determined Schism between Micro- and Macro-scale Perspectives. *Japanese Review of Cultural Anthropology* 11: 3-23

Udagawa, Taeko (2010) : Anthropology of Europe at the National Museum of Ethnology, Osaka. *Minpaku Anthropology Newsletter* #30 (Special Theme: Anthropology of Europe at Minpaku, I) : 1-3

Van Bremen, Jan, Eyal Ben-Ari & Syed Farid Alatas (eds.) (2005) : *Asian Anthropology*. London & New York: Routledge

Van Bremen, Jan & Akitoshi Shimizu (eds.) (1999) : *Anthropology and Colonialism in Asia and Oceania*. Richmond: Curzon Press (= Anthropology of Asia Series)

Vermeulen, Han &Arturo Alvarez Roldán (eds.) (1995) : *Fieldwork and Footnotes. Studies in the History of European*

Anthropology. London: Routledge

Vlastos, Stephen (ed.) (1998) : *Mirror of Modernity. Invented Traditions of Modern Japan*. Berkeley etc.: University of California Press (= Twentieth-Century Japan: The Emergence of a World Power, 9)

Weber-Kellermann, Ingeborg, Andreas C. Bimmer & Siegfried Becker[3] (2003) : *Einführung in die Volkskunde/Europäische Ethnologie. Eine Wissenschaftsgeschichte*. Stuttgart und Weimar: Verlag J.B. Metzler und Stuttgart: Carl Ernst Poeschel Verlag (= Sammlung Metzler, 79)

Wuketits , Franz M. & Christoph Antweiler (eds.) (2004) : *Handbook of Evolution. Vol. 1: The Evolution of Cultures and Societies*. New York etc.: Wiley-VCH

Yamamoto, Matori n.d. (ca. 2004) : The Strategy of Japanese Anthropologists. (accessed 18.2.2012)

Yamashita, Shinji (2006) : Reshaping Anthropology: A View from Japan. In: Gustavo Lins Ribeiro & Arturo Escobar (eds.) : *World Anthropologies. Disciplinary Transformations Within Systems of Power.* Oxford: Berg (= Wenner-Gren International Symposium Series) : 29-48

Yamashita, Shinji & Jeremy S. Eades (eds.) (2001) : *Globalization in Southeast Asia. Local, National and Transnational Perspectives*. New York & Oxford etc.: Berghahn Books (= Asian Anthropologies)

Yamashita, Shinji, Joseph Bosco & Jeremy S. Eades (eds.) (2004) : *The Making of Anthropology in East and Southeast Asia.* New York & Oxford etc.: Berghahn Books (= Asian Anthropologies)

Yanagita, Kunio (1944) : Die japanische Volkskunde. *Folklore Studies* 3 (2) :1-76.

Yanagita, Kunio (1970) : *About our Ancestors.* Tokyo: Japan Society for the Promotion of Science

国際民族学・人類学における岡正雄の役割

ハンス・ディータ　オイルシュレーガー

はじめに

岡正雄は間違いなく、日本の文化人類学の中心人物の一人であったと言える。理論的な分野での最も重要な成果は、一九二〇年代と一九三〇年代に、民族学の理論的推論で一流だったヴィーン大学から、方法論の枠組みを導入したことだ。同じような重要度は、岡が担った大学教授としての役割が占める。なぜならば、数多くの日本の人類学者が岡によって教育されたからである。しかしながら、一番包括的な人類学史の本（例えば、ハリスMarvin Harrisの*The Rise of Anthropological Theory*）を探しても、岡の名前は見当たらない。

このことから、西洋の人類学の中で岡正雄が担った役割や、彼の西洋の人類学への影響は無視できる程度であったという印象を受けてしまうかもしれない。しかし、岡正雄は生前、人類学の国際学界にとって重要な存在であったし、それは現在においても変わらない。

本論文では、岡正雄が民族学と人類学の国際学界において占めた役割の概要を紹介する。彼の役割の特徴は、理論や方法論の推論への影響力だけではなく、個人の組織力と国際人類学・民族学科学連合での活躍を挙げることができる。岡正雄の活動により、アジアの人類学者が平等に扱われるようになり、学界において国際的に認められるメンバーとなった。そして、岡の学際的な役割の特徴は彼の独自の民族学に加えて、その人柄に起因することにも言及していく。さらに、部分的に民族誌的な方法と民族学的な理論に支配されているドイツ語圏の大学における日本学分野で継続している、岡の影響力について説明する。その支配力は、結局、岡がヴィーン大学に滞在したことと関連する可能性もある。

それに際してまずは岡の民族学の検討から始めたい。この検討によって、岡の理論的思考や、その結果が広く認められていない理由が判明することとなるであろう。

一　岡の民族学

人類学[(1)]は多君に仕える。人類学である、人類学でない等の内容の定義は山ほどあるが、過去や現在の定義にも関係なく、この学術分野の主な課題は、異文化であり、異文化の「彼ら」を研究して国や文化のアイデンティティの構成に貢献することである。ここに、二〇世紀前半の日本の民族学、そして近代化、帝国主義と植民地主義という三角形で示せるその役割を紹介しよう。

日本の帝国主義と移民地主義や日本の人類学は、西洋のシステムの単なるコピーではなかった。

既存の帝国主義システムに依存したにもかかわらず、日本の帝国主義がその他の勢力の方針や政策を単なる混合、精製したものであると結論することは過ちだ。［…］他国の豊富な経験から学んだ一方自ら異なる貢献をしたことによって日本の植民地主義者は日本特有の仕組みを構築するとなった。［KUBLIN 1959 : 68］

これは人類学も同様だ。しばしば西洋では人類学の発展には、啓蒙思想が重要であったと強調される。その西洋の啓蒙思想は明治維新の数年後に日本に伝えられた。それに伴って、日本に啓蒙思想を伝えた西洋の専門家たち（例えばモースEdward Sylvester Morse(2)とシーボルトHeinrich von Siebold(3)が挙げられる）が、人類学者ではなかったにもかかわらず、日本と日本国民の起源を求めはじめ、にわかに日本人が西洋の注目の対象となった。一八八四年には日本初の人類学会（後の東京人類学会）が成立した。学会の成立者は、日本国民の歴史を研究することを主な意図とし、西洋に由来する概念、例えば〝人類〟を使用して、異人類間の先史時代の交流に集中して日本人の起源を説明しようと考えた。第二次世界大戦後まで、その調査は日本における人類学研究の中心となった。

次に挙げる引用文には、明治維新と太平洋戦争終戦後までに渡る数十年間の日本の人類学の特徴がとどめられている。ここで主に強調したいのは、日本のアイデンティティ構築の必要性と、民族学研究と日本の人類学者の推論の結果との精密な関係だ。ちなみに、その強力な関係は、西洋と日本の人類学研究上における最も大きな相違点と見られている。例としては、西洋人類学に国民性の構築が何の役割も果たしていないことを措辞で示そうとするアスキューDavid ASKEW［2002, 2003］が挙げられる。しかし、先に説明したように、世界中の人類学の特徴の一つは、人類学と、国及び文化のアイデンティティ構築との間のシステム化した関係にあると考えられる。

Askewの指摘は以下のとおりである。

西洋からの刺激の文脈の中で、日本の国民性の探求は日本の人類学の性質と特性に重大な影響を及ぼした。同時に、大日本帝国の各民族はアイデンティティを構築するための重要な引き立て役として働いた。

[ASKEW 2003: 138]

西洋と同様に、日本での植民地主義は、その最盛期には人類差別的な思考とつながっていた。ウェイナー Michael WEINER [1997: 4] などのその他の研究者も、日本の国民性の探求の役割、そしてその役割が学界だけではなく、社会全体を占めたことの重要性に関して、「〝日本らしさ〟の性質である基準を作る試みは政治家、官僚、非公式の広報担当者のエネルギーと資源を同様に占有した。その論述は〝自己〟、日本のアイデンティティを定義した」と述べ、その論述の中心には、人類差別的な分類化があったと指摘している [ASKEW 2002: 80]。

この二点、つまり人類差別の役割とアイデンティティの探求は西洋と日本の人類学間の一番重要な類似点だと思われる。

一方、相違点も紹介したい。まず、日本の都市（内地）とその移民地との地理的な近接性がある。これは、ある程度未発展の資本主義体制と日本の植民地主義の特徴として挙げられる [HENRY 2005: 640]。この地理的な近接性は、日本と近隣諸国、つまり入植者と植民された者、そして自己と彼らとの強い文化的な親近感に反映されている。そのため、日本の植民地主義には、西洋の植民地主義と人類学と同じような絶対的な線を引くことはできない。西洋において両者の差は、身体に目に見えて現れており、変更することができない特徴である肌の色で決められていた。一方日本では、その差は文化や社会、民俗生活、政治、経済的挙動などに求められ、アスキュー David Askew［2003: 137–138］が述べたように、西洋と同様に文明が強調されたが、「白人か黒人か」といった肌の色で区別する習慣はなかった。一つの例は、日本の人類学者・鳥居龍蔵（一八七〇―一九五三）である。鳥居は、自らの研究、特に先史の研究（TORII 1975a）を東アジアの各国の民族、人種間に関係を付けることにささげた。東アジア各国は、大日本帝国に組み込まれたにもかかわらず、その民族や人種は異なる力や文明の特性を持っていた。この事実は逆に、日本が植民地を支配する適切な理由として利用され、いわく、最も先進した強い文明国である日本の文化活動であることを理由に正当化された（これに関しては［ASKEW 2003］を参照）。

このほかに、挙げられる日本の人類学の特徴は、西洋の学問上の分野であった人類学より、Volkskunde（民俗学）、すなわち自国の内部及び自国に近い〝彼ら〟の研究に類することである。内部と外部の〝彼ら〟の差は、実際には重要ではなかった。その研究は日本の社会内のギャップを埋めるための啓蒙的な使命となった。日本社会自体は既に部分的にではあったが文化的発展の頂点に達成していたことに対して、他の地域の発展は植民地での「未開民族」と同様に「遅れて」いると考え、そのために文化的未発展であった地域が自国国境外の「彼ら」と同様の支配対象となったのであった。岡の民族学はこういった文脈のなかで見るべきである。

初めて、日本の学者が民族生成論を日本文化の起源に関する問題に適応しようと考えた。岡の理論は、既存の風俗習慣を研究することによって日本の基本文化の歴史的発展と変更過程をシステム化しようとした日本で、「YANAGITA　柳田流の民俗」と呼ばれている方法とまるで違っている。終戦直後、数多くの学者が日本の古代史を再現しようとした時代、岡の観念は多くの学者の注意を引いた。…

しかしながら、岡が果たしたもう一つの重要な役割は、若手研究者を、日本の基礎文化を構造的に複雑な全体として理解させる方向に導くことであった。岡の仮説を証明するため、数人の学生が様々な具体的な問題を検証した。[JAPANESE SOCIETY OF ETHNOLOGY 1968 : 10]

本論の冒頭「はじめに」で既に述べたように、このように岡は文化人類学において重要な役割を果たし、それは今日にも影響を及ぼしているのである。

二　岡と人類学者の国際学界

1　IUAES

おそらく、全てはヴィーンで始まった。岡がヴィーン大学で勉強した時に出会った学生達の中には、後に各国の社会人類学や文化人類学の大物になった学者が多い。例えば、米国のクラックホーンClyd Kluckhohnthe、ローブEdwin M. Loeb、ベルギーのヴァン・ブルクGaston van Bulck、ドイツのペトリHelmut Petri、クロアチアのガヴィッツィMilovan Gavazziとガース Aleksandar Gahs、オーストリアのヒルシュベルグWalter Hirschberg、そして、後ほど述べるスラヴィクAlexander Slawikなどがいた。

ヴィーン時代からの友人が、岡の国際人類学・民族学科学連合（ＩＵＡＥＳ）の副会長（一九五六）、会長（一九六八）の就任投票に応分の貢献をしたと考えてもよい。そして、一九七八年に、デリーで開催されたＩＵＡＥＳの第一〇回大会では、岡が名誉会長として選ばれた。

国際人類学・民族学科学連合とは

ＩＵＡＥＳは、人類学と民族学の分野で研究する社会学的、生理学的人類学の学者と機関の国際機構であるが、その他に人類学・民族学に興味を持つ専門化のための機関でもある。その目的は、世界中の各地域からの学者間の交流、通信を強化し、結集した努力で人間の知識を拡大することにある。それによって人間社会の理解を深めること、自然と文化間の調和に基づく維持可能な未来に貢献できると期待する。

五年ごとに開催される大会では、ＩＵＡＥＳがこれらの分野における研究の討論、普及のために国際的なプラットフォームを提供する。大会間に、セミナー、シンポジウムなどを開催し、人類学者が国際会議やプロジェクトに参加することを勧めている。委員会を経て、ＩＵＡＥＳは人類学者間の研究関心を収束すること、出版することによって研究結果の普及に刺激を与えている。

ＩＵＡＥＳは、一九四八年八月二三日に、一九三四年設立の国際人類学民族学会議（ＩＣＡＥＳ）との事実上の統合で設立された。後半は、一八六五年からの様々な人類民族学会議の後発会議であり、会議の会長は連合の会長の役割も果たしている。この二つの機構が法律上に一九六八年に一つに統合された。以前の会議がＩＣＡＥＳの省略で識別されたがマンチェスター大会ではより簡略なIUAES 2013という名称で知られる。

(http://www.iuaes2013.org/About% 20the% 20IUAES.html)

・第I大会（一九三四）―ロンドン、英国　オンスロー伯爵が大会会長

・第Ⅱ大会（一九三八）─コペンハーゲン、デンマーク　Thomas Thomsenが大会会長
・第Ⅲ大会（一九四八）─ブラッセル、ベルギー　Ed de Jongheが大会会長
・第Ⅳ大会（一九五二）─ヴィーン、オーストリア　W・シュミットWilhelm Schmidt大会会長
・第Ⅴ大会（一九五六）─フィラデルフィア、米国　Froelich Raineyが大会会長
・第Ⅵ大会（一九六〇）─パリ、フランス　Henri V. Valloisが大会会長
・第Ⅶ大会（一九六四）─モスコー、ソ連　S. P. Tolstovが大会会長
・第Ⅷ大会（一九六八）─東京と京都、日本　岡正雄が大会会長
・第Ⅸ大会（一九七三）─シカゴ、米国　Sol Taxが大会会長
・第Ⅹ大会（一九七八）─ニューデリー、インド　Lalita P. Vidyarthiが大会会長
・第Ⅺ大会（一九八三）─ケベック・シティーとバンクーバー、カナダ　Cyril S. Belshawが大会会長
・第Ⅻ大会（一九八八）─ザグレブ、ユーゴスラビア　Hubert Maverが大会会長
・第XIII大会（一九九三）─メキシコシティ、メキシコ　Lourdes Arizpe司会
・第XIV大会（一九九八）─ウイリアムズバーグ、バージニア州　Vinson H. Sutlive司会
（注：当初、Mario Zamoraが本大会の司会として予定されていたが、大会開催前に死亡したため、Sutliveが司会を務めた）
・第XV大会（二〇〇三）─フィレンツェ、イタリア　Brunetto Chiarelli司会
・第XVI大会（二〇〇九）─昆明、中国　Jing Jun司会
・第XVII大会─マンチェスター、イギリス　二〇一三年に開催予定

この表から分かるのは、岡正雄が初めてアジアで大会を開催することに成功しているということである。文化人類学をアジア中に促進するとことに力を入れた最高の例としてはインドが挙げられる。

岡正雄が一九八二年一二月に死亡した半年後、米国の学術誌『人類学の現在』は、インドの人類学者ヴィドヤルティーLalita Prasad Vidyarthiによる執筆の追悼記事を掲載した。

岡正雄は、長引く病気で一九八二年一二月一五日に逝去した。インド人類学会のメンバー、社会文化研究委員会のビハール、及びラーンチー大学の人類学部はL.P.Vidyarthiの司会で一二月一八日に弔問を開いて、国際人類学・民族学科学連合の元会長と日本人類学の創始者を悼んだ。Vidyarthiは長々と岡の称賛すべき資質を述べて、インドの親友であったことにも注目をした。日本民族学、東南アジアの文化、イヌイット研究に関する岡の代表作を挙げながら、日本の殆どの現代民族学者が岡に訓練されて、岡が策定した指針に基づいて作業したことを指摘した。視聴覚資料、特に民族学の映画を作成した日本人にもガイダンスやインスピレーションの源だった。Vidyarthiは第八回の国際人類学・民族学科学連合大会、岡の主催で初めてアジア、つまり東京と京都で開催されたことについて述べた。さらに、一九七七年にラーンチーでアジアにおける米文化の様々な側面に関して開いた素晴らしいレクチャー及び一九七八年にデリーで開催された第一〇回大会での、アジアの遺産と文化を研究しようという、アジアの学者に向けた呼掛けを思い出させた。

岡の死で、世界の人類学は優れた人類学者を、アジアは先駆者を、日本は日本人類学の創始者を、そしてインドは素晴らしい友人と後援者を失った。［VIDYARTHI 1983］

この追悼記事から、岡がインド人類学に及ぼした強い影響が読み取れるであろう。

こうした背景で、私の先輩であり本学部の学部長であるL.P. Vidyarty教授はＩＵＡＥＳ（一九七三～七八）とＩＣＡＥＳ（一九七八）の会長として選ばれ、インドは一九七八年の次回の国際大会の開催国として考慮された。会長は大会の管理の面で、親しくしている何人かの快活な同僚とともにＩＵＡＥＳに関する委員会を幾つかを設立した。その中に、視覚人類学の国際委員会があった。

写真撮影と視覚人類学への個人関心を配慮して、会長は私を共同議長（ＩＵＡＥＳ、一九七三～七八）として任命して、岡正雄博士は日本代表の議長となった。[SAHAY 1993: ix-x]

かくして、一九七七年二月にラーンチーで本国際委員会の最初の会議を開いてからインドにおける視覚人類学が第一歩を踏んだ。岡正雄博士並びに日本からMiss Yasuko Ichioka, Junichi Ushiyama、パリからMrs. Gabrielle Delorme from Paris及び各院会長（ＩＵＡＥＳ）が訪れて会議を祝った。その後、活動は加速し、その結果として一九七八年にデーリーで開催された視覚人類学のシンポジウムに至った。[SAHAY 1993: ix-x]

上述のように私は開催国を代表したので、非常に大きな責任を負った。しかし、デリーのシンポジウムを管理するための自由裁量権を与えられた。すぐに、視覚人類の立場を研究するために東京とパリに招待された。そして、東京では、映画製作に関する簡単な説明を受けてトレーニングとして二本の短い映画を作った。その上、各国の数十本の人類学映画を見せてもらった［SAHAY 1993: x］。

ラーンチー大学人類学部長、Lalita Prasad Vidyarthi教授は人類学と民族学の権威として国際的に高い評価を得ている。彼は国際人類学・民族学科学連合の会長（一九七三〜一九七八）、第一〇回国際人類学民族学大会の大会会長であったことで傑出している。ビハール、アンダマンとニコバル諸島、インド北東部における、部族の発展、不可触選民、部族の社会化の過程に関する大規模な研究計画を指揮した。(http://www.conceptpub.com/author.php?aid=1651; March 02, 2012)。

2　アジア・アフリカ言語文化研究所(http://www.aa.tufs.ac.jp/ja)

岡正雄が設立に関わった東京外国語大学アジア・アフリカ言語文化研究所の歩みは次の通りである。

一九六一　日本学術会議がアジアとアフリカの言語、文化を研究するための大学共同利用機関を設立する推薦を発行。
一九六四　東京外国語大学付属の機関としてＩＬＣＡＡが、日本初の人文学と社会学の大学共同利用機関に指定された機関として設立。
一九六七　長期間のフィールドワークのプログラムの開始。

アジア・アフリカ言語文化研究所（ＩＬＣＡＡ、あるいはＡＡ研）は、東京外国語大学に付属する機関で、「共同研究プロジェクトの実施」、「アジアとアフリカの言語と文化に関するデータの処理、編集と普及」、「共同研究、研修会、セミナーなどで若手学者の育成」を掲げ、研究活動を実施している。

これまでの所長は次の通りである。

一九六四—一九七二　岡正雄
一九七二—一九七四　徳永康元
一九七四—一九八三　北村甫
一九八三—一九八九　梅田博之
一九八九—一九九一　山口昌男
一九九一—一九九五　上岡弘二
一九九五—一九九七　池端雪浦
一九九七—二〇〇一　石井溥
二〇〇一—二〇〇五　宮崎恒二
二〇〇五—二〇〇六　内堀基光
二〇〇六—二〇〇九　大塚和夫
二〇〇九—　栗原浩英

三　岡正雄とオーストリアの関連性

ドイツ語圏の諸国における日本に関する学部、つまり文字通りの日本学は、以前と同様に言語学的な方法に支配されている。そのため、文献の分析は日本の文化や社会の研究にとって一番重要なアプローチとなる。しかし、異文化の要素に関する研究自体を文化人類学、民族学と呼ぶことには抵抗があり、オーストリアの同僚や学生などによってもたらされる岡の影響が及ぶ以前には、ドイツ語でEthnologie（民族学）と呼ばれている学部は、ドイツ圏の日本学に重要な役割を果たしていなかった。現在、文献学的方法と民族学理論による日本的事象の記述、説明を行う民族学者や日本学者がいるなら、それは岡の活動の影響による可能性が高い。そして、その全てはヴィーンから始まった。

第二次世界戦争後、「日本学部」という表現がドイツ語圏の諸国において、ときに矛盾する多様な方法で定義されてきた最たる例は、ヴィーン大学の日本学である。すでに述べたように、文献の分析に基づいた言語的なアプローチは初期の学説においては最も普及されていたアプローチであった。民族誌的なフィールドワークは、イギリスの社会人類学や米国の文化人類学と異なる歴史を持ったドイツ流民族学にとって重要ではなく、(4)日本への旅行は時間と金銭がかかるものだった。従って、ドイツ圏の日本学者が、東洋の諸文明に関連する人文学の豊かな言語的伝統を利用しながら日本語の文献の釈義に集中して、日本に関する研究をドイツの一般の人々に紹介したのは、高いレベルの翻訳者の仕事の結果に過ぎない。(5)

初めてその狭い制約を越えようと思った研究者の一人は一九六五年にヴィーン大学の最初の日本学教授となったスラヴィクAlexander Slawik（一九〇〇〜一九九七）だった。その年まで、ヴィーン大学における日本学は（当時のドイツ語圏における歴史民族学の一つの中心であった）民族学研究所で教えられ、実習されていた。一九六五年、日本研究および日本の文化と社会に関する独立機関が設立され、その最初の正教授がスラヴィクとなった。

ヴィーン大学にしばらくいた岡正雄は、スラヴィクを民族学と先史の方に〝誘惑〟した（KREINER 1997: [3]による引用）。岡がスラヴィクに与えた影響は最初から明らかだった。スラヴィクはヴィーン大学での勉強を数年間中断したが、それを一九三一年に再開した。特に博士論文を書いた時の岡と不断の交流をし、その結果、日本国民の民族生成論に関するスラヴィクの研究は発展し、岡の論文を手本として、自らの博士論文*Cultural Strata in Ancient*

Korea（「古代韓国における社会階層」）を執筆した（［KREINER 1997 : 2］との比較）。一九五二年には、まだ日本及び北海道を訪問して調査する機会を得ていなかったにもかかわらず、アイヌ文化における所有物への刻印（Property Marks）の役割に関する論文［KREINER 1992］で二度目の博士号を取得した。初めて日本を訪問したのは一九五六〜一九五七年で、すぐに民族誌や先史材料、文献の収集に着手したが、研究や関心の中心には、言語的な分析をせずに民族学推論を行うことがあり、その研究の基礎になるデータの収集とそのために利用した文書資料があった。彼の関心は幅広い分野に及んでおり、岡正雄との早い段階での交流を背景に、中国、韓国及び東南アジアとの関連を含んだ日本の先史と、まだ解決されていなかった邪馬台国の問題などに興味を持った。しかし、スラヴィクはアイヌの世界観や社会、初期日本語に関する問題点やアイヌ語の原点、神道や日本の農村地域の民俗宗教（「まれびと」の概念にも触れていた）などに関しても論文を書いた(6)。

当時の、大学レベルにおける日本学を文献学として理解する習慣からスラヴィクが離れたことは、新しい日本学の勉強の再組織化と科学的研究の対象によって、すぐに明確になった。民族学の理論と方法の長い関連は、その再組織化に貢献した。日本語の話し言葉を学ぶ目的だけではなく、博士論文向けの調査のため、少なくとも二年間の日本滞在が学生達の義務になった。従って、民族誌の調査に使われている多様な方法の総合的な表現であるフィールドワークは、ドイツ語圏の諸国において初めてカリキュラムの一部となった。それはヴィーンから放射状に広がり、ドイツ語圏の諸国における日本文化の勉強の中で民族誌的な推論と民族誌的方法が重要な役割を果たすようになった。これらの研究と教育における民族学的アプローチの普及には、少なくとも岡とスラヴィクという二人の研究者の存在があったことを明確に述べなくてはならない。

スラヴィクの指導を受けた何人かの学生によって、日本における幾つかの重要なプロジェクトが開始された。その学生の中でも最初に言及しなくてはならないのは、クライナー Josef Kreiner（一九四〇年、ヴィーン生まれ）である。クライナーは奄美大島（三・1　参照）でフィールドワークを実施し、民俗学的理論と民族誌的方法をドイツ語圏の日本学に普及させるために最も影響を与えた人物となった。ヴィーン大学で勉強したクライナーは日本における社会人類学の方法と理論の訓練も受けた。ボン大学の日本学部長になった一九七七年以降、現代日本社会の社会的、文化的問題に従事し、また、ヴィーンにいた時に、日本の宗教と村社会との関連性に関する二冊目の著作*Die Kultorganisation des japanischen Dorfes*（『日本の村落における儀礼的組織』）を出版し、日本の宮座組織について検討した。

一九六七年、ヴィーン大学日本学部の教員と学生が阿蘇地域での大規模な共同研究プロジェクトの作成に入り、一年後、オーストリアと日本からの両サイドからの資金の調達が実現し、学際的なプロジェクトが開始された。スラヴィクは阿蘇地域の先史、地理に関して研究し、クライナーの課題は伝統的な意味の村論考の実施であった。日本学者で社会学者のリンハルトSepp Linhartは社会的成層を研究し、パウアー Erich Pauerは、農業で使われている道具の一覧表の作成及び収集を行った。フィールドワークは一九六八年に開始して一九六九年五月まで続いた。このプロジェクトの結果は何冊かの出版物となり、日本の民族学と民俗学が長期間無視してきた地域に関する知識の獲得に大きく貢献した。(7)

ヴィーン民族学博物館のヤナタAlfred Janataと協力してクライナーとパウアーが共同で行った二番目の研究プロジェクトは、民族学博物館が日本で使われている農具の一覧を準備しようとしたことが発端であった。このコレクションのほとんどは、クライナーによってヴィーンにもたらされた。そのプロジェクトは、本来の目的である図版入りのカタログを作成することだけでは留まらなかった。その結果、筆者は阿蘇地域におけるフィールドワーク及び農業作業を体験することができたのである。すなわち、その後出版されたいくつかの文献には、収集した農具をただ説明するだけでなく、農具の文化史的背景及びその製造に関連する（パウアーによる技術的な図面を含む）技術的な工程の情報Sが含まれていた。(8)

フライブルク大学のナウマンNelly Naumann（一九二二―二〇〇〇）はヴィーン大学で日本学と民族学（並びに中国学と哲学）を勉強した。ナウマンは、ヴィーン流のドイツ語圏の歴史民族学（その主な主唱者はシュミットWilhelm Schmidt［一八六八～一九五四］、コッパースWilhelm Koppers［一八八六～一九六一］、グジンデMartin Gusinde［一八八六～一九六九］とシェベスタPaul Schebesta［一八八七～一九六七］だった）の影響を受けた人物であり、現在のドイツ語圏における日本学に対する影響力の大きい、もう一人の学者であった。先史を重視し、文化の古い階層を再現しようとするナウマンの民族学研究上の特徴は、博士論文のタイトル*Das Pferd in Sage und Brauchtum Japans*（「日本の信仰と習俗における馬」）［NAUMANN 1959］から分かるように、研究活動の初期から顕著であった。ナウマンは、人類学の観点に基づき、一九五〇年代から日本の宗教の研究に学究生活をささげた。古い世代の学者に指導を受けたため、ナウマンは歴史民族学の理論と方法によって訓練され、その中で、日本の宗教の影響が研究の中で明らかとなり、日本古代神話の源泉に対する強い関心と知識の基礎を得た。ナウマンの数多くの出版物(9)の中でも、古代日本の宗教［NAUMANN 1988, 1994］および日本の神［NAUMANN 1996］に関する本は、影響力の一番大きいものである。しかし、ナウマンの〝日本固有の信仰〟いわゆる〝仏教による影響が現れてくる前の神道〟への人類学的手法及び比較の手法が見られる英語での論文も幾つか残されている［NAUMANN 1974, 1982］。

従って、岡に端を発した民族誌的な方法と民族学の理論への影響は、今でもドイツ語圏の日本学で感じられる。その影響を次の出版物から、幾つかの例を引用しつつ紹介する。

1　少数民族研究

①　少数民族研究１：琉球

ヴィーン大学でスラヴィクに師事した学生の一人であったクライナーは、歴史的あるいは言語的な方法に大きく依存したヴィーンの同級生と異なり、一九六〇年代の日本滞在中に日本の人類学者から影響を受けて民族誌的フィールドワークに集中した。「研究の中に［少数民族］を含まない限り、日本の文化を完全に理解できることは不可能です」［KREINER 2004 : 2］と固く信じたクライナーは、琉球列島を含みつつ日本の社会と文化に関する研究を行った。クライナーは一九六一年から一九六三年にかけて奄美大島を訪問し、一九六五年に出版されたノロ信仰に関連する博士論文のために調査を行った。その論文の中で、クライナーはカルトと村階層での生活組織との関係に特別な注意を払った。

②少数民族研究２：南米アメリカにおける日本人の少数民族

ドイツ語圏の日本学者がしばしば見逃す、あるいは全く無視されている課題は、北米にも南米にもいる日系の少数民族である。米国とブラジルでは、その少数民族の数は一〇〇万人を超えているが、現在、既に三世、四世となっている。そのため、大半は文化的には日本的な特徴を有しているものの、言語上は完全に現地化ないし同化されている。その他の国、例えばカナダ、メキシコ、ペルー、ボリビアとアルゼンチンにおける日本からの移民とその子孫の数は、米国、ブラジルに比べてかなり少ない。しかし、それにもかかわらず、そのグループの社会的、経済的な重要度は、人数の少なさとは明らかに反比例している。

2 物質的文化の研究

アイヌと沖縄の物質的文化に関する上述の研究プロジェクトは、日本全体の物質的文化を疑問視する。それは特に日本からの美術品、工芸品、民族誌的な品々などの資料を、ドイツ、オーストリア、スイスの数多くの博物館で見ることができるからである。その件数はアジアの他国や他の文化と比べて圧倒的に多い。これは明治時代に来日したドイツ人の専門家が数多くいた一方、近代化の中で、異国としての日本への旅が不可欠であった数えきれない旅行者の存在によって説明できると考えられている。彼らは日本の美術品、工芸品を購入、収集するだけでなく、時には盗掘する場合もあった。そして、その大半は、最終的に欧州の諸博物館にもたらされた[10]。

日本研究を行う際に利用できるこの豊富な資料にもかかわらず、博物館のコレクション、特にアイヌと琉球列島からの品々を含む民族誌コレクションが日本の研究や大学では殆ど無視されている。例外が上述した研究プロジェクトとの関係によってボン大学日本学科で準備され、ドイツの二箇所の博物館で行われたアイヌ展覧会（ケルンのラウテンシュトラウフ・ヨースト博物館［一九八七年］とミュンヘンの国立民族学博物館［二〇〇二年］）であった[11]。

3 日本学の理論と方法について

文化人類学は常に反射性、つまりその学問の推論の基礎を確保して、結果が発見されない場合には、研究の結果を歪めている先入観やステレオタイプを明確にすることを志向してきた[12]。

東京に新しく設立されたドイツ日本研究所（Deutsches Institut für Japanstudien）が一九八九年に初めて行った国際シンポジウムでは、異なる歴史的、経済的、政治的、社会的な要素やイデオロギーによって形成されている日本国内の日本学研究の妥当性が集中的に取り扱われた。本シンポジウムの会報は一九九二年［KREINER and BEFU 1992］に出版された。序文で、ベフHarumi BEFUはシンポジウムが実施された理由を下記の通り説明した［1992 : 15］。

文学人類学が指摘するように、われわれが自文化の奴隷であるとすれば、その結果として、異なる文学的な背景を持つ学者が、その他人と同様に、異なる関心、異なる考え方、異なった予測、異なった世界観を見せて、それによって、日本であっても中国であっても見るものを異なって解釈する。

ナウマンの影響を最も強く受けたアントニKlaus Antoni（テュービンゲン大学）は、ナウマンから学んだ神道研究のアプローチを引き継ぎ､酒に関する名高い研究論文*Miwa-der Heilige Trank*（「三輪―神聖な飲み物」）を発表した。アントニはこの論文内で文化史を再現するために日本の宗教史に関する伝統的な資料を利用しており、ここにナウマンの影響がまだ見られる。

しかしその後、アントニは、近代イデオロギーの背景としての宗教全体の課題に取り組み、一九九四年に設立された研究会「日本の信仰」に支援されている。(13) 一九九六年トリーア大学が準備したシンポジウムの会報への寄稿文において、アントニは、日本の宗教の研究に人類学に基づくアプローチを応用することを、下記の通り明言した。

宗教に関する文学人類学の一つの基本的な仮定は、宗教が文化によってても基礎付けられるということである［…］［ANTONI 1997: 177］

宗教と政治などのその他の文化的サブシステムとの相互関連性がこのシンポジウムの統一テーマであった。ANTONI（一九九六：序文）は、（ホブズボームEric Hobsbawmの定義による）〝導入された伝統〟の観点から儀式を考えると、その社会的や文化的な機能、起源、効果及び政治的な背景に対する理解が深まる、と述べている。これは言うまでもなく、日本の宗教研究の伝統的な言語的アプローチからはかけ離れている。その他の部分においても、日本の宗教の初期の文書資料から、いわゆる〝新新宗教〟の設立までの幅広い儀式をカバーしている。

アントニの研究のもう一つの主なテーマは、近代における、特に宗教と日本のアイデンティティの関係である。上述した研究会「日本の信仰」との協力で二〇〇一年に〝Religion and National identity in the Japanese Context〟（日本の文脈における宗教と日本のアイデンティティ）の問題に関するシンポジウムが実施された［ANTONI et al. (eds.) 2002］。ここで彼は繰り返し、人類学の伝統の中でも最良のやり方としての比較というアプローチを支持している。アントニの、宗教、日本のアイデンティティ、近代化の過程でもたらされた伝統への幅広い関心をまとめているのは、天皇及び天皇の近代日本社会内での位置付けに関する研究である。天皇を扱う最も重要な論文が*Der himmlische Herrscher und sein Staat. Essays zur Stellung des Tenno im modernen Japan*（『神聖な統治者とその役割—日本社会における天皇の位置に関する試論』）［ANTONI 1991］に収められている。

同様に日本の伝統的な宗教、つまり神道に関心を持ったクライナーも日本の宗教の研究を進め、アントニと同様に、研究の範囲を拡大し、日本の近代社会における宗教と伝統的な考え方を含むようになっていった。言うまでもなく、もっとも重要なことは日本の各宗教が、成功に終わった工業化と社会的な近代化、そしてその近代化の影の側面にどのように貢献したか、という問題である。この問題を明確にする試みとして、儒教、仏教、神道と道教に関わる第一人者がそれぞれの専門分野の概要を掲げた書籍［KREINER 1996a］が出版された。

4　ドイツ人文学科の文化主義への転換

一九六〇年代は、ドイツの民族学に決定的重要性を持つ時期であった。それは、非植民地化の過程がもたらした世界の再組織化に伴って、前世代の民族学者が取ってきた対象の見方が変わり、いわゆる〝原始文明〟、〝無国籍〟、〝伝統的な〟文明の研究がついに廃止されたからである。従来の、異なる生き方、考え方で示される「私たち」と「彼ら」の区別は、グローバル化された世界では行いえないため、旧式のものとなった。その代わり、世界を象徴的に、解釈学的方法で最もよく研究できる現象に関心が高まる傾向が見られるようになった。

この文化主義への転換中には、それまで理学の主な役割と考えられてきた〝説明〟に加えて、〝理解〟が新たなキーワードとなった。(14)同時に民族学の研究範囲は拡大され、工業化した西洋諸国と日本のほかに、世界中の文化が含まれるようになった。当時、日本は西洋文明域外で、農業国から高度に工業的発展を遂げた唯一の国であった。(15)それに伴って、異文化間の理解や通信などの新たな問題が生じた。そして、この新しいアプローチは、日本学にも影響を与えた。これは先述のように、新しいアプローチが古いアプローチに取って代わったわけではなく、新しいアプローチと一体となって日本の社会と文化を取り扱いうる多数の方法を生み出し、そして、勿論、日本学の異なる学派間の対立の調停をも可能とした。

まとめ

岡正雄の民族学には、彼の理論上の思考や研究成果が国際的に殆ど認められていない理由を見出すことができる。

すなわち、岡の国際的な役割は、理論上及び方法論上の推論への影響力ではなく、個人の組織力と国際人類学・民族学科学連合での活躍に特徴付けられているからである。そして、岡の活動の結果として、アジアの人類学者が学界の一員として国際的に認められるようになったのである。岡のオーストリアの学生達、同僚及び彼らの学生達によって岡の影響が明らかになるまで、民族学がドイツ語圏の日本学に重要な役割を担うことはなかったのだと言えよう。

【注】

（1）「人類学」という表現には、その他の表現、例えば「民族学」や「社会人類学」なども含まれている。各分野間の差は、本文脈では無視できると思われる。
（2）日本の人類学におけるMorseの役割に関してはTORII 1975bを参照せよ。
（3）Philipp Franz von Sieboldの次男の民族誌と考古学研究に関してはKREINER 2011を参照せよ。
（4）各国の人類学へのアプローチに関する包括的な概要に関してはHARRIS 1969を参照のこと、こちらで述べたアプローチに関しては特に章九〜一三（米国）、第一九章（英国）と第一四章（ドイツ伝播主義人類学）に詳しい。
（5）これに関しては、SLAWIK 1976: 229-230で挙げられている概要と比較する。
（6）スラヴィクの最も重要な研究結果は、アイヌの所有物への刻印に関する二番目の博士論文を除いて、日本語に翻訳され、出版されている（SLAWIK 1984）。
（7）阿蘇プロジェクトからの主な出版物はSLAWIK et al. 1975 と PAUER 1976; KREINER 2000を参照せよ。
（8）このプロジェクトの説明に関してはKREINER et al. 1976: 130-140を参照せよ。また、その結果に関してはJANATA et al. 1969, 1970, 1971, 1972, 1973,と 1976; KREINER 1982; を参照せよ。
（9）BLÜMMEL and ANTONI 2000-2001: 15-22には関係文献の総覧が記載されている。

（10）これらの資料がヨーロッパの博物館の所有になった奇妙な経路に関してはKREINER 2004の記事を参照せよ。
（11）両方の展覧会では、カタログが出版された。詳細についてはKREINER & ÖLSCHLEGER 1987とMÜLLER 2002を参照。
（12）ここでは、〝客観的な〟研究、研究者の歴史的、社会的な背景、現在有効な社会的価値、政治的、経済的なヘゲモニー論などに影響されていない研究が実際可能であるか否かについての議論を除く。本研究グループ及びアントニのその他の活動に関してはテュービンゲン大学の日本学部のホームページhttp://www.uni-tuebingen.de/kultur-japans/ka_projekte.htm を参照（二〇〇四年一〇月一五日付ダウンロード）。
（13）実は、この人文学での発展してきた〝理解〟は新しいものではなかった。自然科学者と米国の文学人類学の創始者であるボアズFranz BOAS（BOAS 1948における諸論考を参照）が、人文学と理学間の方法に基本的で埋められない差の存在に関する、ドイツの新カント流及び歴史的なアイデアを取上げて以降、民族学内の各学派の間では、〝理解〟と〝説明〟に関する納得度が異なった。この点に関してはHARRIS 1969: 250–289を参照せよ。
（14）ドイツ民族学の〝文化主義への転換〟に関してはSCHIFFAUER 2004を参照せよ。

【参考文献】

ANTONI, Klaus (1988): *Miwa – Der Heilige Trank. Zur Geschichte und religiösen Bedeutung des alkoholischen Getränkes* (sake) *in Japan.* Stuttgart: Steiner (Münchner Ostasiatische Studien; 45).
ANTONI, Klaus (1991): *Der himmlische Herrscher und sein Staat. Essays zur Stellung des Tennō im modernen Japan.* München: Iudicium
ANTONI 1996 = 1997
ANTONI, Klaus (1997): Aspekte des shintō-konfuzianischen Synkretismus der frühen Edo-Zeit. In: Klaus Antoni (ed.): *Rituale*

und ihre Urheber: Invented Traditions in der japanischen Religionsgeschichte. Hamburg: Lit (= Ostasien – Pazifik; 5), pp. 177–196.

ANTONI, Klaus, Hiroshi KUBOTA, Johann NAWROCKI, and Michael WACHUTKA (eds.) (2002): *Religion and National Identity in the Japanese Context.* Hamburg: Lit (= Bunka. Tübinger interkulturelle und linguistische Japanstudien; 5).

BOAS, Franz (1948): *Race, Language, and Culture.* New York: Macmillan.

ASKEW, David (2002): The Debate on the 〝Japanese〟 Race in Imperial Japan: Displacement or Coexistence? In: *Japanese Review of Cultural Anthropology* 3, pp. 79–96.

ASKEW, David (2003): Empire and the Anthropologist: Torii Ryūzō and Early Japanese Anthropology. In: *Japanese Review of Cultural Anthropology* 4, pp. 133–154.

BEFU, Harumi (1992): Introduction: Framework of Analysis. In: Josef Kreiner and Harumi Befu (eds.): *Othernesses of Japan: Historical and Cultural Influences on Japanese Studies in Ten Countries.* München: Iudicium (= Monographien aus dem deutschen Institut für Japanstudien der Philipp-Franz-von-Siebold-Stiftung; 1), pp. 15–35.

BLÜMMEL, Maria-V. and Klaus ANTONI (2000–2001): In memoriam Nelly Naumann. In: *Nachrichten der Gesellschaft für Natur- und Völkerkunde Ostasiens/Hamburg (NOAG)* 167–170, pp. 7–22.

FISCHER, Hans (2003): Ethnologie als wissenschaftliche Disziplin. In: Hans Fischer and Bettina Beer (eds.): *Ethnologie. Einführung und Überblick.* 5th, completely revised edition. Berlin: Reimer (= Ethnologische Paperbacks), pp. 13–31.

HARRIS, Marvin (1969): *The Rise of Anthropological Theory.* London: Routlege and Kegan Paul.

HENRY, Todd A. (2005): Sanitizing Empire: Japanese Articulations of Korean Otherness and the Construction of Early Colonial Seoul, 1905–1919. In: *Journal of Asian Studies* 64, 3, S. 639–675.

JANATA, Alfred, Josef KREINER, and Erich PAUER (1969): Bodenbaugeräte Japans I: Materialien zu *kuwa* (Erdhacke) und *suki* (Spaten) [Agricultural tools of Japan I: hoe (*kuwa*) and spade (*suki*). In: *Archiv für Völkerkunde* 23, pp. 101–159.

JANATA, Alfred, Erich PAUER, and Josef KREINER (1970): Bodenbaugeräte Japans II: Zur Geschichte des Pfluges (*karasuki*). In: *Archiv für Völkerkunde* 24, pp. 207–264.

JANATA, Alfred, Josef KREINER, and Erich PAUER (1971): Bodenbaugeräte Japans III: Geräte der *tagoshirae-*Feldbestellung und des *ta-ue*-Reisauspflanzens. In: *Archiv für Völkerkunde* 25, pp. 67–125.

JANATA, Alfred, Josef KREINER, Erich PAUER, and Klaus MÜLLER (1972): Bodenbaugeräte Japans IV: Bewässerung (*mizu-hiki*) und Bewässerungsgeräte. In: *Archiv für Völkerkunde* 26, pp. 59–117.

JANATA, Alfred, Josef KREINER, and Erich PAUER (1973): Bodenbaugeräte Japans V: Geräte für das Jäten und für die Schädlingsbekämpfung. In: *Archiv für Völkerkunde* 27, pp. 15–67.

JANATA, Alfred, Josef KREINER, and Erich PAUER (1976): Bodenbaugeräte Japans VI: Reisernte (inekari), Erntemesser und Sichel (*kama*). In: *Archiv für Völkerkunde* 30, pp. 31–99.

JAPANESE SOCIETY OF ETHNOLOGY (1968): *Ethnology in Japan: Historical Review*. Tokyo: K. Shibusawa Memorial Foundation for Ethnology.

KREINER, JOSEF (1969): *Die Kultorganisation des japanischen Dorfes*. Wien: Wilhelm Braumüller.

KREINER, Josef unter Mitarbeit von Alfred JANATA and Erich PAUER (1982): Bodenbaugeräte Japans VII: Methoden und Geräte des Reistrocknens. In: *Archiv für Völkerkunde* 36, pp. 95–145.

KREINER, Josef (ed.) (1996a): *The Impact of Traditional Thought in Present-Day Japan*. München: Iudicium (= Monographien aus dem Deutschen Institut für Japanstudien der Philipp-Franz-von-Siebold-Stiftung; 11).

KREINER, Josef (1997a): Alexander Slawik zum Gedenken (27.12.1900–19.4.1997). In: *NOAG* 161–162, pp. 1–5.

KREINER, Josef (1997b): In memoriam Alexander Slawik (1900–1997). In: *Japanforschung. Mitteilungen der Gesellschaft für*

Japanforschung e.V. 1997, 1, S. 3.

KREINER, Josef (2000): Recent Developments in the Ethnography of Ryukyu/Okinawa: A Review Article. In: *Ryukyuanist: A Newsletter on Ryukyuan/Okinawan Studies* 50, pp. 6–11.

KREINER, Josef (2004): *Japanese Collections in European Museums: Reports from the Toyota-Foundation-Symposium Königswinter 2003*. Bonn: Bier'sche Verlagsanstalt (= JapanArchiv; 5).

KREINER, Josef (ed.) (2011): *Shō Shīboruto to Nihon no kōko minzokugaku no reimei*. Tōkyō: Dōseisha.

KREINER, Josef, Ruth LINHART, Sepp LINHART, Peter PANTZER, and Erich PAUER (1976): Stätten der Japanforschung in Österreich: Das Institut für Japanologie an der Universität Wien [Places of Japanese studies in Austria: The Institute of Japanology at the University of Vienna]. In: Josef Kreiner, Ruth Linhart, Sepp Linhart, Peter Pantzer and Erich Pauer (eds.): *Japanforschung in Österreich*. Wien: Institut für Japanologie, Universität Wien, pp. 111–142.

KREINER, Josef und Hans Dieter ÖLSCHLEGER (1987): *Ainu. Jäger, Fischer und Sammler in Japans Norden*. Ein Bestandskatalog der Sammlung des Rautenstrauch-Joest-Museums. Köln: Rautenstrauch-Joest-Museum (Ethnologica; N.F. 12).

KREINER, Josef and Harumi BEFU (eds.) (1992): *Othernesses of Japan: Historical and Cultural Influences on Japanese Studies in Ten Countries*. München: Iudicium (= Monographien aus dem deutschen Institut für Japanstudien der Philipp-Franz-von-Siebold-Stiftung; 1).

KUBLIN, Hyman (1959): The Evolution of Japanese Colonialism. In: *Comparative Studies in Society and History*. 2, 1, pp. 67–84.

MÜLLER, Claudius (ed.) (200: *Die Ainu: Porträt einer Kultur im Norden Japans*. Ausstellung anlässlich der 30jährigen Städtepartnerschaft Sapporo - München 1972 – 2002. München: Staatliches Museum für Völkerkunde.

NAKAO, Katsumi (2005): The Imperial Past of Anthropology in Japan. In: Jennifer Robertson (Hg.): *A Companion to the*

Anthropology of Japan. Oxford: Blackwell (= Blackwell Companions to Anthropology; 5), pp. 19–35

NEUMANN, Nelly (1959): Das Pferd in Sage und Brauchtum Japans. In: *Folklore Studies* 18, pp. 145-287.

NAUMANN, Nelly (1974): Whale and Fish Cult in Japan: A Basic Feature of Ebisu Worship. In: *Asian Folklore Studies* 33, pp. 1–15.

NAUMANN, Nelly (1982): Sakahagi: The `Reverse Flying、of the Heavenly Piebald Horse. In: *Asian Folklore Studies* 41, pp. 7–38.

NAUMANN, Nelly (1988): *Die einheimische Religion Japans*. Teil 1: *Bis zum Ende der Heian-Zeit*. Leiden: Brill (= Handbuch der Orientalistik; V, 4.1).

NAUMANN, Nelly (1994): Die einheimische Religion Japans. Teil 2: Synkretistische Lehren und religiöse Entwicklungen von der Kamakura- bis zum Beginn der Edo-Zeit. Leiden: Brill (= Handbuch der Orientalistik; V, 4.2).

NAUMANN, Nelly (1996): *Die Mythen des alten Japan*. München: Beck.

PAUER, Erich (1976): *Aso. Vergangenheit und Gegenwart eines ländlichen Raumes in Südjapan*. Band II: *Der landwirtschaftliche Gerätebestand des Aso-Gebietes*. Wien: Institut für Japanologie (= Beiträge zur Japanologie; 12).

SAHAY, K[eshari] N. (1993): *Visual Anthropology in India and Its Development*. New Delhi: Gyan Publ. House.

SCHIFFAUER, Werner (2004): Der cultural turn in der Ethnologie und der Kulturanthropologie. In: Friedrich Jaeger and Jürgen Straub (eds.): *Handbuch der Kulturwissenschaften*. Vol. 3: *Paradigmen und Disziplinen*. Stuttgart: Metzler, pp. 502–517.

SLAWIK, Alexander (1976): Auseinandersetzungen mit der traditionellen Japanologie. In: Josef Kreiner, Ruth Linhart, Sepp Linhart, Peter Pantzer and Erich Pauer (eds.): *Japanforschung in Österreich*. Wien: Institut für Japanologie, Universität Wien, pp. 229–246.

SLAWIK, Alexander (1984): *Nihon bunka no kosō*. Tōkyō: Miraisha.

SLAWIK, Alexander (1992): *Die Eigentumsmarken der Ainu*. Berlin: Reimer.

SLAWIK, Alexander, Josef KREINER, Sepp LINHART, and Erich PAUER (1975): *Aso. Vergangenheit und Gegenwart eines ländlichen Raumes in Südjapan*. Band I: *Einführung und Überblick*. Wien: Institut für Japanologie (= Beiträge zur Japanologie; 12).

TORII, Ryūzō (1975a): Yūshi izen no Nihon. In: Ryūzō Torii: *Torii Ryūzō zenshū*. Vol. 1. Tōkyō: Asahi Shimbunsha, pp. 167–453. [Orig. 1918]

TORII, Ryūzō (1975b): Nihon jinruigaku no hattatsu. In: Ryūzō Torii: *Torii Ryūzō zenshū*. Vol. 1. Tōkyō: Asahi Shimbunsha, pp. 459–470. [Orig. 1927]

VIDYARTHI, L[alita] P[rasad] (1983): Obituary: Masao Oka. In: *Current Anthropology* 24, 2, p. 268.

WEINER, Michael (1997): The Invention of Identity: 'Self' and 'Other' in Pre-war Japan. In: Michael Weiner (ed.): *Japan's Minorities: The Illusion of Homogeneity*. London and New York: Routledge, pp. 1–16.

日本社会人類学の親としての岡正雄

セップ・リンハルト

はじめに

私は一九六三年の秋ヴィーン大学に入学し、日本学（Japanologie）を専攻した。当時ヴィーン大学には独立した日本学科はなく、民族学科（Institut für Völkerkunde）の付属教科として位置づけられていた。このヴィーン大学での民族学と日本学との密接な関係は、一九三九年に設立された日本学科（Institut für Japankunde）の研究所所長、初代教授が、民族学者の岡正雄先生であったことに源を発する。周知のように岡先生は、ヴィーン大学の民族学科で博士号を取得されている。岡先生の指導による日本学科は終戦と共に消滅したが、(1)岡先生の友人であり、日本学科での助手でもあった、同じく民族学者のアレクサンダー・スラヴィクAlexander Slawik先生の努力で、一九五五年に再開することができた。当時、既にヴィーン大学には、東洋学科（Institut für Orientalistik）や印度学科（Institut für Indologie）が独立した学科として存在し、両学科が日本学を付属教科として取り込むことを望んだにもかかわらず、日本学は民族学の付属学科として再設された。そのため、当時のヴィーン大学の日本学科の学生たちはすべて、民族学の観点からの日本研究、主として日本の農村・漁村・山村の社会・文化の研究調査を行なった。それは、後にＪＡＷＳ（Japan Anthropology Workshop）に結集した人類学者達の日本へのより広いアプローチとは大きく異なっていた。当時のヨーロッパの日本学の主流が、文学・宗教・歴史の研究にあったことはいうまでもなく、その中にあってヴィーン大学は、まさに独自な立場にあったと言えよう。一九六七年（昭和四二年）の春、私は、文部省奨学金留学生として、初めて日本の土を踏んだ。留学先は北海道大学だった。スラヴィク先生は、以前アイヌ研究のため北海道でのフィールド・ワークを行い、その自然に魅了されて、私にも北海道の研究を強く勧められた。「北海道と内地の農村の相違を調べて来い」と言われて、私は北海道に赴いた。羽田国際空港に着き、まず、以前ヴィーン大学で、原子物理学を専攻しながら日本語を教えていた人のお宅にお世話になり、翌日一番に、ご挨拶をかねて岡先生を訪問した。岡先生とは、一九六五年のヴィーン大学六〇〇年祭の折に、すでに一度面識があったものの、あの日あの偉大な岡先生を目前にして、まだ弱冠二一歳の学生であった私は極度に緊張して、自らは一言も発することができなかった。しかし、その岡先生から私は、身に余る様々なご高配をいただいた。先生は手始めに、私を明治大学大学院の研究室へ伴われ、蒲生正男先生、大胡欽一先生等、有数の先生方に紹介した後で、「ゴールデンウィークに明治大学大学院生たちと伊勢志摩の漁村へ調査に行くから一緒に来ないか」と誘ってくださった。それは私にとって忘れられない、日本での最初の現地調査になった。出発前に再び岡先生は私を伴い、過去現在に渡って先生の勤務先であった三つの大学（東京都立大学・一九五一〜一九六〇年、明治大学・一九六〇年〜、東京外国語大学アジア・アフリカ言語文化研究所・一九六四年〜）を訪れ、先生の後継者の方々を紹介してくださった。また、私の博士論文「北海道の開拓農村と内地の母村との比較研究」にも関心を示され、奈良県の十津川村と北海道の新十津川村のフィールド・ワークを指導された、東京大学東洋文化研究所教授の泉靖一先生を紹介してくださった。その時私は泉先生から、一九五一年に出版されたその調査報告をいただいた。そのお陰で、私は貴重な報告書の持ち主として、後日北海道において有名人となった［泉　一九五一］。

岡先生、蒲生先生、大胡先生の指導の下、一九六七年に実施された伊勢志摩のフィールド・ワークは、家族・親族・社会構造・年齢階級性などを主なテーマとした、社会人類学的な見地に立った調査であった。(2) オーストリアに帰国後、一九七〇年の夏に、再び岡先生の引率されるグループと、今度はオーストリアの農村調査を実施した。日本からの参加者は、岡先生、立教大学の住谷一彦先生、明治大学の蒲生先生、江守五夫先生、大胡先生、そして岡先生の長男の岡千曲さんの六名、オーストリアからは、後のマールブルグ大学日本学科教授のエリッヒ・パウアー Erich Pauerと私の二名で合せて八名、場所は、ドイツのバイエルン州にほど近い、上オーストリアのコプフィングという、人口二千人の小さな町であった。戦前十年近くオーストリアで過ごされた岡先生にとっても、あの調査はオーストリアでの最初の農村調査であったようだ。その時のテーマや方法は、伊勢志摩での調査とさほどの違いはなかったと記憶している。

蒲生先生は、この調査のあとヴィーン大学で一年間の研究滞在をされた。その前年には、江守先生も同じように留学をされていた。留学先は一九六五年に設立された、独立した日本学科（Institut für Japanologie）であり、私はそこで一九六九年の一〇月から講師として勤務していた。当時の日本学科は非常に狭く、ゼミ室、教授室、助手室、図書室、秘書室の五つの部屋しかなく、蒲生先生と私は同じ部屋で肩を並べて仕事をした。しかしそれは私にとってはまさに幸運そのもので、蒲生先生から個人レッスンに近い形で、日本の農村社会、また社会人類学について貴重な教えを受けることができた。

蒲生先生はご自身を社会人類学者であると認識されており、蒲生先生から見ると、岡先生も社会人類学的な側面を多くもたれていると指摘された。岡先生の古希記念論文集『民族学からみた日本』の後記にも、蒲生先生の岡先生へのそうした評価が著しく現れている［蒲生　一九七〇］。当時私は、岡先生は日本民族学を代表する学者であると思い込んでいたが、蒲生先生の認識や岡先生との直接の交流、また先生のアラスカ・エスキモー調査についての報告を通して、先生は民族学者であると同時に、第一線の社会人類学者でもあったのだと遅ればせながら認識するに至った。岡先生の職歴を再考すると、一九五一年から明治大学の非常勤講師として社会人類学を講じ、一九五三年には、東京都立大学大学院社会人類学研究科を設立し、一九六〇年からは明治大学教授、そして一九六四年からは東京外国語大学教授として、社会人類学を重要視し、その分野の研究に貢献してきたのである。それは、岡先生の古希記念論文集を執筆した弟子・門下生の半分近くが、経歴の欄で自らを「社会人類学者」と称している事からも明確である。

一　民族学と社会人類学との関係

民族学（Völkerkunde, ethnology）という言葉は、岡先生のヴィーン時代と異なって、現在のドイツ語文化圏では、ドイツ民族学協会（Deutsche Gesellschaft für Völkerkunde）や諸博物館以外では、学問の領域の表現としては使用されていない。いくつかの博物館は、館名を「文化の博物館」などと変更したが、過半数はまだ従来の「民族博物館」(Museum für Völkerkunde, Völkerkundemuseum）を使用している。大学ではVölkerkunde にしろ、同じ意味のEthnologieにしても「民族学」という概念での研究に対する興味や関心は、皆無といってよいであろう。その原因はいくつか思い当たるが、第一に、グローバル化の影響で「民族」Volk, Ethnosの把握が困難になったことが挙げられよう。その一方で「民俗学」Volkskundeという学問領域は、一九七〇年代にその呼称が再考されて、多くの場合が「ヨーロッパ民族学」、Europäische Ethnologieと呼ばれるようになった。例えばグラーツ大学では、「民俗学」を「文化人類学」へ変更してしまい、のちにはその「人類」をも抜いて「民俗学」をただ「文化学」と呼ぶ大学も出現した。「文化人類学」とは、もちろんアメリカのCultural Anthropologyの直訳である。戦前、アメリカでは文化人類学、イギリスでは社会人類学が盛んになったが、場合によっては、同じ内容が研究されていた。イギリスでは、良き研究ライバルであるラドクリフ＝ブラウンAlfred Radcliffe-BrownとマリノフスキーBronislaw Malinowskiによって、第一次大戦時からSocial Anthropologyが興隆した。文化人類学Cultural Anthropologyという呼び方は、イギリスでは使われず、その学問領域は単にAnthropologyと呼ばれていた。この場合はAnthropologyがSocial Anthropologyと同じ学問を指している。ドイツ語文化圏ではAnthropologyは自然人類学を示して、民族学の代わりに使うときには、必ず前に「文化」あるいは「社会」をつけるのが常識である。他に哲学人類学もあるが、人類学を人間の総合学問として、いくつかの専門的な領域に区分する必要性を提唱したのはドイツの学者である。戦前のイギリスへ話を戻そう。ラドクリフ＝ブラウンは理論的な基盤を作り、マリノフスキーは現地調査、つまりフィールド・ワークの重要性を強調した。重ねてヨーロッパ社会学者のデュルケムEmile DurkheimとモースMarcel Maussの影響、更にレヴィリストロースClaude Levi-Straussの寄与も見逃すことはできない。社会人類学はヨーロッパにおいて、すでに二〇世紀の前半から民族学者の間、あるいはそれに関心を持った研究者の中で、大きな発展の母体が培われていたことは確実である。

当時、ヴィーンでは文化圏説を重んじた歴史民族学が支配的であったにもかかわらず、こうした社会人類学に傾倒した二人の学者の事例を挙げておきたい。民族学を修得し、一九三一年からヴィーン大学で助手をしていたフューラー

＝ハイメンドルフChristoph von Fürer-Haimendorfは、一九三四年に、ロンドンのLondon School of Economics（ＬＳＥ）のマリノフスキーのもとに留学して社会人類学を勉強した。彼は、一九三六年にインドでのフィールド・ワークを実施して、戦後ヴィーンへは戻らず、ＳＯＡＳに社会人類学科を設立して、ファースRaymond Firthのような社会人類学の著名な学者と肩を並べるに至った。

二人目は私が社会人類学の第一人者と尊敬するネーデルSiegfried Friedrich（S.F.）Nadel（1903-1956）である。ナデルはヴィーン大学で音楽史を専攻し、その後、シュリックMoritz Schlickとビューラー Karl Buehler両教授のもとで、哲学と心理学について研鑽を積み、一九二五年に二二歳で早くも博士号を授与された。更にベルリンで原始民族音楽やアフリカの諸言語を研究し、一九三二年にはロックフェラーの奨学金留学生として、ＬＳＥのマリノフスキーのもとで社会人類学についての知見を深める。その後アフリカの現地調査を行い、戦中は英国軍人として軍役を務め、戦後にキャンベラのオーストラリア国立大学の社会人類学科の初代教授となった。彼の"*The Foundations of Social Anthropology*"（1951）と"*The Theory of Social Structure*"（1956）[3]は、社会人類学にとってはかけがえのない理論的大作であり、パーソンズTalcoff Parsonsの理論社会学とも比肩し得るものである。

岡先生がヴィーン時代にフューラー＝ハイメンドルフと交流されていたことは確かだが、ネーデルとも知己であった可能性がある。ヴィーン大学出身のこの二人の学者をここで紹介した理由は、一九三〇年代当時にフィールド・ワークを研究の基盤と位置付けていたマリノフスキーの社会人類学への回帰を明らかにするためである。岡先生が当時の状況を、どうとらえておられたかは明確ではないが、後に先生ご自身でも、アラスカ、日本、オーストリアでのフィールド・ワークを積極的に指導されたことから、少なからず影響を受けていたと考えられる。

ネーデルの著書『社会構造の理論』のタイトルからも明らかのように、社会人類学の主となるテーマは社会構造の研究である。社会学も同じく社会構造を研究する学問分野ではあるが、この二つの学問分野はアプローチの仕方を異にする。社会学者の佐藤守弘は、社会人類学の社会構造の捉え方および分析の仕方を次のように説明する。「(社会人類学の）社会構造の概念には多数の考え方があり、必ずしも一致した見解が存在しない」、「これらの概念構成を大きく区分してみると、文化の規制的機能を重視する文化論的立場と、社会内部の役割期待と役割遂行という社会関係を重視する相互行為論、さらに相互行為論を巨視的に組みかえて社会や文化の形態的特徴を明らかにしようとする形態論的立場がある」［佐藤　一九八四、四八六頁］。

岡先生のヴィーン大学博士論文では、この第一の立場、「文化の規制的機能を重視する文化論的立場」がとられている。

二　岡先生の博士論文に現れる社会人類学

一九三三年に岡先生がヴィーン大学に提出された博士論文『古日本の文化層』は、三巻から構成されているが、古日本社会については触れてない。しかし、『古日本の文化層』には、博士論文として提出されなかった第四巻・第五巻の二巻が存在していた。この第四巻では全巻に亘って古日本の「社会」を扱っている。岡先生の分析した社会は、古日本の社会であったために、もちろんフィールド・ワークは不可能であったが、彼は大きく分けて二種類の資料を使っている。一つは奈良・平安時代の文献で、その主となる資料は『古事記』や『風土記』である。もう一つは近代日本の民俗学者が、日本のあらゆる地方での現地調査を通じて作成した資料である。これら二種類の資料の分析は、岡先生の方法論の強みであると同時に、一種の弱点ともいえるであろう。資料を古代日本の文献資料だけに制限すれば、すなわち、いわゆる歴史民族学の方法論に立脚点を置けば、資料には同一性があるものの、どうしても豊富さに欠けてしまう。二〇世紀前半にまだ実際に残っていた習慣や、人々の記憶の中にのみ残っていた慣習なども分析対象に加えると、その起源と歴史も当然、考慮に入れなければならないことになる。しかし、その歴史的資料は多くの場合は存在せず、残存する現象は確証のないまま、「すでに古日本に存在していたはずだ」という推定のみにとどまり、それが如何なる形で存在していたかは推定さえも不可能となる。

ではここで、博士論文としては提出されなかった第四巻第六章「社会」を例にとって、その論文構成を検討してみたいと思う。

第三部　外国からみた日本民族学と岡正雄

六・九・ウジのカミの集い
六・一〇・相続
六・一〇・一・父系相続
六・一〇・二・母系相続
六・一一・婚姻
六・一一・一・一夫多妻制
六・一一・二・夫婦の別居
六・一一・三・妻屋
六・一一・四・族内婚と族外婚
六・一一・五・親族の名と種類別の親族制度
六・一二・まとめ
六・一二・一・ウジ時代の父権制的要素と母権制的要素
六・一二・二・両貫（二重の戸の土地台帳）
六・一二・三・自由婚
六・一二・四・末子相続

六・二・トーテミズム　　八五二―八六四頁
六・二・一・はじめに
六・二・二・集落の住民の動物・植物の禁忌

342

第三部　外国からみた日本民族学と岡正雄

六・四・七・娘組
六・四・八・若衆宿
六・四・九・若者組入団とイニシエーションとの関係
六・四・一〇・若者組と年齢階梯との関係

六・五・宮座と男の組　八九九―九二二頁
六・五・一・はじめに
六・五・二・宮座の組織
六・五・三・宮座と一年神主
六・五・四・宮座と社会地位
六・五・五・宮座の加入料
六・五・六・当屋
六・五・七・宮座と居籠り祭りとの関係
六・五・八・まとめ

六・六・秘密結社　九二一―九五五頁
六・六・一・はじめに
六・六・二・日本における秘密結社の展開
六・六・二・一・一月十四日の若者組員の覆面訪問
六・六・二・二・一月十四日の青年の覆面訪問

344

六．七．一．一．五．褌祝い
六．七．一．一．六．お水に降りる
六．七．一．二．女子の青少年式
六．七．一．二．一．袴着
六．七．一．二．二．フカ削ぎ
六．七．一．二．三．裳着
六．七．一．二．四．鬢削ぎ
六．七．一．二．五．歯黒め
六．七．一．二．六．褌祝い
六．七．一．二．七．初月経の祝い
六．七．一．二．八．破瓜の慣習
六．七．二．村落共同体的集団青年式
六．七．二．一．男子の青少年式
六．七．二．一．一．サへの神祭り
六．七．二．一．二．お山参り
六．七．二．一．三．若者組へのイニシエーション
六．七．二．二．女子の青少年式
六．七．二．二．一．山籠り

二〇一二年にヨーゼフ・クライナー先生によって編集され、ドイツで出版された岡論文の第四巻第六章「社会」は二六八頁に及ぶが、目次と実際の論文中の全八項目では、それぞれにかなり異なった頁数が当てられている。第一項「ウジの制度（憲法）」は全文の三分の一以上で一番長く、これに第七項「イニシエーション」と第六項「秘密結社」が続く。その反対に第二項「トーテミズム」と第三項「婚姻二分類制」は短く、十頁強でしかない。この小項のなかで、題目以外には記述がない項目もあるが、それは、岡先生の手元に資料がなかったためか、それとも当時はまだそれに関する資料そのものがなかったのか、私には推定も説明も不可能である。岡先生はご自身で「六．八この部分ではその他の問題を列挙すべきであった。例えば出産慣習、婚姻慣習、葬儀慣習、そして様々な社会的な慣習（慣習としての放逸（無制限）、神社境内における儀式的な合戦、儀式的な交換）などである。残念なことに時間及び頁数との関係で断念しなければならなかった。しかしすでに検証した民族学的・社会学的な資料からも、古日本の社会の基盤となる一番重要な構成要素は明らかにできたと信じる」[Oka 2012:1007-8] と記されている。つまりもっと詳しく書くためには、岡先生にとっては「時間が足りなかった」ようである。岡先生は、一九二九（昭和四）年一〇月にヴィーン大学に入学され、昭和八年七月に博士号を授与された。ヴィーン大学での在学期間は四年間で、当時の博士号取得可能の最短期間であった。(5) あるいは最初からヴィーン滞在を四年間と計画されていたのかもしれない。しかしその後、岡先生はロックフェラー財団の奨学金を受けて、ヴィーンでの滞在を延期し、昭和一〇年四月に日本へ帰国された。博士号を授与されてから帰国まで岡先生は古日本の文化層の研究を続けられて、そのときに「社会」という第四巻第六章を執筆されたと思われる。ロックフェラー財団の奨学金の期限のために急いで書かれたのかもしれない。しかし「頁数との関係」という発言は実に不可解である。この論文の主な部分はすでに博士論文として承認されていたのであるから、「社会」という第四巻第六章は頁数などを考慮にいれずに岡先生の自由に書けたはずである。適切な資料がヴィーンの岡先生の手元に十分に入らなかったということは考えられるが、「頁数の制限」は、博士論文を提出する前にはなんらかの意味があったかもしれないが、その後のことではまったく納得がいかない。しかもヴィーン大学の場合、戦前の博士論文は百頁から百五十頁が基準であり、岡先生の提出した三巻からなる論文は、すでに六つの博士論文の量に値し、未提出であった第四巻と第五巻も加えれば、岡先生の論文は通常の十人分の論文に当たる膨大な頁数だったのである。

一〇〇七頁からの総括は、岡先生御自身が日本ですでに公表済みだが、ここでも簡単にその要旨を紹介しておきたい。

古日本の社会組織は、複数の異なった社会組織が重ね合わさって成立していた。その中の一番若い層が、ヤマト朝をなしたテンソン族で、その社会組織は最も把握しやすい。その要素は父権的な大家族（戸）、家長に支配されたウジ、部と呼ばれる職業集団、姓（かばね）という地位階級、五人組、天皇支配などがあげられる。この層の文化は、長期間にわたって日本に定着していた。この層の以前には、年齢階級、若者宿、産屋、またトーテミズム等の要素をもった父権的な社会組織が存在しており、それと同時に、あるいはその以前から、日本にはすでに母権的な大家族制度も存在していたと考えられる。最も古い層としては秘密結社と男組をもった、母権的な、妻方居住的社会組織が推定できる。

最後に岡先生は、古日本の社会組織には、少なくともこれら四つの層の要素が把握できるが、層の重なり合いのため、各層の地域的区分の確認が非常に難しいと述べている。

この第四巻第六章の「社会」で扱われたテーマはすべて、社会人類学の研究分野に入ることはいうまでもない。一九三三年の時点では、日本の国内外を一見して、岡先生ほど体系的に、かつ詳細に、しかもドイツ語で古代の日本社会について執筆された学者を私は知らない。

註

（1）その原因は、最初学科の運営費（教授の給料、図書費）を負担した三井男爵財団（Baron Mitsui-Stiftung）が機能を果たさなくなっていたこと、ヴィーン大学自体も財政的に苦しい戦後状態の中で「日本学」よりも重要と判断された科目が多数あったことにある。また、戦後の反ファシズム的イデオロギーの気風で、従来のように日本を研究することもあまりふさわしくなかった。ドイツの諸大学でも日本学科が戦後になっていくつも廃止された。

（2）一九六八年二月、学園闘争の最中であったが、学生達の手で書かれた調査報告書が出版された。『明治大学政経学部社会学関係ゼミナール報告第三集』には、祖父江孝男ゼミナールの「別棟隠居制のムラ―三重県志摩郡阿児町国府実態調査報告」、私が参加した岡正雄ゼミナールの「三重県志摩郡阿児町志島の社会と民族」、坪井洋文ゼミナールの「紀州漁村民の生活誌。和歌山県西牟婁郡日置川町市江」の三報告書が掲載されている［岡研究室　一九六八］。

（3）東北大学の斎藤吉雄の日本語訳はやや遅れて一九七八年に、S・F・ネーデル著『社会構造の理論―役割理論の展開』として恒星社厚生閣から出版された。

（4）頁数はOka 2012による。

（5）クライナー先生は岡論文の序文において「岡は博士号を取得する目的でヴィーンに来たわけではない」と記している［Kreiner 2012: XIX］。

【参考文献】

泉　靖一（一九五一）『社会学講義資料Ⅱ　或る文化変遷のモノグラフ』敬文堂書店

岡研究室（一九六八）『明治大学政経学部社会学関係ゼミナール報告第三集』岡研究室

岡正雄教授還暦記念論文集編集委員会編（一九六二）『民族学ノート』平凡社

岡正雄教授古希記念論文集刊行委員会編（一九七〇）『岡正雄教授古希記念論文集　民族学からみた日本』河出書房新社

蒲生正男（一九七〇）「岡正雄先生と社会人類学　あとがきにかえて」岡正雄教授古希記念論文集刊行委員会編、四四三―

四四九頁
佐藤守弘（一九八四）「社会構造」、北川隆吉監修『現代社会学辞典』有信堂、四八〇—五〇三頁
ネーデル、S．F．（一九七八）『社会構造の理論—役割理論の展開』斉藤吉雄訳、恒星社厚生閣
Firth, Raymond(1956) "Siegfried Frederick Nadel 1903-1956", *American Anthropologist* 59, 117-124.
Kreiner, Josef(2012) "Einleitung. Oka Masao (1898-1982) und sein Werk *Kulturschichten in Alt-Japan*", Oka 2012: IX-XXXVI.
Macfarlane, Alan and Mark Turin
(2000) "Professor Christoph von Fürer-Haimendorf 1909-1995", *Bulletin of the School of Oriental and African Studies*, vol. LIX, pt.3, 548-551.
Oka Masao(1933) *Kulturschichten in Alt-Japan*. 3 Bde. Phil. Diss, Univ. Wien.
(2012) *Kulturschichten in Alt-Japan*. 2 Bde. Herausgegeben und mit einer Einleitung versehen von Josef Kreiner. Bonn: Bier'sche Verlagsanstalt (Japan-Archiv 10)

岡正雄の後継者たち
――大林太良とネリー・ナウマンの比較神話学――

クラウス・アントニ

はじめに

ヴィーン大学における日本学は、そもそも民族学的方法論に立脚しており、ヴィルヘルム・シュミットやヴィルヘルム・コッパースが進めてきたいわゆるヴィーン学派民族学に基礎をおいていた。しかし、一九二九年に民族学者岡正雄がヴィーンに居を移し、そこで研究活動を続けることになり、やがて、その地の日本学研究の創設者として認められるに至ったのである。その研究の過程から比較文化人類学的な問題提起がなされ、それを解決するための方法論が生まれたのである。比較文化人類学そのものは広い意味で、ローベルト・ハイネ=ゲルデルンやヴォルフラム・エーバーハルトのような著名な学者と深いところで繋がりを持っていた。日本学にその方法を当てはめた場合は、その主題は主として中国南部（越）の文化及び日本の地方文化（とりわけ出雲）に関するものであった。(1)〝越―出雲〟を関連付けつつ比較文化論的に研究することが、当時のヴィーン大学での民族学的日本学研究と密接に関わり合っていたこと、そしてそれは、結局のところ、日本人民族学者岡正雄に由来するものであることは明白な事実である。(2) とりわけ日本神話研究にとって、このアプローチは比較的有効であることが判明している。岡正雄は、早くも一九三〇年代にヴィーン大学で、古代日本は五つの文化層の複合として説明できるという学説を構築するべく構想を練っていた。それぞれの文化層は固有の社会構造を持っていたので、その社会構造に組み込まれた日本神話はそれぞれの社会構造に特有な特徴があったというものである。(3)

学界ではよく知られているように、後にネリー・ナウマンの名で有名になった若きトゥースネルダ・ヨースト(Tusnelda Jost)はヴィーン日本学研究所の学生の一人であった。ネリー・ナウマン記念論文集の中でマリア・ヴェレーナ・ブリュメルが述べているように、(4) ナウマンはローラッハの(人文主義)ヘーベル・ギムナジウムで高校卒業試験を終えた後、一九四一年からヴィーン大学で日本学、中国学、民族学、哲学を学んだ。ヴィーン学派民族学の強い影響を受けつつ、学位論文『日本の信仰と習俗における馬』を書き上げ、ナウマンは日本学研究の道へ足を踏み入れた。一九四六年、ヴィーンにおいて博士号取得後、ネリー・ナウマンは中国人男性と結婚し数年にわたって中国に滞在したが、その間にも日本研究を進め、一九四九年には武田久吉の著作『農村の年中行事』のドイツ語訳を刊行した。ドイツに帰国して以来、ネリー・ナウマンの研究はますます日本の山神信仰のような宗教現象に向いてきたが、一九七〇年代からは日本神話に集中した。この頃からナウマンは、岡正雄とアレクサンダー・スラヴィクの時代から顕在化してきた「ヴィーン学派のテーマ」と深く関連するようになる。とりわけ、出雲神話と中国文化、特に越文化との関係がナウマンの関心の中心となったのである。そのためナウマンは日本神話の分析の際には常に日本以外の関連資料も取り入れて比較・論考した。

かくして日本の比較神話研究はヴィーン学派から大きな影響を受けることになったのである。ネリー・ナウマンと並んで、この方法論に則って研究を進めた日本人学者に大林太良がおり、この二人が国際的にもこの分野を代表する学者と云えるであろう。以下に、この優れた二人の学者の神話研究について解説する。

ネリー・ナウマン

明治時代後期から太平洋戦争終結まで、神話、とりわけ日本書紀の中では天照大御神が孫邇邇芸命と彼の子孫に下した神勅が、近代日本国家の精神的基礎をなしていた。多くの事例が示しているように、（とくに歴史批判的な意味で）神話の科学的な研究は 神聖とみなされていた国体を護る立場とは必然的に衝突するものであった。日本の神話と外界、すなわち大陸本土と南の島々の伝承との繋がりを示す証拠は、日本が〝神国〟であるという教義を揺さぶるものであった。

戦後に始まった自由な学術的神話研究の啓蒙的な影響は非常に重要である。日本民族とその支配者一族の起源についての教義に代わって、歴史的に遠く遡る複数の民族の係わる極めて複雑な発生過程が存在したという見解が提出されたのである。日本文化の起源はその誤った虚構から解き放たれ、東アジアだけでなく人類全体の相互的かつ歴史的関係の中に据えられることになった。

比較分析によって、神話の集大成を行う中で、かつて、その意味が恣意的に歪曲された神話群が存在したことが証明された。それは結局のところ、その時の日本文化自体に異質な要素が加味されていたことを意味するものである。

ナウマンは広範囲にわたる日本民俗学、宗教史、特に日本神話の研究を進めるにあたって、首尾一貫して歴史的見地に立った。ナウマンの見解はその時々の時代に即した伝承現象を把握するものであって、その伝承現象を普遍的日本文化の不変の証拠と見なすものではないということであった。このようにしてナウマンは文化発生における変遷の事実を明確に示した。ネリー・ナウマンが厳密に調査し、記録した日本神話の資料は、文化が発展し常に変化していくということを示す好例である。八世紀の国家神話において政治的背景がはっきりと認識されている一方で、ナウマンは事例分析という手段を通して、集合体としての神話の中の個々の神話の構成要素に、本来の宗教的意味を再発見している。神話を体系化することによって統治上の拘束力を持たせたのは天武天皇（在位六七三―六八六）であったが、その天武天皇は宗教的には完全に仏教に帰依していたとナウマンは著書の中で強調している。神話の本来の宗教的特質は歴史を遡及することによってのみ明らかになった。すなわち、原史、先史時代へ遡ることによって、神話がまだ本来の宗教的意味を保有している文化史的環境を探り出す機会となったのである。

筑波大学の宮田登は一九八九年一二月一五日の毎日新聞に掲載された「ネリー・ナウマンの日本学に学ぶ―日本文化の普遍性について」という寄稿論文の中で、日本の研究状況につて「（ナウマン）女史独得の斬新で鋭い分析が、若い世代の研究者に知的関心をよび起こしたと思われる」と述べている。宮田の見解によると、ナウマンの著作の意義は、日本研究の専門家への積極的な刺激を与えるに留まるものではなく、日本文化研究そのものに根本的な意義を与え、時代遅れの文化本質主義的観念に疑義を呈するものであるということである。それゆえ、宮田は、「日本研究を深めることによって、人類共通の文化の核を発見できるという彼女の姿勢は、とかく日本文化の特異性にこだわりがちな日本文化研究のあり方の基本にかかわるものといえよう」と指摘しているのである。

ネリー・ナウマンの研究は民族学的傾向を有する日本学によって特徴づけられながらも、常に文献解釈学的根拠を有する基礎に立脚しており、日本を文化比較の見地から究明すべきであるか否かには、ネリー・ナウマンにとって疑念をさしはさむ余地はなかった。ナウマンは柳田國男のような権威者に挑むだけでなく、初期日本文化を普遍的背景の中で包括的に描いたのである。

ドイツ語圏の日本学は、周知のように、互いに密接な相関関係にあるものの、二種類の異なる起源に由来している。一方は民族学に分類されるいわゆるヴィーン学派であり、他方は日本の国学と直接的な共通点が認められる文献歴史学に基づく学派である(5)。本論文では、ドイツ語圏の日本学の起源についてこれ以上掘り下げることはしないが、筆者の考えでは、ナウマンの著作を評価する上でこの方法論的立脚点を明確にすることは不可欠である。

ネリー・ナウマンは自ら認識していなかったかもしれないが、自らの研究テーマは近代の政治的、イデオロギー的議論の中心となっていた。第二次世界大戦の終結後まもなく、ナウマンは初めて原史と日本の神話に関する論文をドイツ語圏内で発表した。これは、ほんの数年前まで、日本とドイツが公式に神聖視していた全ての事象について否定的に書かれている論文であった。国学の伝統に合わせた民族主義的日本宗教史の解釈に惑わされることなく、研究を遂行する手段をナウマンは掌中に収めていたのである。それが、徹底した原典資料の調査、すなわち、解釈学的比較であり、史料の批判的分析であり、人工的物質文化の国境を越えた比較研究であった。

明治時代に神話に恣意的に付与された意味に関する記述はネリー・ナウマンの著作には表れてこない。「日本神話」は、ナウマンにとっては国体を構築するための謎に満ちた手段ではなく、単に歴史的史料批判の手段を用いて比較研究すべき日本原史の一つの領域を意味したのである。その結果として、ナウマンの著作の中には、イデオロギーによる神話の恣意的意味づけに対する抵抗が必然的に読み取れるのである。

大林太良と日本神話の起源

大林太良もヴィーン大学において研究上重要な影響を受けた。一九五九年、彼はヴィーン大学に博士論文を提出し、引き続き比較神話研究を進めた。

当時、東京大学で民俗学の教授を務めていた大林太良は、戦後の日本において、批判的文化比較的研究法の確立に重要な役割を担った。大林は自身の比較研究的アプローチを駆使して今日の日本研究に大いなる影響を与えた。一九八六年、大林は自身の重要な論文を選んだ論文集『神話の系譜　日本神話の源流をさぐる』(6)を出版した。それは彼の日本神話に関する研究における考察方法の見通しの良さを立証するものであったが、彼がその後早逝してしまったのが残念である。

しかし、本論集で、大林は日本神話の起源に関する大林自身の基本的な考え方を明らかにしており、その主張は一九六一年に出版された『日本神話の起源』で首尾一貫して述べていた考え方に則っていることは明白である(7)。例えば、アラン・ダンテスは一九八五年に神話の理論を論述する中で、一般に行われている歴史地理学的研究法は一九世紀的な手法であり、非歴史的研究法が次世代の手法であると主張したが(8)、大林は、徹底的に資料と主題を中心に据え、それに属するものとして歴史的・地理的解明を付与している。この研究法は日本神話構造の複雑性を解明するのみならず、個々の神話の構成要素を歴史・地理学的背景からも理解する手立てを与えるものである。

大林は非常に包括的で詳細な著作『神話の系譜　日本神話の源流をさぐる』の後書きの中で、彼自身の研究活動の中心問題について概要を述べている。そこでは、とくに日本神話が様々な地理的及び文化的起源を有する構成要素から成り立っているという事実を強調し、縄文時代の遺物と並んで焼畑耕作民文化に由来する神話とその構成要素が存在しているが、その起源は南中国にあり、縄文時代後期に日本に伝来したと述べる。各種神話の由来は中国南部が拡散の中心ではあるものの、大林はしばしば話題にのぼる海幸山幸神話(9)のような他の神話を弥生時代と関係づけて考え、その起源を南方、とりわけオーストロネシア語族の領域に見ている。また、類似する例として、朝鮮に見られる王権神話の複合体を古墳時代のものであるとし、朝鮮半島の支配者層と日本の天皇家との深い繋がりを示す証拠と見ている。大林の考察によると、神話のモチーフの拡散の原点は中央アジア地域にあるという。さらに、大林はユーラシア大陸の神話と多くの日本神話には緊密な繋がりがあるという信念を表明している。これに加えて、現在でもしばしば行われている、日本神話主張に対しての独自性を訴える主張に対して、大林は緊密な関連性ありとする論拠を展開しようとしていたのである。

日本神話における朝鮮、中国南部、もしくはインドネシアの構成要素と日本神話との関連が解明されることは学術的古代研究のためのみならず、現代日本の自己理解にも日本近代史研究にも重要なものである。

おわりに

周知のように、明治時代後期から一九四五年に大日本帝国が崩壊するまで、神話、特に古事記に記された神話が近代日本の天皇制の精神的基盤を形成していた。日本の〝国体〟(10)はあらゆる比較概念の埒外にあり、そのイデオロギーはただひたすら八世紀の資料における伝承神話の証言に基づくものであった。

とりわけ比較文化史の立場からの神話の学術的研究は、神聖視されていた国体概念とは必然的に相容れないものであった。在来の神話と大陸本土あるいは南の島々の伝承との関連性を示すあらゆる証拠は、戦前における日本が〝神国〟であるという教義を揺るがした。

戦後に始まった自由な学術的神話研究の啓蒙的な影響は計り知れないほど大きいものである。日本民族とその支配者一族の起源についての恣意的な学説の代わりに、民族形成の過程が極めて複雑で歴史的な段階を辿ってきたことが明らかになったのでる。日本文化の起源はその誤った観念から解放され、東アジアだけではなく人類史全体の総体的関係の中に位置づけられた。比較分析という手法により、神話の総集成を行う中で、相互的に関連付けられない神話群の存在が証明された。それは、日本文化すなわち日本民族自体がそもそも相異なる文化要素で構成されているということを示すものである。したがって、ある種のイデオロギーに根差した、日本民族は民族的にも文化的にも単一のものであるという考え方は、水稲耕作が日本文化唯一の根幹であるという公理的な考え方と同様、維持することはできなかったのである。

学術的に純粋な研究が学界及び社会に啓蒙的影響を与えたという意味で、ネリー・ナウマンと大林太良の研究成果は極めて重要な意味を持つと言えるだろう。

註

(1)Bernhard Scheid: "Oka Masao, die Wiener Kulturkreislehre und die Gründung des Japan Instituts der Universität Wien"(未刊の講義用原稿、二〇〇七年一二月一〇日)、Pauly 1980' Antoni 2001参照。岡正雄が戦時中に担った役割については、Doak 2001を参照。

(2)日本文化発展における越文化の影響については、Pauly 1980, p.65-66,82,90-91,94を参照。

(3)Oka(1966)Pauly 1980'pp.62-64を参照。

(4)Antoni & Blümmel 1993'pp.13-14を参照。

(5)Linhart 1993を参照(特に"Gibt es eine teutonische und eine austriazistische Japanologie?"' 13-34ページ)。

(6)この論集についての論評と梗概は、Antoni 1988を参照。

(7)一九七〇年代、大林の日本神話の系譜への当初の関心は一時的に影をひそめた。そして、その時代の動静に目を向け、日本神話全体の体系の隠れた構造を解明しようと試みることになる。この研究を進めるにあたって、特に、フランスの文化理論家ジョルジュ・デュメジルによるインド・ヨーロッパ（印欧）神話の三機能構造というアプローチが大林と神話学者吉田敦彦に影響を与えた。二人はこの三機能構造の基本的特徴が日本神話にも当てはまるのではないかとみていたが、後になって、大林は『神話の系譜　日本神話の源流をさぐる』の中で過去の寄り道（三機能構造によるアプローチ）を批判的に振り返り、はっきりと本来の大林自身の見地の正当性を強調している（大林　一九八六、三三九頁）。

（8）Antoni 1986参照。

（9）この神話についてはSchaumann 1980を参照。

（10）Antoni 1998参照。

【参考文献】

大林太良（一九六一）『日本神話の起源』角川書店

同　（一九八六）『神話の系譜―日本神話の源流をさぐる』青土社

Antoni, Klaus(1986)書　評　Alan Dundes (編): *Sacred Narrative. Readings in the Theory of Myth.* Berkeley, Los Angeles, London: University of California Press, 1985. In: *Asian Folklore Studies*, Vol. 45, No. 2, pp.299–301

(1988)書評　大林太良『神話の系譜―日本神話の源流をさぐる』青土社　1986。In: *Asian Folklore Studies*, Vol. 47, No. 2, pp.328–330

(1998) *Shintō und die Konzeption des japanischen Nationalwesens (kokutai). Der religiöse Traditionalismus in Neuzeit und Moderne Japans.* (Handbuch der Orientalistik, Band V/8). Leiden: Brill.

(2001)"Fakten kontra Wahrheit? - Zur ethnographischen Arbeitsweise in der Japanologie." In: Hilaria Gössmann, Andreas Mrugalla (編) 11. *Deutschsprachiger Japanologentag in Trier 1999*, Band 1 (Ostasien - Pazifik. Trierer Studien zu Politik, Wirtschaft, Gesellschaft, Kultur, Band 14). Münster, Hamburg, London: Lit, pp.631–643

Antoni, Klaus & Maria-Verena Blümmel (編)(1993) *Festgabe für Nelly Naumann.* (Mitteilungen der Gesellschaft für Natur- und Völkerkunde Ostasiens, MOAG, Band 119). Hamburg: OAG.

Doak, Kevin M.(2001)„Building National Identity through Ethnicity: Ethnology in Wartime Japan and After.〃 In: *Journal of Japanese Studies*, Vol. 27, No. 1, pp.1–39

Linhart, Sepp(1993)*Japanologie heute. Zustände – Umstände.* (Beiträge zur Japanologie, Band 31). Wien: Institut für Japanologie.

Oka,Masao(1966) "Das Werden der japanischen Volkskultur."（「日本民族文化の形成」1956, Josef Kreiner訳）In: *Beiträge zur Japanologie*, Band 3/1, Wien: Institut für Japanologie, pp.28–54

Pauly, Ulrich(1980) "Japan und die ‚Kultur aus dem Süden、 – Vermutete Beziehungen Japans zu Südostasien und nichtchinesischen Völkern Süd- und Ostchinas." In: *Bonner Zeitschrift für Japanologie*, Band 2, pp.55–128

Schaumann, Werner(1980) "Leistet die Mythe vom verlorenen Angelhaken (*umisachi-yamasachi no shinwa*) einen Beitrag zur Klärung des Problems der Herkunft der japanischen Kultur?" In: *Bonner Zeitschrift für Japanologie*, Band 2, pp.129–145

文化圏と文化層

―― 岡正雄とヴィルヘルム・シュミットの民族学論説 ――

ベルハルド・シャイト

「ウィーン文化圏説」とも呼ばれる、文化史的民族学のウィーン学派は二〇世紀初頭、ドイツ語圏の民族学において最も影響力のある流派のひとつであった。この学派については、ヴィルヘルム・シュミットという名前なしで語ることはできない。実際、シュミットの著書『民族と文化』[Schmidt, Koppers 1924] の存在も、岡正雄が民族学を勉強するためにウィーンを留学先として選んだ理由の一つだと言われている。(1) 岡は一九二九年から一九三五年までの計六年間、ウィーンに滞在し、最終的に『古日本の文化層』[Kulturschichten in Alt-Japan, Oka 2012] という非常に長大なドイツ語の博士論文を書き上げた。その論文のタイトルに含まれる『文化層』という言葉は、彼がウィーン学派の影響下にあったことを示している。ウィーン学派は、この専門的概念を、よく知られている『文化圏』という言葉と関連づけ、特殊な意味として用いていた（下記参照）。したがって、私達は、岡の著作がヴィルヘルム・シュミットの影響下にあったことを推測できるだろう。しかし、ヨーゼフ・クライナーは、岡の業績が本質的に、一九二〇年代にすでに文化圏説に対して批判的な立場をとっていた民族・歴史文化学者であったローベルト・フォン・ハイネ＝

ゲルデルン（一八八五―一九六八）に負っている、という見解を繰り返し表明している。岡自身もハイネ＝ゲルデルンによるシュミットに対する批判への共感を述べている。(2)ただし、岡がシュミットと距離をおくようになったのはシュミットの文化圏説が彼のウィーンの門下生たちによって「おおやけに」拒絶された（一九五六年）後であった。

二〇一二年に、岡の博士論文は出版の日の目を見たが、その冒頭で、オーストリアにおける岡の「孫弟子」にあたるヨーゼフ・クライナー(3)に対して謝辞が述べられていることから、この出版は、シュミットの業績が如何なる影響を初期の岡に及ぼしたのか、という疑問を再度私に問いかける良いきっかけとなったのである。それゆえに、本稿では、シュミットの諸論説を扱い、その論説を岡の『古日本の文化層』と比較するつもりである。そこでまず、私はシュミットの理論を理解するためにカトリック教会という背景を前提に、シュミットの思想の変遷に詳細に立ち入ることからはじめたい。

一　ヴィルヘルム・シュミット神父――宣教と学問との間で

ヴィルヘルム・シュミットは、一八六八年二月一六日、ドルトムント近郊で産まれた。(4)彼はカトリック教徒が少ない地域として知られている北ドイツの出身ではあったが、ドルトムントが位置しているルール地方は、プロテスタント色が強い北部ドイツの中で例外的にカトリックが強い飛び地のような地域であった。一九世紀末には、特にルール地方の労働者階級にはカトリックの信者が多い一方で、中産階級の者たちの大多数はプロテスタントの信者である傾向が強かった。

ドイツのカトリック教徒は、ビスマルクによる教会と国家の分離を通じて、この時代にはことさらにひどく冷遇されているように感じ、イデオロギー的には守りに入っていた。次第に強まっていくカトリックに対する抑圧政策は、いわゆる『文化闘争』（Kulturkampf）へと至り、ビスマルクのドイツ帝国憲法発布（一八七一年）以降、ローマ教皇ピウス九世の死（一八七八年）まで、そうした時代の潮流は最高潮に達することになったのである。文化闘争は、国家の側においては、カトリック教会に対する様々な抑圧、なかでも教会や修道院の没収というかたちで現れた。一方、教会の側においては、近代法治国家や啓蒙思想家たちに対するより一層過激な拒絶というかたちで現れた。(5) こうした事態がなかでも宣教修道会の『神言会』（Societas Verbi Divini: ＳＶＤ）の進展に影響を与えた。ＳＶＤは一八七五年にドイツ人修道士アーノルド・ヤンセン（一八三七―一九〇九）によって設立されたが、彼はシュミットと同様にルール地方の出身であった。しかし文化闘争のさなかであったため、ヤンセンは新たな修道会の居住地をドイツに定めることが出来ず、隣接するオランダへと逃れざるを得なかった。したがって、ＳＶＤの最初の修道院はルール地方の西、ほんの数キロだけ国境を越えたオランダのシュタイルに設立したのである。(6)

ヤンセン自身は宣教師としても、教師としても教育を受けたことから、若者を早い時期に宣教師の職に就けることを積極的に目指していた。その目的のために、彼はシュタイルにおいて神学の教育を受けるに値する敬虔で向学心の旺盛な若者を、ルール地方のカトリックの下層階級のなかに探し求めた。こうした弟子の一人がヴィルヘルム・シュミットであった。彼は一八八三年にドルトムントの牧師の紹介でシュタイルへとやってきて、そこで彼の残りの学生生活を終えた後、神職へと歩みを進め、神学を修めた。その後ベルリンの教会の監視が及ばない場所で、僅か二年（一八九三―一八九五）という短い期間ではあったが、自らの学問的関心を追求する時間を得たのである。シュミットは、ベルリンでまず何よりも言語学に心を惹かれた。そして中でも、ポーランド語、ヘブライ語、さらにはアラビア語を学んだが、古代オリエントの他の諸言語にも没頭した。彼の教授の一人はイスラムに関するシリーズ出版に寄稿するようシュミットに要望したが、シュタイルの修道会はそれに反対し、一八九五年にシュミットを、ほとんどがカトリックの影響下にあるオーストリアに新たに建設された聖ガブリエル修道院に異動させた。(7)

ウィーンの南、メードリンクのそばにある聖ガブリエル修道院は、シュタイルに続くSVDの二番目の宣教師養成所であり、まぎれもなく修道会のエリート養成所のようなものになる予定であった。若く有能なヴィルヘルム・シュミットには、明らかに宣教師としてとしての経歴ではなく、この学校での宣教師に対する教師や教育者としての役割が求められていた。シュミットは、聖ガブリエル修道院に着任した最初の年に、彼に課せられたこれらの任務を実に積極的にこなした。しかし同時に、彼は自らの比較言語学研究を更に押し進めるために、ウィーンの学術サークル（とりわけ、言語学者であったレオ・レニッシュ）と関係を持とうとした。こうした二重の役割の中から、彼はすぐに宣教と学問とを相互に関連づけるための戦略を生み出した。そしてその際に、彼は宣教師たちの報告書を学術的に有効活用したのである。

カトリック教会の学問的地位を上げようと努力すると同時に、カトリック宣教にとって役に立つような学問的研究を喚起しようという、シュミットにとってより重要な目的は、この時に既に存在していたのである。シュミットはその際、教会の立脚点に立って過度に教義的に限定してしまうことが、学問的領域に於ける彼の信用を貶めてしまうことを常に認識していた。しかしその一方で、彼は教会内部の検閲にあからさまには抵触できなかったし、実際に抵触しようともしなかった。こうした検閲は、この時代には単に社会主義だけでなく、ダーウィンの思想やそこから導きだされる社会進化に関するあらゆる理論にまで及んでいた。教会内部の思想統制は、いわゆる『反モダニズム誓約』において最高潮に達し、あらゆる他のカトリック司祭や司牧者たちと同様に、シュミットもその誓約を行わなければならなかった。(8)シュミットは確かにダーウィニズムや進化論に対する批判を共有してはいたが、それによって、それらを神学的にだけではなく、学術的にも論駁することを目指していたのである。

このような狭いイデオロギーの範囲内で、シュミットは宣教と民族学とをある学術専門雑誌において統合しようという計画を目論んだ。シュミットは、彼よりも権威のある者達に（とりわけ、ＳＶＤの創立者であるアーノルド・ヤンセンにではあるが、イエズス会師のような他の宣教師会を主導する立場の者達にさえも）、このプロジェクトの有益性を納得させることが出来るまでに、教会内部のロビー活動に長い年月を費やした。(9) シュミットはその際、カトリックとして民族学の学会内部へ潜入しようという意図を明白にしたのである。一九〇四年に、彼は申請書の中で次のように書いている。『…我々はこの強大な宣教師の群れの中にこそ援軍を有している。その援軍によって、我々はこの〔民族学という〕領域において圧倒的に支配的な立場を占めることが可能になるのである』。(10) 精神的な武器を手に行われる戦いというメタファーは、一九一二年の手紙の中にもっとはっきりと現れている。その中で、シュミットはアーノルド・ヤンセンに対して以下のようなやり方で自らの学術上の業績を証明しているのである。

「まさに比較宗教学や社会学から危険な攻撃がますます盛んに起こされ始めている。フランスのカトリック教会はこうした攻撃のもとで、まさに恐怖に苦しんでいる。何故なら、フランスの修道士たちは適切な時期に必要な武器を手に取ることを怠ったからである。したがって、フランスの教会の擁護者たちはこうした攻撃に対して何倍も弱かったのである。…五、六年の内に、我々もこの攻撃の真っただ中にさらされることになるであろう」［Bornemann 1982.: 70］。

啓蒙的な学問に対するこうした戦いにおける先駆者として、シュミットは自らを、その当時しばしば引き合いに出される英雄であり、彼の同志が敵の戦列を突破することが出来るように「敵の槍を自ら胸に突き刺した」スイスの国民的英雄であるヴィンケルリードと同一視していた。同様に、シュミット自身もカトリックに対する信教を守るために、まず敵の武器に取り組んだということに違いない。(11) 一九二六年に、彼は次のように書いている。

「我々の目下の関心事は、信仰心のない学問を通じて非常に多くの人々が破滅に陥ったという認識である。…〔我々の活動を通じて、〕我々の学問の中での完全なる見解の転換をもたらすことが可能となるであろう。」[Bornemann,1982：201]。

シュミットは自らの数多くの著作によってだけでなく、まずは一九〇六年に遂に現実のものとなった『アントロポス』という宣教－民族学の雑誌を創刊することによって、こうした急激な転換を成し遂げたのである。『アントロポス』という雑誌を通じて、カトリック教会の宣教ネットワーク全体と関係を持つことで、シュミットは相当大きな財政上の援助を様々な立場の人々から得ることが出来た。今日、まだ民族学の専門雑誌として存続している雑誌『アントロポス』は、学術上のサークルに於いても急速に強い関心の的となった。一九〇六年という年は、かくしてシュミットのキャリアにおける一つの突破口となったのである。キリスト教内部だけでなく、学術的にも、彼は遅くともそれ以降、学術的な権威として認識されたのである。カトリック教会の組織的には、相変わらず修道会長や司教の影響下に置かれてはいたものの、シュミットは自らの研究内容に関しては確かな独立性を自ら勝ち取ったのである。

二　シュミットの学術的かつイデオロギー的指向性

興味深いことに、『アントロポス』プロジェクトを貫徹した後、シュミットの野心は政治的な方向へと差し向けられることになった。なによりも、彼は第一次世界大戦中にオーストリア最後の皇帝であるカール皇帝の親密な助言者となり、かつ聴罪司教になった。そして、社会政策や文教政策上の問題に関して、保守的で、皇帝に忠誠的で、尚かつ反ユダヤ主義的な国家権力のために全力を尽くしたのである。「彼は、キリスト教的手法に基づく社会改革を、社会民主主義やユダヤ教に対する防波堤として必要としたのである」。(12) しかし一九一八年のオーストリア＝ハンガリー帝国の終焉と共に、シュミットは再びさらに強く学問の世界にのめり込んでいった。そして彼の政治組織に関する著作はキリスト教内部の問題に限定されたのである。その当時、彼はしばしばウィーン大学の客員教授として、或いはヴァチカンの博物館長としても活動したが、彼の主要な活動場所は聖ガブリエル修道院であった。(13) そして一九三一年、彼はついに聖ガブリエル修道院に民族学研究のためのアントロポス研究所を設立した。(14) その一方で、ほぼ同時期（一九二九年）には、シュミットの弟子であるヴィルヘルム・コッパース神父（一八八六―一九六一）の主導のもと、ウィーン大学民族学研究所が開設された。シュミットにとって最も重要な研究仲間としては、コッパースと並んで、パウル・シェベスタ（一八八七―一九六七）やマルティン・グジンデ（一八八六―一九六九）が挙げられる。彼らは皆シュミットによってシュタイルの修道院の宣教師や司祭へと教育された者達であった。

シュミット自身はフィールドワーカーとしても修道士としても積極的に活動したわけではなかった。ただし彼は自身の修道士の弟子達を世界中に、彼の主要なテーゼを民族学的フィールドワークによって証明するという任務とともに派遣したのである。そのテーゼとは、一夫一婦制と一神教とによって形成された人類の原文化があった、というものであった。彼はその、いわゆる「民族学的な、神の存在証明」のために、『神観念の起源』(Schmidt 1912-1955) という計一二巻に及ぶ研究を費やしたのである。

シュミットは、原一神教と原一夫一婦制という彼のテーゼに対する批判を許さないことでよく知られていた。このように教条主義的姿勢はあったが、彼は二つの世界大戦の狭間の時期、優れた学問的評判を得ていた。シュミットについてのそのような評価は、単に彼の組織力だけでなく、彼の著作の対象領域の広さ、そして彼の驚異的な博識さに由来するものであった。とりわけ、彼の初期の言語学的成果としての論文は、部分的には今日までその有用性を保っ

ているほどである。(15)

方法論的には、シュミットは、フリードリヒ・ラッツェル（Friedrich Ratzel, 一八四四―一九〇四）やフリッツ・グレェブナー（Fritz Graebner, 1877-1934）の伝播主義に近い立場にある。ラッツェルは「未開文化」の可能性に疑念を抱き、自らが「未開民族」の特徴とした「文化の不変性」（Kulturinvarianz）或いは「概念の貧困さ」（Ideenarmut）といった概念によって、この推定を定式化したのである。グレェブナーはその伝播主義説を方法論的観点から改良した。彼はさらに一九〇五年に様々な地域の「文化圏と文化層」についての一連の研究を『民族学雑誌』上に開始し、初めて「文化圏」と「文化層」という用語を導入した。そしてベルンハルド・アンカマンやヴィルヘルム・シュミットは、この学術的系譜にさらなる貢献したのである。(16)

シュミットがラッツェルやグレェブナーと共有したのは、「概念の貧困さ」と「天才の意義」という二つの原則であった。これらの原則に基づき、伝播主義によって、人類は基本的に自分達が以前に学んだものだけを維持するものであるという考え方が生じたのである。したがって、文化的変化とはただ「天才」が偶然に出現することによってのみ引き起こされる最もあり得ないものなのである。このような解釈のなかには、暗黙のうちに純血主義が潜んでいる。すなわち、「最高に発達した民族」の先祖のもとでは、特に多くの天才が生み出されなければならなかったように思われる。しかし何よりも、こうした解釈は、文化について次のような確固たる解釈を生み出した。即ち、ある未開な文化が自ら更なる発展をするという可能性は、その文化がその担い手の外へと伝播していく可能性と同様、考え難い、という解釈である。文化と文化の担い手である民族も本質的に同一である。文化史家の見解によれば、まさにその様な確固たる解釈によって、より多くの天才が授けられた種族によって他の場所で排除され、或いは淘汰されたより古い文化圏の残滓を「未開民族」の中に認めることが可能になるのである。

政治的な観点から見ると、シュミットは晩年にいわゆるオーストロファシズムと親密な関係にあった。このオーストロファシズムというのは、オーストリアを一九三三年から一九三八年にナチスドイツに併合されるまで支配し、ムッソリーニを模範とした独裁である。ドイツとは異なり、この体制下に於いてはカトリック教会が主要な役割を果たした。多くの卓越したオーストロファシストたちと同様に、シュミットも一九三八年にオーストリアがナチスドイツに併合された直後に逮捕され、その結果ヴァチカンへ、そしてその後スイスへと移るきっかけとなった。ボルネマンによるシュミットの伝記から明らかなことは、シュミットがナチスのグループと良好な関係を有していたことから、仮にオーストリアに留まっていたとしても、彼にとって本当の意味で危険なことは一切なかったであろう、ということであった(17)。彼が亡命した時点において、ナチスの統制下よりもヴァチカンの保護の下で活動する方がより良い可能性があると考えていたのだろう。しかし後から考えてみれば、（少なくとも既に七〇歳で）赴いた移住先では、ウィーンにいた岡がシュミットの元で学んでいたときのように行動するだけの権威は、もはや彼にはなかったのである。

シュミットの独裁的な教条主義に対する批判は、この時代には既に彼の多くの弟子たちの間に芽生えていた。そして、多くの弟子達は一九三八年の彼の亡命を正真正銘の彼からの解放であると実感し、今のウィーン大学の社会人類学講座の担当教授であるアンドレ・キングリヒは次の様に述べている。

Schmidt's ideological rigidity and his organizational terror thus created desperation among his own followers and blind fury among his intelligent opponents. After the Third Reich occupied Austria and the Nazis took over the Vienna institute in 1938, it was an easy task for them to oust Schmidt, Koppers, and the SVD from their anthropology faculty positions and to pose themselves as liberators of local anthropology.（Gingrich 2005, p.110.）

中生勝美（一九九七）によると、この時代、岡正雄もシュミットの民族学よりもナチスの民族学に惹かれていたという。しかしウィーンで、シュミットの民族学的な、神の存在証明が明らかに否定された時期は、シュミットの死後である。「一九五六年に、最終的にヨーゼフ・ヘケルやロバート・ハイネ＝ゲルデルンが指導的役割を果たしたことによって、この［文化圏説の］アプローチが時代遅れのものとなり、終焉を迎えたと言われるのである」(18)

三　ウィーン学派の弟子としての岡

岡正雄は、一九二九年にオーストリアに到着した当初、聖ガブリエル修道院に、すなわちシュミットのすぐそばに滞在した［Kreiner 1984.: 69］。彼は一九三二年になってはじめて、彼の博士論文を大学で仕上げるためにウィーンに移り、その目的を翌年には達成できた。シュミットは博士論文の直接の指導教官となったわけではなかったが、自らを岡の研究を指導する教員の一人に挙げたのである。(19)

既に述べたように、大学付属の民族学講座は一九二九年になって設立された。したがって、聖ガブリエル修道院がウィーン学派の実質的中心であり、これがまず何よりも真っ先に岡がそこに滞在した理由でもあったと想定されるべきである。大学の講座はシュミットの学生であるヴィルヘルム・コッパースの指導のもとにあったが、南アジアの専門家であったロバート・フォン・ハイネ＝ゲルデルンも教鞭をとっていた。彼もシュミットと同様に文化史的な成果をあげ、伝播主義的な出発点に注目をしたが、シュミット的な「神の存在証明」には批判的な態度をとったのである。こうした理由から、シュミットは一九二〇年代からハイネ＝ゲルデルンと如何なる直接的な交流をも断ったと言われている。(20)

先生以外では、自らの友人でもあり同僚でもあったアレクサンダー・スラヴィック（一九〇〇―一九九七）が、岡の博士論文の執筆の手助けをしたのである。加えて、スラヴィックも岡の業績のドイツ語訳が自らの著作であると述べている。(21)

周知の如く、岡は一九三三年に彼の業績の最初の三巻だけを博士論文として提出し、そしてその後、残りの二巻に関してはロックフェラー財団の奨学金の助成を受け研究を行った［Kreiner 2012,：ix］。特に最終巻の最終章［Oka 2012,：1011-1043］は完結した原稿という印象がない。何故なら、最も重要な言明が単に表の形式をとって並べられているだけだからである。もっとも、戦後、岡は日本語で二つの論文［岡　一九五六・一九五八］を発表し、その二つの論文は彼のドイツ語での業績のうちの不完全で終わった最終章の補完であると見なされうるのである（下記参照）。

四　シュミットのアジア旅行

一九三五年は、岡にとってと同様、シュミットにとっても決定的な意味を持つ年であった。岡はその年の春、ウィーンを去ったが、それは、それからしばらく後にシュミットを東京に迎えるためであった。一方シュミットは、その年はほぼずっと大規模な講演旅行の最中であった。彼はヨーロッパ、アメリカを経て日本へ、そしてさらにそこから中国へ向かったが、シュミットは自らの旅行のほとんどの時間を中国で過ごしたのである。

シュミットが所属するＳＶＤ修道会は、その設立以来特に中国に眼を向けてきた。しかしシュミット自身がちょうど一九三五年にヨーロパの外へ初めての旅行へ旅立った理由は、北京にあるカトリック系の輔仁大学に用があったためである。輔仁大学は一九二五年にアメリカから来たベネディクト会修道士たちによって設立されたが、一九三三年にローマ教皇によってＳＶＤに委譲された。シュミットは差し当たり北京に教授として赴むくことを求めていたが、純粋に年齢の問題から（彼は既に六〇歳を越えていたため）それは拒否された［Bornemann 1982,：228］。このアジア旅行の際に、シュミットはローマ教皇の用命に基づいて北京において指揮権を行使する計画だった。しかしそれにもかかわらず、ボルネマンはシュミットが中国において自らの権限を逸脱したとほのめかしている。何れにせよ、彼が輔仁大学の設立に強く介入したことは、多くの地元の宣教師たちに大きな負担を与えたように思われる。そのうえ、恐らくそのことが、一九三五年夏に、大学長であるジョセフ・ムルフィ神父の心臓発作による死を引き起こした可能性が高いのである［Bornemann 1982,：239］。

それとは対照的に、日本でのシュミットの滞在は、まず何よりも岡によってしっかりと手はずが整えられていたように思われる。当時日本によって支配されていた満州や韓国にも、岡はシュミットに付き添って行った[22]。岡の準備は疑うべくもなく十分に計画されたものであった。彼はシュミットの講演原稿をただ翻訳しただけでなく、それを日本国際文化振興会から二カ国語で出版させ、一九三五年の秋には既に本屋に並んでいたのである。そのようなシュミット招聘に関わる岡の働きは、恐らくシュミットの訪日が、ウィーンに岡を教授とする日本学の講座を開設する計画と密接に関連していたという事実に基づいているのであろう[23]。シュミットのような人物がこれほど強くこのような研究所の設立に尽力していたということは、彼が岡を自らのそばに置くことに大きな関心を持っていたことを証明しているように思われる。

五　シュミットの文化圏のモデル

さて、ではどの程度、シュミットと岡の人物の間の専門分野での見解の一致が確認されるのだろうか。この問いに答えるためにまず、シュミットが一九三五年の六月二二日に日本で行った講演を注目してみたい。この講演は、岡自身によってドイツ語から和訳されている。そして他方、その中でシュミットは日本についての彼の見解に関して、岡の博士論文に依拠している。その講演は「日本の民族学的地位探求への新しき途」[Neue Wege zur Erforschung der ethnologischen Stellung Japans. Schmidt 1935a]と題されている。シュミットは日本の「民族学的地位／位置づけ」をウィーン学派の想定する三つの文化圏との関連の上で解釈している。それゆえこれら三つの文化圏の解説が彼の講演の大部分を占めているのである。中国で行ったシュミットの講演においても、三つの文化圏というテーマは日本で行われた講演のものと良く似ており、その講演の内容も出版されている [Schmidt 1935b]。それ故に、シュミット自身によってアジアにおける彼の読者のために出版されたこの要約に敢えて基づいて、私はウィーン学派の文化圏モデルを叙述し、分析してみたい。

図1が示しているように、シュミットによれば、はじめに或る一つの共通する原文化（Urkultur）が存在する。これは、シュミットが特に北京での自らの講演において強調したように、アジアに存在しているのである [Schmidt 1935b]。この原文化から、一つの集団は農耕文化圏へ、別の集団は狩猟文化圏へ、そしてもう一つの集団は牧畜文化圏へと分岐する。農耕文化圏はインド北方に発生し、母系および母権制を特徴とし、そして特に、村や私的所有物を創出する。狩猟文化は中央アジアに発生し、「トーテム信仰」と家父長制を特徴とし、「トーテム信仰」のおかげで

図1

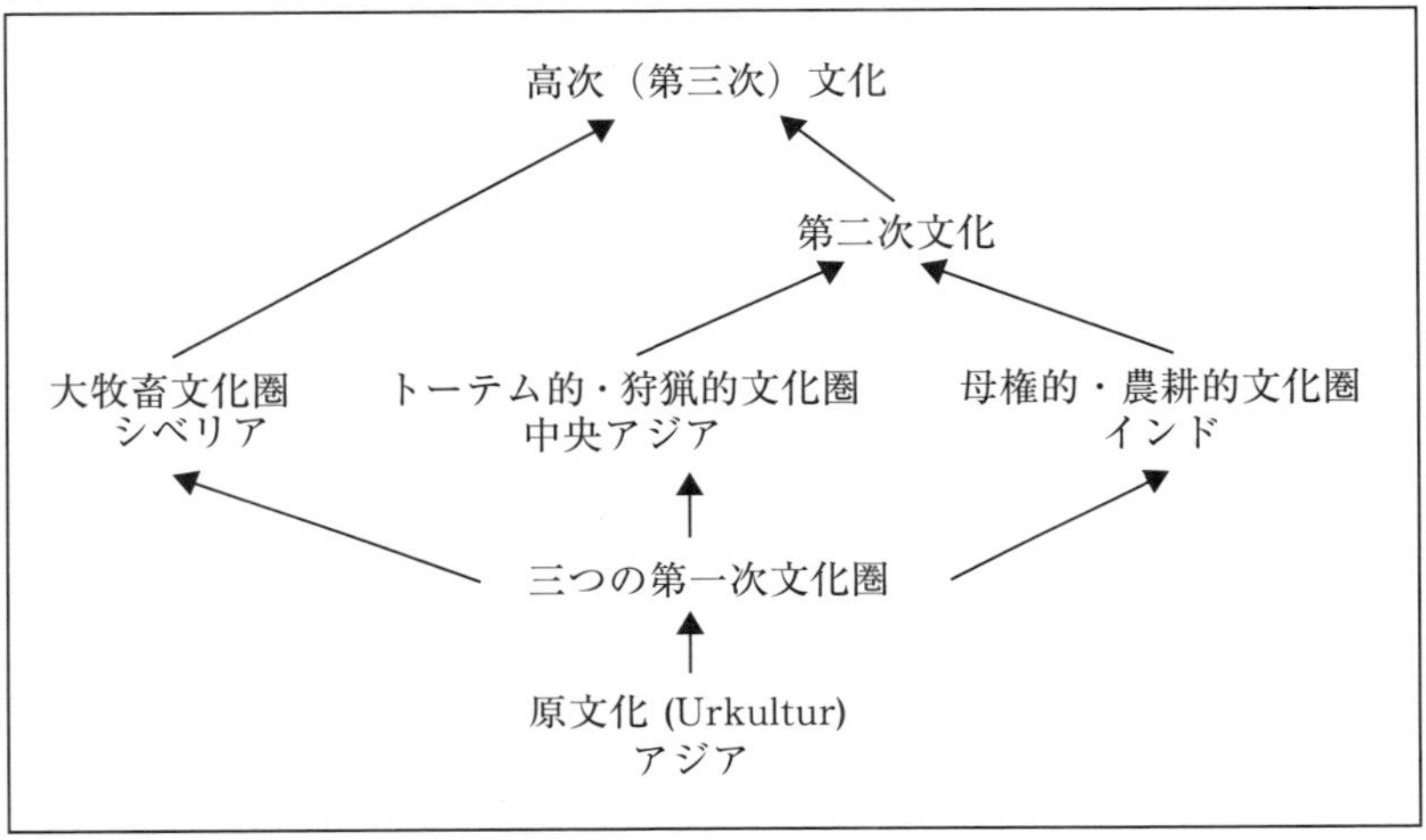

「非合理的傾向」を持ち、手工業や都市を創出する。大規模牧畜民達はシベリアで、遊牧民的な家父長制度を展開する。彼らは原文化の一神教を保持し、「合理主義的」・垂直的な天界神信仰を持っているのである。

狩猟文化と農耕文化とが比較的早い段階において様々な地域で融合していったのに対し、遊牧文化は、その気候環境のため、中央シベリアに閉じ込められ、そこで孤立的に展開した。これは他の二つの文化圏がしばしば「第二次文化」に融合していったのとは対照的である。しかし「氷河の融解」に伴って、遊牧文化は他の民族が住んでいた地域に拡大し、それらを支配下に収め、そして高次文化へと進んだのである［Schmidt 1935a, p. 31］。

以上のように、シュミットのモデルは、基本的には、単一な人類全体の先史的展開についてのモデルである。そしてこれは理論的には、農民階級、市民階級そして貴族階級というような社会的階級の成立をも説明するものである。特に、遊牧民に相応じる貴族階級の指導的役割は民族学的に説明される。「非合理な」トーテム信仰の狩猟民は、この時代のカトリック教会が不信感をもって退治していたリベラルな立場の市民階級に相当する。確かに母権性ではあるものの、理性的な初期の農耕文化は、伝統的にキリスト教の信者であった農民階級のなかにその対応関係を見出せる。従ってシュミットのモデルは、オーストリア＝ハンガリー帝国の政治的諸理念に完全に調和するものであった。先に述べたように、これらの理念は一九三〇年代のオーストリアファシズムの時期にあって、短いルネッサンスを享受したのである。

六　シュミットの創造説

こうした自らの政治的な見解に基づいて、シュミットが自身の東京での講演に於いて、進化論に対して激しい論争を仕掛けたということは全く驚くべきことではない。シュミットは、既に講演の導入部分において一九世紀後半の進化論を「馬鹿げた教義」として提示し、ロシアのボリシェヴィキのように「ひどい禍根」(24)である唯物論と共に言及した［p.45］。進化論を「無色透明な国際主義」［1935a.：10］であると非難する一方で、彼が繰り返し強調したのは「民族の国民的特性」という自らの理論が正しく評価されるべきである、ということであった。シュミットは、進化論という理論が原史のなかに「個人、個人性、指導的人物ではなく、ただ集合的形式だけを、経済及び社会に於ける共産主義、倫理及び宗教における群集心理のように」見出したということを特に非難したのである［Schmidt 1935a.：11］。

しかし厳密に言うならば、第一次、第二次、第三次社会というシュミットの段階形成説には、明らかに進化論的な概念が見出される。それに加えて、彼の文化圏というモデルは、進化論者たちによって発見された数多くのアイデアを利用しているのである。たとえば、女性こそが農業の発明者であるという理論や、そこから導きだされた初期の農耕社会が母権制であったという理論、或いは農業とは無関係に成立した遊牧民社会という主張と同様に、当時の進化主義家にも支持されたが、今日では時代遅れな考えであると見なされている。シュミットが三つの第一次文化圏を作り上げたことによって、同じ様に進化論主義者のような見解が生み出されたのである。その一方で、これら三つの文化圏は、まず何よりも様々な環境条件に適用させることによって説明されたのである。[25] まず三つの文化圏が作り上げられた後、ラッツェルの「文化不変」の基準が適応され、その結果、人類のさらなる民族的文化は三つの文化圏の特殊な混合によってのみ説明されるのである。したがって結局のところ、シュミットのモデルは、彼の時代に流行していたあらゆる理論から借用しているのであり、それぞれの理論が必要に応じて用いられているのである。

ただ、原文化に関するシュミットの見解は、当時の進化論的学説からも他の伝播主義説からも異なっていた。シュミットによれば、原文化にある人間は、合理性、一夫一婦制、そして一神教というような文化的特質を、高次の存在（つまりキリスト教の神様）からの「いわば賜り物として」授かっている。そしてまさにこの賜り物は、遊牧民にのみそのままの形で保持されたのである。

以上のようにシュミットは、神学的原理を支配者民族説と結びつけているのである。今日的視点からすると、当該のシュミットの説は最も早く「創造説」(creationism) と呼ばれうるものであった。こうした創造論者的なモデルから生じた社会理論は、暗黙のうちに人種差別主義を内包しているのである。すなわち、現代の階級社会におけるエリートの特権は、神が原啓示を通じて最後に支配させることにした遊牧民の民族的な幾つかの特徴によって説明することが出来るのである。しかし、こうした人種差別主義は国家社会主義のそれとは異なっている。民族的に成熟した社会の模範は存在しないが、それとは反対に、どの複雑な社会も民族的な要素が複合的に働くことによって機能しているのである。そしてそれらの要素は、シュミットによれば、その都度、三つの文化圏の一つまで遡られるのである。

七　前史日本の文化層

シュミットは講演の第三部に至り、日本についての論述を始める。その際彼は、明確に岡の研究を引用し、その研究成果を以下のように手短に要約している。

トーテム信仰的狩猟民は、母権的農耕民族と融合した形で日本に達した（第一の層）。さらに二つの別の母権的諸文化が、東南アジアから日本に達した（第二、第三の層）。その後、母権的特徴を備えた父権的な二つの文化層が続いた。後者は恐らくツングース＝満洲語族の文化であった（第四・五の層）。最終的に、第六の層をもってここに、「世界いたる所に於て高文化を創り出したかの文化圏が出現」するに至った。そしてそれは、ここ日本では一系の皇室の下で、世界中のどこでも見られないほど迅速かつ堅固に政治的統一を達成した。その「遊牧民の優れた支配者的適正」(die überlegene Herrschereignung der Hirteneinwanderer) により日本は経済、社会そして文化の有機的統一体となっている。ただしシュミットは、これらの展開（あるいは征服）の年代的あるいはその他の詳細については立ち入っていない。(26)

それゆえ、先史日本文化の「民族学的位置づけ」は、六つの層からなるものである。その六つ層は三つの文化圏に還元される。全体として古い文化層であるほど、より強く母権的特徴を有している。対照的に、新規に入植した文化層は父権制を展開している。そして最終的に、「優れた支配者的適正」の遊牧民族が高次文化をもたらした、とシュミットは説明するのである。さて、以上のような所見はどのような点で岡の研究に基づいているのだろうか。

岡の博士論文の序論に記されているように、日本民族学の（そしてそれゆえ彼の研究の）目的は、「古代における特定の文化現象の存在を、場所と時間とに関して文化史的に定める」ということである。従って、岡とシュミットは歴史的アプローチを共有している。その二人の主題は文化の史的再構築であり、イギリスの民族学のような「心理学的問題提起」でも、人種学（Rassenkunde）でもない。［Oka 2012, : 3-4］

文化の史的再構築に際して岡が出発点としたのは、民族文化の現存する諸現象は先行する「文化層」の名残として解釈されうるものであり、そして最終的には特定の「文化圏」へ還元させられるものである、という仮説である。（Oka 2012, p.5）ここでは岡は用語上でもシュミットと一致している。当然ながら岡は、古日本の委細に関する章において、シュミット的な用語をあまり用いていないが、文化圏という考えを頭の片隅にとどめていたことは明らかである。たとえば、彼はモノ信仰とタマ信仰の区別について次のように書いている。「私が思うに、この両者は…文化圏説から眺めるなら、全く別なものというわけではなかったのであろう」［Oka 2012, : 487］.

しかし特にシュミットの文化圏説との共通点が多いのは最終章である［Oka 2012, : 1011-1043］。そこで岡は、文化の「諸層」の系統的かつ年代的な順序づけに腐心しています。まず、陶器、言語、宇宙論、神の概念などといった個別の現象を調査し、それらを時に三つの、時には五つあるいは六つの層に分割している。そしてそれら個々の層を、地質学者と同じように、単一の包括的な階層モデルにまとめている。

個々の層を同定するために、シュミット流の根本的信条が利用されている。それによれば、農耕文化は、特に母権、秘密結社、そして月の神話に同定される。他方、「高次狩猟民」は父系社会制、トーテム信仰や年齢別集団と関連している。また、貴族制の階級構造（Herrentum）および、高次の存在への信仰は牧畜民の遺産を示している。

岡の成果は、まず何よりも、著書の巻末にリストと図表の形で纏められている。既に言及したように、彼の成果は完結した著作という印象を与えてはくれない。しかしこの図表のなかで、ちょうどそれぞれ六つの階層として要約されており、その六つの階層は、一九三五年に行われたシュミットの講演のなかにも同様に見出されるのである。以下に挙げる図表に於いて、岡の主張をシュミットのものと対置しておくが、岡の博士論文の最終章に挙げられているカテゴリーのなかから、シュミットによっても言及されている「社会形態」や「言語（起源）」のみを提示しておく。(27)

次頁の図表から分かることは、シュミットが岡の博士論文を拡大した形で明瞭に知っており、その結論をほぼそのまま自分の講演にも取り入れているということである。言い換えれば、岡の結論は、より複雑に入念にまとめあげられたものではあるものの、本質的にはシュミットの講演での内容と一致している。

以上のことから、シュミットが岡の研究をウィーン文化史学派の研究の手法にとっての模範的事例として推奨したことは、全くもって正当なことであった。たしかに岡は、特に日本人による諸々の研究成果に依拠してはいるが、その成果をシュミットの文化圏モデルにおけるパズルのさらなる一ピースを表すものとして利用しているのである。

しかし岡の研究の価値は、決して日本の「民族学的位置づけ」の記述だけに収まるものではない。シュミットの講演と岡の博士論文との根本的な違いは、すでに主題の焦点に見られるのである。シュミットの主眼は人類史にあり、日本はその復元の一例として持ち出されているに過ぎない。逆に岡の関心は日本に向けられており、他の諸文化は、ただ日本の民族発生学の理解に資する限りで取り入れられているのである。原文化の復元という、シュミットの仮説の問題点は、それゆえ岡の論文では全く触れられていない。従って、岡がシュミットの「創造説」に関して批判的態度をとっていたのかどうか、『古日本の文化層』だけを見ても判断できないのである。

序論と結論の間に置かれた諸章を仔細に見れば、驚異的な量の資料だけでなく、解釈についての非常に独特かつ自由なアプローチが見いだされる。このような独自性は、私の見るところ、岡が日本の資料に文化史的手法を終始一貫して適用していたということに由来する。すなわちまず、主題を領域ごとに一旦小さな断片に細分する。その断片を

文化層	Oka 2012（1935）		Schmidt 1935a	
	社会	言語	社会	言語
1	原始的イニシエーション：抜歯	?	抜歯	?
2	農耕民・秘密結社・小家族・母権性	パプア＝北ギニア＝ハルマヘラ	母権性・農業・訪婚・小家族	オーストロアジア語族（インドシナ半島）
3	農耕民・村落・大家族・母権性	オーストロアジア語族・オーストリック語族	母権性・農業・訪婚・大家族	オーストロアジア語族（インドシナ半島）
4	狩猟民・漁猟民・（開拓民）・戦士・父権性	オーストロネジア語族・オーストリック語族	父権性（母権性的）・狩猟民・漁猟民・戦士	オーストロネジア語族（インドネシア語・マレーシア語）
5	開拓民・狩猟民・養豚業・大家族・父権性	アルタイ語族・ツングース＝満州語族	父権性（母権性的）・開拓民・狩猟民・養豚業	ツングース＝満州語族
6	遊牧民・軍隊・馬の飼育者・酋長・「階級構造」	アルタイ語族・モンゴル語族	遊牧的牧畜民	---

また別な民族に割り当てている。従って、「古日本」は、無数の個々の民族の中から一つの塊として現れる。それら個別的民族には、ようやく結論部になって何かしらの秩序が与えられるのである。

八 「古日本」の神話・宗教の分析

管見の限りでは、岡の注目すべき詳細な成果は宗教的神話の分析にこそ見出される。民族の差異を追求する際に、岡は様々な神のイメージを細分化した後、それらを大雑把に二つのグループに分類した。すなわち、一つは水平的イメージである。それによれば、人間と同じレベルの上に神が存在しているというものである。そしてもう一つは、垂直的イメージである。それによれば、人間を越える神は「天空」に存在していなければならない。岡によると、前者はより古い日本の文化層に属しているという。すなわち、そこで扱われるのはモノ・タマ・マレビトの信仰である。こうしたより古い信仰形態は既にとても強く相互に融合してしまっているために、それらが元々どの文化圏に属していたのか岡にとっても確信はないが、彼はそれらが民族的に異なった移住集団に由来するという前提から出発しているのである。

まさにその名前が既に意味しているように、カミは「上（かみ）」に存在していたのである（ここで岡は、今日では時代遅れとなった語源学的な説明から出発している）。そしてそれ故に垂直的なカミの構図に属している。岡は（天と地とを結ぶ）「天の御柱」という神話学上のモチーフも、そのような垂直的なカミのイメージに結びつけている。そして彼は、それをたとえば神聖なる山や樹木のなかに、或いはあらゆる依代や、祭りの山車の鉾のなかに見出したのである［Oka 2012.：379以下］。それ故に、元々すべてのカミがアマツカミであった［Oka 2012.：392-393］。

岡はこのカミ信仰を父権的社会システム、もしくは最後に日本に移植された何らかの文化層、つまりそこから天皇王朝が生じることになる文化層である、いわゆる天孫族（Tenson-Stamm）と結びつけている［Oka 2012.：486］。勿論この様な父権的な最高神信仰（Hochgottglaube）に、女性的な太陽神であるアマテラスは厳密には該当しない。それ故に、岡は比較的詳細にこの問題に取り組んでいる。結局彼は、アマテラスが単に「最高の女性シャーマンであり、太陽神に使えていただけである」［Oka 2012.：267］という結論に至っている。彼は本来の太陽神を、『古事記』によると天孫の祖父であるタカミムスビと同一視しているのである。

結局のところ、カミ信仰や太陽神信仰は比較的後代の現象であり、それらはまず上で名付けた五つ、または六つの文化層と共に日本へとたどり着いたのである。勿論それよりもさらに古い母権性の文化層との混合によって、この女性的な神性であるアマテラスが太陽神へとなったのであるが、しかしその一方で、その起源である父権的なタカミムスビがその背後に隠れているのである［Oka 2012, p. 267：372］。この変質の過程において、太陽神はますます一層先祖神へとなっていった。その一方で、その属性は「最高存在」として抑圧されることになったのである。

こうした帰結は、まずなによりも、その当時の政治的状況を前にするときに重要になる。そして一九三〇年代の日本において、簡単にそのような帰結が導きだせるということはあり得なかった。そのような帰結は、日本民族の単一性というイデオロギーを震撼させるだけでなく、アマテラスに対する崇拝の念をも揺るがすと同時に、皇室のもっとも重要な宗教的施設としての伊勢神宮を脅かしたのである。(28) さらに神道そのものについても以下のような驚くべき言及が見られる。

日本の本来的な宗教と目されている原初的神道も既に統一的なものではなく、むしろ様々な宗教の非体系的な融合体として見なしうる。[…] 従って、神道を一つの独立した宗教として扱うことは適切ではない [Oka 2012.:288–289]。

岡は当時の日本の皇室の歴史的な意義に疑問を投げかけるというタブーともいえるテーマを採り上げることに関して、自身のドイツ語での著作のなかでは決して躊躇をしていない。そして戦後も、改めてこの立場を取ったのである。一方で、岡の分析がよくシュミット的な文化圏説と合致している、という点を見逃してはならない。既にシュミットの人類の発展に関するスケッチに見られるように、岡の『古日本の文化層』のなかにも、まず母権性の農耕民と父権性の狩猟民の混交が存在し、遊牧民がその土台の上に貴族支配の国家を築くのである。こうしたモデルは、とりわけ比較的後代になって取り入れられた最高神信仰の存在をもとに説明される。その様な最高神信仰を貴族階級の天孫族と同等に扱うことに疑いの余地はあまりない。(29) その最高神信仰が最終的に遊牧民の第一次文化圏に由来するということは、岡の著作においてはっきりとは述べられていない。しかし、そのつど、日本の天神信仰や太陽信仰の何れに関しても証明されている(単に「足跡にすぎない」としても)「最高神 (Hochgott)」「最高存在 (Höchstes Wesen)」或いは「善界 (Reich des Guten)」に対して常に問いかける姿勢は、シュミットの文化圏説と同様に、こうした天神信仰の担い手を、日本における高度な文明の先駆者と同一視しようとする絶え間ない努力があることを認識させてくれるのである。

結論

私は本論文の冒頭において、シュミットの文化圏説が、宣教師を養成する教師としての彼の任務や、カトリック信仰の唱道者としての彼の役割と、どれぐらい密接に結びつけられているのかを明らかにしようと試みた。しかし同時に、シュミットが彼の時代における民族学的研究の最高峰に君臨し、自らの主張を学術的にも周囲の人々に納得させるための努力を当然のことながら真摯に行ったという事実も明らかにされるべきである。神の「原啓示」に対する彼の信仰は別として、彼の文化圏モデルは、伝播主義的にも、進化論的にも説明しようとする試みを一つの方法として纏めたものなのである。そしてその方法は、岡正雄のような非キリスト教徒にとってもまた信頼のおけるものにみえたのであろう。

岡正雄は、自らの博士論文において、このモデルに関する議論にそれ以上言及していないが、自らの著作の序文においては、ウィーン学派の模範に従って「文化史的手法」の肩を明らかにもっている。自らの業績を積み重ねる過程で、彼はシュミット的な第一次文化圏の何らかの基礎的特徴も疑うべくもなく受け継いでおり、それを下敷きにして日本の前歴史における六つの「文化層」に関する彼の仮定的記述が成立しているのである。こうした成果もまた、シュミットから多かれ少なかれ受け継がれたものである。したがって、岡がウィーンに滞在していた時に、シュミットと岡の間には、学問的に大きな一致点があるのは間違いないと私には思われる。

周知のごとく、岡は戦時中の日本において、自らがウィーンにおいて追い求めていた文化史的問題提起からの転向を明確に宣言した。(30) しかし戦後になって、日本の民族学会が「日本民族＝文化の源流と日本国家の形成」（一九四八）というシンポジウムをきっかけに新たに組織された際に、岡はウィーンでの博士論文において彼の心を既に捉えていた問題に立ち返ったのである。シンポジウムに寄稿した彼の論文に基づいて幾つかの出版が行われた。(31) そのなかで問題とされたのは、一体如何なる民族集団が歴史上初めて現れる日本の高度文明の成立に貢献したのか、という点であった。既に述べたように、これらの著書は岡のドイツ語で書かれた博士論文の断片的な最終章の焼き直しであると考えられている。

一九五六年と一九五八年の論文において、岡は最終的に五つの文化層という結論にたどり着いている。そして、縄文時代初期からの日本でもっとも早い定住者の不確定な文化層がそれら五つの文化層に先行していることから、その岡の結論には、一九三五年に彼が主張した六つの文化層が確かに存在し続けていたことが見て取れる。一九三五年と一九五六年の説明には、単にその相対的な順序に関して僅かに区別があるのみである（一九三五年に於いて四番目と五番目の層であったものが、後の諸論文ではその順番が入れ替わっている）。タカミムスビと高天原に対する信仰、つまり「垂直的天神信仰」が日本という国家の基礎を築き、古墳時代の文化の担い手となったアルタイ語族の征服者と同一の特徴であるという岡の理論は、戦後において、ドイツ語の著書に書かれたものよりももっとはっきりと強調されている。(32) その基本的な理論上の研究手法に関しても、岡は自らのウィーンでの業績に忠実にしたがっている。すなわち、彼は「進化論学派」を繰り返し論駁し、「文化史的」見解を支持している。そして、その文化史的見解によれば、まずは「民族移動・伝播による混合・接触」を通じて、文化的変遷が成立するのである［Oka 1956.：106］。戦後、岡は自らの「文化層」という見取り図と、それに関連する問題提起や手法に明らかにこだわっているのである。

もし、岡が一九四八年のこうした諸々の成果によって、日本における学術的な新たな出発点に貢献したということが確かであるなら、この新たな出発点にシュミットが関与しているということも認識されなければならないであろう。とりわけ有名な江上波夫の騎馬民族説は、先に採り上げた一九四八年のシンポジウムに於いて同じ様に発表され、岡によって共に発展させせられるべきであったが[33]、その江上の騎馬民族説は、私にはシュミットの遊牧民の第一次文化圏説が引き起こした余波であるように思われるのである。こうした印象が正しければ、そもそも反動的なカトリック教条主義的背景から生じたシュミットの文化圏説が、戦後の日本において、結果的にそれとは全く正反対のことを生み出したということが言えるであろう。文化圏説は、岡にとって、そして恐らくは戦後日本の民族学研究にとってもまた同様に、一種の触媒として見なされる。そしてそれを通じて、自らの歴史に対する新しい見方が可能になったのである。この新しい見解が、国家の歴史における民族的、そして歴史的伝播を体験したのであり、それこそが、日本だけでなく西洋の日本学においてもその当時非常に顕著であった「均質的な日本文化」というイデオロギーを脱構築した、と言えるだろう。つまり、岡はシュミットの手法を日本に適用しつつ、日本的家族国家の国粋主義に対して疑問を投げかけたとも言えるのである。

注

（1）Kreiner 2012, p. xvi.
（2）Kreiner 2012, p. xviii-xix; Kreiner 1995, p. 163, 岡　一九五八　三一三頁。
（3）クライナーはアレクサンダー・スラヴィックのもとで日本文化学を学んだが、そのスラヴィックは、岡とほぼ同い歳ではあったものの、岡の学生と見なされる。下記参照。

（4）シュミットの伝記に関する以下の記述は、特に指示がない限りBornemann 1982 に基づいている。フリッツ・ボルネマン自身はSVDのメンバーであり、一九三四年から四年間、聖ガブリエル修道院にあったアントロポス研究所のシュミットの下で学び、後にスイスでシュミットと一緒に生活した（Bornemann 1982, p.11）。彼は紛れもなくシュミットの極めて近くにいた人物ではあったが、シュミットの反ユダヤ主義など、シュミットの幾つかの主張に関しては一貫して批判的に扱っている。

（5）「文化闘争」の歴史に関しては、Clark and Kaiser 2003及びBorutta 2011 を参照のこと。

（6）今日、シュタイルはオランダの都市ヴェンロ（Venlo）に存在し、ドイツとの国境に接し、アーノルド・ヤンセンの出生地であるゴッフォ（Goch）からほんの数キロメートルはなれただけの場所に位置している。シュミットの出生地であるドルトムント（Dortmund）はシュタイルの東一〇〇キロほどのところに位置している。

（7）Bornemann 1982, p. 17-18.

（8）反モダニズム誓約は一九一〇年にローマ教皇ピウス一〇世によって採用された。その足がかりは、既に一八六四年にピウス九世の「誤謬表」（誤謬の一覧表）に見出される（Aubert 1971も参照のこと）。カトリック教会には、それ以外に、常に現れてくる新たな著書が付け加えられた禁書本に関する伝統的な目録（禁書目録）が存在していた。目録と反モダニズム誓約というこの両者は一九六五年になってようやく撤廃された。

（9）Bornemann 1982, p. 29-53.

（10）一九〇四年にゲレス会（Görres Gesellschaft）に宛てた手紙。Bornemann 1982, p.32 からの引用。

（11）Bornemann 1982, p. 146.

（12）Bornemann 1982, p. 136.

（13）シュミットは一九二三年にローマ教皇に対して『アントロポス』に対する財政的支援を求め、それを認めてもらうために、ヴァチカンの宣教博物館の建設に協力しようという約束した。このことが理由で、シュミットは一九二五年から二八年にかけてローマで大半の時を過ごしたのである。これはシュミットにとって大いなる名誉ではあったけれども、博物館長としての活動によって、彼は学問から遠ざかることとなった。それ故に、一九二八年以降、彼は博物館の管理に関する日々の業務を代理人に譲ったのである。ただ表向きはまだ博物館に対して責任のある立場に留まっていたため、しかるべき収入も手にしていた。（Bornemann 1982, p. 182 以下参照）

（14）アントロポス研究所と雑誌『アントロポス』は、一九三八年にオーストリアがナチスドイツに併合されると、シュミットと共にスイスのフライブルグへと移った。一九六二年には、その研究所はボンの近くにある聖アウグスティン修道院へと移り、今日でもそこに存在している。（Rivinius 2000）

（15）加えてGingrich 2005, p. 108-110 を参照のこと。アンドレ・ギングリヒは、シュミットの学術的貢献について次の様に言明している。“What Wilhelm Schmidt wrote on [society and religion] has not stood the test of time.” しかし、彼は次のように付け加えている。“The meticulous and relentless scrutiny by which this armchair anthropologist summarized solid ethnographic knowledge […] is breathtaking.”（Gingrich 2005, pp. 108-109）それに対し、南アジアの専門家であったヘルムート・ルーカスは、一八九九年に出版された「オセアニアの言語的状況」に関するシュミットの論文を、もっとも新鮮な考古学的な発見に基づき新たな現実を扱う「画期的な研究」であると指摘した。（Lukas 2012, p. 162）ルーカスによると、シュミットに特徴的な用語である「オーストロアジア語族」そして「オーストロネジア語族」と併せて行ったシュミットの日本語に関する論究は、岡によっても引用されている。（Oka 2012, pp. 1018-1021）

（16）フリッツ・グレブナー『オセアニアに於ける文化圏と文化層』（Fritz Graebner, Kulturkreise und Kulturschichten in Ozeanien）Zeitschrift für Ethnologie 37, 1905, pp. 28-53. ベルンハルド・アンカマン『アフリカに於ける文化圏と文化層』（Bernhard Ankermann, Kulturkreise und Kulturschichten in Afrika）Zeitschrift für Ethnologie 37, 1905, pp. 54-84. ヴィルヘルム・シュミット『南アメリカに於ける文化圏と文化層』（Wilhelm Schmidt, Kulturkreise und Kulturschichten in Südamerika）Zeitschrift für Ethnologie 45/6, 1913, pp. 1014-1125. 文化圏説の本当の意味での発案者は、その概念を一八九八

年に提唱したレオ・フロベニウスであろう。しかし彼自身はその概念をそれ以上追求しなかった。その一方で、グレブナーとシュミットはそれを更に発展させたのである。

（17）Bornemann（1982, p. 278）によって、実際にはシュミットはゲシュタポによって拘置されたが、ローマ教皇がシュミットに有利になるようにムッソリーニを介して仲介してくれたということが判明している。シュミットと国家社会主義ドイツ労働者党（ナチ党）との関係について、ボルネマンは次の様に述べている。「… 他の人々は、彼をその政党（国家社会主義ドイツ労働者党）と関連づけたが、それは、その政党がまだ成立していない時から既にシュミットも反ユダヤ主義であったように、その政党が反ユダヤ主義であったからであろう」

（18）ウィーン大学文化社会人類学研究所の「研究所の歩み（Zur Geschichte des Instituts）」URL: http://www.univie.ac.at/Voelkerkunde/html/inh/inst/gesc.htm（２０１2年9月10日現在）を参照のこと。

（19）Schmidt 1935, p. 34（日本語訳　二九頁）

（20）ヘルムート・ルーカス氏の個人的な教授に基づく。

（21）何れにせよ、スラヴィックは一九三六年に出版された日本人とゲルマン人の秘密結社に関する自らの論文のなかで次のように書いている。「日本語の資料は、僅かばかりの例外を除き、岡の著名な著作に依拠している。そして私はその岡の原稿を日本語からドイツ語に翻訳したことを誇りに思う」(Slawik 1936, p. 677) .しかし加えて、岡がソファーに座り、スラヴィックが自らの考えを「直接筆記させた」という逸話にも眼を向けるべきである。(Kreiner 2012, p. xxiii) . 岡の著書のなかに幾分の表現上の揺れが存在することから、私はスラヴィックがある部分では岡の日本語を翻訳し、また別の部分では単に岡のドイツ語を修正したと想定している。その他スラヴィックは、岡が、ウィーン民族学研究所における数多くの講演に於いて、一九三二年から一九三四年にかけての研究成果を発表したことも紹介している（Slawik 1936, p.676 & 756）。

（22）Bornemann 1982, p. 232. ＳＶＤは一九三二年に名古屋に中学校を開校した。第二次世界大戦後、そこから南山大学が誕生したのである。シュミットはその学校をたった一度だけ訪問した（Bornemann 1982, p. 233）。

（23）岡が、シュミットや澁澤敬三、そして三井高陽男爵との関わりのなかで作り上げた関係は、ヨーゼフ・クライナーなど他の者の耳にも詳細に届いたのである（Kreiner 2012, pp. XXIV-XXV）。ここで、私はシュミットが日本学の研究所講座の間近に迫った設立に感謝の意を表して、既に一九三五年五月八日における彼の日本への訪問の最初に次の様に述べていることだけは付け加えておきたい。「又もしウィーン大學に封して、何等かの日本文化顕揚の機關が設けられるのでありましたら、墺太利は満腔の感謝を以って之を迎へるものであります。私、帰国の上は速かに、日墺文化親交の為めに凡ゆる努力を致す考へでありますが、然もこれは又、確に現今の一つの強き要求でもあります。」（Schmidt 1935a, pp. 42-43）

（24）岡は若干意味を弱めて「多くの禍害」（四頁）と翻訳している。

（25）シュミットは牧畜を生業とする者達に対して次のように書いている。"Because of the capital invested in their herds, a wandering capital, because of the rapid conquering of space and time, due to these herds, and because of their living on the broad steppes, with their clear distant views, these pastoral people were soon educated to become a ruling people." (Schmidt 1935b, p.11).

（26）Schmidt 1935a, pp.31-32. 岡はこの文章を非常に自由に翻訳しており、私の提示した翻訳は意訳ではあるが、部分的には岡の翻訳よりもシュミットの原文により正確に基づいている。

（27）Oka 2012, p. 1038-1043 ; Schmidt 1935a, p. 35-38（日本語訳三一―三二頁）を参照のこと。

（28）ところで、岡の考察には今日まで研究上の議論を巻き起こしている問題がある。それは、歴史的には元々常に女性的神性としてみられていたわけではない太陽神の性別に関する問題である。［佐藤弘夫　二〇〇〇］、『アマテラスの変貌』を参照のこと。

（29）民族学的な見解におけるこのカミ信仰が非常に遅く始まった証拠として、その担い手が主に天皇の取り巻きにいた部族であるという事実が挙げられる」（Oka 2012, p. 393）。

（30）この件に関しては、まず何よりも『現代民族学の諸問題』という岡の講演（岡　一九四三、一九四二年一〇月八日学士会館に於ける第一回民族学研究会の講演）が採りあげられるべきである。中生　一九九七、Doak 2001, Hirafuji（近刊）も参照のこと。

（31）早い段階でのものの一つは、既に一九四八年に出版された『民族学研究』一三―三のなかに見出される。更なるものとしては『日本民族文化の形成』（岡　一九五六・一九六六）にヨーゼフ・クライナーによって翻訳された）や『日本文化の基礎構造』（岡　一九五八）などが挙げられる。

（32）岡　一九五六　一一〇―一一一。

（33）Kreiner 1984, p. 72.

【参考文献】

岡　正雄（一九四三）、「現代民族学の諸問題」『民族学研究』一―一

岡　正雄（一九五六）、「日本民族文化の形成」『図説日本文化史大系―縄文・弥生・古墳時代』、小学館（Josef Kreiner訳, "Das Werden der japanischen Volkskultur." Beiträge zur Japanologie 3/1 [1966], pp. 28-54)

岡　正雄（一九五八）、「日本文化の基礎構造」『日本民俗学大系第2巻　日本民俗学の歴史と課題』平凡社、五―二一頁

佐藤　弘夫（二〇〇〇）『アマテラスの変貌―中世神仏交渉史の視座著』法藏館

中生　勝美（一九九七）「民族研究所の組織と活動戦―争中の日本の民族学」『民族学研究』六二―一

Aubert, Roger (1971), "Die modernistische Krise." In: Hubert Jedin (Hg.), Die Kirche in der Gegenwart, zweiter Teil: Defensive Kräftekonzentration. (= Handbuch der Kirchengeschichte, Bd. VI,2) Freiburg im Breisgau: Herder, pp. 435-500.

Borutta, Manuel (2011). Antikatholizismus. Deutschland und Italien im Zeitalter der europäischen Kulturkämpfe. Göttingen: Vandenhoeck & Ruprecht.

Borneman, Fritz (1982), P. Wilhelm Schmidt S.V.D., 1868-1954. Rom: Collegium Verbum Divini.

Clark, Christopher Clark, Wolfram Kaiser (ed.) (2003), Kulturkampf in Europa im 19. Jahrhundert. Leipzig: Leipziger Universitäts Verlag.

Doak, Kevin M. (2001), "Building National Identity through Ethnicity: Ethnology in Wartime Japan and After." Journal of Japanese Studies 27/1 (2001), pp. 1-29.

Gingrich, Andre (2005), "Ruptures, Schools, and Nontraditions: Reassessing the History of Sociocultural Anthropology in Germany." In: Fredrik Barth, e.a. (ed.), One discipline, four ways: British, German, French, and American anthropology. Chicago: The University of Chicago Press, pp. 59-153.

Hirafuji, Kikuko (2013), "Colonial Empire and Mythology Studies: Research on Japanese Myth in the Early Shōwa Period." In Bernhard Scheid (ed.), Kami Ways in Nationalist Territory: Shinto Studies in Prewar Japan and the West. Vienna: Austrian Academy of Sciences. (Forthcoming)

Kreiner, Josef (1984), "Betrachtungen zu 60 Jahren japanischer Völkerkunde: In memoriam Masao Oka." Anthropos 79 (1984), pp. 65-76.

Kreiner, Josef (1995), "Japanforschung in Österreich: Betrachtungen zu Fragen eines eigenen österreichischen Ansatzes in der Entwicklung der Japanologie." In: Britta Rupp-Eisenreich and Justin Stagl, ed. Kulturwissenschaften im Vielvölkerstaat: Zur Geschichte der Ethnologie und verwandter Gebiete in Österreich, ca. 1780–1918. Wien: Böhlau, pp. 153–169.

Kreiner, Josef (2012), "Einleitung." In: Masao Oka, Kulturschichten in Alt-Japan. Bonn: Bier' sche Verlagsanstalt, 2012, pp. ix-xxxiv.

Lukas, Helmut (2012), "Taiwan: Ausgangspunkt der austronesischen Expansion. Entdeckung und Erforschung der austronesischen Sprachen." In: Peschek, Sonja, ed. Geschichte und Gesellschaft Taiwans. Die indigenen Völker. Wien,

Frankfurt, New York: Peter Lang Verlag, pp. 153-204.

Oka, Masao (2012), Kulturschichten in Alt-Japan. Bonn: Bier 'sche Verlagsanstalt.

Rivinius, Karl Josef (2000), "Wilhelm Schmidt." In: Biographisch-Bibliographisches Kirchenlexikon (BBKL). Band 17. Bautz: Herzberg, pp. 1231–1246.

Schmidt, Wilhelm (1899), "Die sprachlichen Verhältnisse Ozeaniens (Melanesiens, Polynesiens, Mikronesiens und Indonesiens) in ihrer Bedeutung für die Ethnologie." Mittheilungen der Anthropologischen Gesellschaft 29 (1899), pp. 245–258.

Schmidt, Wilhelm (1912-55), Der Ursprung der Gottesidee: Eine historisch-kritische und positive Studie. (Vol. 1–12.) Münster: Aschendorff.

Schmidt, Wilhelm (1935a), Neue Wege zur Erforschung der ethnologischen Stellung Japans. Tokyo: Kokusai Bunka Shinkōkai.

Schmidt, Wilhelm (1935b), "The oldest culture-circles in Asia." Monumenta Serica 1/1, pp. 1-16.

Schmidt, Wilhelm and Wilhelm Koppers (1924), Völker und Kulturen I: Gesellschaft und Wirtschaft der Völker. Regensburg: Habbel.

Slawik, Alexander (1936), "Kultische Geheimbünde der Japaner und Germanen (eine vergleichende Studie)." In: Wilhelm Koppers (ed.), Die Indogermanen und Germanenfrage – Neue Wege zu ihrer Lösung. Salzburg, Leipzig: Verlag Anton Pustet, pp. 675-764.

第四部

日本民族学、そして沖縄のアイデンティティー

旧東京教育大学における民俗学の研究と教育
――史学方法論教室の誕生から終焉まで――

竹田　旦

一　史学方法論教室の誕生

一九四九年（昭和二四）、新制の東京教育大学が発足すると、文学部の史学科には日本史・東洋史・西洋史の三学科各講座の他に、学科共通の「歴史学」という一講座が置かれた。この講座には三名の教官定員が認められ、一般教育科目「歴史学」の授業を担当するものとされた。しかし、当時史学科には一般教育科目だけを担当する教官の存在は認識されず、引いて講座の内容に明確さを欠き、運営をめぐっても諸種の問題が生じた。そこで、史学科教官会議の結果、一九五二年（昭和二七）、講座名を「史学方法論」と改め、教官も日本史から二名（木代修一教授、竹田旦助手）、東洋史から一名（直江廣治助教授）を割き、それぞれを両教室兼務として配属した。ここに史学科に日本史学・東洋史学・西洋史学と並ぶ第四の史学方法論学科（史学方法論教室）が新設され、「史方」と略称されたのである。ただし、この教室に専属の学生は置かれず、教官は史学科を初め他学科の学生に一般教育科目・専門教育科目の授業を提供するものとされた。なお、「教室」と「学科」の両語は厳密には区別されず、ほぼ同義に扱われたので、以後両語を併用して叙述したい。

新学科の名称は、史学研究に資する方法論関連の諸学という趣意で、実際には考古学と民俗学の二つの学問から出発した。これら両学問は、前身の東京高等師範学校・東京文理科大学時代に、考古学では一八九五年（明治二八）に同好の士を集めて「考古学会」（現、日本考古学会）の設立を提唱した三宅米吉（一八六〇〜一九二九）、民俗学では民俗と歴史の関係を追究し、また村落祭祀としての「宮座」の調査・研究を推進した肥後和男（一八九九〜一九八一）らの先輩が活躍するなど、ともに長い伝統と優れた実績があり、現に史学科には、それぞれの研究・教育を担当し得る複数の教官を擁していたからである。また民俗学については、東京教育大では史学科の中に含まれ、これが歴史科学に属する学問であると表明した点にも各方面から注目された。さらに付言すれば、その後、同教室に第三の学問を加えようとの議論は起こらず、結局考古学・民俗学の二つに終始した。

因みに、この前後における同学科の民俗学の動向については、福田アジオ『日本の民俗学』（二〇〇九年、吉川弘文館）に詳しいから、ぜひ同書を参照して頂きたい。

こうして史方教室では、一九五二年度から一般教育科目の「史学方法論（民俗学）」「同（考古学）」、専門教育科目の「民俗学概説」「考古学概説」をはじめ「民俗学特講」「考古学特講」などの授業が開講されたのである。また、非常勤講師一〜二名の枠が認められ、学外から優れた研究者を招き、概説・特講の補充が図られた。さらに日本史学科に属する和歌森太郎教授らの史方学科への出講が実現し、民俗学特講・民俗学実習などが充実された。この民俗学実習とは、旧文理大時代の一九四八（昭和二三）年度に新潟県南魚沼郡石打村（現、南魚沼市）の地で始められて以来、新制の教育大にも連綿と引き継がれてきたもので、参加者には正規の授業単位が与えられた。毎年年末の一二月、調査地を選び、教官と学生が三～四日間合宿しながら、古老を相手に聞き取りを行うなど、民俗調査の方法を実地に学修させるものであった。

やがて一九五〇年代の半ば頃、史方教室では考古学研究室・民俗学研究室の実質が整えられて行った。そして、史学科を初め他学科からも考古学・民俗学の学修を希望する学生が現れ、両研究室に出入りし、史方教官の指導を求めるようになった。しかし、少数の史方専属の教官では志望学生全員への対応には限界があり、彼らの要望を容れるには遠かった。加えて他教室の教官からも史方教室のあり方を問い、カリキュラムの再編・整備を図り、引いて専攻学生の受け入れを求める声が上がってきた。こうして、史学科教官会議を重ねた結果、史方教室に考古学・民俗学を専攻する学生を置こうということになった。これが実現し、一九五八年（昭和三三）四月から一学年定員五名の学生を受け入れ始めたのである。

なお、この学生募集は、学部・大学内の措置として始められたもののようである。文学部全体では、当時一学年二二〇名の学生定員を有し、その一〇％以内の増員は大学自身の自由裁量と考えられていたからである。こうした認識が史学科教官会議で確認され、それが結実して史方学科の学生募集に至らせたという次第である。一学年五名の定員とはいかにも少数で、しかもそれがさらに考古学と民俗学の専攻に分かれるとはと懸念されたけれども、当時既に文学部内には同様な学科・教室があり、史学科や史方教室の思わくに対して、関係者全員に格別な違和感は持たれなかったようである。

当時、日本の民俗学界では、この学問の生みの親・育ての親とされた柳田國男（一八七五～一九六二）が老いて退隠の暮らしに入り、彼の自邸に設けられていた「(財)民俗学研究所」は一九五七年（昭和三二）四月に解散してしまい、「日本民俗学会」も混乱と改編を繰り返し、民俗学の拠点が見失われかねない状況であった。したがって、前記のような史方教室の動きは、これに代替するような研究・教育の拠点が欲しいといった学界の要望とも合致していた。

二　専攻学生の受け入れと調査活動

こうして史方教室では、一九五八年（昭和三三）四月に五名の新入生を迎え入れたのである。国立大学として民俗学専攻の学生を置いたのは、日本ではこれが初めてとのことであった。「野」の学問と見なされてきた民俗学が、はっきりと大学教育の中に取り入れられ、アカデミックな様相を示し始めたのである。

カリキュラムの再編についても、この年度以後、考古学・民俗学の双方とも専門教育科目に概説・特講・演習・実習を必修として配し、なるべく多くの選択科目を揃えようとする方針が立てられた。史方教室に所属する教官も、前掲三名が全員兼務を解かれて専属に改められた。しかし、各教官別によるゼミ制度は採用されず、考古学と民俗学に分かれながら、両学問の教官全員による集団指導の態勢が採用された。当時、教室としては、新入生に対して、考古学・民俗学の概説と実習については、双方ともに履修するように勧奨した。つまり、新入早々にいずれを専攻とするかは必ずしも強制せず、学生本人の自由に委ね、一年次の修了頃までに判断するように指導したのである。実際には、第一回新入生五名は、考古学三名、民俗学二名に分かれ、教室側の想定と大きく違うものではなかった。このような傾向は、それ以後も大きく変わることなく推移し、教室内には二研究室が対等に並立したのである。

ところで、民俗学研究室では兼ねてから計画してきた「民俗総合調査」と題する大規模な調査活動を一九五八年度から実施する運びに至った。この調査は、単に一村落において民俗資料の収集を行うものではなくて、数か村にわたってある程度文化的・地理的なまとまりを保持する地域を選び、大規模・集中的な現地調査を実施し、その地域の民俗が保持する歴史性・地域性を解析して、その特質の解明を図ろうとするものであった。そこで、文部省の科学研究費補助金（略称、科研費）の交付を得、十数名の調査団を編成し、民俗共同調査を開始したのである。調査団は、いつも団長に和歌森教授を頂き、幹事を竹田旦が勤め、団員には旧文理大・高師関係の研究者（直江廣治・萩原龍夫・千葉徳爾・櫻井徳太郎・宮原兎一・松岡利夫・亀山慶一・北見俊夫・西垣晴治ら）を中心に、その都度地元研究者数名を加えて構成された。現地調査には「予備調査」「本調査」「補充調査」の三段階を踏まえ、特に夏期の本調査では全員連日合宿しながら約一〇日間の実地調査と共同討議を繰り返し、その結果を『中間報告書』に発表して問題の所在を確認し、第三段目の補充調査に備え、確実な成果を獲得しようという構想であった。

第一回には大分県の国東半島が選ばれ、一九五八年春の和歌森教授・竹田助手による「予備調査」を受け、夏休みには全員が現地に参集して「本調査」を実施した。四月に入学したばかりの史方の学生も、早速調査団の一員に迎えられ、実地調査に加わることとなった。この調査は授業としての民俗学実習を補充する意味もあり、民俗学が重視する「野外作業」（field work）の方法を体得する貴重な機会を与えるものであった。さらに冬休みを利用して各自による「補充調査」が行われ、五八年度末には報告原稿が提出され、翌五九年度末には、やはり文部省科研費の刊行費補助金を得て、和歌森太郎編『くにさき』（一九六〇年、吉川弘文館）と題する本報告書が刊行された。

こうして、当年度には三回にわたる現地調査と中間報告書の刊行、本報告書への執筆、次年度には本報告書の刊行とをセットとして連年にわたる民俗総合調査が展開されたのである。初年度からの調査地と本報告書の刊行を併記すれば、以下のとおりである。

①一九五八年度調査　大分県国東半島　『くにさき』（一九六〇年、吉川弘文館）

②一九五九年度調査　愛媛県南宇和地方　『宇和地帯の民俗』（一九六一年、同右）
③一九六〇年度調査　島根県西石見地方　『西石見の民俗』（一九六二年、同右）
④一九六一年度調査　岡山県美作地方　『美作の民俗』（一九六三年、同右）
⑤一九六二年度調査　兵庫県淡路島　『淡路島の民俗』（一九六四年、同右）
⑥一九六三年度調査　三重県志摩地方　『志摩の民俗』（一九六五年、同右）
⑦一九六四年度調査　福井県若狭地方　『若狭の民俗』（一九六六年、同右）
⑧一九六五年度調査　宮城県陸前北部　『陸前北部の民俗』（一九六七年、同右）
⑨一九六六年度調査　青森県津軽地方　『津軽の民俗』（一九六八年、同右）

なお、一九六八（昭和四三）年度からは、反転して沖縄諸島の民俗総合調査が計画され、現地調査も大部分終了したのに、教育大の学園紛争などのために完了に至らず、中間報告書は刊行されたものの本報告書は未刊のままに終わってしまった。

これらの民俗総合調査を通じて、当初は学生として随行したのに、五年目の⑤兵庫県淡路島の調査辺りから、宮田登・花島政三郎・平山和彦・福田アジオらが、調査課題の一端を担い、本報告書にも執筆を分担するほどになり、一人前の調査者・研究者に成長して行ったことが注目される。

一九六〇年代といえば、日本が高度経済成長を進めた時代で、民俗総合調査に対して、地元の振興に繋がるものとして現地でも歓迎する向きが少なくなかった。とりわけ離島・山間僻地を擁する自治体では、こうした雰囲気が濃く、調査団に対して物心両面にわたる協力を惜しまぬふうで、多年にわたる大規模な調査が円滑に進捗したのであった。

この間、民俗学研究室では、一九六一年度から四年間、日本民俗学会の事務局を引き受け、学会活動に参与する機会を得た。また、文部省社会教育局の補助を受け、一九六三、六四、六五年度と連年、文学部内で大学開放講座「日本民俗学」を催し、民俗学の広報・普及に努めたのであった。

三　講座の増設と大学院の新設

一九六五（昭和四〇）年度になって、史方教室に大いなる朗報が届けられた。かねて文部省に申請していた史方第二講座（考古学）の増設が認められたというのである。これにより旧来の講座は史方第一講座（民俗学）に改められ、ここに考古学・民俗学の二講座が並び立つことになったのである。いずれも教官定員三名を擁する「完全講座」で、教官数が倍増することになった。しかも新旧二講座とも、文系には稀な「実験講座」に指定され、教室への予算配当は一講座時代の約六倍にも跳ね上がることになった。文学部切っての貧乏教室が、一躍金持ち教室に成り上がったわけである。これにより、教室備え付けの図書・実験器具・器械を飛躍的に充足させることが可能となった。さらに付言すれば、考古学・民俗学の実習授業に伴う教官旅費について、他の予算と切り離して別個に計上・交付されるようになったことも教官一同を喜ばせた。

実はその前年、晩秋のある日、史方教室では、木代教授の後任、八幡一郎教授を先頭に立て直江助教授・竹田助手も随行し、文部省大学学術局を訪れ、大学課長に面会して講座の増設を陳情したことがあった。その際、教室の現状や講座増設の意義などを詳細に書面に認めて提出し、課内・省内で検討するように要望した。これが聞き入れられたものか、講座増設に当たっては教室の要望が大幅に認められたのであった。

講座増設に伴う教官人事の整備は一九六五〜六六年度に実施され、第一講座（民俗学）では直江助教授・竹田助手が教授・助教授にそれぞれ昇任、助手に宮田登が着任、第二講座（考古学）では増田精一が助教授に着任、岩崎卓也教務員が助手に昇任となった。他に教務補佐員・事務補佐員が新たに採用され、教室は一躍大世帯となった。

ここで、その後の史方教室の教官人事を略記しておこう。まず第一講座では、七一年直江教授が筑波大に併任、七三年宮田助手が東京学芸大に転出、同年宮本袈裟雄が助手に着任、七六年竹田助教授が教授に昇任、第二講座では六六年八幡教授が定年退官、六七年国分直一教授が着任、七二年同教授定年退官、七三年前田潮が助手に着任、七五年増田助教授が教授に昇任、筑波大に併任、同年岩崎助手が助教授に昇任、七六年前田助手が筑波大に転出という状況であった。

講座増設の効果は、前掲事象だけに終わらなかった。年度が進み、学年が進行するや、一九七〇（昭和四五）年度から大学院が新設されることになったのである。これにより民俗学・考古学専修として、修士課程二名、博士課程一名の定員が日本史学専攻課程の中に付置された。従来史方学科の卒業生は、さらに考古学や民俗学の学修を希望しても、他学科や他大学の大学院への進学を図る以外に方途はなかった。それが同じ史学科内に専修・専攻として設置され、そこに進学することが可能となり、また他学科・他大学から、さらには海外からも民俗学・考古学の学生を受け入れる途が開かれたのであった。また史方教室の教授・助教授にとっては、大学院の授業を担当するとともに修士・博士の学位を審査する権限が認められるようになったことも意義深かった。

因みに、史方教室経由で「文学博士（民俗学）」を授けられたのは、課程博士では崔仁鶴（韓国）、論文博士では北見俊夫・吉野裕子・江守五夫・劉枝萬（台湾）・池春相（韓国）・金泰坤（韓国）らであった。

四　学会の設立と活動

一九六五（昭和四〇）年度に入って、民俗学研究室では、同研究室に事務局を置く「大塚民俗学会」を発足させた。そして、機関誌として『民俗学評論』を発行し、毎年年次大会として「年会」を開催し、また随時に研究会を開くなど、大勢に研究発表の場を提供し、新たな学術活動を展開して行った。なお、考古学研究室では、すでに六四年度に「大塚考古学会」を発足させていた。

一九六〇年代の後半になると、大塚民俗学会では特別委員会を設け、『日本民俗事典』の編纂を始めた。そして一四〇名余にも達する大勢の執筆者の協力を得、一九七二年（昭和四七）に漸く編纂を終え、A五判八六二ページに達する大部な書籍として公刊された（一九七二年、弘文堂）。この事典の編纂・刊行は、ひとり大塚民俗学会に止まらず、日本の民俗学界全般に対しても大きく寄与する画期的な事業との声が上がった。本書により、一九六五年代までに民俗学が挙げた学術成果を容易に把握することができ、民俗学を初め隣接諸学の研究者に大きな利便をもたらしたのである。

また、考古学・民俗学の両研究室とも、引きつづき調査・研究活動を活発に展開した。考古学研究室では、考古学実習や大塚考古学会の調査成果を「考古学研究報告Ⅰ」として一九六六年（昭和四一）に『北海道根室の先史遺跡』、同Ⅱとして一九七三年（昭和四八）に『貝ノ花貝塚』、同Ⅲとして同年に『森将軍塚』、同Ⅳとして一九七四年（昭和四九）に『オンネモト遺跡』をそれぞれ刊行したのである。そして一九七〇（昭和四五）年度からは、イラン遺跡調査団を編成して現地調査を開始し、七三年度に第二次、七五年度に第三次の調査を実施した。

一方、民俗学研究室では、大学院生を主体として、一九七一年（昭和四六）に長野県茅野市福沢地区、翌七二年には同県下伊那郡大鹿村鹿塩地区、翌々七三年には同村大河原地区の実習調査を実施した。この三調査は茅野市・大鹿村の両教育委員会から『福沢の民俗』（一九七三年）、『鹿塩の民俗』（一九七三年）、『大河原の民俗』（一九七四年）と題して刊行された。

一九六七年（昭和四二）には、教育大を会場として開かれた日本民族学会の第六回研究大会には、その運営に民俗学研究室が全面的に協力した。さらに一九七五年（昭和五〇）に開催された「柳田國男生誕百年記念会」主催の諸事業にも、同研究室の面々が各種の実務を分担した。

また、同研究室に事務局を置く大塚民俗学会では、韓国の「民俗学会」（現、韓国民俗学会）と協力して日韓共同調査を行おうとする計画を立て、実施に移した。調査団長・幹事長には日本側が和歌森教授・竹田助教授を、韓国側が任東權教授・崔仁鶴をそれぞれ立て、両国とも六～七名の調査員を定め、隔年ごとに相手国を訪れ合って現地調査を実施することにした。やはり文部省科研費の交付を得て、一九七三年度には日本側が訪韓して全羅南道・済州道を、翌七四年度には韓国側が訪日して長崎県対馬島・壱岐島を、七五年度には再び日本側が訪韓して慶尚南北道・江原道を、七六年度には韓国側が訪日して長崎県平戸諸島の民俗をそれぞれ共同調査したのである。この現地調査を受け、引き続き共同研究に入る予定であったところ、都留文科大学に転出して学長に就任していた和歌森が一九七七年（昭和五二）四月に急逝し、翌七八年三月には教育大が閉学となってしまい、調査報告書の刊行に至らずにすべてが打ち切られる悲運に見舞われた。しかしその後、日韓両国とも個人的に相手国を訪れては現地調査と研究をつづけ、多くの成果を学界に発表したのであった（竹田旦「日韓比較民俗学の形成」同『日韓祖先崇拝の比較研究』所収、二〇〇〇年、第一書房、参照）。

なお、ここで共同調査に参加した面々について、二〇一二年一二月現在の状況を追記しておこう。日本側では前記和歌森に次いで直江・櫻井・亀山・宮田・宮本らが相次いで他界し、韓国側では朴桂弘・金宅圭・金泰坤・康龍權・池春相・任東權らが逝去し、現存者は日本側では竹田一人、韓国側でも玄容駿・崔仁鶴の二人だけとなってしまった。

この日韓共同調査では、多くの成果や課題を日韓双方の民俗学界に提供することになった。例えば、日韓両国の調査者一同が、初めは双方に類似の民俗ばかりに目が惹かれたのに、やがて似ているはずなのに違っているもの、逆に違っているはずなのに似ているものなどに注目するようになった。これこそ国境を越えて対比を試みる「比較民俗学」の原点に連なるものであろう。このような比較民俗学の方法は、日本では一九八〇年に全国規模の「比較民俗学会」の発足とともに取り上げられることになった。しかし、この学会では民話の比較は重視されたのに、その他の民俗学諸分野についてはさほど熱心ではなかった。その点では、むしろ韓国の方が本格的に比較民俗学の方法を追求していった。すなわち、崔仁鶴らの主導で一九八五年に「比較民俗学会」が設けられ、役員（理事）に海外の研究者を加え、機関誌の刊行、年次大会（春季・秋季）の開催、海外調査の実施などを活発に展開していったのである。

五　閉学の日に

一九七七（昭和五二）年度末をもって教育大は閉学となった。首都の中心において、明治初年以来、長年にわたって継承されてきた研究・教育の拠点が失われたのである。一九六七年（昭和四二）頃から起こった教育大の筑波移転をめぐる問題が紛糾し、教官・学生を巻き込んだ学園紛争に発展し、数々の事件を惹き起こし、ついに閉学を招いてしまったのである。

史方学科・教室について顧みれば、一九五八年四月から七八年三月まで二〇年間にわたって民俗学と考古学の研究・教育に当たり、その間一一〇名を超える学部卒業生（文学士）と一〇余名の大学院生（修士と博士）を世に送り出したのである。いずれも学界・教育界などで大いに活躍したことは言うまでもない。中には韓国・台湾等からの留学生も認められ、学成って帰国後は専攻の学問ばかりか日本の文化をそれぞれの故国に紹介・移植するのに力を尽くしたのであった。

実は、筆者は七八年三月三一日、教育大の最後の日、独り史方教室を訪れてみたのであった。もう人影の疎らな学園に入ると、忽ちさまざまな記憶が蘇って来たものである。四二年（昭和一七）四月東京高師に入学して以来、生徒・学生・副手・助手・助教授・教授として通いつづけた三六年間の追憶が、走馬灯のように頭の中を走り過ぎて行った。とりわけ、史方教室については、その発足から終焉に至るまで、全てを体験した一人として、ひとしお深い感慨を抱いた。折しも春爛満の「占春園」にも散策を試み、次いで今後再び立ち入ることもないE館の校舎に入って見た。何もかも全てが撤去されてガランとした廊下を歩むと、コンクリートに響く反響が意外に音高いことに驚かされた。そして研究室の前に立ち、役目を果たし終えた自らの名札を外してポケットに入れ、現場を立ち去ったのであった。

筆者は、閉学の翌日、七八年四月一日付で茨城大学に「配置換え」となり、同大教養部に一三年間勤務して、九一年（平成三）三月定年・退官し、同年四月から創価大学文学部に迎えられ、一〇年間教授・特任教授を歴任し、二〇〇一年（平成一三）三月退職し、長年にわたる大学教員の経歴に終止符を打ったのである。

顧みれば、教育大の閉学から今日までに、史方教室に勤務した多くの者が鬼籍に入ってしまった。現存するのは民俗学では筆者、考古学では岩崎卓也・前田潮らを併せ、数名に過ぎない。こんな状況では、今後誰が史方教室の事績を記憶し、後世に伝えてくれるのか、まことに寂しい限りと言わざるをえない。

（二〇一〇年二月一九日記、一二年一二月一日補記）

［参考］年度別史学方法論学科　民俗学関係講義担当教官名・同題目一覧

（教官名の上の※は非常勤講師、［　］は実際の担当者）

一九五二年度　直江廣治　民俗学概説
一九五三年度　直江廣治　民俗学（民間信仰論）
一九五四年度　直江廣治　民俗学
一九五五年度　直江廣治　民俗学概説
　　　　　　〃　　民俗学演習
一九五六年度　直江廣治　民俗学概説
　　　　　和歌森太郎・直江廣治　民俗学特講
一九五七年度　和歌森太郎　史学研究法
　　　　　直江廣治　民俗学概説
　　　　　和歌森太郎・直江廣治　民俗学特講並びに実習
一九五八年度　直江廣治　民俗学概説
　　　　　〃　　比較民俗学
　　　　　和歌森太郎　民俗学特殊研究（民間信仰史の研究）

一九五九年度　和歌森太郎・直江廣治　民俗学実習
直江廣治　史学研究法
〃　民俗学概説
〃　比較民俗学
和歌森太郎　民俗学特講
和歌森太郎・直江廣治・※亀山慶一　民俗学実習

一九六〇年度　直江廣治　民俗学概説
和歌森太郎　伝説と史料
直江廣治〔櫻井徳太郎・竹田旦〕　民間信仰と族制習俗
直江廣治　比較民俗学
和歌森太郎・直江廣治・※亀山慶一・〔櫻井徳太郎・竹田旦〕　民俗学実習
※馬淵東一　文化人類学

一九六一年度　直江廣治　民俗学概説
和歌森太郎　平安朝説話演習
直江廣治〔櫻井徳太郎・竹田旦〕　民俗学特講（講の研究・族制研究）
直江廣治　比較民俗学
和歌森太郎・直江廣治・※亀山慶一・※北見俊夫　民俗学実習
〃　・〃　民俗学演習

一九六二年度　※肥後和男　日本古代研究
直江廣治　民俗学概説
和歌森太郎　平安京の生活
〃　日本神話研究
和歌森太郎・直江廣治　民俗学実習
〃・〃　民俗学演習
直江廣治［竹田旦］　族制の研究
直江廣治　民俗学講読
※中根千枝　社会人類学
直江廣治　信仰伝承論
一九六三年度　直江廣治　史学研究法
和歌森太郎　日本史学史
※西垣晴次　民俗学概説
櫻井徳太郎　古代宗教社会史
※萩原龍夫　惣村の研究
和歌森太郎・直江廣治　民俗学実習
〃・〃　民俗学演習
直江廣治［竹田旦］　民俗学特講（社会伝承研究）

直江廣治　民俗学方法論
〃　民俗学外書講読
一九六四年度
直江廣治　民俗学概説
和歌森太郎　日本庶民生活史研究
※萩原龍夫　惣村の研究
和歌森太郎・直江廣治　民俗学実習
〃・〃　民俗学演習
直江廣治［竹田旦］　民俗学特講（社会伝承研究）
※馬淵東一　社会人類学
直江廣治　民俗学外書講読
櫻井徳太郎　民俗宗教と仏教との接触・変容
一九六五年度
直江廣治　民俗学概説
和歌森太郎・直江廣治　民俗学実習
〃・〃　民俗学演習
直江廣治［竹田旦］　民俗学特講（社会伝承研究）
※白鳥芳郎　民族史学
直江廣治　民俗学外書講読
〃　民俗学特講（年中儀礼研究）

	櫻井徳太郎	民俗宗教と仏教との接触・変容
	※亀山慶一	漁撈伝承論
一九六六年度	直江廣治	民俗学概説
	直江廣治・竹田旦	民俗学演習
	〃・〃	民俗学実習
	竹田旦	社会伝承論
	※亀山慶一	漁撈伝承論
	直江廣治	口承文芸論
	〃	民俗学外書講読
	竹田旦	民俗学資料体系論
	櫻井徳太郎	古代伝承論
一九六七年度	直江廣治	史学研究法
	竹田旦	民俗学概説
	直江廣治・竹田旦	民俗学演習
	〃・〃	民俗学実習
	竹田旦	社会伝承論
	直江廣治	民俗学外書講読
	竹田旦	民俗学資料体系論

	※北見俊夫	交通伝承論
	※金子エリカ	文化人類学
	櫻井徳太郎	族祖伝承論
	和歌森太郎	日本古代史演習
	〃	民俗学と地方史
一九六八年度	直江廣治	民俗学概説
	直江廣治・竹田旦	民俗学演習
	〃・〃	民俗学実習
	直江廣治	民俗学特講（民俗学外書講読）
	〃	〃（中国民俗学）
	竹田旦	〃（社会伝承論）
	〃	〃（民俗学資料体系論）
	※北見俊夫	交通・交易伝承論
	※金子エリカ	文化人類学
	和歌森太郎	日本古代史料演習
	櫻井徳太郎	初期神仏関係の研究
一九六九年度	竹田旦	民俗学概説
	直江廣治・竹田旦	民俗学演習

〃・〃　民俗学実習
直江廣治　民俗学特講（民俗学外書講読）
〃　（信仰伝承論）
竹田旦　〃　（民俗誌研究）
〃　〃　（民俗学資料体系論）
※北見俊夫　交通・交易伝承論
※金子エリカ　文化人類学
和歌森太郎　古代宗教社会史特講
櫻井徳太郎　神仏交渉史の研究

一九七〇年度

直江廣治　民俗学概説
直江廣治・竹田旦・[宮田登]　民俗学演習
〃・〃・〃　民俗学研究法
〃・〃・〃　民俗学実習
直江廣治　民俗学特講（民俗学外書講読）
竹田旦　〃　（社会伝承論）
〃　〃　（民俗学資料体系論）
※金子エリカ　文化人類学
※千葉徳爾　経済伝承論

櫻井徳太郎　神仏交渉史の研究

一九七一年度

竹田旦　民俗学概説
直江廣治・竹田旦　民俗学演習
〃・〃　民俗学研究法
〃・〃　民俗学実習（B）
直江廣治　民俗学特講（民俗学外書講読）
竹田旦　〃（社会伝承論）
直江廣治・竹田旦　民俗学研究法
〃・〃　民俗学実習（A）
※宮本馨太郎　物質文化論
櫻井徳太郎　古代史料講読

一九七二年度

直江廣治　民俗学概説
直江廣治・竹田旦・［宮田登］　民俗学演習
〃・〃・〃　民俗学実習
直江廣治　民俗学特講（民俗学外書講読）
竹田旦　〃（社会伝承論）
直江廣治［宮田登］　〃（民間信仰論）
※宮本馨太郎　物質文化論

一九七三年度　櫻井徳太郎　日本書紀講読
竹田旦　民俗学概説
直江廣治・竹田旦　民俗学演習
〃・〃　民俗学実習
直江廣治　民俗学特講（民俗学外書講読）
竹田旦　〃（社会伝承論）
直江廣治　〃（信仰伝承研究）
※三隅治雄　民俗芸能概論
櫻井徳太郎・和歌森太郎　神仏習合史研究
櫻井徳太郎　日本書紀講読

一九七四年度　※亀山慶一　民俗学概説
直江廣治・竹田旦・［宮本袈裟雄］　民俗学演習
〃・〃・〃　民俗学実習
直江廣治　民俗学特講（民俗学外書講読）
竹田旦　〃（社会伝承論）
直江廣治　〃（信仰伝承研究）
※三隅治雄　民俗芸能概論
和歌森太郎　歴史と民俗学

一九七五年度

櫻井徳太郎　日本書紀講読
※宮田登　民俗学概説
直江廣治・竹田旦・〔宮本袈裟雄〕　民俗学演習
〃・〃・〃　民俗学実習
竹田旦　民俗学特講（社会伝承論）
直江廣治　〃（信仰伝承研究）
※亀山慶一　漁業伝承論
※松園万亀雄　社会人類学
和歌森太郎　古代村落社会史講読
櫻井徳太郎　日本書紀講読
〃　民間信仰史の諸問題

一九七六年度

※宮田登　民俗学概説
直江廣治・竹田旦・〔宮本袈裟雄〕　民俗学演習
〃・〃・〃　民俗学実習
竹田旦　民俗学特講（社会伝承論）
直江廣治　〃（民俗学外書講読）
※亀山慶一　漁業伝承論
※江守五夫　人類学特講（婚姻・家族・村落）

櫻井徳太郎　民間信仰史の諸問題

年度別大学院　民俗学関係講義担当教官名・同題目一覧

一九六二年度	直江廣治	信仰伝承論
一九六三年度	〃	民俗学外書講読
一九六四年度	〃	〃
一九六五年度	〃	〃
一九六六年度	〃	〃
	竹田旦	民俗学資料体系論
一九六七年度	直江廣治	民俗学外書講読
	竹田旦	民俗学資料体系論
一九六八年度	直江廣治	民俗学外書講読
	竹田旦	民俗学資料体系論
一九六九年度	直江廣治	民俗学特講（民俗学外書講読）
	竹田旦	〃（民俗学資料体系論）
一九七〇年度	直江廣治	〃（信仰伝承論）
	竹田旦	〃（民俗学資料体系論）
	直江廣治・竹田旦・[宮田登]	民俗学実習

直江廣治　民俗学特講（民俗学外書講読）
※千葉徳爾　〃（経済伝承論）

一九七一年度　直江廣治　信仰伝承論
〃　民俗学外書講読
竹田旦　社会伝承論
直江廣治・竹田旦・［宮田登］　民俗学研究
〃・〃・〃　民俗学実習

一九七二年度　直江廣治　信仰伝承論
〃　民俗学外書講読
竹田旦　社会伝承論
直江廣治・竹田旦・［宮田登］　民俗学研究
〃・〃・〃　民俗学実習

一九七三年度　直江廣治　信仰伝承研究
〃　民俗学外書講読
竹田旦　社会伝承研究
直江廣治・竹田旦　民俗学研究
〃・〃　民俗学実習

一九七四年度　直江廣治・竹田旦　民俗学研究

　　　直江廣治　信仰伝承研究
　　　〃　民俗学外書講読
　　　竹田旦　社会伝承研究
　　　直江廣治・竹田旦・〔宮本袈裟雄〕　民俗学実習

一九七五年度　直江廣治・竹田旦　民俗学研究
　　　直江廣治　信仰伝承研究
　　　竹田旦　社会伝承研究
　　　直江廣治・竹田旦・〔宮本袈裟雄〕　民俗学実習
　　　※亀山慶一　漁業伝承論

一九七六年度　直江廣治・竹田旦・〔宮本袈裟雄〕　民俗学研究
　　　直江廣治　民俗学外書講読
　　　竹田旦　社会伝承論
　　　※亀山慶一　漁業伝承論
　　　※江守五夫　人類学特講（婚姻・家族・村落）
　　　直江廣治・竹田旦・〔宮本袈裟雄〕　民俗学実習

沖縄県教育会附設郷土博物館の設立過程

近藤　健一郎

はじめに

近代沖縄における教育政策および実践は、天皇・皇室を含め「日本」的なものを扶植するにとどまらず、一面において従来からの言語風俗生活習慣等を否定することを伴っていたから、近代沖縄教育史研究が解明すべき中心点には、沖縄県庁および日本政府による沖縄統治および教育に関する政策のもとで、教員が「沖縄」についてどのように教え、そして児童生徒がどのように学んだのかが位置すると考えられる(1)。本稿は、このような関心をもち、子どもたちにとって具体的な展示物を介して「沖縄」について学ぶ場であったと考えられる博物館に注目するものである。

沖縄最初の博物館は、一九三六年七月、首里城北殿に開館した。沖縄県教育会附設郷土博物館であり、現在の沖縄県立博物館・美術館の前身に位置づけられる［沖縄県立博物館　一九九六］。この博物館については、その設立と資料収集・展示に焦点をあてた先行研究がある。

まず設立過程については、渡名喜明によって整理がなされた［渡名喜　一九八八］。すなわち、沖縄県教育会が一九二四年に教育参考館建設を計画したことに始まり、ピーター・シュミットの沖縄での動植物調査と講演（一九二六年一二月〜一九二七年一月）などを経て、一九三三年前後に盛んになった郷土研究によって博物館設置の下地も醸成され、一九三六年に沖縄県教育会附設郷土博物館が開館したという過程である。そして園原謙はこの過程について、一九三〇年代に全国的に郷土博物館が積極的に設立されており、沖縄の郷土博物館も「この流行の中で位置づけることが可能である」という視点から叙述した［園原　二〇〇二］。

そして資料収集および展示について、渡名喜は、博物館の目的規定に基づき美術工芸と博物を柱としていること、そして博物資料の収集が進んでいなかったことから、実際には美術工芸主体の展示であったことがうかがえることを述べた［渡名喜　一九八八］。園原は、一九三九年発行の『郷土博物館資料目録』を整理し、陶器や染織が多く漆器が少ないという収蔵資料の傾向を明らかにした。その際、資料収集は沖縄県教育会主事の島袋源一郎の精力的な活動によっていることを指摘している［園原　二〇〇二］。なお新城栄徳も、島袋源一郎を郷土博物館の設立運営の中心的な人物と評している［新城　二〇〇七］。さらに源河葉子は、沖縄県教育会附設郷土博物館が、博物館事業促進会（のち日本博物館協会）の機関誌である『博物館研究』などにより沖縄内外にどのように紹介されたかとともに、同館所蔵資料紹介冊子の『郷土博物館の栞』に基づき、館の一部展示状況を復元した［源河　二〇〇六］。

博物館（以下、郷土博物館と記す）という場において、「沖縄」についてどのように教え、学んだのかを考察したいという関心からするとき、まず明らかにすべきなのは、なぜ郷土博物館が設けられ、そこでは「沖縄」をどのように表現していたのかについてである。本稿では、それらの点について明らかにすることを課題とする。そして先行研究の状況をふまえ、具体的な論点は以下のように設定される。

前者の論点については、これまでの研究により、設立過程のおよそは明らかにされている。ただし、指摘されてきた設立過程は、進捗と停滞とを繰り返しながら展開していることに留意されていない。本稿では、先行研究の成果もふまえながら、郷土博物館が沖縄県教育会附設であったことに鑑みて同会機関誌『沖縄教育』を基本史料とし、進捗と停滞の意味を明らかにする（第一節）。

後者の論点については、園原と源河が収蔵資料状況を明らかにし、源河により郷土博物館の一部の展示空間が復元された現在、それらのもつ意味、すなわち郷土博物館の資料収集と展示をめぐる琉球・沖縄観を明らかにしていくべき段階にある。本稿では、郷土博物館がごく少人数で運営されており、設立から運営に至るまで島袋源一郎が大きな役割を果たしていたことから、彼の郷土研究を資料の収集展示と関連づけて考察する（第二節）。

一、沖縄県教育会附設郷土博物館の設立過程

（一）博物館設立の萌芽

一九二四年十月の沖縄県教育会代議員会において、一九二五年度沖縄県教育会予算案が審議され、満場一致で原案を可決した［沖縄県教育会　一九二四・一一、一四二号九八〜一〇一頁］。そのなかには、新事業として教育博物館の性格をもつ教育参考館建設予算が含まれていた。その財源は、沖縄県教育会作成による小学校児童が使用するノートの印税収入であった。よく知られているように、柳田国男は一九二一年一〜二月に沖縄への旅をし、そののち琉球・沖縄文化の重要性を指摘するとともに、東京において南島談話会を主宰した。また一九二三年首里市会の決議により

取り壊すこととなった首里城正殿に対し、伊東忠太、鎌倉芳太郎らが建築芸術の観点から高い評価を与え、その保存を訴えた。彼らの尽力により、首里城正殿は保存され、一九二五年には沖縄建築として初の国宝指定を受けた［又吉　一九七五］。また「琉球文化の真相を探り之れを世に紹介したい」という意図から、沖縄県教育会として『琉球』を編集しており、同年十月に刊行した［又吉　一九二五］。こうした沖縄の歴史や文化をめぐる情勢において、教育参考館の建設は提起されたのであった。

ただし、沖縄県教育会が教育参考館の建設を一九二五年度予算に計上したといっても、建設経費の計上とその積立にとどまっていた。この転機となったのが、一九二六年十二月末から翌年一月上旬にかけての、レニングラード大学教授ピーター・シュミットの来沖であった。ピーター・シュミットは、滞在中、山城篤男を通訳として、動植物などの採集を行なった。沖縄で観察した自然に関して講演し、沖縄に関する統一的な研究機関と博物館のないことを遺憾として述べたのであった［山城　一九二七］。沖縄の自然が、国外からも評価されまた沖縄に関する研究と教育の問題点を指摘されたことは、停滞していた教育参考館建設が再び動き出す契機となったのである。

この直後の一九二七年二月九日に第一回教育参考館設立に関する協議会が開かれ、美術・工芸・地歴・博物・教育の各部門とその委員を選定し［沖縄県教育会　一九二七・四、一六一号三六～四〇頁］、同月二三日にはその委嘱がなされた［島袋　一九三五］。そして同月二八日には第二回協議会が開催され、委嘱された委員を中心に資料収集を行なう段取りが調えられた［沖縄県教育会　一九二七・五、一六二号四三～四四頁］。「参考品費」という資料収集経費も一九二七年度から計上された［沖縄県教育会　一九二七・四、一六一号四七～四八頁］。

しかし、計画のように資料収集は進展しなかったと思われる。参考品費の支出額は、一九二七年度は予算二一〇〇円に対し決算は不明であるが、一九二八～三〇年度の決算額は順に、〇円（二六五二円）、六五・五円（二九五二円）、一〇〇円（一〇〇円）と低調であったのである（カッコ内は予算額）［沖縄県教育会　一九三〇・四、一八二号六三〜六四頁。一九三一・四、一八八号七七〜七九頁。一九三二・八、一九六号八八〜八九頁］。一九三〇年度については支出の少ないことを前提として、予算そのものも大幅に削減されていた（一九三一年度および一九三二年度は史料を欠き、不明である）。

再び動き出したかにみえた教育参考館建設は、またもや停滞することとなった。一九二四年十月の教育参考館建設の提起、そして一九二七年二月の協議会では資料収集計画を提案するなど、沖縄県視学であると同時に教育会幹事としてこの事業に深くかかわってきた島袋源一郎が、同年五月に名護小学校長に就任して那覇を離れ、沖縄県教育会幹事からも外れた。教育参考館事業は牽引車を失ってしまったのである。

（二）教育参考館の開室

沖縄県教育会は、一九〇四年以来、沖縄県庁学務課の一隅に事務所を構えていた。そこから独立したのは、一九三二年十一月の昭和会館開館のときであった［沖縄県教育会　一九三七・四、二四八号一五〜一七頁］。昭和会館は、昭和天皇の即位式（「御大典」）の記念事業として沖縄県教育会と男女連合青年団により計画され、一九三二年四月竣工、同年十一月一〇日（「御大典記念日」）に開館した［島袋　一九三三a］。そこに沖縄県教育会事務所を移したのである。

同館開館に際して、その主事となったのが島袋源一郎であった。名護尋常高等小学校長を一九三一年八月に退職後、一年のときをおいて一九三二年十月に比嘉重徳の後任として沖縄県教育会主事に就き、あわせて昭和会館主事を兼務した［島袋　一九三三b］。島袋が主事となるや、収集等による参考品をこの昭和会館において仮陳列し、公開したのである。「沖縄県昭和会館及附属建物配置図」［沖縄県教育会　一九三三・一、一九八号巻頭］によれば、二階建ての一

階部分に一五畳の「教育参考室兼宿舎」があった。資料を展示した教育参考館は、この部屋であると思われる。(3)

島袋は、教育参考館の目的について次のように述べていた。「主として本県古来の文化を紹介し、且教育上参考となるべき資料を蒐集陳列して観覧せしむるを以て目的としてゐます」[島袋　一九三三b]。この目的に照らして、「古琉球の文化を紹介するに足る石器、陶器、漆器、染織衣服調度品及旧藩以来の教科書類等」の収集を行なった[沖縄県教育会　一九三三・二、一九九号一二四頁]。(4)一九三三年度の「参考品費」は当初予算八〇〇円、年度末に予算二八〇〇円に更正され、支出決算は二七八二・八五円であった[沖縄県教育会　一九三三・五、二〇一号七八〜八〇頁および一九三五・四、二二四号附録一五〜一六頁]。島袋の就任以降、資料収集が急激に進み始めたのであった。

(三)　郷土博物館の開館

教育参考館は郷土博物館と同一ではない。教育参考館の開室から郷土博物館設立へと至る過程には、沖縄県教育会以外の団体も関与している。沖縄県文化協会、のちの沖縄郷土協会である。沖縄県文化協会は、沖縄振興一五カ年計画の開始（一九三三年）にあたり、「県勢振興の要諦は、一に県民精神の更張振作にあり」との立場から、一九三三年七月に設立された。そして「剛健果敢なりし祖先の気魄をこう生し、県民精神の永続的緊張を促すは現下喫緊の急務」として文化施設の充実を求め、「郷土博物館建設並県立図書館移転拡張に関する趣意書」を発表した[沖縄県教育会　一九三三・八、二〇四号七九〜八一頁]。なお、ここでの「郷土博物館」は現存施設の拡充ではなく、新たなものとしての建設が想定されていた。一九三四年四月、沖縄県文化協会は沖縄郷土研究会と合併し、(5)沖縄郷土協会を結成した。沖縄郷土協会は、同年七月に首里市と首里城北殿建物使用契約を結び、北殿の修理を行ない、それは一九三六年三月三〇日に竣工した[真栄田　一九三六]。この沖縄郷土協会の会長は太田朝敷[太田　一九三六]、主幹は真境名安興と島袋源一郎であった［新城　一九八三］。

一方、沖縄県教育会は、一九三六年三月一三日の代議員会において、「教育参考館ヲ首里城北殿ニ於テ施設スルノ件」について、「首里城北殿ヲ無償ニテ本会へ貸与セラル、コト。建築物維持費ハ首里市ニ於テ負担セラル、コト。首里市ヨリ本会ニ対シ毎年施設費トシテ補助金五百円以上支出セラル、コト」などを条件として可決した［沖縄県教育会一九三六・四、二三六号八九頁］。沖縄県教育会は首里城北殿を沖縄郷土協会より借り受け、六月下旬、教育参考館から参考品を移動した［仲吉　一九三六ａ］。

このように沖縄県文化協会・沖縄郷土協会と沖縄県教育会に別々に生じていた動きが合流して、一九三六年七月四日、沖縄県教育会附設郷土博物館が首里城北殿に開館した。

(四) 郷土博物館の設立過程と島袋源一郎

以上から、郷土博物館の設立過程には事業が進捗した時期と停滞した時期があったことが確認できる。沖縄県教育会は一九二五年度から教育参考館建設の予算を計上したものの、実際に協議が始まったのはピーター・シュミットの来沖を経て、一九二七年二月のことであった。しかし、それもすぐに頓挫した。再び始動したのは、昭和会館開館の一九三二年下半期であった。この停滞と進捗の事情には、鍵を握っていた人物があった。島袋源一郎である。沖縄県教育会幹事から彼が離れた時期に事業が停滞し、彼が戻るや進み始めたのである。それにとどまらず、教育参考館とは別個に郷土博物館を追求していた沖縄県文化協会・沖縄郷土協会と、教育参考館を郷土博物館にという沖縄県教育会が協働して郷土博物館の開館に至ったとき、双方の組織の中心にいたのも島袋源一郎であった。沖縄郷土協会の主幹であると同時に、沖縄県教育会の主事であった。島袋なしに郷土博物館の設立はできなかったといえよう。開館後、岩崎卓爾をして「島袋源一郎氏にお礼を申し上げに来た。実に島袋さんは良いことをなさつた」と言わしめたのも［仲吉　一九三六c］、妥当な評価であった。

郷土博物館設立過程の検討の最後に、一九三〇年代の全国的な郷土博物館設置の流れのなかに沖縄の郷土博物館も位置しているとの園原の指摘について確認しておこう。

文部省が全国の博物館相当施設を一覧として列挙した冊子『常置観覧施設一覧』（一九二九年）、『教育的観覧施設一覧』（一九三〇〜一九四〇、一九四二年）[6]や、博物館事業促進会（一九三一年十二月から日本博物館協会）の機関誌『博物館研究』によれば、県レベルでは山形県郷土博物館（一九二七年）、岐阜県郷土館（一九三一年）、市レベルでは岐阜県大垣市郷土博物館（一九三五年）、小学校レベルでは鹿児島県伊作小学校郷土館（一九二九年）など、全国各地に大小さまざまな博物館が設立されていた。沖縄県教育会附設郷土博物館も、こうした全国的な流れのなかにあることは疑いのないところである。とするならば、沖縄の郷土博物館の特質は、やはり資料収集と展示に求められなければならない。

二、沖縄県教育会附設郷土博物館の琉球・沖縄観

(一) 収蔵資料とその展示

郷土博物館の収蔵資料については、二つの目録が存在する。そのひとつは、一九三九年十一月発行の『沖縄県教育会附設郷土博物館資料目録』[7]である。前述したよう

うに、すでに園原が前者の目録を整理して、郷土博物館は陶器、染織資料を多く収蔵し、漆器資料が少ないということを明らかにしている［園原　二〇〇二］。

これら目録のほかに収蔵資料の解説冊子として、『郷土博物館の栞』がある。これは、『沖縄教育』第二四〇号から第二四四号（一九三六年八月～十二月）に連載された「沖縄郷土博物館資料紹介」が、時期は不明であるもののちに合冊、製本されたものである。(8)このことは、『沖縄教育』に掲載されていた広告までも、そのまま『郷土博物館の栞』に収録されていることによって確実である。源河は、この『郷土博物館の栞』の記載や現存している映像資料に基づいて、郷土博物館の入口付近などの展示空間を復元した［源河　二〇〇六］。源河も指摘するように、郷土博物館の入り口に「首里那覇鳥瞰図」の模写が展示され、その近くに「琉球八社原形図」の写真七点が掲げられ、その後、歴代王や冊封使の書、ノロの辞令書、自了などの琉球画等が陳列され、さらに壁面に石彫の拓本という展示がなされていた。また厨司甕、勾玉類、藁算などの展示を撮影した映像記録の存在とその内容を源河は紹介している。そして渡名喜は、しばしば博物館に足を運んだ方の回想により、王家から一般士族までの調度品など身分の違いを示す資料展示があったとする［渡名喜　一九八八］。それら以外の展示については、今後の調査を期さなければならない。

ここで『沖縄教育』に連載された収蔵資料解説（のちの『郷土博物館の栞』）を読み直すと、そこには天皇・皇室および尚家ゆかりの品々を紹介することによって、郷土博物館を権威づけようとする志向性がみられる。資料紹介の冒頭は「（一）皇室御関係の御宝物」であり、「明治天皇御垢付御三点」と「後西院帝御宸筆と霊元帝御宸筆御貳幅」が位置づいている。これらの品々を所蔵者（前者は前衆議院議員大城兼義、後者は尚順）から譲り受ける手続きを進めたのは島袋源一郎であり［沖縄県教育会　一九三六・八、二四〇号五三～五五頁］、それらを郷土博物館の筆頭の「御宝物」としたのである。時代ゆえに当然のこととしても、このような具体的な場面において、教育参考館の目的として島袋が述べていた「古琉球の文化を紹介する」ことにとどまらず、「愛国心を作興するための郷土教育」[屋嘉比二〇一二]という論調と郷土博物館博物館の資料とが重なることになるのである。

（二）郷土博物館の運営と島袋源一郎

「沖縄県教育会附設郷土博物館規程」によれば、同館には館長一名、主事一名、幹事若干名、助手若干名が置かれることとなっていたが[沖縄県教育会　一九三六・八、二四〇号五九頁]、開館当初は「館員は給仕共三人の少人数」だった[仲吉　一九三六b]。「三人」とは、館長は置かれず、主事の島袋源一郎、幹事の仲吉朝宏、給仕の小川登美子であった。博物館設立過程の島袋の役割に加え、三人の立場や郷土研究実績から、いきおい島袋の意向が強く反映した運営となる。したがって、郷土博物館の琉球・沖縄観の検討は、島袋のそれを行ない、そのうえで展示資料と重ね合わせていくことが求められる。

島袋源一郎は、郷土研究に関する書籍や論文をいくつも発表している。書籍に限っても、『沖縄県国頭郡志』（一九一九年）、『沖縄善行美談』（一九三一年）、『伝説補遺沖縄歴史』（一九三二年）、『新版沖縄案内』（一九三二年）、『琉球百話』（一九四一年）などがある。それら著作の目録やその内容については別稿を期すが、彼の琉球・沖縄観を端的に語る一節を引用し、検討を加えたい。以下の文章は「沖縄郷土史の梗概」からの引用であり、一五、一六世紀に最盛期をむかえるアジア諸地域との歴史的な交流をふまえたうえで、「琉球の文化」について述べた箇所である。

五六百年以来我国固有の文化を根本といたしまして、それに支那・朝鮮・安南・シャム・爪哇、其他南洋諸嶋の文物を取入れまして此の郷土に相応はしい琉球文化を打建て、建築・美術・工芸即ち琉球紅型、漆器では堆錦・沈金・螺鈿、陶器・染織工芸品・金石の彫刻等見るべきもの多く、已に国宝に指定せられしものも十四五点に及び、尚ほ指定せられんとしてゐるものも数点あるので御座います。かういふ状態で御座いまして、今や本県は古い日本の言語・風俗・習慣・信仰等を忠実に保存せる点に於て宛然日本の古代博物館たるの観を呈し、近頃学者、文人、画家及び観光客踵を接して来島する有様となりました。

〔島袋　一九四二〕

と述べている。

この記述には、島袋の「沖縄郷土史」観が明確に示されている。その特徴は、沖縄は古い日本の言語風俗などを保存しているとして「日本の古代博物館」であるとする点に見出せる。たとえば、沖縄では「夢」を「いめ」と表現するなど、日本古語が多く残っていると指摘し、言語学者の学説を引用しながら「沖縄語は日本語の一方言に過ぎない」と述べている。

ここで一九一九年に刊行された『沖縄県国頭郡志』に立ち戻ってみよう。そこでは、沖縄のことばについて「沖縄語」あるいは「琉球語」と二様の表記をしつつ、「日本語」との関係について次のようにまとめている。「以上言語学者並に郷土研究者の説に依れば琉球語は日本語と姉妹的関係を有すること亦争ふべからず」〔島袋　一九一九〕。この間、一九一九年の「姉妹的関係」と、一九四二年の「日本語の一方言に過ぎない」との差異はきわめて大きい。この間、一九二〇年代以降には、郷土研究、沖縄研究が、柳田国男による「古日本の鏡としての琉球」という琉球・沖縄観の影響をつよく受けて展開していた〔屋嘉比　一九九九〕。島袋は、大和から来沖する研究者などの案内役であったため、その影響は直接的であったといってよい。郷土研究、沖縄研究を取り巻く状況の変化のなかで島袋は、琉球・沖縄史を捉え直していったのである。

しかし、島袋は琉球・沖縄をただ「日本の古代博物館」としただけではない。その一方で、琉球王国期およびそれ以前の諸地域との交流史をふまえて、「我国固有の文化を根本」としつつも、諸地域の「文物を取入れ」「此の郷土に相応はしい琉球文化を打建て」たとする点にこそ特徴を見出すべきである。島袋は、琉球・沖縄史、そしてその文化を、日本を含むアジアとの交流のなかで形成してきたものであることを理解していた。さらに加えれば、柳田の影響を受けるようになって以後に島袋が執筆した『伝説補遺沖縄歴史』の巻頭には、「御歴代表」を模したと考えられる「琉球各王統一覧」を掲げていた。「日琉同祖論」に基づいて郷土史を叙述しているようでありながら、日本の一地方史にはおさまらない琉球・沖縄史という把握を示していたのである。彼の視角は、一国史的な日本のなかの沖縄だけではなかった。

島袋が、郷土博物館に収蔵、展示する資料を通じてみせようとしたものは、「日本の古代博物館」としての沖縄だけでなく、諸地域との交流によって形成された琉球・沖縄の独自な歴史と文化であったのではないだろうか。

(三) 郷土博物館の展示にあらわれる琉球・沖縄観

このような島袋源一郎の琉球・沖縄観は、郷土博物館の展示に具体化されていたと考えられる。その点を郷土博物館の展示およびそれへの解説に関する紹介によって指摘しよう。

郷土博物館の入口には、「首里那覇鳥瞰図」の模写が展示され、その縮図が室内額用に頒布されていた。それと同時に、その近くには「琉球八社原形図」の写真七点が掲げられていた。郷土博物館では、前者によって「琉球と支那との交易、進貢、等の関係を説明する方便に使用し」、後者によって「古く奈良朝時代より本土に服属して」おり、そのため現在でも沖縄には「当時の風俗や言語等の遺存せるものがあることなど」を説明していた［沖縄県教育会一九三六・十、二四二号附録一四頁］。見学者は、郷土博物館に入るや、交易によって繁栄している琉球王国と同時に、古代から日本の一部である琉球・沖縄を見、聞くこととなったのである。

おわりに―今後の課題

沖縄県教育会附設郷土博物館には、大和からも沖縄からも多くの見学者が訪れた。沖縄の小学生たちも学校単位で多く訪れた。(9) 彼らの書き残した博物館に関する調査により、見学者の受けとった琉球・沖縄観を明らかにしていくことは今後の課題である。

しかしそれにもまして、島袋源一郎の取り組んだ郷土教育・郷土研究を明らかにしていくことを通じて、博物館の資料収集や展示の意味も考察していくことが必要である。その際重要なことは、島袋が沖縄での郷土教育において主要な位置にあったことに加えて、沖縄での郷土研究の渦中にもあり、さまざまな研究会等を通じて同時期の郷土研究者たち、また沖縄を訪れる沖縄研究者たちと交流し、相互に影響を受けながら自らの郷土研究を展開していたことである。そのような時代を反映した、郷土教育・郷土研究のなかでの郷土博物館のありようを明らかにしていくことが今後の課題である。

【注】

(1) 一九〇四年以降、全国の小学校(国民学校)に導入された国定教科書での琉球・沖縄関連記述のありようは、このような課題を考察するうえでの前提として不可欠である。その点については、[近藤　一九九五]を参照されたい。

(2) 一八八六年に沖縄私立教育会として創立したのち、何度かの名称・組織変更を経て、一九一五年に沖縄県教育会と改編された。その指導層には県知事および学務担当者や師範学校教員などが就き、会員の多数を小学校教員が占めるという教育関係者の団体であった。詳しくは［藤澤・近藤　二〇〇九］を参照されたい。

（3）一九三五年五月に沖縄県で開催された九州沖縄八県連合教育会に、宮崎県教育会から代議員として出席した鬼塚高徳は、「郷土参考館は今昭和会館内の三室が充てられて居る」と記している。開室三年後には収蔵資料の増加により、収蔵および展示にかかわって設備も増していたと考えられる。なお鬼塚は、「書画を始め勾玉其他上古の遺物より、琉球の文化を語る工芸品（紅型、陶器、漆器等）より日常生活に用ひたる什器に至る迄各種の文献等数千点が蒐められ大いに見るべきものがあつた」と、収集展示品について記している［鬼塚　一九三五］。

（4）引用文中の旧藩とは、一八七二年から一八七九年までの琉球藩にとどまらず、琉球王国期をも指している。

（5）沖縄県教育会が提唱し、ピーター・シュミットの講演会参加者を中心にして一九二七年に設立された団体［屋嘉比　二〇一二］。

（6）すべて、一九九〇年に大空社から刊行された『博物館基本文献集』第九巻に収録されている。

（7）この目録の内容は、『沖縄教育』第二三〇号（一九三五年十月）から第二三五号（一九三六年三月）にかけて連載されている「沖縄県教育会参考館資料目録」とほとんど一致している。また目録の構成から推察するに、散逸して原本を確かめられない。第二二九号（一九三五年九月）にも掲載があったものと思われる。

（8）『郷土博物館の栞』全三四頁中の三〇～三四頁に相当する部分については、現存する『沖縄教育』に見出すことはできない。当該部分は、おそらく散逸して原本を確かめられない第二四六号（一九三七年二月）に掲載されていたものと思われる。

（9）一九三六年九月には、屋我地、濱、古堅、奥の各小学校児童など、小学生一七四名が来館した［仲吉　一九三六d］。

（付記）史料の引用にあたり、①旧字体を新字体に改め、②句読点のない場合は適宜施した。

【参照文献】

太田　朝敷（一九三六）「沖縄郷土協会長式辞」『沖縄教育』二四〇

沖縄県教育会（一九〇六～一九四四）『沖縄教育』（復刻版、全三七巻および別冊、不二出版、二〇〇九～二〇一二年）

ここで示すものは無署名記事等に限り、署名記事等は執筆者名を明記した。なお本文中での文献表示は、順に刊行年・月、号、頁であり、署名記事等も含めて復刻版の巻数等は表記していない。

沖縄県立博物館（一九九六）『沖縄県立博物館五〇年史』私家版、三九頁

鬼塚　高徳（一九三五）「九州沖縄八県連合教育会出会報告」『宮崎県教育』三九四

源河　葉子（二〇〇六）「沖縄県教育会附設郷土博物館が雑誌や展示を通して県内外に発信したメッセージについて」『沖縄国際大学経済論集』二（二）

近藤健一郎（一九九五）「国定教科書の沖縄像」『北海道大学教育学部紀要』六八

島袋源一郎（一九一九）『沖縄県国頭郡志』沖縄県国頭郡教育部会、二二一頁

同　（一九三三ａ）「会館の建設に際して」『沖縄教育』一九八

同　（一九三三ｂ）「編輯室より」『沖縄教育』一九八

同　（一九三五）「教育参考館施設の径路（一）」『沖縄教育』二二八

同　（一九四一）「沖縄郷土史の梗概」『沖縄教育』三〇〇（抜き刷り）、沖縄県立図書館比嘉春潮文庫所蔵。『沖縄教育』復刻版には未収録。

新城　安善（一九八三）「沖縄郷土協会」『沖縄大百科事典　上巻』沖縄タイムス社

新城　栄徳（二〇〇七）「郷土博物館と島袋源一郎（上）・（下）」『沖縄タイムス』十一月一四日・一五日

園原　謙（二〇〇二）「沖縄県教育会附設郷土博物館について」『沖縄県立博物館紀要』二八

渡名喜　明（一九八八）「博物館の変遷―戦前・戦後の連続と断絶」、小林文人・平良研一編著『民衆と社会教育―戦後沖縄社

会教育史研究』エイデル研究所
仲吉　朝宏（一九三六ａ）「開館するまで」『沖縄教育』二四〇
同　（一九三六ｂ）「雲海空青録―博物館たより」『沖縄教育』二四〇
同　（一九三六ｃ）「雲海空青録―博物館だより」『沖縄教育』二四一
同　（一九三六ｄ）「雲海空青録―博物館便り」『沖縄教育』二四二
藤澤健一・近藤健一郎（二〇〇九）「解説」、『沖縄教育』復刻版別冊、不二出版
真栄田義厚（一九三六）「北殿修理工事報告」『沖縄教育』二四〇
又吉　康和（一九二五）「巻尾の記」沖縄県教育会『琉球』小沢書店
又吉　真三（一九七五）「建築」沖縄県教育委員会編・発行『沖縄県史』六
屋嘉比　収（一九九九）「古日本の鏡としての琉球」『南島文化』二一
同　（二〇一一）「郷土研究の興隆」沖縄県文化振興会史料編集室編『沖縄県史』各論編　近代、沖縄県教育委員会
山城　篤男（一九二七）「沖縄研究協会及博物館設立に就きて」『沖縄教育』一六一

戦後沖縄の博物館
――混乱期に生きた人々の活動――

上江洲　均

沖縄の博物館の歴史は一九三六年に始まるが、戦争で中断し、戦後新たな博物館建設の動きが起きる。それは、一九四五年米国海軍政府の指導者（研究者）によるものであり、翌年には民間においても博物館創設がなされている。米国の研究者による博物館の創設は、米軍人に占領地の歴史・文化を認識させる目的があったが、それは米国における進んだ博物館構想の移入でもあった。一方でそれに刺激され、また一九三六年の沖縄最初の博物館の経験を引き継ぐ形で、地元民の博物館が出発した。何れも戦後の廃墟からの資料収集から始まる。特に後者は、戦争で失ってはじめて自己の文化を再認識したところから、自文化を再評価し、保存活用へと繋いでいった。

しかし、沖縄の博物館の歩みは平坦ではなく、多くの苦難を乗り越えなければならなかった。ここでは戦後の衣食住すべてにおいて困窮の時代に、自らの文化、アイデンティティーを求めた人々の活動および博物館の変遷について取り上げたい。

はじめに

沖縄県における博物館創設は、一九三六（昭和一一）年七月四日、沖縄県教育会の付属施設として、首里城北殿に開設された「沖縄郷土博物館」をもって嚆矢としている。開館三年後に発行された『郷土博物館資料目録』によると、①図書及び版木の部、②図表の部、③書画・写真及び彫刻、文房具、④金石文拓本の部、⑤染織の部、⑥漆器の部、⑦風俗資料の部、⑧陶器の部、⑨石器の部、⑩標本の部の十分類で、総点数凡そ五、四〇〇点であった［沖縄郷土博物館　一九三九、園原　二〇〇二］。

活動の中心となって博物館創設に奔走したのが、県視学や校長を歴任して退職し、県教育会主事となった島袋源一郎《しまぶくろげんいちろう》であった［井上　一九八三］。島袋は、郷土研究または郷土教育に取り組んでいる。しかし、戦時色が濃厚になるにつれて郷土博物館は運営に行き詰まり、島袋の死去（一九四二年）とともに翌年の一九四三年に閉館された。戦時中の収蔵資料は、防空壕や別の場所への避難措置も取られたのではあるが、そのほとんどが戦災の中で灰燼に帰した。

〇

戦前の「沖縄郷土博物館」は、「前史」として扱うが、戦後の博物館の歴史と直接には繋がっていない。それは資料がほとんど引き継がれなかったこと、設立機関が異なること、人的繋がりがなかったことによると考えられる。

終戦直後、沖縄における博物館の設立及び資料収集には、二つの流れがあったように思う。その一つが米軍人による展示施設であり、他の一つが民間人による文化活動の結果、創設した博物館である。戦後の混乱期にそのような活動を継続すること自体並大抵ではなく、復興の中で自らの文化、自らのアイデンティティーについて模索し、活動を展開した人たちがいたのである。

しかしその一方で、施設の移設や移管、合併、時の行政府の激しい変化に伴う名称変更（改称）など、戦後の厳しい社会情勢を窺うことができる。つまり戦後沖縄の博物館は、社会そのものの混沌や悲惨や希望などを反映した、いわば象徴的存在であったと言えるのではないか。そのような観点から、戦後の博物館の歩みを中心に述べていきたい。

一　戦後博物館の沿革史

1　米軍人によって創設された「沖縄陳列館」（後に「東恩納博物館」）

写真1　「沖縄陳列館」が開設された民家（平良家）旧石川市東恩納

石川市（現うるま市）東恩納《ひがしおんな》集落に、戦災を免れた文化財や残欠を収集して「沖縄陳列館」を開設したのは、一九四五（昭和二〇）年八月三〇日であった。集落の中に戦災を免れた民家を接収して展示場とした博物館である。その指導的立場にいたのが、米国海軍政府のジェームス・T・ワトキンスJames T. Watkins少佐とウィラード・A・ハンナWillard A. Hanna少佐であった。その意図するところは、米軍人に沖縄の文化を認識させるところにあった。「展示説明書」によれば、「この展示会は、住居、家具、庭園、衣服、織物、陶器等日常生活又は芸術の両面から沖縄の人々を紹介する目的のため、アメリカ海軍政府によって設立され、運営されてきた」と述べている［「アメリカ海軍政府主催沖縄展」一九九六、三一四―三二二頁］。

一九四五年八月といえば終戦の月であり、沖縄においては六月下旬に実質的には日本軍の組織的な反撃が終わったものの、終戦の調印がまだなされていない（降伏調印は九月七日）。米軍ではすでに戦火が遠ざかりつつあった首里城下を中心に、文化財の残欠などの収集を開始している。収集品は、寺の梵鐘や金工類、石灯籠や礎石などの石造物、書画などであった。直接収集や展示を指導した、ハンナ少佐は研究者で、離沖するまでの一年間に沖縄の教育・文化の復興のために大きな業績をのこしたといわれる。軍国主義教育を一新した沖縄教科書の編集、沖縄陳列館の創設、劇団結成を促すなど、沖縄の歴史・文化に対して深い理解があったことについての評価がある［川平　一九八三、新城　一九九六］。

ハンナ少佐に乞われて当初から創設に協力し館長に就任したのが、戦前から収集家として知られていた大嶺薫《おおみねかおる》である。翌四六年四月、「沖縄陳列館」は沖縄民政府に移譲され「東恩納博物館」と改称した。大嶺は、一九五三年五月「首里博物館」に吸収合併されるまで、八年近く館長の任にあった。

大嶺は、その後実業界に身を置くが、収集活動は継続しており、個人的に陶磁器や書画、漆器、玉類等を所蔵した。私設美術館創設の構想半ば、一九七〇年に死去したので、夫人が法人の理事長兼館長となり、一九七三年那覇市内に「大嶺薫美術館」（私設）を開館した［大城　一九八三］。しかし、夫人の死後閉館となり、一九八五年ごろ県立博物館へすべての収蔵品が寄贈された。

2　市民の手による博物館――「首里市立郷土博物館」

一方、古都首里《しゅり》にも博物館建設の動きが起きた。北部の収容所から帰ってきた豊平良顕《とよひらりょうけん》は、文化運動を提唱し、市長に進言して市役所の部署に文化部を設けさせた。最初に手掛けた仕事は、廃墟の中から文化財の残欠を発掘収集す

写真２　「首里郷土博物館」原田貞吉館長（左から２人目）と外間正幸主事（同３人目）

ることであった。それらのものを保管する施設として、汀良町《てら》の民家の屋敷内にトタン・茅葺き八五平方メートルの展示館を建てて始まったのが「首里市立郷土博物館」である［琉球政府立博物館　一九六六、一一一―一一三頁、沖縄県立博物館　一九九六、四一―四二頁］。

また一方では、芸能連盟を結成して活動させ、絵画展などが開催されたのも特筆すべきことである。戦災を受けた首里城をはじめ社寺に残る文化財の残欠を収集するのには、市民の協力があったからこそ可能になったのであり、文化活動は一般に浸透していった。当時の首里市民の文化活動には娯楽性ばかりでなく、伝統文化を保存する一方で首里のニシムイに「美術村」を建設したように、新たな文化を創造していく気概が溢れていた。

しかしながら、荒廃した社会を反映して、心無い者による窃盗行為が頻発していた。円覚寺放生橋（現国重文）勾欄の彫刻の一部が削り取られる事件が起きた。有刺鉄線だけでは文化財保護に限界があることを思い知らされ、保存のため解体して博物館敷地内に運んだが、その運搬には大勢の高校生が動員された。また、ある日は王家の墓所「玉陵《たまおどん》」の石獅子が爆撃により、墓の屋根付近から墓庭へ落下しているのを発見した。円覚寺放生橋の前例があることから、共同作業から帰る一団に頼んで、夜間までかけて運んだ例もある［琉球政府立博物館　一二二頁、沖縄県立博物館　一九九六、四二頁］。

一九四七（昭和二二）年一二月、沖縄民政府文化部内に博物館課が置かれることになり、首里市文化部は廃せられ、首里・東恩納の両博物館は、その管轄下に置かれた。首里市立郷土博物館は「沖縄民政府立首里博物館」となった［沖

縄県立博物館　一九七六、二二頁、沖縄県立博物館　一九九六、四二頁〕。

3　沖縄民政府に引き継がれた「首里博物館」

首里の博物館は、「郷土博物館」から「首里博物館」へ名称が変わったばかりでなく、管理部署が市から民政府（現在の県）へ移った。しかし設置場所の敷地や建物、収蔵品には変化はなかった。館長の豊平が引き続き任命されている。豊平は文章のなかで次のように述べている。

「かつては軽視され、軽蔑された沖縄の文化遺産である。（略）沖縄における博物館の歴史は決して古くはない。明治以後から戦前までは、沖縄文化の逆境時代であった。言語、風俗、習慣の本土系列化を強いられ、ついには、自ら卑下して、野蛮なものと錯覚し、ひたすら本土志向と皇民化の一途を辿りつつあった」と述べ、さらに当時沖縄の置かれていた状況を「差別と軽視の逆境におかれた沖縄文化は抹殺の対象にさえされた」と重ねて強調している。そして、一九三六（昭和一一）年、首里城北殿に「郷土博物館」を創設した島袋源一郎を高く評価している。結びに次のように述べている。

「沖縄文化の個性を主張し、それを象徴するのが博物館であろう。村々によみがえった民俗文化と、その歴史的所産としての博物館の文化財に触発されて、これからの沖縄の歴史美化を望みたいものである」〔豊平　一九七六〕

この文章の中から、終戦直後の食糧難時代に、首里で博物館を造り、芸能を盛んにした当時の文化活動の意図するところが読み取れるように思う。

しかし、その豊平は新聞社創設のため辞任し、後任に原田貞吉《はらだていきち》が就任した。原田は、鹿児島県生まれであるが、幼少のころ沖縄に転居して沖縄で学校を卒業後、独学で司法を学び那覇裁判所の書記長まで昇った人物で、俳人としても知られている。館長在職中は、博物館資料の発掘・収集につとめ、文化財保護委員長を兼任して文化財保護にも尽力した［矢野　一九八三、二五七頁］。

4　「首里博物館」――当蔵町の龍潭池畔へ移転

　原田館長は、一九四九（昭和二四）年、龍潭《りゅうたん》池畔の沖縄師範学校体育館敷地跡へ博物館の移転要請をし、二年後に認可になる。五二年二月には工事契約を結ぶが、レンガや瓦不足で工事が進まず、完成したのは五三（昭和二八）年五月二六日の「ペルリ来琉一〇〇年祭」間際であった。当日は、新館落成式と米軍政府が同敷地内に新築した「ペルリ記念館」の贈呈式が行われた。

　この落成と同時に「東恩納博物館」を吸収合併し、数百点の資料が首里博物館へ移された。また、ペリー来琉一〇〇年記念日の五月二六日の式典は、戦後の沖縄の文化財・博物館関係者にとっては忘れることのできない、記念すべき日でもあった。それは、戦時中に行方不明になっていた「おもろさうし」（二二冊）、「混効験集」（二冊）、「中山世鑑」（六冊）、「蔡鐸本中山世譜」（七冊）、「蔡温本中山世譜」（一二冊）、「聞得大君御殿雲竜黄金簪」など、沖縄の代表的な文化財五三点が、米国から返還されたことである。

　米国での所蔵者は退役海軍大佐で、その情報をとらえたのは吉里弘という沖縄出身の米国移民であった。彼は沖縄の文化に関心があり、『おもろさうし』についての知識もあった。吉里を支援して返還運動を進め、米国政府を動かし

写真３　「沖縄民政府立首里博物館」後に「琉球政府立博物館」と改称（当蔵町）

たのは沖縄に駐留経験のあるデイビスWilliam T. Davis軍曹であった。式典にはデイビス軍曹が米国政府を代表して返還している［沖縄県立博物館　一九九六、五九頁］。

これらの文化財は、首里大中町の尚家《しょうけ》の防空壕から流出したもので、他にも米国へ戦利品として渡り、隠匿秘蔵されている文化財があるに違いないというのがもとになり、県教育委員会による米国での流出文化財の調査がその後も進められている［沖縄県教育委員会　一九九六］。

5　「琉球政府立博物館」に改称——そして移転

一九五二年四月一日、沖縄の中央政府である「琉球政府」が発足した。それは終戦直後にできた「沖縄諮詢会」から「沖縄民政府」へ、さらに「沖縄群島政府」を経て、「琉球政府」が誕生したのである。しかしながら、全くの自治機構というわけではなく、「琉球列島米国民政府の布告布令及び指令に従う」という条件付きであり、現在の知事に相当する「行政主席」は、沖縄を統治する米国の「高等弁務官」による任命であった［伊志嶺　一九八三、仲地　一九八三］。

博物館は、どうしたことか二年後れの一九五五年に「琉球政府立博物館」と改称している。この年原田館長が急逝したので、画家の山里永吉《やまざとえいきち》が後任として発令されている。原田の代から本土における資料収集活動が始められていた。山里は戦中戦後の二年京都に疎開をしていた関係で収集家の知己が多く、それらの人々が戦前沖縄から求めて帰った染織品を中心に買い戻している。伊東忠太《いとうちゅうた》博士の遺族を訪ねて漆器の大型祭具を譲り受け、鎌倉芳太郎《かまくらよしたろう》が大正末に収集し東京の「啓明会」に収めた、紅型型紙五五〇点を譲り受けている［山里　一九七六］。型紙の入手は、その後の沖縄の紅型復興に大きく寄与している。

写真４　琉球政府立博物館の落成式（1966年10月6日）

山里は一九五八（昭和三三）年、琉球政府文化財保護委員長（専任）に就任し、後任に金城増太郎《きんじょうますたろう》が就任、六二（昭和三七）年には大城知善《おおしろちぜん》がともに教育畑から任命された。両館長時代は、狭隘になった当蔵町《とうのくら》からの博物館の移転計画を立て、その運動をすることに精力が注がれている。

大城館長が就任間もない六二年四月、突然米国民政府から呼び出され、新館構想について尋ねられ、米国援助による博物館の新築移転が実現へ向けて進められることになった。設計はコンペの結果、一位の地元設計士と米国政府派遣の設計士の共同制作に決まった。洋風の近代建築で、一部地下一階、一部二階の建築となった。

一九六五（昭和四〇）年、首里大中町《おおなか》の尚家跡の敷地を琉球政府が購入し、新館建設の段取りとなった。先行して設計がすすめられており、間もなく着工された。総工費三五万六〇〇〇ドルのうち約九〇パーセントが米国民政府負担であった。

時の高等弁務官は、「キャラウェー旋風」で有名なポール・W・キャラウェーPaul W. Carawayで、沖縄に君臨して恐れられたが、文化面では記念すべき置き土産となった。なお、米国民政府援助は、各地の公民館造りに資金援助した「弁務官資金」であり、博物館にもそれが適用された。弁務官資金からの援助金なので、本国政府の直接関与しない品目であり、復帰に向けた日米政府間の取り決めから除外された。つまり、日本政府にとっては保証（復帰に伴う弁済）から除外されたのである［大城　一九七六、我那覇　一九九六］。

6　本土復帰により「沖縄県立博物館」に

首里大中町の尚家跡に新築落成したのは一九六六（昭和四一）年一〇月で、落成式には軍民関係者多数参列して盛大に催された。展示スペースは、常設展示室と特別展示室の二室で、他に当時としては二階にも客席を持つりっぱなホール（講堂）があった。博物館主催の展示や講座・講演会などに使用する他、特別展示室は美術関係の貸ギャラリーとして、ホールは当時学校にまだ体育館施設のない頃で、近くの学校の学習発表会、芸能関係者の発表会の会場としても頻繁に利用された。本土復帰までは、米軍関係者（将校婦人部など）が主催する「琉球文化講演会」にもよく使用された。

展示内容は、従来の歴史・美術工芸を中心とする展示を踏襲した。しかし、将来に向けて、考古学・民俗学系の学芸員を増員し、従来の一人の学芸員（当時は「博物館主事」）を四人にしている。また中央教育委員会規則により、初めて入館料を徴収するようになった。

写真５　二階増築後の「沖縄県立博物館」

大城館長の退職の後を受けて新しく館長に就任した外間《ほかま》正幸《せいこう》は、汀良町の首里市立郷土博物館時代から長年博物館主事を務め、資料収集や展示活動などをつとめた人である。就任以来、資料が増え展示スペースが少ないことから、二階増築の要請を続けた。復帰前後に来館する国の高官や政治家にも直接要請を続けた結果、「昭和四七年度社会教育施設整備費補助」で二階増築工事が認可された。しかし、本土復帰で初めて受けた国庫補助による増築の喜びも束

戦後沖縄の博物館変遷表

〔戦前〕

1927（昭2）「教育参考館設立協議会」発足

1936（昭11）「沖縄郷土博物館」開館

1943（昭18）閉館

（沖縄地上戦　1945・3・26〜6・23）

〔戦後〕

（米海軍政府）

「沖縄陳列館」開館　1945(昭20)・8

沖縄民政府へ移管
「東恩納博物館」に　1946・4・24

「首里博物館」に
合併（閉館）　1953・5

1946・3　首里市に「文化部」創設

1946・5　「首里市立郷土博物館」開館

1947・12　沖縄民政府へ移管
「沖縄民政府立首里博物館」と改称

1952・4・1　「琉球政府」発足

（1952・4・28「対日講和条約」発効）

1953・5・26　新館落成移転（当蔵町）
（ペルリ来琉100年祭）

1955　「琉球政府立博物館」と改称

1966・10・6　新築移転
（大中町　米国援助）

1972(47)・5・15　本土復帰
「沖縄県立博物館」と改称

1973・11　二階増築落成（日政補助）

2007・11・1　那覇新都心（おもろまち）
移転　「沖縄県立博物館・美術館」と改称

※1946年4月24日を
「沖縄県立博物館」の創立記念日
と定める。（1976年）

（「琉球博物館三十年史」「沖縄県立博物館30周年記念誌」、同「博物館50年史」より作成）

の間、ドル安や第一次オイル・ショックのため、建築資材不足や高騰により、増築工事は困難した。その頃までには「自然史系」の分野を置き、ようやく完成した二階には、民俗、美術工芸などが展示され、展示スペースは倍増した。それはともかく米国民政府援助による一階の上に、日本政府補助による二階が乗って二層になったわけで、「本土復帰」という世替わりを象徴するような建物ができたのである。

しかし、この象徴的な博物館の建物も、建設から四〇年を経て老朽化が激しいうえ、資料が増えて館そのものが狭隘になったことや将来の発展性を考慮して、返還された米軍家族部隊（住居）跡（現おもろまち）に、二〇〇七年、博物館と美術館を並置した形で「沖縄県立博物館・美術館」として、新館が完成し移転した。

二　返還された文化財

1　数奇の運命をたどった三線「江戸与那」

資料の返還または寄贈等に関する話は、戦後の混乱期を反映して多くの事例がある。その事例を紹介したい。沖縄の歴史を象徴するような話がある。ある「三線《サンシン》」物語であるが、この話は単に一楽器としての三線にとどまらず、沖縄文化のアイデンティティーまで繋がる象徴的な話でもあると思われる。

ここに登場する三線「江戸与那《えどよな》」は、三線工匠与那城《よなぐすく》の作といわれ、現在は名器の一つとして県指定文化財になっている。「江戸」の名の謂われは、一九世紀中期江戸上りの使節に随行の楽団一行が携行したことによるという。

さて、この「江戸与那」三線、箱書きによると安政二（一八五五）年の江戸上りに浦崎親方政種が、十三代将軍徳

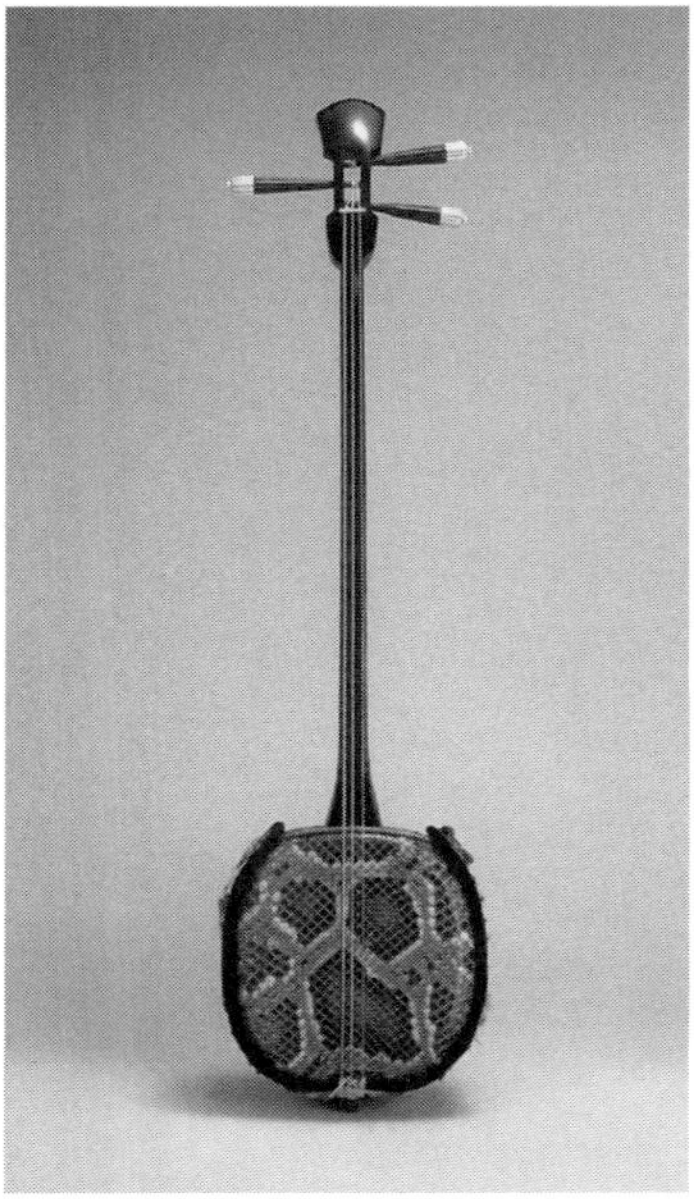

写真６　三線「江戸与那」（県指定）

川家定の前で演奏したと伝えられ、帰国の途次島津家に献上され、玉里御殿に保管されていた。ところが、どういう事情によるものか昭和の時代、東京の古書店で売りに出されていたのを東恩納寛惇《ひがしおんなかんじゅん》が入手し、一九三九（昭和一四）年に首里城北殿の「郷土博物館」で催された「三線展示会」に出品され、その後収蔵された。「江戸与那」にとって、それからの数年は平穏の日々であったが、いよいよ沖縄戦になり、首里城をはじめ寺社・民家ともに空襲や艦砲射撃によって、家一軒も残らないほどの戦災を受けた。郷土博物館の収蔵品も当然すべて焼失したものと思われた。ところが、三線「江戸与那」は戦禍を免れてハワイで無傷の状態で大切に保管されていたのである。

戦後のハワイでこの三線を再度発見したのは、奇しくも調査研究でハワイを訪れていた東恩納寛惇や池宮喜輝《いけみやきき》であった。彼らの勧めにより所有者から寄贈され、沖縄の博物館に再び戻ることができたのである［琉球政府文化財保護委員会　一九六三］。寄贈者の宜志正治《ぎしせいじ》は沖縄出身二世で、戦時中二世部隊の一員として沖縄戦に加わり上陸した。沖縄滞在中に地元民に頼んで三線を探させた。食料品やタバコとの物々交換である。そうして得た数挺の三線の中に名器「江戸与那」が含まれていた。沖縄二世とはいえ「三線」に象徴される沖縄文化にこだわりのある者がいたこと、沖縄の碩学がハワイでの調査研究という偶然が重なって落ち着くべきところに落ち着いたと言えるのではないだろうか。(1)

2　在外文化財の例

先に紹介した米本国における吉里弘やデイビス軍曹よる「おもろさうし」などの沖縄の秘宝の返還がある。前述により詳しいことは省略する。

3　円覚寺の楼鐘その他の梵鐘

一九四七年ハンナ少佐によってフィリピンで発見され返還された「円覚寺の楼鐘」の事例がある。また永福寺の鐘は、首里城内に保管されていたが、戦中に戦利品として米国に持ち去られていたのを、旧蔵者から譲り受けたウイリアム・リー William Lee夫妻によって、一九八八年沖縄県に寄贈された。大安禅寺の鐘（旧護国寺の鐘）は、一八五四年来島したペリー提督一行に琉球王府から献呈された。その後、メリーランド州アナポリス海軍士官学校にあったものを、琉米歴史研究会の喜舎場代表らの一連の資料調査活動の中で一九八七年、沖縄に返還された［沖縄県立博物館　一九九六、五八―五九頁］。

4　丁子風炉

首里地元において次のようなことがあった。終戦直後あるお屋敷の焼け跡から、傷ついた薩摩焼の「丁子風炉《ちょうじぶろ》」が見つかり、博物館に収蔵された。しかし蓋はなかった。一九八〇年代のこと、同家で建築中に地中から蓋が見つかったのである。相談の結果身と蓋が四〇年ぶりに合わさった状態で、博物館で預かることになった。(2)

5　扁額

大宰府天満宮より、鄭元偉《ていげんい》書「徳高」扁額の寄贈、大阪天満宮より尚元魯《しょうげんろ》（浦添《うらそえ》王子朝憙《ちょうき》）書「徳馨」の扁額の寄贈があった。その他の資料についても本土各地から寄贈されたり、こちらから購入したりして展示物とした〔沖縄県立博物館　一九九六、五八頁〕。

むすび

戦後沖縄の博物館の歴史は、米軍指導者によって啓発された部分があった。博物館活動ばかりでなく、学校教育の立て直しや芸術活動の奨励とともに戦後の混乱期の精神不安を解消し、住民を救う大きな力となったと思われる。

他方では、戦前首里城北殿に開設された「沖縄郷土博物館」の精神が、戦後一部の住民によって引き継がれた。豊平良顕はその指導者の一人で、彼のいう戦前の卑下する歴史・文化は、誇れる文化と再認識されるようになった。今日琉球芸能が高く評価され、県外でも受け入れられているように、かつての琉球文化が再び花開いた観があり、県民の自信に繋がるようになったと言える。

現在の博物館の資料は、自然・考古・民俗の部門を除く多くが戦後の瓦礫の中からの残欠収集にはじまり、県外からの返還や寄贈、買戻しによるものである。現在も県外・国外において、県や民間団体による調査活動が続けられている(3)。

不幸な戦争であったし、その後も暗い影を落としてきた異民族支配であったが、唯一「琉球文化」を強く意識させた米軍支配の二七年でもあったと言えるだろう。異常な政治状態の「アメリカ世」といわれた二七年間から「本土復帰」し、今年は四〇年の節目を迎えた。その一方で、米国は沖縄の歴史や文化の優位性を再認識させる機会を与えてくれたとの評価もある［仲井眞　二〇一二］。

なお、戦後沖縄の博物館について県立博物館を中心に述べてきたが、一九六〇年代以前創設の館は三館のみで、多くが一九七二年の本土復帰の以後の創設である。一九七七年、「地域文化の発展に寄与する」ことを目的に、二三館で「沖縄県博物館協会」が結成された。平成二三年五月現在の沖縄県教育委員会文化財課の調査によると、県内の「博物館等施設」は公立・私立・法人合わせて七七館園を数える。その多くが七〇年代から九〇年代にかけて創設された館であるが、そのうち沖縄博物館協会加盟館は五一館園である［沖縄県教育委員会文化財課　二〇一一、沖縄県博物館協会　二〇〇八］。

復帰後の博物館等施設の増加は、地域文化に関心が向けられたこと、あるいは観光施設の一環として整備されたことなどが挙げられ、本土復帰を契機として、自らの文化に目を向ける機会が多くなったせいではないか、と考える。

〔写真提供〕　沖縄県立博物館・美術館

注

（1）宜志正治氏の話の部分は、一九七〇年代に同氏が来島した際、筆者の聞き取りによる。
（2）筆者の立会聴取による。
（3）沖縄県教育委員会から、一九九六『在米国沖縄関連調査報告書』に続き、「欧州」「中国」の報告書が発行されている。

【参考文献】

沖縄郷土博物館編（一九三九）『沖縄県教育会附設　郷土博物館資料目録』沖縄郷土博物館
園原　謙（二〇〇二）「沖縄県教育会付設郷土博物館について」、『沖縄県立博物館紀要』二八、一三―五四頁
井上　秀雄（一九八三）「島袋源一郎」『沖縄大百科事典（中）』沖縄タイムス社、三四〇頁
「アメリカ海軍政府主催沖縄展」（一九九六）日本語訳前田真之、『沖縄県立博物館五〇年史』沖縄県立博物館
川平　朝申（一九八三）「ハンナ」、『沖縄大百科事典』下、沖縄タイムス社、二七四頁
新城　紀秀（一九九六）「ハンナ少佐との思い出」『沖縄県立博物館五〇年史』沖縄県立博物館、二一二―二一三頁
大城　精徳（一九八三）「大嶺薫美術館」『沖縄大百科事典（上）』沖縄タイムス社、四一三頁
琉球政府立博物館（編）（一九六六）『新館落成記念―琉球博物館三十年史』琉球政府
沖縄県立博物館（編）（一九七六）『沖縄県立博物館三〇周年記念誌』沖縄県立博物館
沖縄県立博物館（編）（一九九六）『沖縄県立博物館五〇年史』沖縄県立博物館
豊平　良顕（一九七六）「祝辞」『沖縄県立博物館三〇周年記念誌』沖縄県立博物館、一二頁
矢野　野暮（一九八三）「原田紅梯悟（貞吉）」、『沖縄大百科事典（下）』二五七頁
沖縄県教育委員会文化課（編）（一九九六）『在米国沖縄関連文化財調査報告書』沖縄県教育委員会
伊志嶺恵徹（一九八三）「高等弁務官」『沖縄大百科事典（中）』沖縄タイムス社、七六頁
仲地　　博（一九八三）「主席」『沖縄大百科事典』中、沖縄タイムス社、一九八三、三八四頁
山里　永吉（一九七六）「そのころの思い出」『沖縄県立博物館三〇周年記念誌』沖縄県立博物館、一三頁
大城　知善（一九七六）「新館の思い出」『沖縄県立博物館三〇周年記念誌』沖縄県立博物館、一四頁
我那覇　昇（一九九六）「琉球政府立博物館（現博物館）の設計」『沖縄県立博物館五〇年史』沖縄県立博物館、二〇九―二一二頁
琉球政府文化財保護委員会編（一九六二）『沖縄の文化財』、琉球政府文化財保護委員会、二六―二七頁

仲井眞弘多（二〇一二）「知事あいさつ」『復帰四〇周年特別展Ｏｋｉｎａｗａから沖縄へ』（図録）沖縄県立博物館・美術館、二頁
沖縄県教育委員会文化財課編（二〇一一）『平成二三年度版　文化行政要覧』沖縄県教育委員会、二八―三一頁
沖縄県博物館協会編（二〇〇八）『沖縄の博物館ガイド』沖縄県博物館協会

戦後沖縄における郷土研究の動向

赤嶺政信

はじめに

本稿では、戦後の沖縄における郷土研究の動向について整理を行ない、そこから抽出できる若干の特徴について述べてみたい。なお、「郷土研究」とは、特定の地域（郷土）において、その地域出身者及びその地域に居住する人々によってなされる、その地域に関する研究という意味で用いるが、本稿では、個人の研究ではなく、沖縄出身者及び沖縄に居住する人々が中心になって運営する学術団体によって担われている研究活動に限定して取り上げることにする。また、本稿で取り上げる学術団体は網羅的なものではなく、筆者の関心の及んでいる範囲に限定されることもおことわりしておきたい。

最初に、戦後間もない時期の東京で設立される沖縄文化協会について取り上げるが、戦後の研究動向は、当然のことながら、戦前期における伊波普猷や比嘉春潮らを中心とした沖縄出身者による沖縄研究の流れを汲むものであるため、まずは、戦前期の状況について概観しておくことにする。

一　戦前期の東京における沖縄研究

戦前期における沖縄の郷土研究の動向で注目すべきは、一九二二年に柳田国男を中心に設立された「南島談話会」である。柳田の年譜［柳田国男研究会編　一九八八］によれば、設立直後の会の開催はそれほど多くないが、一九二六年以降は隔月一回ほどの割で開催されるようになる。金城朝永［金城　一九七四a、一九七四b］によると、談話会設立当初は、沖縄のみならず台湾や当時日本の委任統治下にあった南洋諸島の研究者も含まれていたが、一九二七年には、在京沖縄人を中心とした新しい機関として生まれ代り、同年七月に第一回の例会が開かれている。談話会に参加した沖縄出身者には、伊波普猷、比嘉春潮、仲原善忠、金城朝永、島袋源七、宮良当壮、仲宗根政善らがおり、一九三一年には、会誌として『南島談話』が刊行されることになる。

談話会の様子について比嘉春潮は、「例会は機関誌に期日と研究題目を予告し、定期に開き、当日は主として柳田が研究題目について一場の講話をなし、それから会員の発言、後で柳田、伊波がこれを整理するようにした」［比嘉　一九七一：三九頁］と述べており、柳田が指導的役割を果たしていたことがわかる。金城朝英も『南島談話』の「創刊の挨拶」において、「南島が日本古代文化研究に幾多の光明を投げ興へていることは今更こゝに述べるまでもありません。（略）この方面に於きましては、特に柳田国男先生に感謝せねばならぬ多くのものを持っています。先生により、そして又先生の学風を汲む諸学者の力で、南島は新しく学界に誕生したと称しても過言ではありますまい。永い間、不幸に喘いで来た孤島―南の海の島々―に生れた不運を悲しんでいた島人達に新たなる眼で自らの島々を見ることを教へ、喜びと力を興へて下さつたのも又先生でありました。」［南島談話会編　一九三一：六八頁］と記し、柳田の指導に対して感謝の思いを表明している。

雑誌『南島談話』は、一九三二年一〇月一日付けの六号をもって廃刊となるが、比嘉春潮によれば、一九三三年に創刊された『島』（柳田・比嘉共同編集）に吸収されるかたちでの廃刊だったという［比嘉　同前：四〇頁］。さらに、金城朝永によれば、南島談話会は、一九三三年頃には「南島文化協会」と改称されて柳田の手を離れることとなるが、金城が、南島文化協会は「終戦後沖縄文化協会として再組織、目下、東京における唯一の南島研究の会として活動している。」［金城　一九七四ａ：四一六頁］と述べているように、南島談話会の流れを汲む南島文化協会が、戦後の沖縄文化協会の実質的な母体となった。

二　沖縄文化協会

現在の沖縄文化協会は、約三六〇名の会員を有し、事務局を沖縄県立芸術大学附属研究所波照間永吉研究室に置いている。協会の機関誌として『沖縄文化』の刊行を行っており、二〇一二年一一月時点で一一二号まで数えている。機関誌の刊行以外にも、毎年一回の公開研究発表会と、週一回のおもろ研究会を開催している。協会の総会と運営委員会は、沖縄ではなく東京で開催されているが、それには、この協会の発足が戦後間もない時期の東京であったことが背景としてある。以下では、協会の発足に関わった比嘉春潮の回顧録［比嘉　一九六九］と長期にわたって協会の会長をつとめた外間守善の回顧録［外間　一九七九・一九八四・一九八七］を主たる拠り所にして、同協会の発足の経緯とその後の歩みをたどってみることにする。

協会の発足は一九四七年八月で、先に設立されていた沖縄人連盟（会長、伊波普猷）のなかに、「沖縄文化協会」という部局が設置されたのがその端緒であった。沖縄人連盟については、『沖縄大百科事典』の「沖縄人連盟」の解説の一部を以下に引用しておく。

一九四五年（昭和二〇）一二月九日、東京で沖縄出身者相互の連絡と救助をはかり、民主主義による沖縄再建に貢献するため結成された団体。当時、戦争の結果による本土在住者は、九州の疎開者四万六〇〇〇人をはじめ、各地の南方引揚者、復員者など五万人余と推定された。松本（旧姓前栄田）三益の提唱で比嘉春潮・伊波普猷・比屋根安定・大浜信泉・永丘智太郎が発起人代表。沖縄諸島への救援物資送付斡旋、避難民・海外引揚者帰島斡旋、本土在住者の救済に大きな役割を果たした。（略）［由井　一九八三：五三九］

沖縄文化協会は、この沖縄人連盟の下部組織として設置されたわけである。協会の発足に直接関わったのは、比嘉春潮、仲原善忠、宮良当壮、島袋盛敏、島袋源七、崎浜秀明の面々で、発会式において「沖縄文化の研究紹介、沖縄文化資料の複製・収集・刊行、他の沖縄文化研究者との連絡・協力を行ない、もってその復興発達に寄与したいと宣言した」［比嘉　同前：二二〇］という。

協会の活動としては、仲原善忠を中心とした毎月一回のおもろを中心とする研究会、および同じく月一回の公開講演会が開催された。比嘉によると、一九四八年には『歴代宝案』、『おもろ双紙』、『琉球国碑文記』、『女官御双紙』を謄写、複製する事業を行なっている。その同じ年には、沖縄人連盟から分離した独自の組織となり、翌年の一九四九年四月一日には、初代会長として仲原善忠が就任している。

一九四八年一一月一日付けを創刊号として、それ以降、協会の会報『沖縄文化』（月刊）が比嘉春潮の編集責任で刊行されるようになる。比嘉によると、一九五〇年四月の一六号から誌名が『文化沖縄』に変わるが［比嘉　同前：

二二一頁〕、誌名変更の経緯については不明である。その後は、会報の刊行が月刊から隔月となり、さらに次第に刊行減となって、一九五三年二月の二七号をもって休刊となる。休刊の理由について外間は、「財政難による」とするが〔外間　一九七九：三頁〕、編集責任者の比嘉によると、そうではなく、比嘉本人が、沖縄の歴史についての叙述準備のために来日したスタンフォード大学のジョージ・カーの仕事を手伝うことになって多忙となり、やむなく休刊にいたったという〔比嘉　同前：二二五～二二六頁〕。

機関誌の休刊後も「おもろ研究会」を中心に研究活動は継続するが、一九六一年四月一〇日には、編集代表に外間守善、編集委員として仲原善忠・見里朝慶、編集顧問として東恩納寛淳・比嘉春潮・仲宗根政善・仲松弥秀という陣容で、新たな『沖縄文化』一号が刊行され、それが、今日にまで継続する『沖縄文化』の創刊号となる。

一九六四年一一月には、急逝した仲原善忠の後を受けて、二代目会長として見里朝慶が就任し、さらに一九七六年二月四日の総会において会員による選挙が行なわれ、協会の運営委員として、内間直仁・小川徹・金城芳子・崎浜秀明・中本正智・比嘉実・外間守善・矢野輝雄・由井晶子・加治工真市の一〇名が選出されている。一九七七年一一月には、三代目会長に外間守善が就任している。一九七九年からは毎年、沖縄文化協会研究奨励賞（比嘉春潮賞・仲原善忠賞・金城朝永賞）の授与事業も開始され、授与式は東京での総会の場で行なわれている。

一九八七年には、『沖縄文化』の編集・刊行事業が東京から沖縄側に移されることとなり、六九号以降は、沖縄側の委員によって構成された編集委員会によって機関誌の刊行が担われている。編集・刊行事業の沖縄側への移管について、当時協会の会長であった外間守善は、その決定の意図や背景として次の二点をあげて説明している〔外間　一九八七：八三～八四頁〕。

①沖縄研究に関するセンターが、沖縄になければならない。沖縄研究の核になる研究機関が沖縄に確立されてはじ

めて、沖縄以外にある国内・国外の研究機関や研究者の研究が健全に活かされるものと思う。

②昭和二三年以来、民間の学として四〇年間、沖縄研究者の拠り所となり、若い人たちの巣立ちの場となってたくさんの人材を育ててきた『沖縄文化』誌も、新陳代謝を図る時機を迎えたようである。

終戦直後の東京で誕生した協会であるが、この段階にいたって沖縄在住の会員が充実してきたことが、編集・刊行事業を沖縄側に移管した背景にあったことがわかる。なお、先述したように、協会の運営委員会と総会および沖縄文化協会賞の授与式は、現在でも東京で開催されている。

以上、沖縄文化協会の歩みについてみてきたが、他の研究団体と比較してみると、歴史、文学、言語、民俗、芸能など、沖縄に関わる多様な研究領域を包摂している点にこの協会の特徴があると言える。さらに、協会が戦後の沖縄研究において果たしてきた役割については、外間守善が、「少なくとも伊波先生が指標にした沖縄学の志を継いで、そのだいじな基礎作りをし、沖縄研究を不断にしたということはいえると思う。沖縄研究ということが世人の注目を浴びることもない戦後の混乱期に、黙々として研究を続け、研究の成果と号を積み重ねてきた『沖縄文化』の果たした役割は、当時まったく唯一の沖縄研究誌でもあったわけであり、沖縄研究が今日的な姿で地域文化の底支えができるようになってきた大きな素因であるといっても決して過言ではあるまい。」［外間　一九七九：二頁］と述べている通りであろう。

三　琉球大学民俗研究クラブ

次にとりあげるのは、琉球大学の学生による「琉球大学民俗研究クラブ」の活動についてである。

クラブの創設は一九六〇年一月で、発起人となったのは、当時国文科の学生であった上江洲均（現、名桜大学名誉教授・久米島博物館名誉館長）で、顧問には国文科の教員である中今信が就いている。発起人の上江洲が国文科の学生だったことに関連して、当時の琉球大学の教育組織に注意を向けておきたい。現在の琉球大学法文学部には、社会人類学と民俗学の講座が設置されているが、教授・馬淵東一、助教授・饒平名健爾の陣容で社会人類学講座が設立されたのは一九七二年のことで、民俗学講座の設置はさらに遅れて一九九七年である。上江洲が在籍した一九六〇年代の琉球大学には、民俗学や人類学を専門に学べる講座はなく、そういう状況のなかでの学生による民俗研究クラブの創設であったことに注目したい。

民俗研究クラブの主たる活動は、機関誌の刊行である。創刊号の発刊は一九六〇年で、現時点での最終号となっている二四号は一九八六年に刊行されている。機関誌の誌名は六号までは「民俗」で、七号からは「沖縄民俗」に変更されている。クラブ員の合同調査による村落単位の調査報告が主であるが、二号が個人の小論および調査報告、二〇号以降は個人の小論文やテーマ研究を増やしている。五号（一九六二年）が「柳田国男先生追悼号」、七号（一九六三年）が「直江広治先生民俗学開講記念号」と銘打たれており、中央における日本民俗学の動向とも関係をもっていたことを窺うことができる。一九八八年には、一～二二号までが五冊の合冊本として東京の第一書房から復刻されている。

機関誌に調査報告として掲載されている対象地域（行政名は当時）を、以下に列挙しておく。かっこ内の数字は号数である。

沖縄本島

国頭村楚洲（四）、国頭村安田（二四）、国頭村与那（一七）、国頭村奥（九）、東村平良（六）、東村有銘（七）、東村川田（七）、久志村汀間（一三）、上本部村具志堅（一五）、読谷村座喜味（一一）、勝連村南風原（一八）、北中城村熱田（一二）、中城村伊集（二三）、西原町棚原（二二）、知念村久手堅（七）、玉城村中山（九）、玉城村糸数（一四）、東風平村当銘（二〇）、大里村古堅（二一）、糸満町喜屋武（一〇）、糸満町兼城（一六）、（計二一村落）

沖縄本島周辺離島

伊平屋村田名（四）、伊是名島勢理客（二一）、伊是名島伊是名（八）、今帰仁村古宇利島（八）、与那城村伊計島（五）、勝連村浜比嘉島（五）、勝連村平安座島（八）、与那城村宮城島（一七）、勝連村津堅島（三）、知念村久高島（一）、座間味島（一〇）、渡名喜島（一一）、粟国島（一五）、（計一三村落）

久米島

仲里村比屋定（一四）、仲里村儀間（二〇）

宮古

平良市狩俣（一二）、平良市島尻（一九・二二）、城辺町砂川（一八）、池間島（一九）、多良間村仲筋（二四）

八重山

竹富島（一〇）、竹富町祖納（一六）、石垣市宮良（二三）

学生たちの努力によってこれだけ多くの地域の民俗調査報告書が蓄積されたことは、特筆すべき事柄である。一九六〇年代当時は、今日と比べて交通の便が極度に悪かったという事情を考慮する必要があると思うし、また、機関誌にかなりの数の協賛広告が掲載されているのは、『沖縄民俗』の刊行に対して、学外の事業者や個人からの理解と協力が得られていたことを示すものとして注意を向けておきたい。これらの報告書に記された民俗事象には、今日ではすでに失われてしまったものも数多く含まれ、その意味で『沖縄民俗』が有する資料的価値は計り知れないものがあると言える。二四号が刊行された一九八六年以降は、クラブの活動が停滞していることが惜しまれる。

四　沖縄民俗学会

次に、沖縄民俗学会について見ていくが、民俗学会設立の前史として、沖縄民俗同好会（以下では「同好会」）について触れる必要がある。以下では、上江洲［二〇〇五］に依って、同好会の発足から沖縄民俗学会へと至るその歩みについてみていくことにする。

先にみたように、琉球大学民俗研究クラブの発起人であった上江洲均は、同好会の発足にも関わっている。すなわち、一九六四年に、沖縄本島中部で高校の教諭をしていた上江洲と民俗研究クラブの卒業生が中心となり、上江洲宅で月一回の勉強会を始めたのが同好会の発足にあたる。

一九六七年には、上江洲が高校から当時の琉球政府立博物館へ民俗担当というかたちで異動になったのに伴い、事務局を博物館に移し、博物館を会場にして月一回の研究発表会や不定期の講演会が開催されるようになる。講演会の講師として、馬淵東一、直江広治、竹田亘などの名前が挙げられている。初代の会長には琉球政府文化財保護審議委員会委員長であった源武雄、副会長には琉球大学の湧上元雄が就任するが、会長の源は、「海南小記」の旅の柳田国男を宮古で案内し、一九三五年に柳田の還暦を祝って東京で開催された「日本民俗学講習会」に沖縄からただ一人参加するなど、柳田から直接指導を受けた経験のある民俗学者である。同好会の機関誌として『沖縄民俗同好会会報』の刊行も行なわれている。

一九七八年三月には、同好会は沖縄民俗研究会に改称され、会長に湧上元雄、副会長に上江洲均が就任し、同好会以来の月例研究会が継続されるとともに、機関誌『沖縄民俗研究』の刊行が始まる。一九八五年には、湧上に代って上江洲が会長に就任している。

さらに一九八八年三月には、同研究会は「沖縄民俗学会」と改称され、初代会長に上江洲が就任し、機関誌『沖縄民俗研究』の刊行と月例研究会の開催事業が継続され、『沖縄民俗研究』は三〇号まで数えて今日に至っている。学会に移行してからの新たな取り組みとして、琉球大学や沖縄国際大学の学生を中心とした、卒業論文と修士論文の発表会も行なわれるようになった。

五　宮古と八重山における動向

ここでは、宮古と八重山における郷土研究の動向について見ていく。最初に、宮古郷土史研究会編『宮古郷土史研究会三五年の歩み』（二〇一一）に依って、「宮古郷土研究会」について述べていくことにする。

研究会の発足は、一九七三年から始まる県立図書館宮古分館主催による「宮古郷土史を学ぶ会」の受講者が中心となり、一九七五年に、分館のなかに「宮古郷土史研究会」が設立されたのが契機となっている。一九七六年四月には、分館からは独立した団体として活動を開始し、活動内容は、機関誌として『宮古研究』（一～一一号）と『宮古郷土史研究会会報』（一～一八四号）の刊行がある。また、市民対象の史跡巡りや研究発表会も随時開催している。

一九九五年には、沖縄本島在住の宮古出身者の人々が中心となって「宮古の自然と文化を考える会」が設立されていることにも注意したい。同会の活動の一環として、同会編の『宮古の自然と文化』（一～三集）が刊行されている。

八重山に目を向けると、八重山文化研究会の活動が見られる。同研究会の発足は一九七四年で、一九六九年に設立された「八重山郷土文化研究会」を改称したものである。規約によると、同研究会の目的は、「八重山の歴史・民俗・民族・人類・考古・宗教・言語などの研究の成果を高め、併せて郷土文化に対する認識を深める」とある。また、事業として「①総会、例会、研究会、講演会等の開催。②会誌の発刊。③その他」が挙がっている。さらに、同研究会編による『八重山文化論叢』が三冊刊行されており（一九七六、一九八〇、一九九八）、一九九八年刊行の三冊目は、「牧野清先生米寿記念」と銘打たれている。二〇一一年には、同研究会から、会長の石垣繁編による『石垣島白保以北の旧村々―牧野清生誕百年記念論集―』も刊行された。

宮古と同様に、沖縄本島在住の八重山出身者が中心となって「沖縄・八重山文化研究会」が二〇〇一年に発足している。同会では、発足以来毎月欠かさずに、月例研究会を開催し、研究会での発表内容を中心とした会報を刊行している。二〇一一年三月時点で、会報は二二〇号を数え、会報を合冊にしたものが四冊（一九九六、二〇〇一、二〇〇七、二〇一一）刊行されている。

六　沖縄県地域史協議会

沖縄では、一九六〇年代に入ってから自治体による市町村単位の地域史の刊行が次第に盛んになるという状況が見られたが、当初は編集事業とは呼べないような個人執筆による刊行物も多かった。それが、次第に編集室を設置して担当職員を配置する形が整えられるようになってきたのに連動して、一九七八年に、各自治体において地域史の編集に直接関わっている自治体の職員が中心となって設立されたのが「沖縄県地域史協議会」である。毎年定期的に、地域史編集に関わる研修会・シンポジウム・合評会などを開催しており、研修会の開催地は、宮古・八重山および沖縄本島の周辺離島を含む沖縄各地にまたがっている。同協議会の活動は、地域史編さん事業の進展や質の向上に大いに貢献してきたと高い評価を得て今日に至っている。地域史協議会の活動の詳細については、同会編による設立三〇周年の記念誌［沖縄県地域史協議会編　二〇一一］があるので参照願いたい。

七　郷土研究の動向の特徴

ここでは、本稿のまとめとして、戦後の沖縄の郷土研究の動向に見られる特徴について考えてみたい。

まずは、終戦直後の沖縄文化協会の発足とその後の協会の活動に尽力した比嘉春潮に焦点をあててみることにする。比嘉は「海南小記」の旅の柳田国男と沖縄で出会い、その後も南島談話会への参加などを通して柳田との親しい学問的交流を継続し、柳田の最も近くにいた沖縄出身者の一人といえるが、柳田との学問的交流について比嘉が、つぎのように回顧していることに注意を向けたい。「私は東京に出てから、沖縄の言語や民俗を対象とする学者にしばしば接触するようになったが、そういう場合、私はいつでも単なるインホーマント（資料提供者・報告者）であった。柳田先生に対しては、とくにその限界を守ってきたつもりである。」［比嘉　一九六九：一八八頁］

その比嘉が、戦後の沖縄文化協会の設立に関して、「この会の設立により、従来資料提供者の立場にあった民間の沖縄研究者が独自でより積極的に研究発表を始めたといってもいい。」［比嘉　同前：二二〇頁］と述べていることは注目に値する。沖縄出身の研究者すべてが「資料提供者の立場」にあったということには、多分に誇張が含まれているはずであるが、少なくても、戦後の協会設立にあたり、沖縄出身者による沖縄研究、あるいは沖縄人のアイデンティティの追究と結びついた沖縄研究の進展、ということを強く意識しての発言だったと思われる。

そのことは、比嘉が、一九五二年の『文化沖縄』二五号に掲載された東恩納寛淳の以下の文章を引いて、それがその当時の『文化沖縄』同人に共通した心境だったと述懐している［同前：二二四〜二二五頁］ことからも明らかである。

ガリ版刷りの小冊子ではあるが、内容の真摯、学問的良心に至っては、いかなる学術誌に対してもはじるところがない。われわれはむしろこのままの素朴な体裁に、厳粛な満足をすら感じている。本誌は郷土文化の学問的究明を目標とする同人の発表機関であるゆえに、その内容は各種部門にわたっている。このことに対して一部専門家のなかには、雑学とけなす者もあると聞いているが、それも承知の上で、歴史上絶えず苦境におかれ、その文化運動の大部分をすらせん滅されたわれわれの郷土を世間の誤解や不認識から救解し、その真価を闡明せんとするのは、われわれの不断の念願で、それは決して高閣にあんじょとして筆を嘗めている人びとの察しもつかない郷愁である。本誌の同人がこの種の雑音に耳を藉するなく各自の目標に向かって一路邁進されんことを希うとともに、またこのことを私自身新年の箴言ともする。

以上のことから、比嘉たちによって担われた協会の活動が、沖縄人としてのアイデンティティの追究と深く関わっていたことを確認しておきたい。

そのこととの関連で、琉球大学の学生時代に沖縄民俗研究クラブを創設し、その後も沖縄における民俗研究を牽引することになる上江洲均が、一九八七年に第一書房から刊行された『沖縄民俗』の復刻版に寄せた「復刻版を刊行するにあたって」において、以下のように述べていることにも注意を向けておきたい。

ガリ版刷りの創刊号のあと、二号で初めて活版にしたときは、当時の米国民政府（ＵＳＣＡＲ）に対し、出版申請をしなければならなかった。この機関誌が、思想や言論に対する検閲や取り締まりの厳しい時代の生き証人と言えば大袈裟だろうか。ただ沖縄の異民族支配の二七年間が、もし仮に欧米的な制度を学び、初めて自治を行なううえで収穫があったとすれば、私どものサークル活動は、「沖縄」をみつめなおし、みずからの基層文化を学び、島々や村落のくらしを実感してみるよい機会であったといえるのではないだろうか。

［琉球大学民俗研究クラブ編　一九八八：二頁］

上江洲が指摘するように、学生たちによる郷土研究においても、その活動を根幹で支えていたのは、戦後の特異な政治状況のなかで、沖縄人としてのアイデンティティの追究に対する彼等の熱意であったと考えていいだろう。そしてそのことは、沖縄での郷土研究全体においても多かれ少なかれ当てはまるはずであり、それが戦後沖縄における郷土研究の動向の大きな特徴と言える。

さらに、戦後の沖縄の郷土研究で注目すべきことのもう一点は、沖縄本島から「先島」と呼ばれる宮古・八重山における動向である。先にみたように、宮古・八重山いずれにおいても、地元で郷土研究の団体が活動しており、さらに沖縄本島在住の人々によって担われている研究活動もあった。沖縄の郷土研究は、全体として沖縄人としてのアイデンティティの追究と関わる一方で、宮古と八重山の郷土研究には、それとは異なるレベルにおいて、それぞれの地域の個性やアイデンティティの主張があるということになる。

そのこととの関連で、一九九二年と一九九四年に、「先島文化交流会」と銘打って、宮古郷土史研究会と八重山文化研究会と間で研究交流会が行なわれていることも注目に値することである。一九九四年の研究交流会のテーマが「人頭税廃止請願百年記念シンポジウム」であることは、この交流会の企画に寄せる関係者の意図の一端を表していると考えていいだろう。

沖縄内における地域の個性の追究ということに関しては、二〇一一年一一月二七日に、「やんばる」（山原）と呼ばれる沖縄本島北部地域の出身者が中心となって、「やんばる学研究会」が設立され活動を開始しており、この研究会の今後の動向についても注意を向ける必要があるだろう。

【参考文献】

上江洲　均（二〇〇五）「『沖縄民俗学会』への歩み」『沖縄民俗研究』二三

沖縄県地域史協議会編（二〇一一）『琉球・沖縄の地域史研究―沖縄県地域史協議会の三〇年』

金城　朝永（一九七四a）「沖縄研究史―沖縄研究の人と業績―」『金城朝永全集下』沖縄タイムス社

金城　朝永（一九七四b）「最近の沖縄研究の傾向と状勢―琉球研究史の一節―」『金城朝永全集下』沖縄タイムス社

南島談話会編（一九三一～一九三二）『南島談話一～六』（『旅と伝説』三元社）

比嘉　春潮（一九六九）『沖縄の歳月』中央公論社

比嘉　春潮（一九七一）「柳田国男と沖縄」『比嘉春潮全集四』沖縄タイムス社

外間　守善（一九七九）「沖縄文化協会三十年の歩み」『沖縄文化』五一

外間　守善（一九八四）「沖縄文化協会三十五年の歩み」『沖縄文化』六二

外間　守善（一九八七）「『沖縄文化』誌の活性化をめざして」『沖縄文化』六八

柳田国男研究会編著（一九八八）『柳田国男伝』三一書房

由井　晶子（一九八三）「沖縄人連盟」沖縄大百科事典刊行事務局編『沖縄大百科事典上』沖縄タイムス社

琉球大学民俗研究クラブ編（一九八八）『沖縄民俗』一（創刊号～第五号）、第一書房

琉球列島学術調査（SIRI）、一九五一―一九五四年
――米国文化人類学と沖縄軍政――

泉水　英計

はじめに

近年の学史への関心は、特定の政治状況との関連に着目しつつ研究者の言動を解釈していくことで、学術研究が埋め込まれた歴史的文脈を明らかにしようとする。異文化を主要な研究対象にしてきた文化人類学の場合には、これを一つの学問として誕生させた植民地統治という文脈が重要であるが、その延長としての対外戦争とか軍事占領といった状況での組織的活動の展開も見逃せない。本章でとりあげる、米国人文化人類学者による米軍統治下の琉球列島の調査は後者の一例である。第二次世界大戦末に米軍の侵攻を受けた琉球列島は、講和締結後も米国施政権下に留められ、実質的には軍政と同様の体制が続いた。治安維持の観点から渡航は厳しく管理され、入域手続きが制度化されるのは一九五四年になってからである。この間、本格的なフィールド調査は、軍と関係をもつ米国人専門家にのみ許された排他的な活動となった。これを代表するのが、五一年から五四年にかけておこなわれた琉球列島学術調査

(Scientific Investigations in the Ryukyu Islands、以下ＳＩＲＩと記す）という研究者派遣事業である。

この事業については、関連する一次資料の整理や、政治状況との関係の読み直しを試みたことがある。その際に、米国人文化人類学者の沖縄研究が沖縄人のアイデンティティを詮索するものであったという、これまでにみられた見解に対しては否定的な私見を示しておいた［泉水　二〇一〇］。綜合的であることを旨とする文化人類学であるから、考古遺物や「人種」計測をもとに、また、言語の比較分析によりながら、先史時代の人の移動や集団の区別に言及することはある。けれども、特定の人間集団の系統や本質主義的な定義を探究することは現代的な文化人類学の主要な課題ではなかったはずだ。米国人の沖縄研究に対する従来の見解は、いわば枝葉を根幹にしたてたかのようにみえる。

では、文化人類学者としての本筋の仕事とは何であったのか。在沖米軍が沖縄でのフィールドワークを要請したのは、考古や形質や言語の専門家ではなかった。であれば、文化人類学ならではの知見が期待されていたはずだ。また、文化人類学者たちが実際に沖縄とその住民に向き合ったときには、それぞれの専門的技能と予備知識が研究の枠組みを形成したはずだ。任務に就くにあたり彼らにはどのような準備と能力があったのか。一人を除けば他はＳＩＲＩ事業に参加した後に沖縄研究者にも日本研究者にもならず、日本の学会で知られた存在でもない。彼らは、どこで何をどういうスタイルで研究した文化人類学者だったのか。このような問いに取り組むために、本章で改めてＳＩＲＩを取り上げてみたい。

一　研究者派遣事業の策定

ＳＩＲＩ事業では、公衆衛生と、有用植物および病害虫、そして文化人類学および歴史という三分野を中心に合計二六名の専門家が全米一六の研究機関から沖縄に送られ、大半は数ヶ月の任務を帯びてそれぞれのフィールド調査に従事した。派遣研究者、実施時期および成果物については章末の表５に示したとおりである。学士院が陸軍と契約を結び、運営資金には、陸軍省予算に計上されるガリオア（占領地復興政府基金）が使われる。現場レベルで言えば、全米調査評議会に設けられた太平洋学術部会と、民事を担当する米軍組織であった琉球列島米国民政府（ＵＳＣＡＲ）の共同事業であった。

個々の企画ごとに成果報告書があるが、その一部は表１にあげた全八冊のシリーズを構成し、「ＳＩＲＩ報告書」として知られている。契約により学術部会が謄写版で複製しＵＳＣＡＲに収める報告書は僅かに一五部ずつであったから、これらの報告書を一般の研究者が手にする機会は少なかったようだ。

表１　ＳＩＲＩ報告書

No.	タイトル	著者
1	八重山の人類学的探査	スミス
2	北部琉球の奄美大島	ハリング
3	狩俣―南部琉球の村	バード
4	沖縄村落の研究	グラッケン
5	琉球列島害虫便覧	素木
6	沖縄の眼疾患概況	トロッター
7	ラテンアメリカの沖縄人	ティグナー
8	戦後沖縄	リブラ、ピッツ、サトルズ

日本の研究者にＳＩＲＩの存在を教えたのは、一九六二年の『民族学研究』沖縄特集号（第二七巻二号）に掲載されたトーマス・マレツキの資料紹介だろう［マレツキ　一九六二］。六〇年代には日本からの渡航制限も緩和され、琉球列島でのフィールド調査が活況を呈していた。そのなかで、石垣島川平集落

の祭祀集団を調査した比嘉政夫が、同地での先行研究としてスミスの調査に言及し［比嘉　一九六九］、後には他のＳＩＲＩ報告書を含めたレビューを書いている（比嘉　一九八五）。ただし、ＳＩＲＩという事業についての理解はマレッキの資料紹介に依拠し、そのマレッキはスミスの紹介文（Smith 1953c）に全面的に依っているにすぎない。

事業の進展は、運営母体であった太平洋学術部会が発行していた『年次業務報告』から容易かつ確実につかむことができる。

部会が結成されたのは一九四六年末で、設立趣意は、太平洋地域の調査に従事する米国人科学者を援助し、政府機関に学術的な助言を与え、国際協力を推進することとされた。民間の非営利団体だが海軍との関係が深く、翌年より、ミクロネシア人類学共同調査（ＣＩＭＡ）やミクロネシア害虫防御委員会（ＩＣＣＭ）の派遣調査といった海軍調査局からの大型委託事業が開始される。

主要な関心領域から日本が外されていたのに対し、琉球列島は、海南島や台湾と並んで設立当初よりそこに含まれていたが［National Research Council 1947 : 29］、ＳＩＲＩに関する記事があらわれるのは第四年次報告からである。これによると、事務局長のハロルド・クーリッジが沖縄に赴き、住民の利益となると同時に、当地についての学術知識を増進するような専門家派遣事業を打診する。シーツ軍政長官からの賛同を得て、東京では極東軍参謀総長の同意も取り付けるが、朝鮮動乱の勃発により手続きが遅れ、契約は翌年初めになる予定だという［National Research Council 1950: 32-33］。

陸軍側の文書では、この派遣事業は、長期的な復興計画の策定に資する基本情報を提供するものとされ、表２にあるような派遣要請案が示されている［Ryukyu Military Governor 1950］。

一目見てわかるように、企画段階では、公衆衛生や天然資源といった分野の比重が高かった。ガリオアが資金源で

表2　ＳＩＲＩ原案（1950年10月）

専門分野	期間	開始
医療		
肺結核	6 箇月	即時
眼疾患	6 箇月	即時
小児科	6 箇月	即時
寄生虫	6 箇月	即時
衛生昆虫学	6 箇月	1951 年 5 月
食料天然資源		
植物病理学	3 箇月	1952 年 1 月
植物学	4 箇月	1951 年 6 月
林業技術	4-6 箇月	1951 年 7 月
生態学	4-6 箇月	1952 年 4 月
漁業保全	4-6 箇月	1951 年 5 月
民間情報教育		
意識調査	4-6 箇月	1951 年 5 月
文化型概観	4-6 箇月	1951 年 6 月

あれば順当な配分と言えよう。翌年四月に契約が交わされ、同年六月より順次、専門家が沖縄に到着する。実際に実行された調査は章末の表5で示したとおりである。

民間情報教育局の管轄のうち、意識調査とは、占領政策に対する住民の反応を評価するために世論調査システムを構築する任務であり、ＧＨＱ／ＳＣＡＰの民間情報教育局で同種の任務を完了したばかりのイシノ・イワオが引き抜かれた。同局の嘱託調査員であった民俗学者の関敬吾および桜田勝徳と、統計学者の水野坦《ひろし》が調査助手として同行した［Ishino 1952］。

もう一方の文化型概観とは、占領要員のオリエンテーションに使用するために、沖縄人の社会組織や家族形態および職業について調査し、詳細で信頼のおける情報を収集するというものである。琉球列島全体をまとめるような一つの文化型（cultural pattern）を原案では想定していたが、表3に示したように、初年度の申請時になって地域ごとの民族誌作成に拡張された。奄美、沖縄、宮古、八重山というのは、北から南へこの順番で琉球列島を区分する島嶼のまとまりで、ＳＩＲＩ開始時にはそれぞれの群島政府をもつ行政単位でもあった。

表３　ＳＩＲＩ1951（1951年2月）

専門分野	期間
公衆衛生福祉	
肺結核	6箇月
眼疾患	6箇月
寄生虫	4箇月
衛生昆虫学	3箇月
食料天然資源	
植物学	4箇月
一般昆虫学	4箇月
動植物検疫	1.5箇月
民間情報教育	
世論調査	6箇月
人類学（奄美）	6箇月
人類学（沖縄）	6箇月
人類学（宮古）	6箇月
人類学（八重山）	6箇月

表３に示した五一年二月の申請書では八重山調査の担当者覧にエルメンダーフの名があり、その上に取消線が引かれている（"1951 SIRI Program PSB-NRC," RG 260/HCRI-AO/B29/F4）。次年度に延期されるのだが、そのとき彼に替わって調査を担当することになるスミスが、拡張を含めこの分野の企画に大きく関与した。

二　米国人類学の沖縄研究の嚆矢

1　アラン・スミス

沖縄研究においてアラン・スミス（Allan H. Smith, 1913-1999）の名は『琉球の社会と文化』［Smith 1964］の編者としてよく知られている。一九六一年にハワイで開催された第一〇回太平洋学術会議の分科会報告であり、ハリングやサトルス、リブラ、カーなどのＳＩＲＩ参加者と、馬淵東一を筆頭に新世代の日本の沖縄研究者が一堂に会した

[Tuchill 1963: 76-82]。どのような経緯でスミスは、日米の沖縄研究者をまとめるこのような位置に立ったのか。

一九三五年にイェール大を卒業したスミスは、レスリー・スピアの指導でワシントン州のカリスペル族を調査し、学位論文「北米平原地区における文化伝播の動態」（一九四一）を書く。テキサス大で教えていたが、四三年に志願入隊した。コロラド大の海軍日本語学校を卒業後、ハワイでの捕虜訊問や押収文書の翻訳作業を経て、テニアンそして沖縄と転戦する。戦後の沖縄政界で活躍することになる仲宗根源和は、本島北部の田井等で逃避行を諦めて下山すると、投降者の登録作業をしていた「保安課長スミス中尉」に迎えられ、「住民に対して、寛大で親切で愛情が深い」この人物を補佐して投降勧告や避難民の保護に積極的に協力したという［仲宗根　一九七三、四八―四九頁］。

このような出会いはスミスにも好ましい体験だったようだ。四六年に復員した彼は社会科学研究会議（ＳＳＲＣ）から「復員奨学金」を受け［Price 2008: 264-265］、沖縄でのフィールド調査を計画する。太平洋学術部会には個人調査の推薦制度があり、初年度に早速これを取り付けた数本の研究企画の一つがスミスの「南部琉球の民族誌的・人類学的研究」であった［National Research Council 1947: 22, 37］。入域許可が降りるのは三年後となるが、民間財団の研究助成を受けた妻のトゥルードと石垣島の川平集落で九箇月の共同調査を実施する。一九五〇年のこの調査が、米国人による琉球列島の文化人類学研究の嚆矢となった［National Research Council 1949: 117］。

五二年のＳＩＲＩの調査と合わせ、成果の一部は、第八回太平洋学術会議で「川平の巫女と社会的役割」および「川平の出自集団」として発表される「Smith 1953a, 1953b」。同席していた台湾原住民研究の馬淵は、沖縄を新たな調査地とする準備を始めていた頃であった。馬淵は啓発されると同時にライバル心を掻き立てられ、翌五四年の「沖縄先島のオナリ神」調査を皮切りに沖縄での精力的な調査活動を始めることになる［馬淵　一九五四、一〇七頁］

2 「南部琉球・川平の文化」

米国文化人類学は琉球列島をどのように研究したのか、スミスの民族誌調査からうかがってみよう。彼のみたところでは、日本人が推進した従来の沖縄文化研究は、陶器・漆器や建築、宮廷文芸などであれ、入墨や藁算、巫女祭祀、地割り制度などであれ、トピックを狭く絞り、地域を横断したランダムな採集に基づいたものであった［Smith 1953c: 1］。これに対して、村落とその文化を一つの全体として把握しようとするスミスは、川平の民家に住み込んで、広範な項目にわたる調査をおこなう。

また、結合家族への着目もスミスの民族誌調査の特徴であった。様々なレベルの親族組織の存在を確認した彼は、それらのなかで、核家族とその直系上位世代が同居する結合家族が社会生活の基本単位であると洞察する。そのうえで、集落を構成する一五〇家族の全てについて家長相互の系譜関係や婚入者の生家を把握し、それぞれの所有耕作地や墓所を同定した。近年まで村落内婚が一般的であった琉球列島においては、社会生活が展開する背景を把握するうえで有効な手法であり、集約的調査というスタイルとともに、その後、日本人研究者にも広く用いられることになる。

他方で、後続の村落研究に継承されなかった部分もある。スミスは、現集落に隣接する遺跡で考古学的表面採集をしたり、民具等を大量に写真撮影したりしていた。社会組織ばかりでなく物質文化へも着目しているのは、文化伝播という、北米での研究関心の延長であろう。非物質面でも、「川平には神話が完全に欠落している」という観察などは、北米先住民との比較を抜きには考えづらいものだ［Smith 1960: 150］。

後続の村落研究に照らして、さらにより特異な部分は形質人類学的な調査活動である。スミスは、彼が「真の川平人」とみなす、両親ともに川平出身の住民五五〇名のうち四七九名から採血して血液型を調べた。東アジアのどの集団よりもB型の割合が多かったという。また、二〇歳から六〇歳の約二二〇名の住民に調査依頼を送り、検査場に出向いたその約半数について脳頭骨の計測をはじめとする表現型の測定もおこなっている［Smith 1952a: 11］。

スミスは八重山人と八重山文化が周囲の集団とその文化との関係において占める位置を見極めようとしていた。川平を調査地に選んだ理由として、水田稲作と珊瑚礁での漁労という、八重山を代表する生業形態が自給自足システムのなかでバランス良く機能していることや、社会生活の全体を単独で観察できる規模の、相対的に孤立した共同体であることをあげているが、これら二つのみが条件ならば他の集落でもよかったはずだ。川平でなくてはならなかったのは、「移住の歴史が知られている他の多くの八重山集落とは異なり、発生が古い」ことから、その「住民と文化が真に土着のもの」とみていたからである［Smith 1952a: 1］。注意したいのは、このような視点から描かれる人間集団は、「日本人」との対比という政治的含意とは無縁だったことだ。「川平語」の語彙について、僅かな例外はあるが、日本＝琉球語と共通する形態素がほとんどであり、総じて八重山の他の集落よりも日本語に近いという。

ＳＩＲＩの企画案を練っていたクーリッジは、直近の調査を終えたばかりのスミスに意見を求めたはずである。島嶼間の文化的多様性を悉に実見したスミスにとって、琉球列島を単一の民族誌でカバーするという原案は明らかに不適切であり、群島ごとにこれを作成するという計画変更は、特定地域での文化伝播という彼の関心に沿うものでもあった。

三　ＵＳＣＡＲの人類学者

1　奄美復帰運動緊急調査

帰国したスミスはワシントン州立大学（ＷＳＵ）で人類学部の整備に多忙だったが［Smith 2006: xix］、自ら先鞭をつけた琉球列島というフィールドに惹かれていたらしく、一九五一年七月には再び沖縄に戻っていた。翌年の補充調査までの約一年間ではあったが、ＵＳＣＡＲの職員となり、民間情報教育局情報課に置かれた計画係（Plans Branch）を指揮している。

係長としてのスミスの最初の仕事は、世論調査機関を設置するために派遣されたイシノ・イワオの受け入れであった。両者は共同して、農業問題に関する意識や、ラジオ番組についての感想、語学教材および情報源としての英語書籍の有効性、そして復帰問題についての調査案を策定する。

ところが、復帰問題については、本来の任務とは別の緊急調査となった。七月二〇日、イシノが沖縄に到着したしたのと同日に講和会議の開催予定が正式に発表された。奄美では復帰請願の署名運動やデモ行進、大規模な集会が急速に加熱する。「公共の平安を乱し、あからさまな反米感情の表出へと発展する」ことが懸念され、適切な対策を講じるには、運動がどの程度まで一般大衆の意志を代表するものであり、どの程度までが野心的な政治家や共産主義者による煽動なのかを見極める必要があった。慌ただしく準備を整えたイシノとスミスは九月初日に奄美に入り、それぞれ関と桜田とペアを組んで、サンフランシスコで会議が進行する八日間にわたり一九の学区を巡回し、集団面接方式でおよそ一五〇〇名から回答を集めた「Ishino 1952: 6, 10, 12」。

統計処理が済んだデータは計画係で分析され、勧告を付した報告書が作成された。概略を示すと、圧倒的多数が日本復帰を支持し、感情的な運動だがよく組織されている。反米感情から発するものでも、復帰後の生活レベルの向上を狙ったものでもない。動機は、日本人と日本文化への心情的な一体感であり、信託統治下の生活が不満足なものになるだろうという不安であり、旧沖縄県と一線を画したいという欲求であった。委任統治との混同を差し引いても、信託統治の不人気は明らかであり、これを不服とする回答は八四パーセントに達していた。その理由として筆頭にあがったのは、「幸福や、希望する生活スタイルが実現できない」という生き甲斐の問題であり、次位が「沖縄中央政府のなかで十分な発言権を確保できない」という、地域間の確執であった。日本人でありたいというのが一般大衆の純粋な願望ならば、消去することは難しく、復帰願望の表明を禁圧することは徒に反米感情を煽るので避けるべきであるという［Smith and Elmendorf 1952］。

この計画係の報告書はスミスとエルメンダーフ中尉の連名で作成されている。ウィリアム・エルメンダーフ（William W. Elmendorf, 1912-1997）はセイリッシュ語系のスコーミッシュ族の口承文芸およびその言語トゥナ語の専門家だが、バークレーの院生時代に戦時動員で日本語学校に入り、卒業後は軍事諜報の任務に就いていた。一九四六年に復員してワシントン大（ＵＷ）で教鞭を執っていたが、朝鮮動乱勃発により米極東軍に再招集されている［Olmsted 1998］。沖縄での勤務は五一年九月から翌年八月であり、先に触れたようにＳＩＲＩ八重山調査の担当候補にあがっていた。

エルメンダーフは、他にも、バードが民族誌とは別に提出した行政参考資料「宮古島現状報告」の要約をしている。過剰人口、ＵＳＣＡＲの無関心、沖縄本島からの断絶、漁協の存続、効果的な宣伝メディア、日本語書籍の不足、教員の経済危機といった問題について簡潔に状況をまとめ、明確な対処案を列挙したものだ［Elmendorf 1952］。彼の記名はないが、グラッケンやハリングの民族誌についても同様に要約が作成された。派遣人類学者たちの報告は学術的であり、職業軍人にも理解できるような形式に変換するのはＵＳＣＡＲの人類学者の任務の一つであった。

2　オリエンテーション

ＳＩＲＩ原案でみたように、文化人類学者による民族誌調査は、占領要員へのオリエンテーションを念頭に置いていた。実際に、一九五二年三月にはスミスが新配者向けに、「琉球列島の人々」と題した講義をおこなっている。彼によると、歴史的に日本の政治的付属物であり、日本文化が押し出した半島部でもある琉球は人間生活の根本的な諸相において日本との類似がある。日本の事象について熟知していることが琉球の対応物の理解に役立つのは明らかだが、しかし、その知識のみでは十分でなく、「人類学的には琉球列島はそれ自体で研究されるべき単位である」という [Smith 1952b: 1-2]。

このような展望のもとに地理、「人種」、考古、歴史、言語、経済、社会構造を順次解説しているが、米国人が同国人聴衆に向けた講義ならではの発言に注目したい。たとえば、米国とは異なり琉球では農業という職業にプレステージがあり、定職が別にあっても耕作地を持つ者は自己を農民と呼びたがる。特に格が高いのが米作で、日本時代にイネの品種改良によって収穫が飛躍的に伸びた。「日本統治の他の局面を知れば我々にとって理解しがたい琉球人の日本への愛着」はこれによって説明されるという [Smith 1952b: 13]。また、未開発地の多い米国と異なり、狭隘な琉球で可耕地は貴重であり、道路整備や土地整理によって土砂が僅かでも耕地を埋めるならば、「現地経済に対する犯罪」となってしまう。住民にとっての「豊かな耕地」は、土地に殆ど価値を認めない米国人の想像を遙かに越える意味があることを知っておくべきだという [Smith 1952b: 16]。

3　次年度企画の策定

スミスが在籍した年の『USCAR年報』には計画係の活動として、SIRIの支援と活用に加え、将来の調査計画の策定もあげられている［USCAR 1952: 10］。一九五一年一一月二一日付けで首席民政官に提出された民間情報教育局の次年度SIRI調査案はスミスが作成したとみてよいだろう。

これによると、学術的な問題の理解と、民政上の実践的問題の解決という「二重の目的」のために、次の三つの調査が必要である。ひとつは、文化的に保守的な共同体について文化の型や思考様式を明らかにする民族誌の作成である。第二は、米軍占領の影響により変化しつつある共同体の研究であり、第一の調査を基点にして変化の性質と方向を見極めるという。最後は、民族心理学的な観点からの研究で、このような変化の要因が従来の行動パタンにどのように影響しているのかを分析するものであった［Diffenderfer 1951］。

けれども、三人の文化人類学者の九箇月の派遣を要望するこの計画は陸軍省占領地局に脚下されてしまう。理由は、理系の調査に比べると、直接に行政に役立つ発見がないからだと説明された。この時期にはガリオアが急速に縮減しており、経費削減への圧力もあったはずだ。スミスが帰国した後も研究資金を別途調達する努力が続き、紆余曲折を経て、最終的に、ジョージ・ワシントン大学の人的資源研究所が推進していた軍政の比較研究の下請け調査として実施される。この経緯の詳細については拙稿［泉水　二〇〇八］で触れたことがあるので割愛し、以下では、「緊張研究」と呼ばれたこの調査の担当者とその報告書の内容についてみてみたい。

四　「緊張研究」

1　『戦後沖縄』

サトルス、リブラそしてピッツの三名は沖縄に到着するや、「米人と沖縄人の間には何も緊張などない」と強弁する首席民政官から冷遇される。沖縄に赴任して間もないブラムリー民政官は、これまでのＳＩＲＩの経緯を知らなかった。後でも触れるように、この時期には実際には住民との緊張関係が高まりつつあった。業務書類のなかで当初は「文化変化研究」と呼ばれていた調査企画が、明確な区切りなしに次第に「緊張研究」と呼ばれるようになったのは、現実問題に即応したいという関係者の意識に導かれたものであろう。ところが、これが逆効果となる。リブラの回想によれば、「書類が官僚の手から手へ渡っているうちに、いつの間にか我々の研究計画に、おせっかいにも『緊張の研究』というサブタイトルがつけられてしまった。そしてこれが在沖米軍のお偉方の神経を必要以上に緊張させる結果になった」のだという［リブラ　一九七四、五頁］。

とはいえ、翌年六月までの九箇月間、基本的には那覇に宿泊し

表４　『戦後沖縄』執筆分担

章	タイトル	執筆担当	頁数
1	地理	ピッツ	3
2	言語	リブラ	6
3	農耕史・土地利用・食料	ピッツ	14
4	農村経済(Rural Economy)	ピッツ	13
5	家族生活	サトルス	37
6	政治組織と統制	リブラ	15
7	人口	ピッツ	30
8	土地保有	リブラ	19
9	健康	サトルス	31
10	教育	サトルス	6
11	農村の文化変化	リブラ	18
12	沖米関係	サトルス　リブラ	19

それぞれの主要な調査地点に通って調査を続ける。収集したデータは互いに共有したが、執筆は表4のように章ごとに分担し「緊張研究」が否定されたため提出前月になってもタイトルが決まらなかったが［Gladwin 1955a］、最終的に『戦後沖縄』という些か曖昧な表題が付けられた。

2　ウェイン・サトルス

ウェイン・サトルス（Wayne Suttles, 1918-2005）がＳＩＲＩに参加した経緯はスミスのそれと極めて類似している。ワシントン州の農家で育ち、ワシントン大（ＵＷ）へ進学して文化人類学を学んだ彼は、一九四一年に学部を卒業すると直ぐに入隊し、海軍日本語学校に送られる。日本語将校として最後の赴任地となったのが沖縄であった。

沖縄軍政府時代のサトルスについては、新聞復活に関する活動が沖縄側に記憶されている。一九四五年七月二五日、石川にあった民間人捕虜収容所のなかでガリ版を藁半紙に刷った『ウルマ新報』が発刊され、毎週五〇〇〇部が無償配布された。日本軍守備隊が首里から撤退した後は報道が完全に停止したので、大局的な戦況を避難民は知らず、ポツダム宣言の受諾を報じた四号をデマと受け取る人も少なくなかった。編集の糸州安剛によれば、六月頃に訪ねて来たサトルスに、教職経験を応用して刊行に協力するよう依頼されたという。戦火を逃れた印刷機器を拾い集め、活字印刷となった六号になって初めて掲載された発刊の辞は、「諸氏に速く国際電波を中継しようとする想」に導かれて発刊に至ったとし、サトルス海軍大尉を筆頭に、コダニ軍曹、社長・島清、そして糸洲ら沖縄人社員一一人の名が並んでいる［琉球新報百年史刊行委員会　一九九三、一六五―一七〇頁］。

『琉球新報』の社史によれば、新聞社は九月中旬に接収民家に移動し、サトルスらは軍政府から通ってきて、米国側提供の記事の翻訳を命じ、沖縄側の記事は英訳させて検閲したというが［琉球新報百年史刊行委員会

一九九三、一七一―一七二頁〕、社長の島清の回想は大分異なっている。戦前から社会主義者を自認し思想弾圧にも屈しなかった彼は、サトルスらにも毅然とした態度で臨んだ。完全な編集権の掌握や軍の不干渉などを条件に社長を引き受けるが、それでも用心して、軍政府から離れた民家を市長の仲介で借りて社屋にする。サトルスらが日参するのは、女性との交際を含め民間人と接触するために外出する口実であり、島清は彼らを「被用人の如く使い、彼らも頼まれることを期待し喜んで協力した」という〔島　一九七〇、一九七―二〇〇頁〕。

復員したサトルスはワシントン大に戻り大学院に進学する。学位論文は「ハローおよびロザリオ海峡の沿岸セイリッシュの経済生活」（一九五一）で、加米国境の島々の先住民についての民族誌であった。ボアズの流れを汲む文化人類学者として歴史的再構成や言語研究を重視し、ポトラッチの新解釈や、community概念の批判、セイリシュ文化起源の再解釈、先住民訴訟の支援などで活躍し、沿岸セイリシュ研究者としての地歩を築いた〔Jonaitis 2006〕。ＳＩＲＩに参加するために沖縄を再訪するのは、ブリティシュ・コロンビア大学で教職に就いて間もない頃であった。

３　「家族生活」から「復帰運動」へ

表４をみると明らかなように、サトルスが大きな関心を寄せたのは家族生活であった。「家族つまり世帯構成員は経済単位であり、社会単位であり、そして儀礼単位である」という一文は、彼の視点を端的に示す。父親から長男へと続く垂直線を基軸にして構造化され、家族は一体であり持続すべきものという価値観がこの構造を支えている。したがって、構成員の重要性はこの基軸との距離によって決まり、家族から得られる安心感もこれに比例する。息子に劣る娘は嫁として出ていき、長男に劣る次男以下は分家して出ていく。息子がなければ、兄弟や従兄弟の息子を養子に迎え、家族の持続を維持するのが沖縄の家族であった〔Pitts et al. 1955: 42〕。

米国人に向けて書いているため、サトルスは、「鋭い対照」という句を多用して米国の家族との比較を繰り返す。米国では個人が社会の基本単位であり、家族は夫婦の紐帯が基礎となる。子供たちは成人すれば親元を離れ、それぞれの配偶者と新たな家族を形成する。個々の夫婦関係のみが安心感の拠り所であるから、夫婦の恋愛関係が強調され、世代を超えた家族の持続は無いから、兄弟姉妹は平等であるが、それ故に遺産相続の争いが多い [Pitts et al. 1955: 43-44]。フランシス・シューに言及していることからも明らかなように、このような比較対照は、当時の米国人類学会にあった東アジア社会についての文化相対主義的な理解を踏襲したものであろう。

そのうえで、沖縄での観察にもとづいた民族誌的記述が盛り込まれるが、サトルスが学術的な関心から追求したのは親族名称の問題であった。父方母方を区別しない無系的な親族名称が根付いているにもかかわらず、門中という父系出自集団が形成されていて、しかも外婚規制はなく、祖先祭祀に特化している。このような状況を観察したサトルスは、親族名称の起点を個人に置かず家族を単位とし、名称は家族内の位置を表現するものとみなして、そこに比較的近年になって門中祭祀が導入されたという解釈を試みている[Suttles 1964]。沖縄社会への門中の浸透は、「門中化」というテーマで後年に盛んに議論されるが、親族名称に着目した立論は少なく、北米先住民研究者らしいアプローチだといえよう。

対照的に、実践的な課題へと収斂していくのが養育や躾の分析である。サトルスが出会ったある祖母は、三歳になる孫の前でその私生児であることを告げ、アメリカに里子に出すとからかった。米国人の目には、祖母の行為は問題発言と露骨な虐めにみえたという。子供は未だ人間以下の存在としてしか扱われないという点から彼は説明を試みている。米国と比べると身体的な接触は濃密であったが、極端に異なる言語で話しかけたり、子供の存在を無視したかのように大人の話をするのは、精神的には大人の世界との隔絶があるからだ。当人を前に問題発言ができるのはこのためであるという［Pitts et al. 1955: 58-59］。

他方で、露骨な虐めにみえたからかいは、家族と離れることを恐れ家族の一体性を願うという社会的に望ましい感情を育成しているのだという［Pitts et al. 1955: 62］。子供として年長者の愛情を注がれて育ち、とりわけ嫁がそうであるように子を持つ親となって初めて一人前の地位と尊厳を認められ、他界した後は年忌供養などの形で子孫からの敬愛を期待できる。このようなシステムには家族の団結と永続が不可欠であり、つねに強調されなくてはならない。溺愛され甘やかされる幼児が、聞き分けが悪いと捨て子にすると脅されたり、あの世から庇護を与えてくれる祖先が、供養が不十分だという理由で子孫を病気にしたりする。つまり、家族生活を背後から支えているのは、上位者への服従や敬慕が足りないと、家族から切り捨てられるという恐怖心なのだという［Pitts et al. 1955: 75］。

家族生活を通して習得される権威や責任感、また成員相互の義務の在り方は社会一般へと拡大され、自らの役割を演じ人間関係を形成する雛型となる。人々は年長者を敬い、年少者から尊重されることを期待する。農民であれば、子供が親の指図を期待するように、政府からの指示を期待し、役人や教師であれば、同席した子供の存在を無視する大人のように、教育の無い者たちの頭越しに話をすることになる［Pitts et al. 1955: 76］。社会一般へとこのように延長されたサトルスの家族生活の理解は、復帰運動について興味深い分析を導くことになる。

彼はまず、復帰運動の主流が日本施政を求めているだけで、反米運動ではなく、米軍基地の安全保障上の必要性は理解されており、経済的にも必要とされていることを確認する。そのうえで、日本政府援助による待遇改善が期待できる教員や公務員と、日本企業との競争に勝ち目がない民間業者とでは意見が異なるが、このような現実的な考慮とは別に、復帰主義を支える感情的な基礎があるという。それは、両親や先祖と切り離され独りにされることを恐れるという、沖縄文化のなかで生み出される基本的な恐怖心であった。「寂しい」沖縄が「祖国」日本を求めるという語り口は、このような不安感が作動していることを示す。人々は独り立ちするよりは大きなシステムの一部でありたいが、米国と同一化はできないから、戦前の不公平な待遇を承知していても、日本の一部となることを臨んでいるのだという分析であった［Pitts et al. 1955: 215-216］。

4　伝統医療と宗教

サトルスの執筆した今ひとつの章は「健康［health］」であるが、ここには公衆衛生状況についての客観的なデータは殆ど盛り込まれていない。独特の身体観や伝統医療についての記述と、これらと不可分に結びついた超自然的存在の観念および宗教的職能者についての解説である。

マブイ（魂）の喪失やイチジャマ（生き霊）による妖術などに触れた後で、「最も頻繁に不幸と病気の原因とされる」としてサトルスが注目しているのがウガンブスク（御願不足）である。適切で十分な供養と引き替えに祖先は富と幸福をもたらすが、誤ったり欠かしたりすると災いを以て子孫を罰する。多くの場合、ユタ（巫者）の判示によって具体的な過誤が特定された。災因として「極めて一般的な不安であり、祖先崇拝の全構造の中核」となる考えである［Pitts et al. 1955: 159-160］。近代医学の知識が浸透すれば、例えば、産婦を無暗に暖めたり、幼児に瀉血をしたりといった民間療法は姿を消すが、このウガンブスクに懐疑を差し挟む余地はないという。というのは、宗教の構造と社会組織が最も緊密に結びつく地点こそがウガンブスクであり、葬儀や埋葬の在り方を決めているばかりでなく、恐らくは、生前の年長者への尊敬をも動機付けているからであった［Pitts et al. 1955: 168］。

ここでサトルスが扱った問題は、その後、リブラによってシャーマン研究として継承され［Lebra 1964］、村落の農耕儀礼などを含む総合的な沖縄の土着宗教の研究へと発展する［Lebra 1966］。

ウィリアム・リブラ（William Philip Lebra, 1922-1986）は、終戦直後の八月にマニラのマッカーサーの司令部から派遣され、二週間ほど沖縄に滞在している。学部の卒業は一九四八年であるから、学業中途で入隊したようだ。ハーバード大の院生時代に、太平洋学術部会の創設にも深く関わった指導教員のオリバーの推めでＳＩＲＩに参加する。翌五五年一〇月から五七年八月まで個人的にも沖縄調査をおこなった。その後も国立精神医学研究所の助成で沖縄調査を継続し、主著『沖縄の宗教』（一九六六）のほか、『異文化間精神衛生研究』（一九七二）や『青年、社会化、精神衛生』（一九七四）、そして『文化異存症候群』（一九七六）など主に医療人類学分野の業績を残す。この間、六一年にハワイ大学で教職に就くと、社会科学研究所の初代所長を務め、人類学科では沖縄の講義を開講した［リブラ一九七四］。ＳＩＲＩに参加した文化人類学者としては例外的に沖縄研究の専門家となり、後年の業績は広く知られているので、以下では、彼のＳＩＲＩ報告に絞ってみてみよう。

5　土地所有制度と軍用地問題

リブラの執筆分担のうち行政用報告という観点から注目すべきは、軍用地問題への提言を導いた土地所有制度の解説であろう。この章でリブラは、琉球国時代の地割り制について概説し、日本時代に導入された私有化によっても日本本土のような不在大地主を生み出すことなく、零細な自作農が大半を占めたことを述べる。そのうえで、戦後の軍用地収用の影響が対照的な二つの村落の状況を比較している。

兼城村字兼城は約五〇〇人規模の古い集落で、戦死者を引揚者が補充してこの人口が維持されていた。軍の収用は無いに等しく、世帯あたりの耕地面積は全島平均の1・5倍と相対的に広い。にもかかわらず、住民には農業を捨て都会へ移住したいという希望が強かった。リブラによれば、「沖縄の農民は土地に愛着をもたず……農業というのは、他の仕事がないから従事する低級な職種であり……農民にとって耕地は生活の糧という以上の何物でもない」のだという（Pitts et al. 1955: 136)。(1) ひとつの理由は、都市化が進行するなかで、精々のところ自給自足レベルに過ぎない農作よりも有利な仕事の機会が増えているからであったが、リブラは過去の土地制度の影響を推察する。地割り制のもとでは、一時的な耕作権が与えられるに過ぎず、期限が満ちれば他人の手に移る耕地の改良に骨を折ることは無意味であり、日本本土や中国の農民のように、固定した所有地との結びつきを育む条件がなかった（Pitts et al. 1955: 136-7)。

これと比較される上本部村北里は人口四〇〇人ほどの集落であるが、戦後は軍の飛行場に約四割の土地が奪われ、さらに別の三割以上がその建設に関連して不可耕地となっていた。その結果、世帯当たりの耕地面積は兼城の一割にも満たず、しかも、北部の遠隔地にあるため基地関係の雇用先も少なかった。リブラによれば、一見して生活が貧しく、人々は飢餓状態に向かっており、女児間引きも疑われるほどに危機的な状況だった。当然、米軍に対する強い怨嗟が存在するが、駐留自体は敗戦の当然の帰結と受け止められていて、問題はむしろ借地料が収用地の価値に見合わないという点にあったという［Pitts et al. 1955: 137-144］。

土地をめぐる問題は、「農村の文化変化」の章でも再述される。ピッツの統計分析によれば、近代期を通じて沖縄の耕地面積は着実に減少していた。リブラはその根本原因を琉球国下の重税と農奴的身分に求める。日本時代に課税が緩和され、非効率的な耕地まで無理に利用する必要が無くなった。同時に職業と移動の自由を得た農民が、蔑視されたその生業を捨て、あるいは零細経営に見切りをつけて、出稼ぎや移民へと向かった結果、耕地面積が徐々に減ったという説明である［Pitts et al. 1955: 183］。

この説明が正しければ、戦後の軍用地収用は、過去五〇年間の動向を加速させたにすぎないことになる。接収により苦難に立たされた農民たちが問題にしているのは、耕地を奪われたことではなく、生活手段を失ったのに十分に補填されていないことであるという。ならば、「収用された土地が返還されたとしても、ほとんどの住民は、そこを耕すよりは、適切な契約条件で軍に賃貸する方を選ぶ」可能性が高かった［Pitts et al. 1955: 184］。このＳＩＲＩ報告書が提出された頃には軍用地接収をめぐる紛糾が火急の問題となっており、翌年のプライス勧告の発表を機に島ぐるみ闘争へと発展する。リブラの報告が対策を練る米国政府にそのまま利用されたことを確認できていないが、人的資源研究所が陸軍占領地局にあてた報告では、「核心を外れいい加減な」ピッツの報告や「無味乾燥であまり役立たない」サトルスの報告とは、その質と方向性において「輝くばかりの対照をなす」と絶賛されていた［Gladwin 1955b］ただし、次にみるように、ピッツへの低い評価は必ずしも公平なものではなかったようだ。

６　フォレスト・ピッツ

緊張研究の原案では人類学者三人の派遣が要請されていたが、サトルスやリブラと調査隊を組んだフォレスト・ピッツ（Forrest Pitts, 1924-）は地理学者であった。ＳＩＲＩでの任務の後に伝統的な人文地理学を離れ、形式的・計量的な手法に傾倒するが、その一方で東アジア農村での綿密な野外調査も得意とする希有なタイプの研究者である。オレゴン大在職中の一九六〇年に同大経済開発顧問団の一員として韓国に派遣され、日本製ハンドトラクターの導入を進めた。六五年にハワイ大に移り社会科学研究所の副所長となる。七二年には同大に韓国研究センターを設立するなど、韓国専門家としての活躍で知られる［ピッツ　二〇〇八、二九四―二九七頁］。

海軍日本語学校を卒業したピッツは戦地へは派遣されずに情報局本部で軍務を終え、復員兵援護法の適用を受けて学業を続けた。ロバート・Ｂ・ホールと出会い、ミシガン大に設立されたばかりの日本研究所に誘われて、四八年に同大極東研究専攻過程に進学する。五一年一月に岡山の同研究所分室に赴き、主に香川平野の農村で一五箇月のフィールド調査をおこなった。元来は耕作不適地であったが、それ故に住民は農業技術の開発に熱心に取り組み、日本でも指折りの農業地帯が広がっていた。「香川の農民は逆境の中で豊かな暮らしをしている」というのが博士論文の結論である。非常勤講師をしながら論文審査を待っているとき、本人の言によれば赴任旅費を貯めるために、「沖縄人とアメリカ人の間の緊張関係の原因を探る」プロジェクトに参加することになったという［ピッツ　二〇〇八、二八八—九頁］。

執筆担当は、「地理」と「農業史、土地利用および食料」、「農村経済」そして「人口」であり、香川調査での経験を生かしたものであることは明らかだ。市町村統計を地図に落とし、人口動態や耕地面積、利用形態の変化をグラフィックに解説する。また、主要作物の変遷や耕作機器や肥料の発達、食物と食事について概略を述べたうえで、具体的に農家一戸の全作付け品目の実例や、一回の儀礼で実際に提供された料理の一覧などをあげる。このような事例は、彼の主要な調査地点であった東風平村友寄から得ていた。友寄の七班という僅か二三戸の集落を彼は徹底的に調べあげたようだ。ルーラル・エコノミーを扱う際も、日用雑貨の売買や頼母子講の解説に七班での聞き書きにもとづく具体的な描写が効果的に用いられる。

旧来の暮らしが残る村落をベースラインとして、米軍の影響が激しい村落の変化を観察するという研究計画の骨子にしたがって、調査隊の三名はそれぞれ二つずつ主要な調査地をもっていた。リブラが兼城と北里のデータを多用するのはこのためであり、サトルスは南部の知念半島にある知念村山里と、中部の基地に隣接した恩納村の山田を選ぶ。ピッツが選んだ友寄七班は、接収や軍雇用と縁が薄い集落であったが、もう一方の調査地であった越来村についてはＳＩＲＩ報告書『戦後沖縄』に記述がない。コザとして知られるこの「集落」は嘉手納空軍基地に隣接し、米兵相手の歓楽街となっていた。ピッツらが調査に入った一九五三年には、新規接収の開始により各地で住民との摩擦が顕現する。不測の事態を懸念する首席民政官との間に生じた、コザ調査をめぐる意見の対立が災いしてＳＩＲＩ事業そのものが継続できなくなる。この経緯については拙稿で触れたので［泉水　二〇〇八］、機密文書として『戦後沖縄』から削除されて別刷りされたピッツの報告書をみてみたい。

7　コザ

「都市的背景―コザ」と題された一六頁ほどの冊子の扉には、医療および社会学の専門家のみが利用を許されると記されている。本来は、『戦後沖縄』の第一二章「沖米関係」にある「田園的背景―山田」というサトルスの文章の直後にあったが、草稿を検討した陸軍占領地局、人的資源研究所および学士院の合同会議で「事実としては正しいが、機密扱い外文書からは削除すべき」と決定された（Gladwin 1955a）。

ピッツによると、コザの歓楽街は幹線道路を挟んで南北に分かれ、北側が「いわゆる『白人』地区」に、南側が黒人地区になっていて、北側には約四〇〇人、南側には約二四〇人の女性がいた。ピッツの父母はそれぞれイギリスとオランダからの移民の子であったが、黒人地区の方を調査地に選んでいる。売春宿の主人の自宅の所在地によって区分された二つの組合があり、美里村宮里の組合に一〇軒が、越来村照屋の組合に四六軒が所属していた。付近の交番が組合員の会合に使われており、そこでの聞き書きが主要な情報源となる。

報告の内容は、一回のサービスの値段や主人に納める仲介料の比率、性病対策の方法、特殊なサービスの種類など詳細で赤裸々だ。照屋の組合員のうち一〇名については、年齢、出生順位、出身地、家族構成、雇用者数、自己所有地面積、家族所有地面積、前職、営業年数、直近二箇年の年収などを一覧にして示している。地元の税務署が徴税していたが、琉球政府の土地台帳の上では歓楽街は以前の農地として記録されたままであり、正当な税収に繰り入れられているかは疑わしいという。その一方では、組合は組合長、副組合長、医療助手を備え、それぞれが月給を受け取り、他の組合員も通常のビジネスとして売春宿を経営し周囲もそう認めていたという。

これらの経営者たちは軍警察（ＭＰ）とは難しい関係に立っていた。「治安維持」を名目に歓楽街の「人種隔離」を管理しているのが軍警察だったが、経営者は違和感を表明し、黒人の顧客にも積極的に支持する者は少なかった。さらに、立入禁止（Off-Limits）権限を濫用して経営者を強請る軍警察官もいて、住民から「ケンペイタイ」と呼ばれることもあったが、悪名高い旧日本軍組織と同一の呼称は、米国の威信を大いに気づけるものだという。

ピッツは、八名の女性についても、年齢、子供の有無、生家の家族、出身地、年収、前職、売春婦になった理由の一覧を作成している。彼女たちは沖縄島北部や先島あるいは離島の出身で、南洋など外地からの引揚者の娘も混じっていた。最初の就業には両親の承諾を必要とする決まりであったが、両親に勧められて来た者はなく、みな志願しての就業であったという。理由は、学齢期の兄弟姉妹の援助や病身の親兄弟への仕送り、あるいは自己の治療費による借金の返済などであった。ピッツによれば、当時の沖縄では売買春は社会システムの一部として認められていて、一度就いたら足を洗えなくなるような職業ではなく、売春婦は、経済的に家族を養っているという点で自らの行為を誇りに感じている可能性もあるという。「沖縄社会は家族への忠誠を、西洋由来の清教徒的な道徳規範などよりもはるか上に置いているという点が強調されるべきである」［Pitts 1955: 16］という一文でピッツは報告を結んでいる。

おわりに

米軍による琉球列島の統治は米国文化人類学に新たな調査フィールドを提供することになった。ＳＩＲＩ事業によって派遣された米国人研究者のなかに、それ以前より沖縄研究に携わっていた者はなく、沖縄での調査に先立って彼らにあったのは、戦時動員で身につけた日本語と、スミスやサトルスなどの一部は、沖縄戦での軍政経験のみである。本章では言及できなかったが、宮古調査を担当したバードは海軍日本語学校の一期生であり、横須賀でニミッツやハルゼーの通訳をしていた。一九五一年の沖縄調査を担当したグラッケンはシカゴ大に設置された民事訓練学校で日本語を学んで朝鮮軍政府で働いていた。(2)

けれども、従来の研究動向と無縁だったことは、新鮮なアプローチの導入を可能にする。ひとつは、米国社会との比較対照を多用した記述であり、沖縄社会の観察を米国軍人にわかりやすく伝えるというＳＩＲＩの目的に導かれたものである。いまひとつは、集約調査という手法であり、親族組織、とくに家族の在り方を基礎にした研究方法である。米国文化人類学が主に北米先住民研究のなかで培った技術はＳＩＲＩ人類学者に共有された素養であった。

では、米軍は彼らに何を期待していたのだろうか。公衆衛生や天然資源の企画に比べると軍政の実践に直結する成果がないという理由で文化人類学の企画が陸軍省で脚下されたことをみた。しかし、注意が必要なのは、これは中央上層部の評価であって、現場では、別途資金を調達してまでもこの調査が実施されたことである。ＳＩＲＩ民族誌がもたらす情報は、「民間情報教育局のプログラムが展開されるところの社会=文化的文脈を見極める助けとなってきた」［USCAR 1952: 9-10］のであり、同局が情宣活動を効率よく進めるには不可欠な情報であった。

この情報収集において問題となったのは住民とのコミュニケーションである。わずかな例外を除けば、不自由なく住民と会話できた米国人は日系二世のみであったが、異文化研究の訓練を受けていない彼らには、自己の偏見に留意して観察に臨むことは容易ではなく、一定の形式を備えた報告書をまとめることは尚一層難しかっただろう。通訳を付けて調査に入る程度の日本語能力であったとしても、社会調査や文化分析の専門的な訓練を受けた研究者が必要とされた理由はここにあった。

ＵＳＣＡＲは、関敬吾や桜田勝徳といった日本人からも貪欲に情報を収集している。彼らがイシノの世論調査に助手として同行したことにふれたが、主要任務の合間に両者は個人的な調査もおこなった。調査項目に拘束はなかったので、民俗学者らしく、戦災が少なかった兼城村兼城や北部の集落をまわって、御嶽やノロ、門中などについて聞き書きを集めている。日本側では戦後初となる沖縄調査報告が『民間伝承』に掲載されているが［桜田　一九五二、関　一九五二］、彼らがそこで触れていないのは、フィールドノートをＵＳＣＡＲに提出させられていたことである。民間情報教育局はこれを評して、「断片的だが有益な情報を含み、将来の調査の糸口となる」とし、英訳したうえで形を整えて回覧していた(3)。住民政府の高官をはじめとする那覇在住の有力者たちの思想と動向は把握していたであろうが、後背地の農村で一般住民がどのような生活を営み、何を考えていたのかは知るよしもなかった。ＵＳＣＡＲが文化人類学者に期待したのは、この情報の欠落を埋めることであり、住民の系統を論じたり、日本人や日本文化との差異を見極めたりすることには差し迫った必要はなかったのである。

リブラを除けば、ＳＩＲＩに参加した後に沖縄研究者に留まった者はいない。スミス、エルメンダーフ、サトルスは北米先住民研究に戻り、共著論文や遺稿出版など相互に交流もあったことが確認できるが［Elmendorf&Suttles 1960; Smith 2006］、彼らの研究にＳＩＲＩでの経験が影響を与えることはなかったようである。

【注】

（1）先にみたスミスの報告と正反対の観察であり、リブラの解釈が正しければ、八重山では地割り制が不在だったことに原因を求めることができる。なお、『戦後沖縄』の著者たちは、バードやグラッケンのＳＩＲＩ報告書を参照しているが、スミスの報告を参照した形跡はない。

（２）残る一名のＳＩＲＩ人類学者は、一九五一年の奄美調査を担当したハリングである。一八九四年生まれで、戦前の日本で宣教師をした経験をもつ彼は、世代においても、日本語の習得においても、ＳＩＲＩ人類学者の中では特異であり、その筆になるＳＩＲＩ報告書の形式と内容も大きく異なっている。彼の経歴と調査活動については、稿を改めて取り上げることにしたい。

（３）関のノートを材料に作成された冊子は、Keigo Seki "Survey of the Okinawan Villages Kijoka, Shioya and Taminato in Ogimi-son," October 1952である。筆者は現物を確認できていないが、ＵＳＣＡＲから琉球軍指令長官室に貸し出された参考資料セットに含まれている［Tanner 1957］ことから、他のＳＩＲＩ報告書と同様に利用されていたとみて間違いない。

本論の執筆中に堀川輝之氏から、沖縄県公文書館の最新の公開資料についてご教示いただいた。記して感謝申し上げる。

【英文参考文献】

DIFFENDERFER, H. EARL (1951) "Recommendations for New SIRI Anthropological Projects, 1952," 19 Nov. (RG260/ HCRI-AO/ B29/ F4).

ELMENDORF, WILLIAM W. (1952) "Summary of Critical Points in Mr. Burd's Miyako Report," 11 Feb. (RG260/ HCRI-AO/ B29/ F4).

ELMENDORF, WILLIAM W. & WAYNE SUTTLES (1960) "Pattern and Change in Halkomelem Salish Dialects," *Anthropological Linguistics* 2(7): 1-32.

GLADWIN, THOMAS (1955a) Letter to COOLIDGE, 19 May（沖縄公文書館0000106049）.

(1955b) Letter to HARBISON, 1 Mar（沖縄公文書館0000106049）

ISHINO, IWAO (1952) "Final Report of the Public Opinion Survey Unit," Apr 52, Washington: Pacific Science Board.

JONAITIS, ALDONA (2006) "Obituaries: Waye Suttles (1918-2005)," *American Anthropologist* 108(2): 459-461.

LEBRA, WILLIAM P. (1966) *Okinawan Religion: Belief, Ritual, and Social Structure*, Honolulu: University of Hawaii Press.

LEBRA, WILLIAM P. (1964) "The Okinawan Shaman," SMITH (ed.) *Ryukyuan Culture and Society: A Survey*, Honolulu: University of Hawaii Press, pp. 93-98.

NATIONAL RESEARCH COUNCIL (1947) *First Annual Report: Pacific Science Board 1947*, Washington: National Research Council.

(1949) *Third Annual Report: Pacific Science Board 1949*, Washington: National Research Council.

(1950) *Fourth Annual Report: Pacific Science Board 1950*, Wasington: National Research Council.

OLMSTED, D. L. (1998) "Death Notice: William W. Elmendorf," *Anthropology News*, March issue.

PITTS, FORREST R. (1955) "The Urban Setting–Koza (Classified Section of "Post-war Okinawa")," （沖縄県公文書館フライマスコレクション 0000029682）。

PITTS, FORREST R., WILLIAM P. LEBRA & WAYNE P. SUTTLES (1955) *Post-War Okinawa*, Washington: Pacific Science Board.

PRICE, DAVID H. (2008) *Anthropological Intelligence: The Deployment and Neglect of American Anthropology in the Second World War*, Durham: Duke University Press.

RYUKYU MILITARY GOVERNOR. (1950) "Contract for Services of Pacific Science Board, National Research Council," 10 Oct (RG331/GHQ-SCAP/B8929/F17).

SMITH, ALLAN H. (1952a) *Final Field Report on Anthropological Research in Yaeyama*, Washington: Pacific Science Board.

(1952b) "People of the Ryukyus: An Orientation Lecture for USCAR Personnel, March 1952," 2 may（沖縄公文書館フライマスコレクション 0000029688）.

(1953a) "The Formal Descent Groups of Kabira Village Southern Ryukyu Islands," *Fourth Far-Eastern Prehistory Congress and Anthropology Division of the Eighth Pacific Science Congress: Abstracts and Messages*, Quezon: The Organizing Committee, pp. 35-36.

(1953b) "The Priestesses of Kabira and Their Role in Native Society," *Fourth Far-Eastern Prehistory Congress and Anthropology Division of the Eighth Pacific Science Congress: Abstracts and Messages*, Quezon: The Organizing Committee, pp. 34-35.

(1953c) "Recent Anthropological Research in the Ryukyu Islands," *Clearinghouse Bulletin of Research in Human Organization* 2: 1-4.

(1960) "The Culture of Kabira, Southern Ryukyu Islands," *Proceedings of the American Philosophical Society* 104: 134-171.

SMITH, ALLAN H. (ed.) (2006) *Takhoma: Ethnography of Mount Rainier National Park*, Pullman: Washington State University Press.

(1964) *Ryukyuan Culture and Society: A Survey*, Honolulu: University of Hawaii Press.

SMITH, ALLAN H. & WILLIAM W. ELMENDORF (1952) "The Reversion Movement on Amami Ohshima: A Report Based upon the Findings of a Public Opinion Survey, September 1951," 14 Mar (RG260/ HCRI-AO/ B29/ F4).

SUTTLES, WAYNE P. (1964) "Problems of Cultural History," SMITH (ed.) *Ryukyuan Culture and Society: A Survey*, Honolulu: University of Hawaii Press, pp. 57-66.

TANNER, JOHN L. 1957. Letterr to HOLLAND, "Loan of SIRI Set," 21 Mar（琉球大学沖縄戦後資料１七—三）.

TUCHILL, LEONARD D. (ed.) (1963) *Proceedings of the Tenth Pacific Science Congress*, Honolul: Bishop Museum Press.

USCAR (OFFICE OF DEPUTY GOVERNOR) (1952) *Annual Command Report 1952*,（沖縄県公文書館フライマスコレクション 0000025277）.

【和文参考文献】

ウィリアム・P・リブラ（一九七四）「日本の読者へ」、『沖縄の宗教と社会構造』、弘文堂、八―一〇頁。
桜田　勝徳（一九五二）「沖縄民俗の現状」『民間伝承』第一六巻第二号、五〇―五四頁。
島　　清（一九七〇）『わが言動の書―沖縄への報告―』沖縄情報社。
関　敬吾（一九五二）「沖縄の村々―大宜味村田港・塩屋のノロ制度―」『民間伝承』第一六巻第二号、五五―六四頁。
泉水　英計（二〇〇八）「サイライ・プロジェクト―米軍統治下の琉球列島における地誌研究―」、『米軍統治下の沖縄における学術調査研究』、神奈川大学国際経営研究所、三一―一二一頁。
同　（二〇一〇）「沖縄の地誌研究―占領期アメリカ人類学の再検討から―」、坂野徹・愼蒼健『帝国の視角／死角〈昭和期〉日本の知とメディア』、青弓社、一四七―一七六頁。
トーマス・W・マレツキ（一九六二）「第二次世界大戦後の米国人類学者による琉球研究」『民族学研究』第二七巻第一号、九七―一〇二頁。
仲宗根源和（一九七三）『琉球から沖縄へ―米軍政混乱期の政治事件史―』月刊沖縄社。
比嘉　政夫（一九六九）「八重山川平におけるお嶽をめぐる儀礼と祭祀組織」『民族学研究』第三四巻第一号、二一―三九頁。
同　（一九八五）「外国人による沖縄村落研究―社会人類学の視点から―」、石田寛（編）『外国人による日本地域研究の軌跡』、古今書院、二五七―二七六頁。
フォレスト・R・ピッツ（二〇〇八）「脇道から地理学へ」、グールド・ピーター＆ピッツ・フォレスト『地理学の声―アメリカ地理学者の自伝エッセイ集―』、古今書院、二八〇―三〇四頁。

馬淵　東一（一九五四）「太平洋学術会議・極東先史学会議に出席して」『民族學研究』第一八巻第四号、四〇二―四一〇頁。

琉球新報百年史刊行委員会（編）（一九九三）『琉球新報百年史』琉球新報社。

1952年									1953年												1954年					
4	5	6	7	8	9	10	11	12	1	2	3	4	5	6	7	8	9	10	11	12	1	2	3	4	5	6
○	○	○	○	○	○	○	○	○	○	○	○															
○	○																									
						○	○	○	○																	
								○	○	○	○	○	○	○												
○																										
					○	○	○	○																		
○	○	○	○	○																						
○	○	○	○																							
○	○	○	○	○	○	○	○	○																		
																	○	○	○	○	○	○	○	○	○	○

53年11月 *The Program in Tuberculosis Control among the Ryukyuans.*
? *Survey of Ocular Diseases in Okinawa.*
55年3月 *Final Rpt on Parasitological Program*。
同月 *A Survey of Insects of Medical Importance on Ishigaki and Iriomote Islands, Southern Ryukyus.*
同月 *Rpt on Entomological Investigations.*
52年6月『沖縄植物誌』(園原咲也・多和田真淳・天野鉄夫著)、54年1月『琉球重要樹木誌』
同月 *A Forestry Education Program for the Ryukyu Islands.*
52年6月 *Progress Rpt on Entomological Investigations.*
52年2月「植物防疫法(布令64)」。同年4月事後確認。
同月 *Rpt on Establishment of Chemistry Laboratry at Yogi Agricultural Experiment Station.*
54年1月 *Catalogue of Injurious Insects in Ryukyu Islands* (SIRI Rpt #5)。
翌年4月 *Final Rpt of the Public Opinion Survey Unit.*
52年10月 *The Island of Amami Oshima in the Northern Ryukyus* (SIRI Rpt #2)。
53年2月 *Studies of Okinawan Village Life* (SIRI Rpt #4)。
52年7月 *Karimata: A Village in the Southern Ryukyus* (SIRI Rpt #3)。
同年9月? *Anthropological Investigations in Yaeyama* (SIRI Rpt #1)。
54年8月 *The Okinawans in Latin America: Investigation of Okinawan Communities in Latin America with Exploration of Settlement Possibilities* (SIRI Rpt #7)。
53年6月 *Ryukyu: Kingdom and Province before 1945* (SIRI Rpt)
55年6月 *Post-War Okinawa* (SIRI Rpt #8).

表5　SIRI 事業における個別企画の変遷、派遣研究者、実施時期および成果物一覧

	1950/10/1 原案		1951/2/1 申請		1952/2/7 申請			1951 年									
	専門分野	人月	専門分野	人月	専門分野	人月	担当者	6	7	8	9	10	11	12	1	2	3
公衆衛生福祉局	肺結核	6	同左	6	左延長	6	Pesquera					○	○	○	○	○	○
	眼疾患	6	同左	6			Trotter			○	○	○	○	○	○	○	
	小児科	6															
	寄生虫	6	同左	4	左延長	4	Saleeby				○	○	○	○	○	○	○
	衛生昆虫学	6	同左	3	衛生昆虫学	4	Boharts					○	○				
食糧天然資源局	植物病理学	3			経済昆虫学	6	素木										
	植物学	4	同左	4			Walker	○	○	○	○	○					
	林業技術	4-6					(Zumwalt)	○	○	○							
	生態学	4-6			農学（草地）	(6)											
	漁業保全	4-6															
			一般昆虫学	4			Werner	○	○	○	○						
			動植物検疫	1.5	左延長	1	Messenger				○	○					
					農業化学	3	Akamine										
民間情報教育局［他部局予算］	意識調査	4-6	世論調査	6	［左延長］	[3]	Ishino		○	○	○	○	○	○	○		
	文化型概観	4-6	人類学(奄美)	6	左延長	1	Haring				○	○	○	○	○	○	○
			人類学(沖縄)	6			Glacken		○	○	○	○	○	○			
			人類学(宮古)	6			Burd		○	○	○	○	○	○			
			人類学(八重山)	(6)	同左	4	Smith										
			（南米移民）	n/a			Tigner			○	○	○	○	○	○	○	○
					［歴史］	[12]	Kerr								○	○	○
					社会変化	(18)	Suttles 他										

Gilberto S. Pesquera	メトロポリタン生命保険	51年10月～53年3月現地（含む極東軍派遣）
Robert R. Trotter + M. Uehara	ハーバード大	51年8月～52年2月現地調査。
Albert V. Saleeby + S. S. Chinen	リッチモンド開業医	51年9月から52年5月現地調査。
Richard M. Bohart	カリフォルニア大	51年10～11月現地調査。
George E. Bohart	農務省	52年10月～53年1月現地調査。
Egbert H. Walker	国立博物館	51年6～10月現地調査。
(Eugene V. Zumwalt)	農務省	51年6～8月現地。
Floyd G. Werner	バーモント大	51年6～9月調査。
A. P. Messenger	カリフォルニア州農務局	51年9～10月現地。
Ernest K. Akamine	ハワイ大	52年9～12月現地。
素木得一	元台北帝大	52年12月～53年6月現地調査。
Iwao Ishino + 桜田勝徳・関敬吾・水野宏	元 SCAP/GHQ	51年7～11月現地調査。延長は水野のみ。
Douglas G. Haring	シラキュース大	51年9月20日から52年3月14日現地調査。
Clarence J. Glacken	ジョンホプキンス大	51年7～12月現地調査。
William W. Burd	カリフォルニア大	51年7～12月現地調査。
Allan H. Smith	ワシントン州立大	52年4月14日～8月14日現地調査。
James L. Tigner	スタンフォード大	51年8月～52年8月調査。
George H. Kerr	スタンフォード大	51年1月～同年12月調査。
Wayne P. Suttles	ブリティシュコロンビア大	53年9月～54年6月現地調査。
William P Lebra	ハーバード大	
Forrest R. Pitts	ミシガン大	

●著者一覧（掲載順）

ヨーゼフ・クライナー（別掲）

岡　千曲（おか　ちくま）
1943 年、神奈川県生まれ。東京大学大学院社会学研究科修士課程修了。文化人類学専攻。相模女子大学名誉教授。

祖父江　孝男（そふえ　たかお）
1926 年、東京市生まれ。2012 年没。東京大学大学院・ハーバード大学大学院修了。明治大学政経学部教授、国立民族学博物館教授、放送大学客員教授などを歴任。
【主な著書】『県民性　文化人類学的考察』（中公新書）、『文化とパーソナリティ』弘文堂、『文化人類学入門』中公新書など。

岡田　淳子（おかだ　あつこ）
1932 年、東京市生まれ。東京大学大学院生物系研究科修士課程修了。北海道東海大学名誉客員教授、北海道立北方民族博物館館長。
【主な著書】『北の民族誌－文化の系譜』(アカデミア出版)、『日本子どもの歴史 1』(第一法規)、『北の人類学』共編著 (アカデミア出版) など。

川田　順造（かわだ　じゅんぞう）
1934 年、東京市生まれ。東京大学大学院社会学研究科（文化人類学専攻）博士課程単位取得退学。神奈川大学特別招聘教授、神奈川大学日本常民文化研究所客員研究員。
【主な著書】『口頭伝承論』上下（平凡社ライブラリー）、『人類学的認識論のために』（岩波書店）、『江戸＝東京の下町から　生きられた記憶への旅』（岩波書店）ほか。

清水　昭俊（しみず　あきとし）
1942 年、中華民国上海特別市生まれ。東京大学大学院社会学研究科社会学修士。国立民族学博物館・総合研究大学院大学名誉教授、東京外国語大学アジア・アフリカ言語文化研究所フェロー、神奈川大学日本常民文化研究所研究員。
【主な著書】*Anthropology and Colonialism in Asia and Oceania*、*Wartime Japanese Anthropology in Asia and the Pacific*（いずれも Jan van Bremen との共編、前者は Curzon Press、後者は国立民族学博物館）。

中生　勝美（なかお　かつみ）
1956 年、広島県生まれ。上智大学文学研究科博士後期課程満期退学。桜美林大学教授。

【主な著書】 編著『植民地人類学の展望』（風響社）、『中国村落の権力構造と社会変化』（アジア政経学会）ほか。

近藤　雅樹（こんどう　まさき）
1951年、東京都生まれ。武蔵野美術大学造形学部卒業。国立民族学博物館教授。
【主な著書】『おんな紋―血縁のフォークロア』（河出書房新社）、『霊感少女論』（河出書房新社）、『日用品の二〇世紀』（ドメス出版）ほか。

石川　日出志（いしかわ　ひでし）
1954年、新潟県生まれ。明治大学大学院文学研究科博士後期課程中退。明治大学文学部教授。
【主な著書】『農耕社会の成立』（岩波新書）、『「弥生時代」の発見　弥生町遺跡』（新泉社）、『考古資料大観　弥生土器1』（共編著・小学館）。

パトリック・ハインリッヒ（Patrick Heinrich）
1968年、ドイツ生まれ。獨協大学外国語学部教授、文学博士。2008年杉田優子と共に徳川賞優秀賞を受賞。
【主な著書】『The Making of Monolingual Japan（モノリンガル日本の創造）』、『東アジアの言語復興』（編著）ほか。

平藤　喜久子（ひらふじ　きくこ）
1972年、山形県生まれ。学習院大学大学院人文科学研究科博士後期課程修了。國學院大學准教授。
【主な著書】『神話学と日本の神々』（弘文堂）、『神の文化史事典』（共編、白水社）、『日本の神社』（共著、東京美術）ほか。

全　京秀（じょん　ぎょんす）
1949年、韓国生まれ。ミネソタ大学大学院修了（人類学博士）。ソウル大学人類学科教授。
【主な著書】『ブラジルの韓国移民』（ソウル大学出版部）、『韓国人類学の百年』（岡田浩樹・陳大哲訳、風響社）、『韓国文化論』全4巻（一志社）ほか。

山　泰幸（やま　よしゆき）
1970年生まれ。関西学院大学教授。社会学博士。
【主な著書】『追憶する社会』（新曜社）、『環境民俗学』（編著、昭和堂）、『現代文化のフィールドワーク入門』（編著、ミネルヴァ書房）ほか。

金　広植（きむ　くぁんしく）
1974年韓国生まれ。東京学芸大学大学院修了（学術博士）。東京学芸大学研究員。
【主な著書】『植民地時期 日本語朝鮮説話集資料叢書』シリーズ（共編著、

J&C)、『植民地朝鮮と帝国日本』(共著、勉誠出版)ほか。

クリストフ　アントワイラー (Christoph Antweiler)
1956年、ドイツ生まれ。ケルン大学から民俗学の博士号を授与される。ボン大学東洋・アジア学研究所所長。
【主な著書】 *Mensch und Weltkultur. Für einen realistischen Kosmopolitismus im Zeitalter der Globalisierung* (Transcript, 2011)、*Heimat Mensch. Was uns alle verbindet* (Murmann, 2009) など。

ハンス・ディータ・オイルシュレーガー (Hans-Dieter Ölschleger)
1952年、ドイツ生まれ。ボン大学東洋・アジア学研究所日本学科准教授。民族学博士。日本文化研究の理論と方法論について論文多数。
【主な著書】 Theories and Methods in Japanese Studies：Current State and Future Developments.Göttingen 2008 など。

セップ・リンハルト (Sepp Linhart)
1944年、オーストリア、ピンカフェルド生まれ。ヴィーン大学文学部日本学科博士(哲学)。現在、ヴィーン大学名誉教授。
【主な著書】『拳の文化史』(角川叢書)(井上章一と共編著)『日本人の労働と遊び・歴史と現状』(日文研叢書)など。データーベース『錦絵の諷刺画1842年-1905年』
http://kenkyuu.eas.univie.ac.at/karikaturen/

クラウス・アントニ (Klaus Antoni)
1953年、ドイツ、テュービンゲン生まれ。フライブルク大学にて博士号取得。現在、テュービンゲン大学正教授。
【主な著書】 Kojiki Aufzeichnung alter Begebenheiten. Aus dem Altjapanischen und Chinesischen übersetzt und herausgegeben von Klaus Antoni. Berlin: Verlag der Weltreligionen im Insel-Suhrkamp-Verlag 2012 など

ベルハルド・シャイト (Bernhard Scheid)
1960年、オーストリア、ヴィーン生まれ。ヴィーン大学文学部日本学科博士(哲学)。ゲッティンゲン大学宗教学科大学客員教授－日本文化研究所所長。
【主な著書】『Das Alter im Schrifttum des japanischen Mittelalters』〔日本中世文学の老人観〕、『Yoshida Kanetomo und die Erfindung des Shinto』〔吉田兼倶と神道の発明〕、『Shinto Studies in Prewar Japan and the West』〔戦前時代の日本と西洋に於ける神道研究〕(以上、オーストリア科学アカデミー出版)ほか。

竹田　旦（たけだ　あきら）
1924年、愛知県生まれ。東京文理科大学卒業。茨城大学・創価大学名誉教授。
【主な著書】『民俗慣行としての隠居の研究』（未来社）、『「家」をめぐる民俗研究』（弘文堂）、『祖先崇拝の比較民俗学―日韓両国における祖先祭祀と社会―』（吉川弘文館）ほか。

近藤　健一郎（こんどう　けんいちろう）
1967年、千葉県生まれ。北海道大学大学院教育学研究科博士後期課程修了、博士（教育学）。北海道大学大学院教育学研究院准教授。
【主な著書】『近代沖縄における教育と国民統合』（北海道大学出版会）、『方言札』（編著、社会評論社）、『沖縄教育別冊』共編著、不二出版）ほか。

上江洲　均（うえず　ひとし）
1937年、沖縄県生まれ。琉球大学文理学部国文学科卒業。琉球政府立博物館（のち沖縄県立）学芸員、文化庁主任調査官、名桜大学教授などを歴任。
【主な著書】『沖縄の民具』（慶友社）、『久米島の民俗文化』（榕樹書林）、『沖縄の祭りと年中行事』ほか。

赤嶺　政信（あかみね　まさのぶ）
1954年、沖縄県生まれ。筑波大学大学院修士課程地域研究科修了。琉球大学法文学部教授。
【主な著書】『シマの見る夢―おきなわ民俗学散歩』（ボーダーインク）、「沖縄の祭祀とシャーマニズムについての覚書―宮古の事例を中心に―」（『国立歴史民俗博物館研究報告』142）、「南島から柳田國男を読む―祖霊信仰論に焦点を当てて―」（『日本民俗学』271号）ほか。

泉水　英計（せんすい　ひでかず）
1965年、千葉県生まれ。オックスフォード大学大学院社会文化人類学研究科博士課程修了（D. Phil.）。神奈川大学経営学部准教授。
【主な論文】「『南島』―植民地台湾における未完の沖縄学」『第二次大戦および占領期の民族学・文化人類学』（神奈川大学国際常民文化研究所）、「親日であれ親米であれ我が郷土―植民地台湾で育った米軍政下の沖縄人文化行政官」『植民地近代性の国際比較』（御茶の水書房）、「ジョージ・P・マードックと沖縄―米海軍作戦本部『民政手引』の再読から」『歴史と民俗』28号。

◎編 者

ヨーゼフ・クライナー（Josef Kreiner）

1940年オーストリア・ウィーン市生まれ。
現在、ドイツ・ボン大学名誉教授、法政大学特別教授。ウィーン大学・東京大学東洋文化研究所で民族学・先史学・日本学を専攻。ウィーン大学教授（1971～1977年）、ボン大学教授・日本文化研究所所長（1977～2008年）、ドイツ連邦政府ドイツ－日本研究所初代所長（1988～1996年）などを経て現職。1962年以来、日本各地で民族学的フィールド・ワークに従事。最近はヨーロッパの博物館等で保管されている日本関係コレクションを研究。主な編著書は、「Japanese Collections in European Museums」Bonn、2005年。『小シーボルトと日本の考古学・民族学の黎明』同成社、2011年。『近代〈日本意識〉の成立―民俗学・民族学の貢献』東京堂出版、2012年など。

日本民族学の戦前と戦後 ―岡正雄と日本民族学の草分け―

2013年3月20日　初版印刷
2013年3月30日　初版発行

編　者　ヨーゼフ・クライナー
発行者　皆　木　和　義
印刷製本　東京リスマチック株式会社

発行所　株式会社　東京堂出版　http://www.tokyodoshuppan.com
〒101-0051　東京都千代田区神田神保町1-17
電話　03-3233-3741　振替　00130-7-270

ISBN978-4-490-20822-1　C3039